东南法学 第二辑
——学术前沿与专题研究

主　编　刘艳红
副主编　汪进元　熊樟林

东南大学出版社
·南京·

图书在版编目(CIP)数据

东南法学.第二辑：学术前沿与专题研究/刘艳红主编.—南京：东南大学出版社，2021.3
ISBN 978-7-5641-9465-9

Ⅰ.①东… Ⅱ.①刘… Ⅲ.①法学－文集 Ⅳ.① D90-53

中国版本图书馆CIP数据核字（2021）第035332号

东南法学（第二辑）：学术前沿与专题研究
Dongnan Faxue (Di er-ji)：Xueshu Qianyan Yu Zhuanti Yanjiu

| 主 编：刘艳红
| 出版发行：东南大学出版社
| 地 址：南京市四牌楼2号 邮编：210096
| 出 版 人：江建中
| 网 址：http://www.seupress.com
| 经 销：全国各地新华书店
| 印 刷：兴化印刷有限责任公司
| 开 本：700 mm×1000 mm 1/16
| 印 张：18.5
| 字 数：353千字
| 版 次：2021年3月第1版
| 印 次：2021年3月第1次印刷
| 书 号：ISBN 978-7-5641-9465-9
| 定 价：68.00元

本社图书若有印装质量问题，请直接与营销部联系。电话：025-83791830

目　录

东南法学

（第二辑）

疫情治理专题

1　立法、监管与国家治理
　　……………………………………………/ 梁治平

19　我国疫情信息公开机制以及问题
　　……………………………………………/ 赵　宏

38　地方主义、跨区域事务与地方立法改革
　　……………………………………………/ 郑　毅

医事法专题

61　日本医疗契约典型化讨论及其对医疗契约论的影响
　　………………………… / 山口齐昭文　刘明全译

92　终末期医疗中患者的事前指示和自己决定权的范围
　　………… / 甲斐克则　胡子昕译　储陈城校

105　论我国预先医疗指示登记制度的构建
　　……………………………………………/ 孙也龙

理论前沿

123 费城制宪会议的议事规则
　　　…………………………………………………………… / 姜　峰

135 韩日含放射性核素食品的进口措施案评析
　　　…………………………………………………… / 马光　方敏

156 对纯粹法学视域下宪法法院违宪审查理论的批判
　　　…………………………………………………………… / 董静姝

170 现象与理论：符号学视角下的行政行为公定力
　　　…………………………………………………………… / 马生安

192 意思表示及其意思
　　　…………………………………………………………… / 杨志利

212 "民主"抑或"共和"？
　　　…………………………………………………………… / 李晓波

青年法苑

241 税务机关征收社保费的法理省思与制度优化
　　　…………………………………………………………… / 刘　琦

254 中立性原则在批捕权配置中的嵌入与程序生成
　　　…………………………………………………………… / 施珠妹

269 美国司法内隐偏见现状及对中国的启示
　　　…………………………………………………………… / 于　跃

·疫情治理专题·

立法、监管与国家治理
——基于制度个案的观察与思考

梁治平[*]

摘要：2020年3月12日，民政部官网消息称，该部对中国野生动物保护协会违规设立分支机构的行为作出警告的行政处罚，责令其撤销违规设立的分支机构，并将该会列入社会组织活动异常名录。本文由这一事件入手，对该协会的组织、活动、职能、性质展开分析，进而对19世纪80年代以来中国野生动物领域基本政策和法律的得失加以检讨，并对其中涉及的立法与监管，政府机构与社会团体，政府、企业与民间组织，以及行业利益与公共利益等方面的关系做了切实而深入的探讨。本文认为，建立合理有效的制度机制，处理好上述关系，不但是野生动物保护的当务之急，也是提高国家治理能力的一项重要内容。

关键词：野生动物保护　社会团体　监管　国家治理

一

因为一场酝酿已久而突然暴发的疫情，与"野生动物"有关的语词在各类媒体中出现的频率陡增。在这些语词当中，最近进入公众视野的一个是"中野协"。

"中野协"是中国野生动物保护协会的简称。这个机构之所以受人瞩目，是因为它遭遇了一场"三日危机"。其情形大致如下：

---

[*] 作者简介：浙江大学光华法学院兼任教授、中国艺术研究院艺术与人文高等研究院高级研究员。

2020年2月16日,"中野协""保护繁育与利用委员会"下属的"蛙类养殖专业委员会"在其微信公众号上发文,称"野生动物养殖是人类祖先的伟大创举",发展野生动物养殖业系"社会进步",而"因一次疫情就全面'禁野'(按指禁食野生动物——引者)将是武断的、不科学、不理性"。文章还说:"对于人类而言,对野生动物产品的需求从未停止,某种意义上说已经成为'刚性需求'。"①

第二日,一家民间动物保护组织在其微信公众号上发布举报信,向民政部社会组织管理局举报"中野协"涉嫌违法经营。举报理由之一,是"中野协""在二级机构下面私自设立三级机构",所举实例,正是前一日发文的那个"蛙会"②。

第三日,"中野协"发布"声明""通知"各一。前者就"蛙会"之文对社会造成的不良影响向公众"深表歉意",同时表示已决定撤销"蛙会";后者则依据《社会团体登记管理条例》,要求其下属"各分支机构立即撤销已经设立的三级分支机构",以"严肃法纪,加强管理"③。

平心而论,"蛙会"之文,不过是为野生动物养殖业代言,也符合"中野协"一贯推行的政策,何错之有?然则,"蛙会"不察时势,"逆流发声",致众怒,引火上身,实属不智。更重要的是,"蛙会"发声引出了违法设立三级机构问题,这迫使作为直接责任人的"中野协"不得不当机立断,忍痛断腕。

然而,这把火并没有因此而熄灭。接下来又有几个民间动物保护组织的微信公众号发文,对"中野协"在经营和利用野生动物方面的投资活动,以及它与这些行业之间一些鲜为人知的联系加以爆料。其中的一篇颇为翔实,且视角独特。它把政府比作商人的猎物:"商人们每天要做的工作,就是通过聪明而坚韧的围猎,慢慢地让政府官员所控制的政府部门,政府部门所控制的相关法律,成为自己围剿的猎物,成为自己的囊中之物。"④这个比喻让人立刻想到一个经济学上的概

---

① 章轲:《"禁野是武断的,野味是人类刚需",这个组织为何要逆流发声?》,载《第一财经》2020-02-17。https://www.yicai.com/news/100509163.html,访问日期:2020年11月20日。

② 相关报道,参见章轲:《私自设立三级机构,"中国野协"被指违反国家相关规定》,https://m.yicai.com/news/100509598.html?from=singlemessage,访问日期:2020年11月20日。

③ 章轲:《回应一财报道,"中国野协"发声明致歉,撤销蛙类养殖委》,https://www.yicai.com/news/100510961.html,访问日期:2020年11月20日。《中国野生动物保护协会关于撤销三级分支机构的通知》(中动协秘字〔2020〕7号)。

④ 周易经:《这位福建商人眼中,国家林草局,算什么猎物?》,https://www.sohu.com/a/375304405_749931,访问日期:2020年11月20日。其他文章,可参见范成波:《江西野保局长涂晓斌,出来走两步,晒晒你们江西野保成绩单》,https://mp.weixin.qq.com/s/LRlfUT5XdJnBmMBvBLRGrg,访问日期:2020年11月20日。

念——"监管俘获",即被监管者以不当方式"俘获"了监管者,使监管者成了被监管者实现其利益的工具。不过,把这个概念直接用到"中野协"身上似乎也不无问题。因为从法律上说,"中野协"是"社会团体",而非政府部门。然而,"中野协"的"社会团体"身份,恰恰是上面那封举报信质疑的对象。按举报信的说法,"中野协""其实是国家林草局的下属机关单位,并不是真正意义上的社会组织",不具有这类组织"应有的社会性、独立性和公正性"。理由是,"中野协"许多重要职位如会长、副会长等,都是由"在任或者新退休官员担任",而这同样被认为是违规之举。

那么,"中野协"究竟是个什么机构?

二

按其章程上的说法,"中野协"是"由野生动物保护管理、科研教育、驯养繁殖、自然保护、渔猎生产者和广大野生动物爱好者自愿组成的专业性、非营利、具有独立法人资格的全国性社会团体",其"业务主管部门"是中国科学技术协会,"登记管理机关"是民政部。不过,与一般"社会团体"不同的是,除了"业务主管部门"和"登记管理机关"这两个"婆婆"之外,依其章程,"中野协"同时还"受国家林业局的管理、指导和监督",作为其常设办事机构的秘书处,则"受常务理事会和国家林业局双重领导"。事实上,"中野协"依法登记的"住所"就是国家林草局的办公地址①。因此,举报人认为"中野协""其实是国家林草局的下属机关单位",并非无据。只是,这样说仍稍嫌简单。毕竟,"中野协"不是一级政府部门,不能直接行使政府权力,出任其领导的政府官员,无论退休与否,按规定只能兼职,且不得从中领取任何报酬。另外,作为"社会团体","中野协"可以通过发展会员、接受捐赠、吸纳社会人士等非政府方式,实现某些特定的政策目标,反过来,社会力量也可以加入和参与其中,表达其诉求,实现其利益。就此而言,它更像是介乎政府与社会之间的某种组织。那么,在中国的野生动物保护方面,"中野协"究竟扮演了什么角色,为什么会招来许多民间野生动物保护组织的批评和举报?

到目前为止,针对"野协"的批评和举报主要涉及四个方面,即机构、人事、财

---

① 这种情况并不限于"中野协",遍布全国各市县数百上千的各级野生动植物保护协会也莫不如此。事实上,"中野协"除了居于这个系统的顶端,也是其无可争议的模板。有鉴于此,本文所用"中野协"一词,在许多情况下也泛指由各级"野协"组成的整个系统。

务和协会的活动①。所有举报所依据的事实,都出自被举报者网上公开信息,因此也都极为简单。先说机构设立这一项。

社会团体不得设立三级机构,法有明文,而"野协"名下多有三级机构,其违法事实一目了然,对此,民政部业已作出明确回应,对"中野协"予以警告处分②。令人稍感困惑的是,国家以"全面依法治国"为基本国策,推行有年,"中野协"设立三级机构却毫不避讳,不但频频为之,而且大事庆贺。就以刚刚被撤销的"蛙会"为例,其成立之日,隆重热闹,不但业者云集,更有一干"野协"及林草系统官员到场,亲任主持、致辞、揭牌、颁发聘书之职,显然不以"违法"为意。人们自然想知道,让"中野协"肆无忌惮如此行事的,究竟是什么样的驱动和考量?顺便说一句,那次盛会的举行地点是东北林业大学,那是林业系统人才培养的高校,也是生产和经营利用野生动物行业的知识中心。"中野协"背后,其实是政、学、商的三位一体。这一点,看"中野协"领导人名单便一目了然。

"中野协"现任会长、副会长以现任及新近退休官员为主,其名单公布于"中野协"官网,都是无可否认的事实。举报者认为,这样的安排违反了中共中央办公厅和中共中央组织部的有关规定③。不过,根据两份文件的规定,如果"情况特殊""确有需要",且经过规定的审查和批准程序,退休或现任干部并非不能兼任社会团体领导职务。所以,我们不妨先假定上述人事安排并未违规。问题是,究竟是什么样的特殊情况和工作需要,使得这么多领导职务都要由具有政府主管部门干部背景的人士来兼任?前述关于党政机关领导干部不兼任社会团体领导职务的规定,其出发点是"政社分开",转变政府职能,"发挥社会团体应有的社会中介组织作用";而针对退(离)休领导干部在社会团体兼职问题的新规,其着眼点是"认

---

① 周易经:《四川污染抗争者尹德会,公开要求民政部取缔"中国野生动物保护协会"》,https://mp.weixin.qq.com/s/OpwxbR0IjbWZ9OM64jffgA,访问日期:2020年11月30日;周易经:《请"中野协"公示:1.49亿元怎么来的怎么花的——黑龙江环境污染抗争者王宝琴,这样公开要求》,https://mp.weixin.qq.com/s/xBM94vVxm217uBzour0_ZQ,访问日期:2020年11月20日。
② 据民政部官网2020年3月12日消息,"民政部对中国野生动物保护协会违规设立分支机构的行为作出警告的行政处罚",除责令其撤销了违规设立的分支机构外,并依据《社会组织信用信息管理办法》的规定,自行政处罚决定生效之日起,将该会列入社会组织活动异常名录。http://www.mca.gov.cn/article/xw/tzgg/202003/20200300025593.shtml。自然,民政部的回应只针对"中野协"违规设立三级机构一事,而未涉及举报者提到的其他事项。
③ 《中共中央办公厅 国务院办公厅关于党政机关领导干部不兼任社会团体领导职务的通知》(中办发〔1998〕17号);《中共中央组织部关于规范退(离)休领导干部在社会团体兼职问题的通知》(中组发〔2014〕11号)。

真贯彻执行中央八项规定和从严管理干部的精神",纠正党风,杜绝腐败。那么,"中野协"领导层的这种人事安排又如何在满足其"特殊需要"的同时,通过其他制度安排避免产生上述文件所指出的那些问题? 如果做不到,其正当性何在? 显然,举报者不认为这种安排是正当的、合理的,相反,他们相信这种安排不但损害了"社会团体"应有的社会性,而且是滋生腐败的土壤。举报者还指名道姓,指出"中野协"副会长中有5人是来自野生动物经营利用行业①。在他们看来,这个以野生动物保护为名的"社会团体"已经背离了野生动物保护的宗旨,沦为"退休官员和企业家俱乐部",变成了服务于商人利益的中介②。这里,批评者矛头所指,不仅是执掌社团的公权力,而且是社团背后的庞大行业,是这二者之间公开和隐秘的利益关联。

三

单看其名称,"中野协"无疑应归于社会公益组织,而与各式各样的行业协会迥不相同。然而,正像其"社会团体"身份下面包裹的是一个准政府③机构一样,在它极具社会公益色彩的名称之下,活跃着一个以野生动物为经营利用对象的巨大行业。事实上,"中野协"的成立,很大程度上就是为了服务于这些行业,引导和推动这些行业的发展,同时联通政、商,实现政府的政策目标。而这从来都不是秘密。依据其章程,"中野协"的"业务范围"中最重要的一条便是:组织开展国际狩猎、生态旅游等野生动物资源开发经营活动;为野生动物保护、养殖、经营利用及其有关单位提供业务咨询和服务;组织参与野生动物产业活动,负责野生动物行业协会、联合会的联络与协调;根据主管部门委托承担一定行业管理工作,组织野生动物及其产品的国际、国内交流和中介服务。"中野协"下设的"保护、繁育与利用委员会"(前"养殖委员会"),不但是其属下最重要的机构之一,也是近年来最活

---

① 这里说的是第五届的情形。第四届"中野协"理事会会长和副会长,除会长由原国家林业局原副局长担任外,11名副会长均由司局级以上在职官员出任,且涉及的部门除了原国家林业局,还有公安部、原农业部、原国家环保总局、科技部、海关总署、中国科学院、中国作协、中央电视台等。详见百度百科"中国野生动物保护协会"条。

② 举报人这里说的不只是"中野协",也是全国各级野生动植物保护协会,参见周易经:《四川污染抗争者尹德会,公开要求民政部取缔"中国野生动物保护协会"》;周易经:《请"中野协"公示:1.49亿元怎么来的怎么花的》。

③ 民间的说法是"二政府"。在这方面,"中野协"当然不是特例。只不过,这个只有30多年历史的"社会团体"是在野生动物保护的名义下同野生动物产业一道发展起来的,有其特别值得关注之处。

跃的一个部门。前述非法成立的"蛙会"以及同类的蛇类养殖、雁鸭养殖等专业委员会都出自这个部门。至于举报信指名的几位非官方背景的副会长,他们的企业或经营野生动物养殖和野生动物制品入药,或运营野生动物园和动物表演,无不是行业翘楚。问题是,围绕野生动物展开的各种商业性活动如何就成了野生动物保护?

对于这个问题,官方的同时也是行业的标准答案是:发展野生动物产业,用人工驯养繁殖的野生动物及其产品代替野外资源来满足人类客观需求,能够减轻对野外资源的压力,从而达到保护濒危野生动物野外资源的目的[①]。这是一个可疑的说法,暂时撇开这一点不论,这种说法也显然不是发展野生动物产业的唯一理由。发展野生动物产业的意义,首先在于它是一种现实可行的经济形式,被认为可以用来脱贫致富、解决就业、吸纳农村剩余劳动力、增加税收、出口创汇、为GDP增长和社会稳定做出贡献。不仅如此,在一个受发展主义支配的时代,在一个官员政绩与经济指标挂钩的国家,更不用说,在一个原本就属于经济领域的政府部门,推动其治下的特色产业不仅具有政策和政治上的正确性,而且也是部门利益所在。仅仅因为这些原因,野生动物产业的兴起与发达便有不可阻挡之势。

根据业内最新的权威研究报告,如今规模庞大的野生动物产业,是一个与改革开放同步发展起来的新兴产业。其发展大体经历了3个阶段。第一个阶段是20世纪80年代初到90年代中期,这一阶段"是我国多数野生动物养殖初始阶段,野生动物驯养繁殖产业快速兴起",迅速壮大。第二个阶段是20世纪90年代中期到21世纪初,这也是"我国主要野生动物养殖产业成型阶段","这一时期正是我国经济改革处于阵痛的阶段,'下岗创业''林业改革''三农问题'成为时代的主题词,野生动物养殖由于入门门槛相对较低成了经济转型、解决就业与转岗及农村剩余劳动力问题的一个方向"。第三个阶段则是从21世纪初到现在,这一阶段,"野生动物养殖业呈现规模化、产业化发展",出现了科研、养殖、加工、销售、进出口及

[①] 参见《中国野生动物养殖产业可持续发展战略研究报告》第249页。这份标注为"中国工程院咨询研究项目"的报告完成于2017年,是迄今为止有关野生动物养殖产业发展状况最完整最权威的研究报告。然而,这显然不是一份立场中立的研究报告,相反,报告撰写者采取的完全是政府主管部门和野生动物养殖业的视角。项目组由一位中国工程院院士、东北林业大学教授、野生动物繁殖与利用专业领域执牛耳者领衔,成员计78人,主要由三方面的人士组成:1.以东北林业大学为核心的部分高校教研人员;2."中野协"以及部分省份的野生动植物保护协会行政主管如秘书长等;3.来自野生动物经营利用行业的CEO和高级技术人员。

相关服务业的"一条龙产业链"①。不用说,中国野生动物产业的这一发展完全是在国家野生动物政策和法律的引导和支配下完成的,其基本方针是"加强资源保护,积极驯养繁殖,合理开发利用"。只不过,按上述研究报告的看法,2000年之前,国家的野生动物管理模式较为单一,多强调资源保护,在野生动物驯养繁殖方面着力不够,结果是现有野生动物资源难以满足社会需求。2004年,《国家林业局关于促进野生动植物可持续发展的指导意见》②(林护发〔2004〕157号)发布,"国家野生动物管理模式"调整为"大力推动以利用野外资源为主向以利用人工繁育资源为主的战略转变",这也意味着,"国家把发展野生动物资源作为野生动物管理工作的核心,把满足社会需求作为发展的动力"③。从资源利用的角度,这种说法也可以被理解为,野生动物产业经过20多年的蓬勃发展,已经将野生动物野外资源消耗殆尽,难以为继,在此情形之下,大力推动人工繁育野生动物产业便成为政府主管部门与行业摆脱困境的不二之选。

总之,不管怎样,2000年以后,在政府一系列政策的鼓励、引导和扶持之下,人工繁育野生动物产业获得了又一次大发展的机会,盛况空前。如今,因具有经济价值而被养殖的野生动物达数百种之多,及于哺乳类、鸟类、爬行类、两栖类的许多物种,它们被分别归入毛皮动物、食用动物、药用动物、实验动物、观赏动物及宠物等类别。在一份政府主管部门2011年的报告中,这样一个产业已然成为国家十大林业主导产业之一④,经济业绩骄人。据行业相关研究者提供的数据,2016年,中国野生动物行业的从业人员超过1 400万人,年产值5 200多亿元,其中,毛皮动物产业和食用动物产业占比最大,二者分别拥有从业人员760万人和626万多人,产

---

① 参见《中国野生动物养殖产业可持续发展战略研究报告》第17-22页。关于野生动物产业发展阶段的叙述,又参见第251页以后。后者强调2004年《国家林业局关于促进野生动植物可持续发展的指导意见》的意义,认为那是"真正重视野生动物繁育利用产业发展的举措",为实现以利用野外资源为主向以利用人工繁育资源为主的战略转变,明确了政策措施。

② 按这种看法,该指导意见是一份具有历史意义的重要文件。不过,"促进野生动植物可持续发展"云云文意不清,文句欠通,推想其本意,或应读为"促进野生动植物产业可持续发展"或"促进野生动植物资源利用的可持续性"。

③ 《中国野生动物养殖产业可持续发展战略研究报告》第254页。撰写人在另一处写道:"野生动物驯养繁殖和经营利用活动是我国野生动物管理事业的主要领域之一。"同前,第250页。这也意味着,林农部门有限资源的很大一部分用在了产业发展方面,这可以部分地解释中国野生动物保护方面困窘的现状,其表现包括,在《中华人民共和国野生动物保护法》实施30多年后,相关部门对全国野生动植物状况仍缺乏系统和详尽的了解,野生动物保护目录长期得不到更新,野生动植物保护行政监管极度松懈,执法投入严重不足,等等。

④ 参见《中国野生动物养殖产业可持续发展战略研究报告》第159、253-254页。

值3 894多亿元和1 250多亿元①。

四

　　了解了上面的背景,"中野协"的性质、组织与活动也就容易理解了。不过,下面的问题依然存在:为什么在许多民间动物保护人士眼里,"中野协"名实不符,它不仅不是真正的"社会团体",甚至也不是真正的野生动物保护组织？这个问题涉及对国家野生动物产业政策的认识与评估。

　　野生动物产业的辩护者宣称,发展野生动物产业,用人工驯养繁殖的野生动物及其产品替代野外资源,能够起到保护野外野生动物的作用。这便是所谓利用与保护的辩证关系。如果这种说法成立,中国野生动物野外种群的生存状况,就应该随着人工驯养繁殖野生动物产业的繁荣而得到改善。但事实却是,30年来,几乎没有一个物种的野外种群,哪怕是被列入国家重点保护范围的濒危珍稀野生动物,其数量随着人工繁育数量的增长而增长。相反,即使是那些繁殖技术最为成熟、繁育数量也最多的野生动物,无论大型哺乳类动物如虎、熊、鹿,还是爬行类动物如龟、鳖,其野外种群的数量都在不断减少,其中有些几近灭绝②。至于大量非国家重点保护动物,更不用说数量更多的未被列入保护范围的野生动物,只要是具有经济利用价值的,无不遭到大规模甚至是灭绝性的捕杀。而这一切,不但与野生动物产业的发达同时发生,而且与之有直接或间接的关系。

　　利用—保护说看似有理,但揆诸现实,若不是行业中人用来包装其逐利行为的堂皇说辞,便是政策制定者一厢情愿的"良好愿望"。即使是支持这种政策的研

---

　　① 此为至2016年年底的估算数字,参见《中国野生动物养殖产业可持续发展战略研究报告》第102-103页。在同一报告的另一处,该行业从业人员和年产值的估计数字分别为3 300万人和5 700亿元,参见第157页。在同一份报告中出现这种统计数据上的明显不一致难免令人讶异,而报告人并没有就这些数据的统计和取得方法做出必要的说明。有人引据同时期另一些公开资料,对这组数据的准确性和真实性提出质疑。参见金志豪:《马建章院士为什么说野生动物养殖产业5206多亿产值？》,https://www.toutiao.com/i6821706283628888580,访问日期: 2020年11月20日。

　　② 以中华鳖在中国的情况为例,一方面,这是野生动物养殖最为成功同时也是养殖数量最大的品种之一,另一方面,它也是其野生种群危殆程度最高的物种之一,同时,它还是《野生动物保护法》实施30多年来仍未被列入任何一种保护名录的一种野生动物。具有讽刺意味的是,在注明由"科普中国"科学百科词条编写与应用工作项目审核的百度百科"鳖"和"中华鳖"词条下面,读者看不到关于该物种野外种群在中国境内现状的任何说明,相反,摆在他们面前的,是一个详尽的养殖指南。参见百度百科"鳖", https://baike.baidu.com/item/%E9%B3%96/612293? fr=aladdin;"中华鳖", https://baike.baidu.com/item/%E4%B8%AD%E5%8D%8E%E9%B3%96/1442815? fr=aladdin。

究者也承认,对于"野外资源"保护而言,发展野生动物产业是一把"双刃剑","如果在开放野生动物及其产品市场的同时,而不对其实施科学管理,必然会打开非法野生动物及其产品进入市场的通道,其结果必然造成野外资源的极度破坏"①。自然,政府主管部门认为并且宣称他们"实施了科学管理",比如,他们划定了合法与非法的界线,设立了野生动物保护名录,建立了野生动物驯养繁殖和经营利用的行政许可制度,配备了专门机构和人员,开展各种形式的监管和执法活动。不幸的是,即使不谈制度设计方面的种种缺失与不足②,这套制度本身就无法按照预定方式发挥作用。首先,为经济利益所吸引,也因为"生产"及违法成本低廉,现实中无证及超范围驯养繁殖和经营利用野生动物的现象比比皆是,更存在大量非法捕猎和交易野生动物的行为③。其次,相当数量的"合法"养殖和经营者,或者收购非法来源的野生动物及其制品,或者直接从事非法捕猎活动,充当了"非法野生动物及其产品进入市场的通道"④。再次,一些驯养繁殖方式,包括那些号称技术成熟的驯养繁殖方式,如林蛙养殖和大鲵养殖,或者导致野外种群混入养殖种群,或者造成养

---

① 《中国野生动物养殖产业可持续发展战略研究报告》第249页。
② 如野生动物生产、经营和利用上的多头管理,部门职责交叉不清,制度配套不足,缺乏有效的监督和问责机制,保护目录范围狭小、分类不合理等。关于一般制度问题,参见《配套缺乏、执法力度不够,野生动物保护法时隔4年将再修》,https://baijiahao.baidu.com/s?id=1658200194113185442&wfr=spider&for=pc,访问日期:2020年11月20日。《专家建言修改野生动物保护法:对商业目的人工繁育规制不足》,http://news.sina.com.cn/c/2020-02-12/doc-iimxyqvz2132618.shtml,访问日期:2020年11月20日。章轲:《地方官员爆料:野生动物猎捕养殖中,有部门监守自盗失职渎职》,https://m.yicai.com/news/100561358.html?from=singlemessage,访问日期:2020年11月20日。野生动物保护名录方面的问题,参见山水自然保护中心:《野生动物保护名录,一把刻度模糊的卡尺》,https://article.xuexi.cn/articles/index.html?art_id=10310542039007327823&t=1582787701381&study_style_id=feeds_default&showmenu=false&pid=&ptype=-1&source=share&share_to=wx_single&from=groupmessage,访问日期:2020年11月20日。有研究者认为,相比陆生野生动物,水生野生动物的情况更令人担忧,这个问题也与保护名录有关,参见B-LAB YoungConservationist:《被切割的水生动物保护》,https://mp.weixin.qq.com/s/ht9TJzqM_wlaljjizyYr0A,访问日期:2020年11月20日。
③ 卢桦:《野味帝国》,http://www.people.com.cn/BIG5/n1/2020/0319/c431870-31639859.html,访问日期:2020年11月20日。
④ 这几乎是公开的秘密,参见反盗猎重案组:《十五年前的"血债",该由谁偿?》,https://mp.weixin.qq.com/s?__biz=MzI0OTAwNDgzMg==&mid=2247486657&idx=1&sn=4a71d691a0d201a719553f635431e08c&chksm=e9995a8edeeed39834d6c0e4f48bc7c0570c5f9795757af07fde1da04ae822e42954a3a6a45f&scene=21#wechat_redirect,访问日期:2020年11月20日。规模庞大的蛇类养殖也多有此类情形,参见《养蛇黑幕》,https://mp.weixin.qq.com/s/plkbfKMdNk934n2dldXJsg,访问日期:2020年11月20日。

殖种群对野外种群的基因污染，都对野外种群及其栖息地造成严重伤害①。最后，因为监管不严，执法力量严重不足，以及一些无法克服的技术上的困难，比如区分野外个体与养殖个体的不可能，"非法野生动物及其产品（大量）进入市场""野外资源（遭到）极度破坏"的情况变得不可避免。而且，这种情形并不限于中国境内，透过越来越多的野生动物及其制品的进口和走私，诸如穿山甲养殖、贸易和走私，更不用说大规模非法猎捕候鸟一类事例，我们看到，其影响是全球性的②。

着眼于上述情形，野生动物产业的发展以及其眼下所具有的规模，除了可以被用来标示其在国民经济上的贡献，应当也可以被当成一个有用的指标，来估算这个产业直接和间接造成的对野外野生动物种群的伤害，以及因此产生的生态和生物多样性方面的损害。不仅如此，这些与产业规模直接相关的数据也应当被换算成市场需求和消费指数，用来衡量它对于野生动物消费需求的贡献。

长期以来，野生动物产业政策制定者和业内人士都把"满足市场需求"的口号挂在嘴边，以此作为其行为正当性无可置疑的理据。而当他们这样说的时候，似乎这个"市场需求"是纯然"客观"的、坚硬的、不变的和正当的，如"蛙会"的文章所

---

① 有关林蛙养殖，参见童盈、艾冰：《黑龙江伊春：林蛙下山越冬，遭遇半路拦截"灭绝式"捕猎》，https://m.thepaper.cn/newsDetail_forward_2458717? from=groupmessage&isappinstalled=0，访问日期：2020年11月20日。《别吃了！它是生态系统中的基石物种，却被人"毁灭性"利用…》，https://news.china.com/domesticgd/10000159/20200322/37957203_all.html，访问日期：2020年11月20日。鸿雁：《科学对待林蛙养殖问题对社会才是有利》（中国绿发会），https://mp.weixin.qq.com/s?__biz=MzAxOTExMzM4Mg==&mid=2649641287&idx=3&sn=58dc555366009f8a883d5c411aaa4cc6&scene=21#wechat_redirect，访问日期：2020年11月20日。有关大鲵养殖，参见昆明动物研究所BioWorld：《中国娃娃鱼陷入怪圈，商业养殖"繁荣"，野外濒临灭绝》，https://mp.weixin.qq.com/s/YBeeUW26pUW-N33fKn8-gA，访问日期：2020年11月20日。"养殖技术成熟"是政府主管部门和业界经常用来为特定野生动物养殖进而野生动物产业发展正名的理据和标准。但是，不考虑这些技术本身是否真的"成熟"，从野生动物保护的角度讲，基于这种理据的政策和发展常常是有害的。参见山水自然保护中心：《养殖技术成熟，就可以开放市场了吗？》，https://mp.weixin.qq.com/s/HuguwEKlm35qO80sWpCCwg，访问日期：2020年11月20日。

② 卢桦：《野味帝国》，http://www.people.com.cn/BIG5/n1/2020/0319/c431870-31639859.html，访问日期：2020年11月20日。野生动物进口造成的对出口地野生动物的伤害，参见山水自然保护中心：《养殖技术成熟，就可以开放市场了吗？》，https://mp.weixin.qq.com/s/HuguwEKlm35qO80sWpCCwg，访问日期：2020年11月20日。穿山甲和象牙贸易是更典型的事例。而眼下，穿山甲的危情尤为急迫。参见野生动物植物正义委员会的最新报告，https://wildlifejustice.org/new-report-analyses-unprecedented-levels-of-pangolin-trafficking-urging-stakeholders-to-tackle-it-as-transnational-crime? cn-reloaded=1，访问日期：2020年11月20日。有关野生动物及其制品走私的较为晚近的报道，参见章轲：《揭秘野生动物非法贸易路线图：仅次于军火毒品的走私行业》，https://m.yicai.com/news/100518160.html，访问日期：2020年11月20日。前述报告的撰写者也承认，"由于我国野生动物产品需求旺盛，所以进口走私问题严重。几乎所有市场上见到的野生动物产品都存在走私问题"。显然，作为替代的野生动物产业没有也不能解决这一问题，相反，因为参与了需求的制造（"拉动消费"），这个产业本身就成了问题的一部分。

言，是人类的"刚性需求"，跟他们的存在与活动无关。但这显然不是事实。在满足其基本的生物和社会需求之外，人类需求是可塑的、变化的。一个显见的事实是，在今天的社会条件下，野生动物食用价值在营养学上是多余的，野生动物药用价值在医学上是可替代的，娱乐野生动物在伦理上是残酷的，穿戴野生动物毛皮制品既非必要也不美丽，正在退出国际时尚界，实验动物的使用也开始受到越来越严格的审查和限制[①]。但是，对于野生动物产业的发展来说，这些都是需要克服的障碍。于是，有人大肆宣扬这种或那种野生动物的营养价值，利用人们猎奇、炫耀甚至迷信的心理来推销野生动物产品[②]；有人无限夸大野生动物的药用功效，推出各种前人无法想象的新产品；也有人把是否允许虎骨、犀牛角、熊胆粉、穿山甲鳞片入药说成是关乎数千年中医药传统存亡的关键。总之，繁荣的野生动物产业需要一个同样繁荣的野生动物消费市场，为此，它要在满足和维持原有需求的同时不断创造新的需求。

除了这些，在关注野生动物产业的发展规模的同时不能忽视人畜共患病的发生概率。此次新型冠状病毒的确切宿主尚未确定，但其来自野生动物已属无疑。而且，我们已经知道，野生动物是天然的病毒库，而野生动物的密集饲养、不同种类野生动物的混杂放置，尤其是人类与野生动物的密切接触，都为病毒的进化、变异和溢出提供了必要的条件。这也意味着，中国野生动物产业未来的规模和发展状况，与我们有多大概率可能再次或避免受到以野生动物为宿主的病毒的袭扰密切相关[③]。

最后，野生动物产业的规模还应当被换算成行业利益和政府部门的权力。我们可以由前者的大小去衡量后者的轻重。对于行业来说，产业规模越大，其经济利益也越大，尤其是那些行业中的大鳄，他们不但从中积累了大量财富，而且拥有可

[①] 严格规范实验动物的使用是国际大趋势，而在这方面，中国近年来取得了相当大的进展，其主要标志便是新的国家标准《实验动物 福利伦理审查指南》的发布和实施（2018年）。

[②] 野味消费也是腐败的"一道菜"。随着"八项规定"的实施，这部分消费有所减少。

[③] 在一项关于COVID-19最新研究的结尾处，中外科学家们指出："虽然我们与动物世界的亲密关系意味着我们无法建立牢不可破的壁垒，但对非法野生动物贸易采取更强有力的行动，并将所有哺乳动物（或许还有禽类）野生动物从市场中清除出去，将提供一个重要的缓冲。"换言之，尽可能限制接触野生动物病原体，可能是降低未来此类风险的最简单和最经济有效的方法。参见贺梨萍：《新冠最早鉴定者张永振：病毒或曾隐秘传播，不一定起源于武汉》，http：//tech.163.com/20/0329/20/F8TODV4200097U81.html，访问日期：2020年11月20日。又参见都保杰：《冠状病毒的暴发并非偶然？病毒"溢出"现象或已悄然发生多年》，http：//news.ifeng.com/c/7uXQ46vcuAL，访问日期：2020年11月20日。

观的政策影响力,这同时也意味着权力。同样,对于相关政策的制定者和实施者来说,其治下产业的发展所带来的,除了政绩,还有部门权力的扩展。更大的产业规模,意味着更多的行政许可以及范围更大的监管权、执法权和决定事项。建立从中央到地方、遍布全国的野生动物保护协会系统,也是此种权力的扩张和展现。而对于行政部门来说,权力所至便是其利益所在。仅此一点,部门与行业便有了共同利益的纽带,而他们有意愿也有能力维护这种利益。回顾《中华人民共和国野生动物保护法》(以下简称《野生动物保护法》)制定以来的历史,我们很容易看到,这种部门与行业的意愿有多么坚韧,能力又有多么强大。

五

通常,《野生动物保护法》(1988年)的制定被认为是中国野生动物保护领域的一个标志性事件,这种看法并非无据,但这不应该遮蔽这部法律现实作用的另外一面,即它同时也是中国野生动物产业发展历程上的标志性事件。该法秉承了1962年国务院提出的"加强资源保护,积极驯养繁殖,合理猎捕利用"的野生动物政策,明确宣布:"国家对野生动物实行加强资源保护、积极驯养繁殖、合理开发利用的方针。"正是在这一方针的指导下,中国今日已"成为世界上规模化驯养繁殖野生动物种类最多的国家,并且在毛皮动物、药用动物、实验灵长类动物、龟鳖类、蛇类、蛙类、雁鸭类等的驯养繁殖规模上成了世界第一"[①]。也正是因为它的这一作用,《野生动物保护法》后来被批评者讥为"野生动物利用法",并引发一系列推动法律修订的努力。

2013年,数十名全国人大代表联署提出的修法议案获得通过,《野生动物保护法》修订工作被列入全国人民代表大会的修法计划。人大代表们的修法动议,旨在改变以往的野生动物资源观以及以开发利用为主导的野生动物政策,而代之以生态及生物多样性保护观念,为此,他们建议从生态保护角度重新划定受保护野生动物的范围,把更多野生动物物种纳入其中,同时加强对野生动物栖息地的保护。与之相应,该议案要求严格限制对野生动物的商业性利用,要求政府制定有效办法帮助现有野生动物产业转型、退出,最终停止有悖于野生动物保护宗旨的野生动物经营利用活动。此后3年,围绕该法修订,尤其是前后两部修订草案,在立法机

[①] 《中国野生动物养殖产业可持续发展战略研究报告》第102页。

构和社会层面有过许多讨论和争论。由媒体报道可知，全国人大常委会委员中赞同修法议案、反对发展野生动物产业的不在少数。然而，2016年完成并通过的修订版《野生动物保护法》在这个方面并没有任何实质性改变，相反，在一些主要是语词变化的掩饰下，法律原有的经营利用导向不但没有改变，还得到了强化。结果，一次旨在改变法律方向的推动修法的努力，被利益相关者们不但成功地用来巩固其既得利益，甚至用来谋取现有制度下的非法利益[①]。这在新修《野生动物保护法》通过当日全国人大办公厅举行的新闻发布会上更是有种种表现。

根据在场媒体报道，发布会的主题未涉修法主要内容，却集中于"虎骨、犀牛角、羚羊角、熊胆等野生动物制品能不能入药"的问题。据主持发布会的立法官员说，这些是"此次修法争论最激烈的问题"[②]。这种说法听上去很奇怪，因为有关虎骨、犀牛角入药和贸易的禁令已经厉行多年，况且修法本意是要扩大限制范围，故而整个修法过程中，这样的问题从未成为拿上桌面来讨论的公共议题。那么，"争论激烈"云云从何谈起？不错，这应该是修法过程中隐蔽在幕后的一个场景，那里集合了老虎和犀牛的驯养繁殖企业、某些中医药专家，还有最初引导这些企业上路并为它们发放许可证的政府主管部门。最终，法律文本某个不起眼的地方出现了一个新增条款，这个条款规定"野生动物及其制品作为药品经营利用的"需要遵守各种法律和道德。这个条款看似一般，其实是为特定野生动物养殖企业和药企量身定做的。于是便有了发布会上的那一幕，政府发言人，包括来自原国家林业局的高级技术官员，对法律修订涉及的基本问题不置一词，却大谈那些作为"合法资产"的虎骨的药用价值，声言下一步要依法"对这些物种及其产品进行管理"[③]。如此，一场关于新修《野生动物保护法》的新闻发布会竟成了预备开放虎骨贸易的吹风会，国家立法与行政机构的官员俨然成了行业代言人[④]。

---

① 梁治平：《〈野生动物保护法〉关键词：对一个法律文本的透视》，https://mp.weixin.qq.com/s/SnB70D11fSy6prGVXdGKSQ，访问日期：2020年11月20日。关于修法过程中围绕法修订草案展开的博弈，参见梁治平：《野生动物保护法修订有多"民主"？写在〈野生动物保护法修订草案〉二审之际》，https://mp.weixin.qq.com/s/-Ti1r-sbryadWFtLj7ml0g，访问日期：2020年11月20日。

② 沙雪良：《野生动物保护法修订：给虎骨、熊胆入药留通道》，http://www.chinanews.com/gn/2016-07-03/7925559.shtml，访问日期：2020年11月20日。

③ 周淇隽：《新〈野生动物保护法〉通过：虎骨入药问题或讨论》，http://china.caixin.com/2016-07-03/100961514.html，访问日期：2020年11月20日。

④ 梁治平：《丧钟为谁而鸣？写在新修〈野生动物保护法〉通过之际》。https://mp.weixin.qq.com/s/F4Zp0BoBwi1ieL_MAXHDMg，访问日期：2020年11月20日。

一年后,《国务院关于严格管制犀牛和虎及其制品经营利用活动的通知》(以下简称《通知》)正式发布,这份文件取代了1993年颁行的《国务院关于禁止犀牛角和虎骨贸易的通知》,解除了已经实行了25年之久的虎骨和犀牛角贸易禁令。这项政策改变立即引发国际舆论的强烈关注,并招致广泛批评。压力之下,国务院宣布暂缓执行新的《通知》,维持原有政策不变。对于那些竭力促成新规并期待从中获益的各方来说,这种变化自然是一种挫折,但对于野生动物产业整体的发展并无影响。相反,借助于新的《野生动物保护法》和一系列利好政策,这个行业进入了一个新的大发展阶段,"中野协"下属三级协会的爆发式成立就发生在这一时期,当非偶然。事实上,如果不是因为这次突如其来的疫情,中国野生动物产业的又一次迅猛发展可以说势不可当。

六

　　因为COVID-19疫情的爆发,人们忽然发现,保护野生动物,除了具有生态保护和维护生物多样性方面的价值,还有公共卫生安全上的价值,后者与人类基本利益的关系甚至更加直接。不仅如此,人们还忽然记起,17年前的那场疫情已然向我们昭示了人类与野生动物关系上的这一重意义,问题是,是什么让我们如此轻忽、如此健忘,以致重蹈覆辙?回顾那段历史,我们看到的就是当下事件的小规模预演。

　　先是在2003年5月底,国家林业局和国家工商总局召开紧急电视电话会议,要求严禁违法捕猎和经营野生动物,禁止出售以野生动物为原料的食品。以致一夜之间,所有和野生动物有关的商业经营活动戛然而止,特种养殖产业顿时面临"灭顶之灾",其影响波及餐饮、贸易、医药等多个行业。然后是6月初,疫情尚未稍缓,湖北省林业局便向国家林业局递交紧急报告,要求国家尽快出台明确的政策,给养殖业一条出路。其他多个省市林业局也纷纷反映养殖业危情。国家林业局则委婉表示:"关于果子狸是非典元凶的说法一直没有得到国家权威部门和世界卫生组织的确认,在这种情况下,完全禁止对野生动物的合法利用是不合适的。"[①] 接下来,在8月上旬,国家林业局悄悄公布了《可商业性经营利用的54种陆生野生动物

[①] 转引自郭高中:《果子狸生死劫》,http://news.sina.com.cn/c/2004-01-12/19122612702.shtml,访问日期:2020年11月20日。本段关于SARS期间围绕果子狸及野生动物经营利用的叙述主要参考了郭高中的这篇文章。

名单》,当时被怀疑是SARS中间宿主的果子狸也赫然在列。自此,国家对有关野生动物的食用、贸易等商业经营活动的禁令便告解除。对此,国家林业局一位"野生动物保护专家"解释说:"在特殊时期对野生动物经营进行全面禁止有其合理性,但是随着人们对SARS的认识越来越理性,这种'一刀切'的做法只是特殊时期的短期行政行为,从长远来看,它违背市场准则,无法真正落实。"① 然而,在林业系统之外,许多专家和民众持不同看法。世界卫生组织在赴广东调查之后表达了他们的担忧,并就中国政府解除野生动物贸易禁令"从动物保护和传染病学两个方面提出了批评"②。有意思的是,故事到这里还没有完。12月24日,广州发现一例新的SARS疑似病例。两周之内,病例增至5人。2004年1月5日,广东省疾控中心发布消息称,广东疑似SARS病例样本的S基因序列与香港大学发现的果子狸携带的SARS冠状病毒的S基因序列比较结果显示,两者高度同源③,这为人类SARS冠状病毒源于果子狸的判断提供了进一步的证据。基于这一判断,专家建议政府将预防SARS的措施前移,禁止屠宰和食用果子狸等动物,以减少感染机会。同日,当地政府展开多部门联合行动,彻底"清剿果子狸"。自然,时过境迁,到这次新冠疫情暴发前夕,这种曾经因为SARS而名声大噪的灵猫类动物,无论养殖的还是野外捕捉的,依然是野味食客们的盘中餐。

此刻,历史正在重演,不同的是,这次灾祸的为害范围与惨烈程度远超前次。因此,公众要求禁绝"野味"的呼声空前高涨,国家的应对措施也更为严厉。2020年2月24日,第十三届全国人民代表大会常务委员会第十六次会议通过一项法律,决定"全面禁止非法野生动物交易、革除滥食野生动物陋习"④。其禁食范围,除了国家保护的陆生野生动物,还及于"其他陆生野生动物,包括人工繁育、人工饲养的陆生野生动物"。相关野生动物养殖产业又一次面临"灭顶之灾",而且这一次,政府主管部门和行业中人显然不能像上次那样,通过制定一个新的、更"科学"的

---

① 转引自郭高中:《果子狸生死劫》,http://news.sina.com.cn/c/2004-01-12/19122612702.shtml,访问日期:2020年11月20日。
② 郭高中:《果子狸生死劫》,http://news.sina.com.cn/c/2004-01-12/19122612702.shtml,访问日期:2020年11月20日。
③ 管轶的说法是:"这个新发病人的病毒,跟我们2003年10月之后取样的动物病毒标本完全吻合。"参见王鸿谅:《野生动物市场曾是SARS病毒温床:"非典"的警示》,《三联生活周刊》2013年第10期,ttps://finance.sina.cn/2020-01-21/detail-iihnzahk5545397.d.html?from=wap,访问日期:2020年11月20日。
④ 《全国人民代表大会常务委员会关于全面禁止非法野生动物交易、革除滥食野生动物陋习、切实保障人民群众生命健康安全的决定》。

可商业性经营利用野生动物名单来规避法律。于是，他们利用法律上的排除条款，或者竭力把某些驯养繁殖的野生动物移入畜禽范畴，或者强把某些爬行类动物说成是水生动物①，以此避开法律的禁制，而他们为此提出的理由也是我们熟悉的，比如驯养繁殖技术成熟、减少野外捕猎、满足市场需求、帮助就业、精准扶贫②、稳定社会等等③。不仅如此，在这种时候，他们又一次扮演代民陈情的角色，带着道德义愤指斥"一刀切"政策的"不科学、不公平"，指责新法的支持者不知民间疾苦，仿佛野生动物产业的存在天然正当和无辜，且养殖户舍此营生别无选择，仿佛他们不是始作俑者，不应该对已经和正在发生的一切负首要责任。实际上，如果SARS疫情之后他们遵从民意，听从世界卫生组织的建议，以国民健康利益为重，对食用野生动物采取严厉的限制措施，如果在2013年开始的修法过程中他们顺应民意，按照全国人大代表议案指明的方向改变其一贯奉行的野生动物开发利用政策，确立野生动物保护的生态观，限制野生动物产业的发展并帮助其转型，今天的许多问题就不会发生。说到底，有关部门竭力推行的那套野生动物产业政策根本上是是有偏差的，我们所有人，包括那些法律意义上"无辜的"养殖户，现在都在承受这种悲剧性后果。问题是，这一切究竟是如何发生的？

---

① 2020年3月4日，农业农村部紧急印发《农业农村部关于贯彻实施全国人大常委会革除滥食野生动物决定的通知》，明确表示中华鳖、乌龟等被列入《国家重点保护经济水生动植物资源名录》和农村农业部公告的水产新品种的两栖爬行类动物将按照水生动物进行管理。有研究者指出，一直以来，陆生与水生野生动物分属不同部门管理，造成不同名录内容交叉、范围划定不清、制定部门不统一，而很多物种被划为水生，本身就不是出于保护，而是为了利用的目的。"现在养殖户和非法利用者想通过进入水生动物的行列，去进行畅通无阻的利益追求，躲避陆生动物所有的严格监管，暴露出我们管理制度的重大缺陷。只要存在厚此薄彼的偏颇，就会有利益集团抓住薄弱环节，谋取利益。如果说现在最大的薄弱环节在哪里，就是水生生物。最大的模糊区域在哪里，就是两栖爬行类。" B-LAB Young Conservationist：《被切割的水生动物保护》，https：//mp.weixin.qq.com/s/ht9TJzqM_wlaljjizyYr0A，访问日期：2020年11月20日。

② 对于林草部门与行业的这种惯用说辞，国务院扶贫开发领导小组办公室主任刘永富在国新办的一次新闻发布会上明确予以否定。参见《限养和禁养野生动物会影响脱贫攻坚？权威回应来了》，https：//baijiahao.baidu.com/s?id=1660943784816971843&wfr=spider&for=pc，访问日期：2020年11月20日。

③ 野生动物产业大省江西林草部门甚至在其力争保全该产业的报告中再三提及果子狸，尽管当记者事后采访时主管官员矢口否认其事。参见章轲：《疫情过后还要养殖果子狸？某地政府部门请示报告引关注》，https：//m.yicai.com/news/100538634.html?from=groupmessage&isappinstalled=0，访问日期：2020年11月20日；牛其昌：《疫情过后还要养殖果子狸？江西省野保局：不属实，相关政策有待国家进一步明确》，https：//m.jiemian.com/article/4087767.html?from=groupmessage，访问日期：2020年11月20日。事实上，围绕全国人大前述决定展开的博弈部分地体现在各地陆续制定的相关政策和法规当中。参见章轲：《多地出台禁野令，"非食用性利用"标准和尺度不一》，https：//m.yicai.com/news/100573571.html?from=singlemessage&isappinstalled=0，访问日期：2020年11月20日。

七

答案或可以通过对"中野协"的深度透视获得。诚然，在其全部活动和账目能够为社会公众知悉之前，我们还做不到这一点，但是即便如此，透过那些既不系统也不够详细的公开资料，它的轮廓已经清晰可辨。正如前文表明的那样，这个法律上的"社会团体"，其实是一个公开但不透明的政、学、商的混合体，一个权力与利益完美融合的小小样本。有人把这样的组织比喻成商人牵引政府的"牛鼻绳"[①]，微观上或不乏根据，宏观上可能失之简单化。因为与一般俘获理论描述的典型场景不同，这里的情形，并不简单是一个自主而强大的私营单位通过合法或非法手段"俘获"监管者，使之服务于自己的利益。相反，这里的政府强大异常，"有形的手"在经济和社会生活中影响巨大，恰与私营部门的自主性程度成反比。这使得政府与企业、公权力与私营部门、监管者与被监管者之间的关系变得相当复杂。一定意义上说，野生动物产业是特定政策的产物，被监管者是监管者的创造物。然而，这并不意味着被监管者仅仅是被动一方，相反，它们一经产生，便会以主体身份参与其中，利用现有政策最大限度地拓展其利益空间。这里，即使不考虑实际生活中可能存在的"寻租""货贿"等问题，监管者与被监管者之间共同利益的纽带也十分坚固。而当这种部门和行业的利益与国民的更大利益不一致甚至相冲突的时候，这些利益相关人便要运用他们掌握的资源去影响政策和法律，让原本应当表达公共利益的政策和法律服务于部门和行业的利益。这时便可能出现另一种监管俘获，即行业通过甚而连同部门表达其利益诉求，部门凭借其实际上的准立法者身份，同时以行业发展所涉之国计民生为口实，对公共政策和法律的制定施加深刻影响，这或者可以被视为一种双重的监管俘获，其最高表现则是法律俘获。2003年SARS背景下禁食"野味"政策的前后变化，10年后开始的《野生动物保护法》的修订及其结果，就是这种法律俘获的明显事例。

诚然，人类对于野生动物的利用由来已久，但这并不能证明野生动物产业在今天的正当性，尤其不能证明一个基本上是20世纪60年代初制定的野生动物政策在今天的正当性。因为，今天我们所面对的最急迫的问题，是发展主义加经济全球化

[①] "如果说，一个政府部门是一头牛，那么，商人就是那根牵绳，而拴住牛的那个鼻环，可能就是这些政府部门与商人的'中间体'——其下属的'群众组织'，协会、学会、基金会。"周易经：《这位福建商人眼中，国家林草局，算什么猎物？》，https://www.sohu.com/a/375304405_749931，访问日期：2020年11月20日。

所造成的人与自然关系的严重失衡,眼下那些直接关系人类文明存续的重大事项,如生态安全、生物安全和公共卫生安全,都与这种失衡有关。正是出于这种认识,中国近年来已将建设生态文明、加强生态安全提升到基本国策的高度。然而,即使是如此重大的战略性调整,在具体的林业政策层面还是被扭转到数十年不变且愈演愈烈的发展野生动物产业的路径上①。这不能不说是国家治理方面的一个失败,其中透露出来的缺漏和不足,不只是国家治理机制上的,也是人们尤其是政策和法律制定者主观认知上的。

须知,在所有经济分类中,野生动物经济是最特殊的一种;在所有产品当中,野生动物产品也是最特殊的一种。这是因为,在其经济价值之外,对于人类来说,野生动物更具有重大的生态、伦理、生物、文化以及公共卫生方面的价值。而且,与后面这些价值相比较,其经济价值最不重要,而且是可替代的,因此,保有和实现这种价值,也只有在不损害其他价值的情况下才具有正当性。这是人类文明发展到今天所面对的情形,且这种情形将随着历史的发展而变得愈加明显。就此而言,整个野生动物产业,而不只是野味经济,都不应该继续盲目发展②。而在当下,如何通过宣传和教育改变人们的错误认知,通过政策和法律引导和规范人们的消费行为,通过更合理更完备的制度建设保障真正的公共利益,杜绝无论监管俘获还是法律俘获现象,正是我们必须严肃面对和认真思考的问题。

---

① 2009年的中央林业工作会议旨在把林业发展放在"建设生态文明""维护生态安全"和"应对气候变化"的战略框架中来认识,而同年由国家林业局领衔制定的《林业产业振兴规划(2010—2012年)》则大谈林业作为"重要基础产业"的复合特性,以及它"在维护国家生态安全、促进农民就业、带动农民增收、繁荣农村经济等方面"非常重要和十分特殊的作用"。参见《中国野生动物养殖产业可持续发展战略研究报告》第252-253页。

② 野生动物的商业性利用如果不是应该被全部取消,也应该被限制在极个别领域,比如野生动物保护区观光。自然,前提是这种活动的具体形式不会对野生动物种群的繁衍和正常活动产生不利影响。

我国疫情信息公开机制以及问题
——基于法规范的分析

赵 宏[*]

摘要：疫情信息公开机制一直是此次新冠病毒疫情防控中的热议焦点，对此问题的理解和评价应首先回溯至法规范的解释中。《传染病防治法》对疫情信息的公开设置了常规和特殊两种方式，而并非"无授权不披露"。但该法更侧重于对法定传染病的防范，对于突发传染病的公布则存在程序烦冗、规范不明等缺陷，必须通过修法或是法解释技术进行弥补。对疫情信息公开机制的考察同样不能忽视《突发事件应对法》。该法对可能发生的突发事件的预警机制的规定，完全能够成为行政机关面对突发传染病时的行动指南，也能够在一定程度上弥补《传染病防治法》的规范不足。而疫情信息作为风险信息的本质，同样警示我们应将"及时"作为其公布的首要原则，而且应在风险防控的整体框架下，重新构建开放多元的信息交流平台。

关键词：传染病防治　疫情信息公布　预警

序言

新冠病毒疫情迄今已蔓延数月，极大考验了国家的公共治理和公共卫生防疫

---

* 作者简介：赵宏，中国政法大学法学院教授，博士生导师。

能力。疫情防控涉及的法律问题众多，例如如何调适应急状态与日常的合法性要求之间的关系，地方政府基于抗疫需要和防控压力是否就能突破上位法发布严格管控措施，那些坚拒湖北人乃至坚拒外地人进入本地的硬核管控是否合法等不一而足，疫情防控也渐次成为依法治国的一次压力测试。疫情信息公开机制又是其中的热议焦点。

这一问题引发热议的原因在于：自武汉市于2019年12月初收治第一例肺炎病例，至1月20日国家卫健委发布公告，称经国务院批准将新冠病毒肺炎确认为乙类传染病，并按照甲类传染病进行预防、控制，时间已经过去近两月。而在此过程中，武汉市卫健委仅在2019年12月31日通报发现27例病毒性肺炎疫情，却强调"未发现人传人现象"，此后就再无任何疫情信息通报和预警提示。上述处置方式在新冠病毒疫情大范围扩散后，引发公众的广泛质疑，公众认为前期信息披露的延宕在很大程度上导致了疫情最终的暴发流行。而某些地方官员在接受采访时被问及"前期信息披露是否不及时"时，又将疫情信息发布的延宕归因为《中华人民共和国传染病防治法》(以下简称《传染病防治法》)的规定，认为依据该法疫情信息披露必须要获得授权，未经授权就不得披露[①]。

疫情信息与寻常的政府信息之间确有一定差异，其判定高度依赖于专业知识和专家经验，尤其是在新兴病毒最初出现时，其危害程度、病理特征以及传播途径均存在极大的不确定性。政府此时权衡是否以及在何种限度内对此类信息进行公布时，对可能引发的大众恐慌、对城市管理可能造成的负面影响予以适度考量也能够理解，但对疫情信息的处理，是否就是"未经授权不得披露"？我国相关法律规范对传染病疫情信息的公开机制究竟作出了何种设定？疫情防控前期的信息披露延宕究竟是法律规定本身的疏漏所致还是地方政府对法律的理解和适用出现了偏差？未来我们又如何通过法律修改和法律适用进行调试，以避免类似情况再次出现？这些问题是当下的热议焦点，也是本文着重讨论的问题。

一、疫情信息公开机制的基础规范

对我国疫情信息公开机制的理解都须首先回到法规范层面。我国关于疫情信

---

① 《武汉市市长周先旺解释与湖北省长口径不一致》，https://www.gege0.com/finance/933643.html，访问日期：2020年3月10日。

息公布的法律规范主要在于《传染病防治法》《中华人民共和国突发事件应对法》（以下简称《突发事件应对法》）以及《突发公共卫生事件应急条例》。但这三部法律规范对疫情信息公布的规定并非完全一致，在很多细节之处反而存在相互龃龉。

（一）三部法律的原则性规定与问题

《传染病防治法》对疫情信息公开的原则性规定在第十九条，"国家建立传染病预警制度。国务院卫生行政部门和省、自治区、直辖市人民政府根据传染病发生、流行趋势的预测，及时发出传染病预警，根据情况予以公布"。此条所明确的内容主要有两点：第一，国家建立传染病预警制度，即传染病信息必须提前预警和对外公布。值得注意的是，此处的"预警"和"公布"在法条中被区分处理，这也为下文所要论及的《突发事件应对法》和《传染病防治法》的衔接予以铺垫；第二，法定的疫情公布主体分别是国务院卫生行政部门以及省级人民政府，这其中不包含市级人民政府。但此处需要注意的是，《传染病防治法》所说的"传染病"，并非公众基于一般认知所认为的所有具有迅速传播和广泛流行可能的疾病，该法第三条对于"甲类、乙类和丙类"传染病有明确列举，且语词表述并没有"等"字作为补充和兜底[①]，从这个意义上说，法定传染病的范围原则上是封闭的。

《突发事件应对法》有关信息公开的原则规定在第四十二条中，"国家建立健全突发事件预警制度。可以预警的自然灾害、事故灾害和公共卫生事件的预警级别，按照突发事件发生的紧急程度、发展势态和可能造成的危害程度分为一级、二级、三级和四级，分别用红色、橙色、黄色和蓝色标示，一级为最高级别。预警级别的划分标准由国务院或者国务院确定的部门制定"，以及第四十二条，"可以预警的自然灾害、事故灾害或者公共卫生事件即将发生或者发生的可能性增大时，县级以上地方各级人民政府应当根据有关法律、行政法规和国务院规定的权限和程序，发布相应级别的警报，决定并宣布有关地区进入预警期"。从此处的规定来看，《突发事件应对法》是通过预警制度来对可能发生的突发事件予以公告。所谓预

---

① 《传染病防治法》第三条："本法规定的传染病分为甲类、乙类和丙类。甲类传染病是指：鼠疫、霍乱。乙类传染病是指：传染性非典型肺炎、艾滋病、病毒性肝炎、脊髓灰质炎、人感染高致病性禽流感、麻疹、流行性出血热、狂犬病、流行性乙型脑炎、登革热、炭疽、细菌性和阿米巴性痢疾、肺结核、伤寒和副伤寒、流行性脑脊髓膜炎、百日咳、白喉、新生儿破伤风、猩红热、布鲁氏菌病、淋病、梅毒、钩端螺旋体病、血吸虫病、疟疾。丙类传染病是指：流行性感冒、流行性腮腺炎、风疹、急性出血性结膜炎、麻风病、流行性和地方性斑疹伤寒、黑热病、包虫病、丝虫病、除霍乱、细菌性和阿米巴性痢疾、伤寒和副伤寒以外的感染性腹泻病。"

警,就是在灾害或是公共卫生事件真正发生之前的警示。此处规定的预警主体是"县级以上地方各级人民政府",而被包含在突发事件中的"公共卫生事件"又被规定于《突发公共卫生事件应急条例》第二条,"本条例所称突发公共卫生事件(以下简称突发事件),是指突然发生,造成或者可能造成社会公众健康严重损害的重大传染病疫情、群体性不明原因疾病、重大食物和职业中毒以及其他严重影响公众健康的事件",其内容包含但又不限于重大传染病疫情。

《突发公共卫生事件应急条例》中有关信息发布的原则规定在于第二十五条,"国家建立突发事件的信息发布制度。国务院卫生行政主管部门负责向社会发布突发事件的信息。必要时,可以授权省、自治区、直辖市人民政府卫生行政主管部门向社会发布本行政区域内突发事件的信息。信息发布应当及时、准确、全面"。这一条与《传染病防治法》的第十九条逻辑大体相同,首先确认国家建立突发公共卫生事件的信息公布制度,其次明确突发公共卫生事件的公布主体在于国务院卫生行政主管部门和省级人民政府的卫生行政主管部门。但依据语词表述,后者须获得国务院卫生行政主管部门的授权,才能向社会公布本行政区域内的突发事件信息。

大致梳理三部法律对于疫情信息公布的原则性规定后,就会产生如下疑问:其一,传染病疫情信息的公布主体到底仅限于国务院卫生行政主管部门以及省级人民政府卫生行政主管部门,还是如《突发事件应对法》所规定的一样,会下沉至"县级以上地方各级人民政府";其二,《传染病防治法》和《突发公共卫生事件应急条例》对疫情信息公布机制的表述并不一致,这应该被理解为法律之间的相互龃龉,还仅仅是语词的表述差异,这种差异规定又如何能通过适宜的法解释获得弥合?其三,《传染病防治法》里所规定的法定传染病范围相对封闭,那么在一种新型病毒最终被确定为法定传染病之前,究竟应按照何种机制进行信息披露?与此相关的是,如何协调《突发事件应对法》和《传染病防治法》之间的关系?两者有关信息公开机制的规定究竟是互有交叉还是前后衔接?

(二)疫情信息的公开主体

《传染病防治法》和《突发公共卫生事件应急条例》都将传染病疫情信息的发布主体锁定为国务院卫生行政主管部门和省级人民政府的卫生行政主管部门,这里并不包括市级人民政府。但上述规定又不免会引发以下质疑:法律所规定的信息公布主体是否级别过高?过高的级别设定会使发生于地方的传染病疫情须经层层上报才能对外公布，这又不可避免地会造成信息公布的延宕①。

但如上文所述，对于传染病的防治，除《传染病防治法》外，还有2007年颁布的《突发事件应对法》可以适用。对于突发事件的应急处理，该法第四条确立了"统一领导、综合协调、分类管理、分级负责、属地管理"的原则。这种"属地管理"的责任在该法中被具体落实于县级以上地方各级人民政府。突发事件应急处理中的重要一环是发布预警。根据该法第四十三条，发布预警的主体就是县级以上地方各级人民政府，其"应当根据有关法律、行政法规和国务院规定的权限和程序，发布相应级别的警报，决定并宣布有关地区进入预警期，同时向上一级人民政府报告，必要时可以越级上报，并向当地驻军和可能受到危害的毗邻或者相关地区的人民政府通报"。又根据第四十四条，如果是发布三级、四级警报，在进入预警期后，县级以上地方各级人民政府应采取的措施包括"……（四）定时向社会发布与公众有关的突发事件预测信息和分析评估结果，并对相关信息的报道工作进行管理；（五）及时按照有关规定向社会发布可能受到突发事件危害的警告，宣传避免、减轻危害的常识，公布咨询电话"。又根据第四十五条，如果是一级、二级警报，在进入预警期后，县级以上地方各级人民政府采取的措施同样包括"……（五）及时向社会发布有关采取特定措施避免或者减轻危害的建议、劝告"。所谓"向社会发布警告""及时向社会发布建议、劝告"等，如果将其做目的性解释，无疑都应被理解为公共卫生事件发生地的县级以上地方各级人民政府在应急处理过程中的信息公开和披露职责。据此，县级以上地方各级人民政府在发现本行政区域内有多例传染病病例，并意识到其可能有演变为突发公共卫生事件的危险时，具有法定职责和义务向公众发布预警，进行相关的信息披露，提示可能的危害后果。

综上，如果我们只是将视线锁定于《传染病防治法》，很容易就会得出疫情信息的公布主体仅限于国务院卫生行政部门和省级人民政府卫生行政部门的结论；但《突发事件应对法》却提示我们，从对突发事件的预警义务中，同样能够寻获县级以上地方各级人民政府对公共卫生事件的信息披露义务②。因此，从法规范的系统性解释角度，将疫情信息的公开主体理解为县级以上地方各级人民政府才更为

---

① 赵宏：《新冠肺炎疫情披露不及时，责任权力如何划分》，http://m.thepaper.cn/nerwsDetail_forward_5700131? from=timeline&isappinstailed=0，访问日期：2020年3月10日。

② 赵宏：《"未经授权不得披露"背后的信息公开制度与问题》，https://www.thepaper.cn/newsDetail_forward_5700131，访问日期：2020年3月10日。

适宜,而这种理解也能够在一定程度上避免公布主体级别过高的问题。但将疫情信息的发布主体扩张至县级以上地方人民政府,又会涉及《突发事件应对法》中的"预警"与《传染病防治法》中的"公开"有何差异、两者间如何协调的问题,对此下文会在第三部分进行详述。

(三)疫情信息的公开机制

在新冠病毒疫情信息公开过程中,争议最大的问题除信息公开主体外,还包括疫情信息的公开机制。有些地方官员将公开机制简单概括为"无授权不披露",但判断这种总结是否准确也需回到对法规范的分析中。

有关疫情信息公开机制的细致规定见于《传染病防治法》和《突发公共卫生事件应急条例》中。但《传染病防治法》第三十八条和《突发公共卫生事件应急条例》第二十五条的规定在表述上并不完全一致。前者规定,"国家建立传染病疫情信息公布制度。国务院卫生行政部门定期公布全国传染病疫情信息。省、自治区、直辖市人民政府卫生行政部门定期公布本行政区域的传染病疫情信息。传染病暴发、流行时,国务院卫生行政部门负责向社会公布传染病疫情信息,并可以授权省、自治区、直辖市人民政府卫生行政部门向社会公布本行政区域的传染病疫情信息",而后者的表述则是,"国家建立突发事件的信息发布制度。国务院卫生行政主管部门负责向社会发布突发事件的信息。必要时,可以授权省、自治区、直辖市人民政府卫生行政主管部门向社会发布本行政区域内突发事件的信息"。

如果只是依据《突发公共卫生事件应急条例》,很容易就会认可所谓"无授权不披露"的总结。该条似乎也表达了突发事件的信息公布权为国务院卫生行政部门专属,省级人民政府的卫生行政部门唯有获得其授权,才能向社会发布信息的意含。但就法律规范的位阶而言,《突发公共卫生事件应急条例》仅是国务院颁布的行政法规,其效力明显低于作为法律的《传染病防治法》。从对法规范的体系性和融贯性解释角度出发,对《突发公共卫生事件应急条例》第二十五条也理应作出符合上位法的解释,而不能认为其是对上位法的突破和背反。据此,解惑"无授权不披露"是否正确的关键,还在于《传染病防治法》第三十八条。从逻辑而言,第三十八条包含四个层级:

其一,国家建立传染病疫情信息公布制度。这就意味着国家对传染病疫情公布负有客观义务,一方面有关传染病疫情信息属于政府应予主动公开的信息,而非豁免公开的保密类信息,另一方面政府还需借助有效的程序和机构落实此项客观义务。

其二、国务院卫生行政部门定期公布全国传染病疫情信息。省、自治区、直辖市人民政府卫生行政部门定期公布本行政区域的传染病疫情信息。此款的关键在于如何理解"定期公布",其究竟只是意味着常规的信息通报,还是同时包含其他内容。

仔细审视本款的架构安排,本款其实可做两个层级的理解:一是国务院卫生行政部门和省级卫生行政部门作为疫情信息的发布主体,负责常规的传染病疫情的信息通报,即所谓"定期公布"。这种常规传染病信息通报所涉及的就是《传染病防治法》所列的甲类、乙类和丙类三类法定传染病。事实上,为落实这种"定期公布"义务,2006年彼时的国家卫生行政主管部门卫生部曾向省级卫生行政机关下发通知,并印发《卫生部关于法定传染病疫情和突发公共卫生事件信息发布方案》。此项方案将"定期"设定为月报、年报两种方式[①]。自此以后,国家卫生行政机关和省级卫生行政机关每月和每年均发布法定传染病疫情报告。二是本款除可被理解为传染病疫情的定期公布机制外,同样暗含了疫情信息发布的央地分工,即对于全国性的传染病疫情信息,由国务院卫生行政部门予以公布,而对于本行政区域内的传染病疫情信息,由省级人民政府的卫生行政部门予以公布。因此,如果传染病疫情在本地发生,省级人民政府的卫生行政部门不仅有权力还负有义务主动向社会公告,法律在此并未规定强制性的"有授权才披露"的信息公布制度。

其三,传染病暴发、流行时,国务院卫生行政部门负责向社会公布传染病疫情信息,并可以授权省、自治区、直辖市人民政府卫生行政部门向社会公布本行政区域的传染病疫情信息。此款应理解为上款央地权限分工的例外,也是常规疫情信息通报机制的例外,所谓省级人民政府的卫生行政部门"无授权不披露"也是针对这种情况[②]。在此情况下,国务院卫生行政部门对传染病疫情信息的发布具有独揽权和支配性,省级人民政府卫生行政部门唯有获得其授权才能对外进行信息发布。但本款包含一项重要的适用前提,即传染病已经达至"暴发、流行"。也因此,对本

---

① 《卫生部关于印发〈卫生部法定传染病疫情和突发公共卫生事件信息发布方案〉的通知》(卫办发〔2006〕79号),http://www.nhc.gov.cn/zwgkzt/pzcyj/201310/caa25c1f23ef4e888ac4f42f4bbbe291.shtml,访问日期:2020年3月10日。

② 赵宏:《"未经授权不得披露"背后的信息公开制度与问题》,https://www.thepaper.cn/newsDetail_forward_5700131,访问日期:2020年3月10日。

款的理解又涉及对"暴发、流行"这组概念的界定。

"暴发、流行"都是在医学上用以形容传染病流行强度的专业术语:"暴发"是指在一定时间内(通常为较短时间内),某地区或单位有较多(或大量)相同传染病疾病患者出现,而这些人又多有相同的传染源或传染途径;而"流行"则指在一地区内,某病发病率显著超过历年(散发发病)水平(一般为前三年平均发病率的3~10倍)[①]。传染病的流行强度排序是从散发到流行再到大流行直至暴发,因此这一款也同时表明,如果某种传染病已从散发进入流行,地方人民政府的卫生行政部门就应主动上报国务院卫生行政部门。国务院卫生行政部门在进行科学评估,确认该传染病已达至暴发、流行程度时,就应将疫情信息向社会公布,或是授权省级人民政府的卫生行政部门对外公布。此外,因与传染病学中对传染病流行程度的归类标准相关,卫生行政部门在判断某种传染病是否达至"暴发、流行"时,原则上必须借助科学判断,而不能参酌行政目标。

其四,不论公布主体是谁,对疫情信息的公布都应当遵循"及时、准确"的原则,而且"及时"还排在"准确"之前。

在梳理完第三十八条的逻辑关联后,我国传染病疫情信息的公开机制大体可描摹如下。传染病疫情信息的公开机制可分为两类:一是常规疫情信息披露机制,这种常规机制按照"属地原则"进行,国务院卫生行政部门定期公布全国传染病疫情信息,省级人民政府卫生行政部门定期公布本行政区域内的传染病疫情信息,这种常规疫情信息披露机制又可被视作传染病疫情信息公布的原则性规定;二是特殊疫情信息披露机制,这种信息披露机制作为前一种情况的例外,其适用条件是某类传染病在某地的传播已经达到"暴发、流行"程度,此时地方人民政府卫生行政部门必须上报国务院卫生行政部门,由其在进行科学预判后向社会公布,或者授权省级人民政府卫生行政部门公布。从这个意义上说,"上报或授权后才公布"并非传染病疫情信息公开的原则,而只是例外。这种例外适用于某种传染病疫情在地方暴发、流行,其感染者数量骤增且影响范围迅速扩散的情况。此时,传染病疫情

[①] 传染病的流行强度可分为四种:1.散发,即某病发病率呈历年来一般水平,病例以散在形式发生,在发病时间及地点上没有明显联系;2.流行,是某病发病率显著超过历年(散发发病)水平(一般为前三年平均发病率的3~10倍);3.大流行,某病在短时间内迅速蔓延,其发病率显著超过该地区历年流行水平,且流行范围超过省、国,甚至洲界;4.暴发,指某地区某病在短时间内(一般以小时、天、周或日计算)发病数突然增多。暴发常由共同接触同一致病因子而引起。《传染病流行强度分类》,http://www.med66.com/web/gonggongjiankangyujibing/lj1503182849.shtml,访问日期:2020年3月10日。

信息的公布权为国家卫生行政主管部门所独揽,地方人民政府的卫生行政部门唯有获得其授权才能对外公布。

二、突发原因不明的传染病疫情信息公开机制

上文就我国传染病疫情信息的发布原则、发布主体以及发布机制进行了规范分析。但值得注意的是,如果仅从《传染病防治法》第三十八条的语词表述来看,其所针对的只是《传染病防治法》所规定的"法定传染病"。这种法定传染病的种类和范围已经由该法第三条予以明确且范围保持封闭。但此次新冠病毒疫情的问题就在于:当出现某种尚未包含在《传染病防治法》中的新兴病毒,且其病理特征、传播途径和危害程度都未经科学彻底澄清,却已在某地方区域内从散发发展为流行乃至暴发,又如何进行信息披露机制的选择?

传染病的出现和流行常常会超出人类当下的认知范畴,这一事实已反复为历史所证明。正因如此,《传染病防治法》对法定传染病的列举虽然相对封闭,但为避免对新出现的病毒防控不足,该法第三条第五款又补充:"国务院卫生行政部门根据传染病暴发、流行情况和危害程度,可以决定增加、减少或者调整乙类、丙类传染病病种并予以公布。"此条同时将增加传染病的权力专门归于国务院卫生行政部门。而需要增加的传染病则是第四条所列的所谓"突发原因不明的传染病",第四条同时规定:"其他乙类传染病和突发原因不明的传染病需要采取本法所称甲类传染病的预防、控制措施的,由国务院卫生行政部门及时报经国务院批准后予以公布、实施。"而国家卫健委于2020年1月20日经国务院批准将新冠病毒肺炎列为乙类传染病,并按照甲类传染病进行预防、控制,正是遵照第三条和第四条的规定进行。

据此,如果对《传染病防治法》第三十八条中的传染病进行狭义理解,认为其仅仅是指该法所明确列举的法定传染病,那么一种并未包含在其范畴内的"突发原因不明的传染病",在适用第三十八条的公布机制时,就须首先经过国务院卫生行政部门确认和增列这一步骤。也唯有国务院卫生行政部门将其增列入乙类或丙类传染病,才能适用上文所说的常规和特殊的信息公开机制。而在国务院卫生行政部门对新型病毒进行最终确认且将其增列为法定传染病前,又会涉及疫情的上

报程序,与此相关的法条是《传染病防治法》第三十三条①。从工作职责来说,地方疾病防控机构主动收集与核实的传染病疫情信息当然不应且不会仅限于《传染病防治法》所规定的法定传染病,还应包括第四条所说的"突发原因不明的传染病"。相应地,其在上报传染病疫情时也不应仅限于该法明确列举的甲类、乙类传染病疫情,如果发现其他"突发原因不明的传染病"已经暴发、流行时,也应该及时报告当地卫生行政部门,由当地卫生行政部门再报告当地人民政府,同时再上报上级卫生行政部门和国务院卫生行政部门。

由此,我们可大致得出《传染病防治法》对"突发原因不明的传染病"的信息公布程序:首先,地方疾病预防控制机构在发现突发原因不明的传染病暴发、流行时,应当及时报告当地卫生行政部门,再由当地卫生行政部门立即报告当地人民政府,同时报告上级卫生行政部门和国务院卫生行政部门;其次,国务院卫生行政部门在对此类新型传染病的病理问题以及流行程度进行科学判断后,如认为其传播速度和危害程度已与本法所列的乙类或丙类传染病相当,且其流传程度已达至"暴发、流行",就应报国务院批准将其列入乙类或丙类传染病,并采取相应级别的防控措施;最后,在新型病毒被增列为法定传染病后,国务院卫生行政部门再按照第三十八条第三款的规定进行疫情信息披露,或是授权省、自治区、直辖市人民政府卫生行政部门进行相关信息披露。

在梳理出法律规定的大致头绪后,关键问题又再次被引出:其一,《传染病防治法》第三十三条规定了传染病(包含突发传染病)的上报程序,这种上报程序只是经过了由地方疾病预防控制机构到当地卫生行政部门,再同时至地方人民政府、上级卫生行政部门和国务院卫生行政部门的简单过程,但法条却并未规定明确的上报时间,而只是将这一过程的时间控制诉诸"立即报告"这一不确定概念。其二,与第一点相同,对于国务院卫生行政部门接到地方人民政府卫生行政部门的报告后应如何进行回应,又何时将一种"突发原因不明的传染病"增列为法定传染病,并进行信息公布和预防控制,法律同样未做明确的期限规定。前置程序的封闭以及期限规定的不明都会不可避免地造成因上报、答复等阶段拖沓迟延信息公开最终被延宕的结果。其三,地方人民政府卫生行政部门向地方人民政府、上级卫生

---

① 《传染病防治法》第三十三条第一款:"疾病预防控制机构应当主动收集、分析、调查、核实传染病疫情信息。接到甲类、乙类传染病疫情报告或者发现传染病暴发、流行时,应当立即报告当地卫生行政部门,由当地卫生行政部门立即报告当地人民政府,同时报告上级卫生行政部门和国务院卫生行政部门。"

行政部门和国务院卫生行政部门上报的前提是"接到甲类、乙类传染病疫情报告或者发现传染病暴发、流行"。如果说法定甲类、乙类传染病疫情报告还相对明确,那么作为补充的后一种"传染病暴发、流行",尤其是一种新型的"突发原因不明的传染病"是否暴发、流行,就有赖于地方人民政府卫生行政部门的行政裁量。但这种行政裁量所依据的如果不只是客观审慎的科学判断,同时还包含了维护社会稳定、避免大众恐慌等其他行政目标的考量,那么上报可能会发生延误。

经由上文分析,如果说《传染病防治法》第三十八条在应对常规传染病的公布时尚且足够的话,那么对突发传染病的公布而言,因为必须首先经由第三十三条的上报以及第四条的确认和增列这些前置程序,就会在公布的及时性上凸显严重不足。而且因为法律对这种上报、增列程序的具体细节性规定明显阙如,且将其完全封闭在行政隶属关系中,这些程序很容易淹没于行政裁量的幕布之下,既无法为公众所知悉,也无法从机制上予以控制。此外,这种对须经上报、确认再对外公布的规定,也会很容易使突发传染病的公布机制被简化理解为"无授权不披露"。这恰恰又为地方人民政府规避责任提供"合法庇护"。疫情信息在本质上属于"风险信息",政府在面对此类信息时,如同进行一般的风险决策,是在"面对未知而决策"。而为避免承担此类风险决策可能产生的政治风险,最佳的处理方式就是自己不做决策,而通过层报、批准、授权等方式将决策风险尽可能上移。本次疫情前期,地方人民政府在信息披露方面毫无实质作为,很难说不是因为上述心态的驱使。

对上述问题的解决除诉诸修法外,似乎还有法解释的弥补可能。第一种做法是将《传染病防治法》第三十八条中所涉及的传染病做广义理解,认为其不仅包含该法所列的法定传染病,而且包含"突发原因不明的传染病"。此时,不仅有关央地分工的常规传染病公布机制能够适用于突发传染病;如果该传染病已蔓延至暴发、流行程度,还可以适用该条第三款规定的特殊信息公布机制。在这种广义理解之下,第三十三条的上报等前置程序和第三十八条的公布程序可以同时进行,而无须经过先上报再确认再公布的先后次序。即当某种突发原因不明的传染病在某地方区域内出现时,省级人民政府卫生行政部门就可以主动公布;如果已暴发、流行则上报国务院卫生行政部门进行公布,而第三十三条所规定的上报程序和第四条所规定的确认程序完全可以嵌入第三十八条第三款的程序步骤中进行。除此做法外,2006年作为彼时国家卫生行政部门的卫生部曾下发《卫生部关于印发〈卫生部法定传染病疫情和突发公共卫生事件信息发布方案〉的通知》①。该项通知第一条规定,"……从本方案公布之日起,卫生部授权各省、自治区、直辖市卫生行政部门在本行政区域内发生传染病暴发、流行以及发生其他突发公共卫生事件时,及时、准确地发布辖区内的法定传染病疫情和突发公共卫生事件信息"。这一规定如果可以被理解为是卫生部的"概括授权"或"一次性授权",那么所谓常规疫情信息披露机制和特殊疫情信息披露机制之间的区别就不再具有显著意义。这也意味着,当发生突发传染病疫情时,省级卫生行政部门完全可依据卫生部此前的概括授权直接对外公布,而无须再遵循"一事一报""一事一授权"的规定,这种处置方式无疑也会在很大程度上缓解《传染病防治法》第四条、第三十三条以及第三十八条所规定的烦冗程序可能造成的疫情信息发布延宕。这种法解释也可作为另一种弥补方式。

三、《突发事件应对法》与《传染病防治法》的衔接

《传染病防治法》将传染病疫情信息的公布主体限定为国务院卫生行政部门和省级人民政府卫生行政部门,但疫情信息公布主体级别过高且过于集中,冗长的上报程序必然会导致信息公布延宕。如上文所述,如果我们对传染病疫情的防控同时参考《突发事件应对法》,这一问题就能在一定程度上获得解决。该法第四十三条、第四十四条和第四十五条都规定县级以上地方各级人民政府,在出现包括公共卫生事件在内的突发事件时,可根据相关法律、行政法规以及国务院规定的权限和程序,发布相应级别的警告,决定并宣布该地区进入预警期。无论是何种级别的警报,在进入预警期后,县级以上地方各级人民政府采取的预警措施中都包含了向社会发布突发事件的危害警告,提示避免或减轻危害的建议、劝告的内容,而这些内容所要求的正是对突发事件的基本信息披露。

如果将《突发事件应对法》纳入参考和依据范围,又会涉及如何协调和衔接两部法律的问题。《传染病防治法》的目的是"预防、控制和消除传染病的发生与流行"②。医学上对传染病的界定有其科学标准,并不依赖于大众的一般认知和恐慌感。而这也是《传染病防治法》明确列举甲类、乙类和丙类传染病,并规定唯有国

---

① http://www.nanan.gov.cn/zwgk/zfxxgkzdgz/jbylws/tfggwssj/201812/972443.htm,访问日期:2020年3月10日。

② 《传染病防治法》第一条。

务院卫生行政部门可"根据传染病暴发、流行情况和危害程度",决定增加、减少或调整乙类、丙类传染病病种的原因。但这也会导出如下问题：医学上对传染病的识别和确认需要一定过程,这就导致无论是科学认知还是法律规范,对于不时暴出的新型病毒都一定具有滞后性。而这也是第三十八条第三款所规定的特殊信息公布机制在应对新型传染病时的症结所在：一方面,为确保对传染病病毒识别和确认的权威性以及准确性,其将"突发原因不明的传染病"的最终确认权和公布权都交由级别最高的国务院卫生行政部门行使;但另一方面,国务院卫生行政部门要掌握发生于地方的突发传染病信息,就必然要依赖地方的层层上报,但这种上报机制在面对类似新冠病毒的传染性极强的突发传染病时,就会极大概率产生反应迟延的问题。那么,又如何避免地方人民政府在国务院卫生行政部门对突发传染病予以最终确定并公布之前毫不作为,同时确保公众在此期间不是完全处于"信息真空"的状态？前文已述,《传染病防治法》第十九条将预警和信息公布相区分,这也提示我们:《突发事件应对法》中所规定的预警机制完全能够适用于《传染病防治法》第三十八条所规定的进行信息公布的前阶段。

突发事件的应对环节包括预防与应急准备、监测与预警、应急处置与救援、事后恢复与重建等过程。其中的"预警",从语词表述而言可被理解为,在灾害或灾难以及其他需要提防的危险发生之前,根据以往的总结的规律或观测得到的可能性前兆,向公众和相关部门发出紧急信号,报告危险情况,以避免危害在不知情或准备不足情况下发生,从而最大限度地降低危害造成的损失。从这个意义上说,预警正是在包括公共卫生事件在内的突发事件真正发生前的警示和提醒。又根据《突发公共卫生事件应急条例》第二条,"突发公共卫生事件"是指"突然发生,造成或者可能造成社会公众健康严重损害的重大传染病疫情、群体性不明原因疾病、重大食物和职业中毒以及其他严重影响公众健康的事件"。据此,需要预警的突发公共卫生事件已经包含了重大传染病疫情、群体性不明原因疾病以及其他严重影响公众健康的事件。

对突发事件的预警首先建立在对突发事件的信息收集基础上,《突发事件应对法》第三十七条规定,"国务院建立全国统一的突发事件信息系统。县级以上地方各级人民政府应当建立或者确定本地区统一的突发事件信息系统,汇集、储存、分析、传输有关突发事件的信息……"第三十八条同样规定,"县级以上人民政府及其有关部门、专业机构应当通过多种途径收集突发事件信息"。在获取信息后还涉及对信息的评估,这一点规定在《突发事件应对法》第四十条①。在进行信息评估的基础上,县级以上人民政府再按照突发事件发生的紧急程度、发展势态和可能造成的危害程度进行相应级别的预警。在宣布进入预警期后,《突发事件应对法》第四十四条和第四十五条规定了相当细致的预警措施,具体包括:启动应急预案;责令相关人员收集、报告有关信息,加强对突发事件发生、发展情况的监测、预报和预警;组织评估,预测突发事件的发生可能性、影响范围和强度大小;向公众公布和披露信息,发布警告;责令应急救援人员进入待命状态,做好应急救援准备;调集应急救援所需的物资、准备应急设施;确保公共设施的正常运行;关闭或限制使用易受突发事件危害的场所,控制或者限制易导致危害扩大的公共活动等②。

上述规范完全可以理解为是行政机关在传染病疫情、突发原因不明的疾病最终大范围流行、暴发之前应当履行的预警义务。这些规定也同样是一种新型病毒开始出现并流行时,县级以上人民政府应有的行动步骤。但非常遗憾的是,在地方政府官员将传染病疫情的发布机制简单理解为"无授权不披露",并因此将自身的应急职责彻底缩减为向上级汇报和听上级指挥后,《突发事件应对法》中对于地方政府应履行的预警义务和行动步骤的规定,也最终在此次疫情发生前期彻底沦为

---

① 《突发事件应对法》第四十条:"县级以上地方各级人民政府应当及时汇总分析突发事件隐患和预警信息,必要时组织相关部门、专业技术人员、专家学者进行会商,对发生突发事件的可能性及其可能造成的影响进行评估……"

② 《突发事件应对法》第四十四条:"发布三级、四级警报,宣布进入预警期后,县级以上地方各级人民政府应当根据即将发生的突发事件的特点和可能造成的危害,采取下列措施:(一)启动应急预案;(二)责令有关部门、专业机构、监测网点和负有特定职责的人员及时收集、报告有关信息,向社会公布反映突发事件信息的渠道,加强对突发事件发生、发展情况的监测、预报和预警工作;(三)组织有关部门和机构、专业技术人员、有关专家学者,随时对突发事件信息进行分析评估,预测发生突发事件可能性的大小、影响范围和强度以及可能发生的突发事件的级别;(四)定时向社会发布与公众有关的突发事件预测信息和分析评估结果,并对相关信息的报道工作进行管理;(五)及时按照有关规定向社会发布可能受到突发事件危害的警告,宣传避免、减轻危害的常识,公布咨询电话。"《突发事件应对法》第四十五条:"发布一级、二级警报,宣布进入预警期后,县级以上地方各级人民政府除采取本法第四十四条规定的措施外,还应当针对即将发生的突发事件的特点和可能造成的危害,采取下列一项或者多项措施:(一)责令应急救援队伍、负有特定职责的人员进入待命状态,并动员后备人员做好参加应急救援和处置工作的准备;(二)调集应急救援所需物资、设备、工具,准备应急设施和避难场所,并确保其处于良好状态,随时可以投入正常使用;(三)加强对重点单位、重要部位和重要基础设施的安全保卫,维护社会治安秩序;(四)采取必要措施,确保交通、通信、供水、排水、供电、供气、供热等公共设施的安全和正常运行;(五)及时向社会发布有关采取特定措施避免或者减轻危害的建议、劝告;(六)转移、疏散或者撤离易受突发事件危害的人员并予以妥善安置,转移重要财产;(七)关闭或者限制使用易受突发事件危害的场所,控制或者限制容易导致危害扩大的公共场所的活动;(八)法律、法规、规章规定的其他必要的防范性、保护性措施。"

空转。

综上,如果我们如《传染病防治法》第十九条规定所言,将预警与疫情信息公布相互区分,那么《突发事件应对法》所规定的包括了向社会公告在内的预警举措,正好能够被作为国务院卫生行政部门经过科学确认,将突发传染病增列入法定传染病并向社会明确公告,且启动传染病防控措施的"前步骤"和"前阶段",《突发事件应对法》和《传染病防治法》也由此得以有效衔接。而这种衔接也能在一定程度上避免地方人民政府在面对突发传染病时应对无据,或者只是为了推卸责任而仅上报了事,却在上级机关发布最终指令前毫不作为。

四、"及时"作为疫情信息公布的首要原则

《传染病防治法》所规定疫情信息的公布原则是"及时、准确"。《突发公共卫生事件应急条例》又在"及时、准确"之上加入了"全面"要求。但从两部法律规范来看,"及时"在排序上都优于"准确"。这样的排序也正契合疫情信息的独特性。

与其他的政府信息不同,疫情信息在本质上属于风险信息,这也意味着它不仅直接依赖于专业科学判断,而且在范围、内容、边界等各个方面都存在着极大的不确定性,这种不确定性又需要此后持续的科学研究予以澄清。以此次新冠病毒为例,其出现至今在传播途径、病毒性征、危害程度等诸多问题上都仍旧存在不明确之处。因此,公权机关在考虑是否发布信息时,如果还要以日常的政府信息发布为准、以完全的确定性和准确性作为第一要务,就会大大延宕信息发布,个人也会因此丧失依据信息指示进行及时有效防控的可能。

也因为其本质上属于风险信息,应将疫情信息的发布,放置在风险预防的整体框架下进行[1]。风险预防原则是法律上为应对风险社会所提出,其要求决策者在相应的证据、信息不充分或者难以解释的情况下采取行动。由于不需要充分的证据表明危害确定会发生,这样的原则相当于授权行政机关根据专业知识判断是否存在需要预防的风险,这种判断既涉及对未来的预测,又涉及专业知识运用。基于这种风险预判,行政机关不仅有权力而且有义务进行积极防御[2]。风险预防的核心要

---

[1] 沈岿:《传染病防控信息发布的法律检讨》,https://mp.weixin.qq.com/s/3tqdl7emUiARXADi1YjLJA,访问日期:2020年2月16日。

[2] 赵鹏:《风险社会的行政法回应:以健康、环境风险规制为中心》,中国政法大学出版社2018年版,第122页。

义在于对科学上不确定的危害积极采取事前干预。其适用要点又包括：其一，应当避免损害；其二，科学研究对认识相关的威胁具有重要作用；其三，即使对于损害和原因缺乏因果关系的结论性证明，及时地采取预防危害的行动也是基本的要求[1]。从这个意义上说，"及时"是风险预防的核心准则。对可能发生的突发事件进行提前预防，而非仅是在其发生后进行被动应对，这一认识已规定在《突发事件应对法》第十八条中[2]。该法第二十条还首次将"风险评估"作为预防机制的重要一环[3]。但因为风险预防涉及的法律问题复杂，在操作上又依赖于诸多专项问题，这也使得《突发事件应对法》尽管纳入了"风险评估"的概念，但在此方向上却再未有显著作为。

据此，如果将疫情信息的公布放置在风险预防的整体框架下理解，那么"及时"作为信息公布原则，在位阶次序上显然就会优于"准确"和"客观"。《传染病防治法》虽然将"及时"列在"准确"之前，但如上文所分析的，其对疫情信息公布机制的设计显然无法实现"及时"的要求。尤其是法定传染病疫情公布主体级别过高且过于单一，对突发传染病的信息公布因为同时嵌套了第四条、第三十三条和第三十八条，而必须历经从上报到确认再到公布的复杂过程，这些规定所要满足的都是"准确"和"客观"要求而非"及时"。但此次的新冠病毒性肺炎疫情却警醒行政机关，对此类信息的发布绝不能等到所有细节均确定后再进行，"必须在强化的风险跟踪意识之中，持续将不断确定的信息公布，减少以往发布的信息的不确定性，甚至自我纠正过去发布的错误信息"[4]。

事实上，上述观念在国务院2006年发布的《国家突发公共事件总体应急预案》中已有明确表达，"突发公共事件的信息发布应当及时、准确、客观、全面。事件发生的第一时间要向社会发布简要信息，随后发布初步核实情况、政府应对措施和

---

[1] 赵鹏：《风险社会的行政法回应：以健康、环境风险规制为中心》，中国政法大学出版社2018年版，第104页。

[2] 《突发事件应对法》第十八条："应急预案应当根据本法和其他有关法律、法规的规定，针对突发事件的性质、特点和可能造成的社会危害，具体规定突发事件应急管理工作的组织指挥体系与职责和突发事件的预防与预警机制、处置程序、应急保障措施以及事后恢复与重建措施等内容。"

[3] 《突发事件应对法》第二十条："县级人民政府应当对本行政区域内容易引发自然灾害、事故灾难和公共卫生事件的危险源、危险区域进行调查、登记、风险评估，定期进行检查、监控，并责令有关单位采取安全防范措施。省级和设区的市级人民政府应当对本行政区域内容易引发特别重大、重大突发事件的危险源、危险区域进行调查、登记、风险评估，组织进行检查、监控，并责令有关单位采取安全防范措施……"

[4] 沈岿：《传染病防控信息发布的法律检讨》，https://mp.weixin.qq.com/s/3tqdl7em UiARXADi1YjLJA，访问日期：2020年2月16日。

公众防范措施等,并根据事件处置情况做好后续发布工作"。这一规定已经细致描述出对突发公共卫生事件的信息公布细则:其一,"及时"应作为首要原则,事件发生的第一时间就要向社会公布,而不能拖延甚至隐瞒;其二,因为病毒识别和信息澄清需要持续的过程,行政机关可在第一时间发布简要信息后,再持续地进行核实,并根据情况做好后续发布。

五、疫情信息公开的个人角色

如果将疫情信息公布放置在风险预防的整体框架下认识,就会牵出疫情信息公开过程中的个人角色问题。在风险社会下,政府需更广泛地"决策于不确定性之中",也因此会突显出信息收集和知识储备的严重不足。在此次新冠病毒性肺炎暴发初期,地方政府在信息披露环节存在明显延宕,造成延宕的原因如果排除政府对维护秩序稳定以及避免公众恐慌等政治目标的可能考量外,还有一项关键原因就是:在面对突发传染病时,政府的认知、评断能力也同样有限。

既然政府对疫情信息的收集和处理能力同样有限,那么公众对疫情信息的获知就不能仅依赖于政府收集和提供,而应有其他的信息来源。这一点对于国家的要求就是:其不能将疫情信息的发布渠道仅封闭为行政机关,而应更多地向社会组织或是专业人士开放,尤其是不能阻断民间的疫情信息交流。申言之,应该建立一个"充分开放、流动畅通的,更多专业判断但不排斥其他适当信息源、信息流的信息空间,而不是封闭、零碎、割裂的信息黑箱以及狭窄、阻滞、扭曲的信息通道"[①]。《突发事件应对法》第三十八条对此其实已有规定,"县级以上人民政府及其有关部门、专业机构应当通过多种途径收集突发事件信息"。

当疫情信息的发布渠道不再为行政机关垄断,而同时向个人开放,那么个人在疫情信息公开中的角色就会从被动的信息接收者转变为积极的信息发布者。这一点符合数据时代信息交流的一般常态,也能在很大程度上弥补政府收集和处理信息能力的不足所导致的疫情信息发布延宕和缺位。除能促进疫情信息发布的及时准确外,建构更开放的信息交流平台,允许更多样的声音发出,同样能够使政府从难以承受的信息重负中解脱。从历次突发事件的处理过程来看,因垄断信息提供

[①] 沈岿:《传染病防控信息发布的法律检讨》,https://mp.weixin.qq.com/s/3tqdl7emUiARXADi1YjLJA,访问日期:2020年2月16日。

并对民间禁言，公众在事后就会将事件起因全部归咎于政府，政府也会因公众责难而承受巨大政治压力和信任危机，反过来会通过对突发事件的集中强化治理来挽回信任流失，这种治理或许在短期内会呈现明显的行政效果，但对建立长效的风险预防机制却没有太多助益。

当然，开放民间的信息交流，不免就会有编造虚假信息、散布谣言等情形出现。《中华人民共和国治安管理处罚法》（简称《治安管理处罚法》）[①] 和《中华人民共和国刑法》（简称《刑法》）[②] 对上述违法行为也配置了相应的行政处罚和刑罚措施。但在疫情发展初期，上述惩罚措施在很大程度上被滥用，公权机关基于对政府稳定的考量以及对谣言和虚假信息的忌惮，惯性地将很多未经核实的信息都一律按照谣言对待，这就使信息发布仍旧被垄断和封闭于政府管控之下，且最终严重伤及疫情信息发布的及时准确性[③]。从这个意义上说，要建立一个开放流通的风险信息交流平台，就需要政府对多样的民间声音保持一定的宽容，而不是通过启动惩罚机制，要求人们对未经确定的事情彻底噤声。

六、余论

疫情发展至今，已成为法治水平和公共治理的压力测试。在这当中受到检测的尤其包含传染病疫情的信息公开机制。"非典"疫情已经在此方面敲响警钟，在此之后，我们也相继出台《传染病防治法》《突发事件应对法》和《突发公共卫生事件应急条例》等法律规范，对此领域的制度缺失进行填补。但在面对此次新冠病毒性肺炎疫情的过程中，我国的信息公开机制仍旧暴露出诸多问题。这些问题确有法律规定本身的不尽合理，例如对法定传染病之外的突发传染病的识别、确认和防控需经过上报、授权等烦冗程序，不利于信息的及时披露；但更多地并非在于法律规范本身，而是在于对相关法律的理解、尊重乃至积极执行。换言之，目前的法律储备对于我们应对突发疫情绝非"严重不足"，相反是能够满足基本的应急需

[①] 《治安管理处罚法》第二十五条："有下列行为之一的，处五日以上十日以下拘留，可以并处五百元以下罚款；情节较轻的，处五日以下拘留或者五百元以下罚款：（一）散布谣言，谎报险情、疫情、警情或者以其他方法故意扰乱公共秩序的；……"

[②] 《刑法》第二百九十一条之一："……编造虚假的险情、疫情、灾情、警情，在信息网络或者其他媒体上传播，或者明知是上述虚假信息，故意在信息网络或者其他媒体上传播，严重扰乱社会秩序的，处三年以下有期徒刑、拘役或者管制；造成严重后果的，处三年以上七年以下有期徒刑。"

[③] 罗翔：《如何理解妨害公务罪中的暴力与威胁？》，https://www.thepaper.cn/newsDetail_forward_3922687，访问日期：2020年3月10日。

要的。但遗憾的是,很多地方政府似乎并未从此前的"非典"事件中接受教训,在面对重大疫情时,仍旧惯性地将信息披露责任尽量地向上转移,甚至通过将疫情信息发布机制简化为"无授权不披露"来逃避面对突发事件时的预警义务和信息公布责任,而这种消极不作为也使《突发事件应对法》作为《传染病防治法》的"前阶段"所规定的诸多应急措施和行动步骤,最终沦为空转。从这个意义上说,系统梳理我国目前有关疫情信息公开机制的规范,对其进行法解释向度的分析和澄清,不仅有助于发现规范可能存在的缺漏,也有助于我们重新检视、理解这些规范的基本意含和相互关联,从而使这些法规范能够真正落实为行政机关的行动步骤,而不致在风险危机再次来临时仍旧被虚置和空转。

地方主义、跨区域事务与地方立法改革
——以抗击新冠肺炎过程中的央地关系为视角

郑 毅[*]

摘要：2020年抗击新冠肺炎的过程中出现了各种地方主义现象，其具有央地关系改革、跨区域事权归属、地方立法制度等多维度、深层次背景，但相关疫情法治研究未被充分关注。从理论逻辑、规范表达、改革实践乃至比较视角来看，新冠肺炎疫情防控这类重大跨区域事项均属典型的中央事权范畴，且国家的统筹实施也的确取得了喜人的疫情控制效果。然而，作为一些不和谐因素出现的地方主义做法，却同样在逻辑、规范乃至实践中可能经由地方立法的途径获得一定形式的合法性。该悖论的根源在于央地事权与支出责任划分改革同央地立法权改革的关系误区、跨区事务的精细类型化不足以及社会主义法制统一的实质化转型尚待深化。应警惕地方立法权沦为地方主义的"法治外衣"，着重从协同度、精细度、匹配度、控制度四个方面科学推动地方立法权改革。

关键词：地方主义　跨区域事务　地方立法改革　疫情防控　中央与地方关系

---

[*] 作者简介：郑毅，中央民族大学法学院副教授，法学博士。
本文受司法部2017年度国家法治与法学理论研究项目中青年课题"《立法法》修改后设区的市级立法权实施的理论与实践问题研究"（项目号：17SFB3011）、北京市2017年度优秀人才培养资助计划青年骨干个人项目"北京城市治理法治化问题研究"资助。

一、问题的提出

2020年肆虐的新冠肺炎疫情,对社会秩序乃至国家治理能力提出了严峻的考验。围绕疫情防控法治议题,法学界反应迅速,大量随笔、评论、内参建议"你方唱罢我登场",为国家防疫大局贡献智识。一些法学刊物也迅速组织专题稿件,集中刊发系统讨论疫情防控法律问题的研究论文,引发了较大的社会影响[①]。

就目前的文章主题分布而言,笔者认为至少呈现如下三方面特征。其一,对新冠肺炎防治"就事论事"的研究占据较大篇幅。部分成果虽然透过疫情防治本身深入背后的突发事件应对、传染病防治等议题,但仍具有相对鲜明的追踪热点的时效性色彩。其二,由于疫情防治工作本身在相当程度上仰仗于政府的积极作为,因此相关行政法论文在规模上远远大于其他法学学科[②]。该局面的形成自然有其客观基础,但从应然层面来说,疫情防控本身涉及多个部门法的协同规制,仅仅仰仗行政法学的"一枝独秀"不仅无法全面回应新冠肺炎抗击过程中的法治问题,而且其他部门法学研究的相对滞后将放大"木桶效应",拖累依法抗疫的整体效率。其三,与行政法学成果相比,宪法学成果不仅规模较少,且视角较为单一。目前相当规模的研究聚焦外来人员的平等权、就业权、隐私权等有限议题[③],反而对国家机构及国家权力配置等着墨有限[④],近年来宪法学研究国家机构转向的趋势和成

---

① 如《财经法学》2020年第3期围绕"疫情防控法律问题"组稿了六篇文章;《法学》2020年第3期专门组稿"突发公共卫生事件的法律应对"专题,其中六篇论文分别从宏观疫情法治、行政法、刑法和民法等角度展开讨论;《法学评论》2020年第2期亦组稿四篇文章构成"疫情防控法律"专栏。此外,2020年3月1日,《清华法学》和《清华法律评论》也正式就"疫情防控与法治"专题发布了长期征稿启事。

② 如《法学》2020年第3期组稿"突发公共卫生事件的法律应对"专题的六篇文章中,行政法学论文占据"半壁江山",分别从信息公开、行政组织法和《中华人民共和国传染病防治法》适用等方面切入;《法学评论》2020年第2期组稿的"疫情防控法律专栏",虽然在"编者按"中提出了18个相关议题,但实际上四篇文章无一例外均主要从行政法学视角展开。而根据中国法学会研究部于2020年3月18日发布的《关于进一步做好新冠肺炎疫情防控后期法律问题研究的通知》附件1《关于新冠肺炎疫情防控期间各研究会提交研究成果及编发〈要报〉的情况》显示,在中国法学会的二级研究会中,行政法研究会以提交30篇成果遥遥领先,而似乎更为直接相关的中国卫生法学会反而仅提交17篇成果位居第二,至于其他研究会则没有提交超过4篇者。

③ 客观上,人权保障确实是从宪法学视角讨论新冠肺炎疫情法治的重要切入点,如2020年3月26日《人权》杂志发布的专题征稿启事就将"重大突发公共卫生事件重大人权保障"作为首要主题。

④ 这类比较少见的宪法学成果代表如王建学:《论突发公共卫生事件预警中的央地权限配置》,《当代法学》2020年第3期,第54-63页。而2020年2月9日《中国社会科学院研究生院学报》编辑部发布的"重大疫情防控与国家治理"专题研究征稿启事下设中的"疫情防控中的府际关系与协调治理研究",则是笔者掌握的有限学术信息中极少数直接聚焦疫情防控中的国家机构纵向关系的典型例证。

果并未充分体现①。

笔者认为,反思整个法治抗疫过程,不仅要对那些社会热点给予孤立的关注,更应透过现象看本质,对这些热点背后所蕴含的深层政法议题"解剖麻雀"。因为从某种意义上说,新冠肺炎疫情为我们发现、重视这些深层问题提供了难得的观察契机。如,2020年2月初,大理市卫生健康局因截留其他省市过境的防疫物资而引发热议②。但值得玩味的是,在云南省应对疫情工作领导小组指挥部对大理州大理市人民政府及大理市卫生健康局征用疫情防控物资的通报批评中,批评的理由被表述为"该做法严重影响了兄弟省市防控疫情的工作和与兄弟省市人民的感情"③,并未涉及合法性的判断,然则大理市卫生健康局的行为在现行法律框架下究竟有无空间?又如,2020年3月下旬,在疫情得到初步控制,各地逐渐复产复工之时,又爆出多辆湖北县市的点对点大巴包车在到达目的地城市附近高速收费站时遭遇劝返或无法下高速的情况,由于此时尚未进入正式的招聘用工阶段,有关学者建议适用的《中华人民共和国就业促进法》第三十条严禁基于传染病病原携带的就业歧视的规定能否发挥预期的规制效果④?还如,许多省份推行的电子健康通行码在早期仅限于地方间互认的范围,对来自互认地方之外的人员依然强制隔离,这种基于"地方性双边或多边协议"对人口迁徙的额外限制又是否具有法律依据⑤?更有甚者,2020年3月27日,江西省九江市浔阳区和湖北省黄冈市黄梅县甚至在连接两地的九江市长江一桥上发生了双方执法人员群体性冲突事件,后由双方新冠肺炎疫情防控工作指挥部联合发布《九江市浔阳区和黄冈市黄梅县关于疫情防控期间九江长江大桥一桥安全有序通行的公告》明确"双方互认湖北健康码

---

① 有学者对宪法学研究的国家机构教义学转向进行了全面剖析,参见张翔:《中国国家机构教义学的展开》,《中国法律评论》2018年第1期,第23-31页。

② 《云南对大理市征用疫情防控物质予以通报批评》,http://www.yn.gov.cn/ztgg/yqfk/zsdt/202002/t20200206_188609.html,访问日期:2020年5月24日。

③ 《云南对大理市征用疫情防控物质予以通报批评》,http://www.yn.gov.cn/ztgg/yqfk/zsdt/202002/t20200206_188609.html,访问日期:2020年5月24日。

④ 徐艳红:《委员、专家呼吁:依法防疫严禁各种"地域歧视"行为》,《人民政协报》2020年5月24日,第8版。

⑤ 如2020年3月11日山东省委新冠肺炎疫情处置工作领导小组(指挥部)办公室发布《关于印发〈关于加快山东省电子健康通行码互认应用的工作方案〉的通知》(第238号),山东省首先与北京、天津、河北、黑龙江、上海、浙江、安徽、河南、广东、重庆、四川、贵州、青海、新疆等14个省(区、市)建立了省级互认,http://www.shandong.gov.cn/art/2020/3/11/art_107851_106037.html,访问日期:2020年5月24日。

和赣通码"才使问题最终得以解决①。针对疫情防控特殊时期出现的种种地方主义,又应如何施以法治应对?

前述事例其实具有一定的共同点,即本质上均为跨行政区域事务,却在"全国一盘棋"式的协同应对新冠肺炎疫情的过程中呈现出浓重的地方主义色彩。这就使得问题的讨论超越了疫情防治的"就事论事"本身,而进入更为深远的央地关系的层面。考虑到2015年《中华人民共和国立法法》(以下简称《立法法》)对设区的市实施立法权下放改革,2019年底第二十五次全国地方立法工作座谈会又释放出"逐步有序释放地方立法空间"的进一步放权信号,这都使得地方主义在地方立法层面获得形式基础的风险日益增加。对此,又应何去何从?

二、身份界定:重大传染病防疫作为跨区事务的中央事权属性

2019年党的十九届四中全会通过的《中共中央关于坚持和完善中国特色社会主义制度推进国家治理体系和治理能力现代化若干重大问题的决定》将"坚持全国一盘棋,调动各方面积极性,集中力量办大事的显著优势"归纳为我国国家制度和国家治理体系的显著优势之一,这在抗击新冠肺炎的过程中也得到了充分的印证。

首先,理论上,重大传染病防疫事务属于中央事权。一般认为,现代国家央地事权划分的本质目标在于促进政府公共商品供给效率的最大化。对于政府所提供的公共商品的经典划分多采取三分法,即全国性公共商品、地方性公共商品和混合性公共商品。其中,全国性公共商品的特征有三:受益范围为整个国家疆域内的全体公民;其受益在全国范围内散布均匀;效益的外溢性决定其只能由中央政府提供②。这与重大疫情防护所呈现出的特征颇为吻合:由于疫情传播的弥散性,任何地方均难以独善其身,而仅仅依靠某一个或某几个地方的自力作为也无济于事。防疫成功则举国同庆,防疫不力则四方皆休。从这个意义上讲,其一,从最原初的动力来说,除非可能关系到自身的抗疫形势,否则各地缺乏对其他地方抗疫给予充分关注的积极性,"自扫门前雪"是地方意识的必然选择;其二,任何孤立的地方乃至特定范围内部分联合的地方的抗疫过程均面临输入性风险,此为地方性

---

① 有学者从技术的角度考察健康码地域限制问题,参见查云飞:《健康码:个人疫情风险的自动化评级与利用》,《浙江学刊》2020年第3期,第28-35页。

② 文政:《中央与地方事权划分》,中国经济出版社2008年版,第155页。

公共商品供给所不能承受之重;其三,中央必须保障全国抗疫进程的协调一致,否则任一地方的"短板"均可能导致抗疫全局的"木桶"最终功亏一篑。因此,尽管防疫事务在实施过程中基于央地共同参与的形式而似乎具有某些"混合性公共商品"色彩,但实际上央地的"共同参与"具有结构性特点——中央和地方并非一般意义上基于纯粹空间范围的"混合性"事务分担,而是存在功能导向的"决策-执行"的角色差异,这本质上是"各个行政单位和自治单位都接受中央的统一领导"的单一制本质特征的体现①(而且主要是具有权威委托或代理特征的"中央集权型单一制"②),因而与我国的制度实践存在深度的耦合性。

其次,规范上,跨区传染病防治事务属于"中央的统一领导"的当然内涵。作为我国央地关系总纲的《中华人民共和国宪法》(以下简称《宪法》)第三条第四款规定,"中央和地方的国家机构职权的划分,遵循在中央的统一领导下,充分发挥地方的主动性、积极性的原则",初步奠定了我国央地关系二元化格局的结构。所谓"地方的积极性",主要包括事权范围的规范明确性、与事权范围相匹配的财政资源的掌控、个别事权归属或财政资源争议的纠纷解决机制等③;所谓"地方的主动性",则一般解作"不待外力推动而行动"④。具体到抗击新冠肺炎的具体过程中,对于特定地方而言,即便是面对跨行政区域的防控措施,其关注焦点也始终在于本地的疫情,缺乏"代庖"其他地方防疫工作的充沛动机,即"地方政府不具有提供全国性公共商品的积极性"⑤;即便基于人口流动等因素而关注到疫情防控的输入性和外溢性,也会囿于地方财政等公共资源的局限而制约"主动性"的充分发挥。因此,跨区防疫事务也就更多地被归入"中央统一领导"的内涵。一方面,"凡属全国人大及其常委会和国务院所管辖者必然是中央事权"⑥,而《宪法》第八十九条第(七)项规定,国务院行使"领导和管理教育、科学、文化、卫生、体育和计划生育工作"的职权,这就为前述判断提供了根本法依据;另一方面,虽然《宪法》第一百零七条规定,"县级以上地方各级人民政府依照法律规定的权限,管理本行政区域内

---

① 何华辉:《比较宪法学》,武汉大学出版社1988年版,第148页。
② 熊文钊:《大国地方:中央与地方关系法治化研究》,中国政法大学出版社2012年版,第3页。
③ 郑毅:《论中央与地方关系中的"积极性"与"主动性"原则:基于我国〈宪法〉第3条第4款的考察》,《政治与法律》2019年第3期,第59页。
④ 中国社会科学院语言研究所词典编辑室:《现代汉语词典》,商务印书馆2012年版,第1699页。
⑤ 文政:《中央与地方事权划分》,中国经济出版社2008年版,第156页。
⑥ 王建学:《中央的统一领导:现状与问题》,《中国法律评论》2018年第1期,第50页。

的经济、教育、科学、文化、卫生、体育事业、城乡建设事业和财政、民政、公安、民族事务、司法行政、计划生育等行政工作,发布决定和命令,任免、培训、考核和奖惩行政工作人员",但其中"本行政区域内"的限定实际上仅具有空间范围上的区分度,并不符合前文所指出的传染病防治这一特殊"公共商品"在央地之间"结构性混合"的本质特征。

最后,改革中,类型化的央地支出责任划分方案将全国性重大传染病防治作为中央事权。近年来,我国央地关系(事权和支出责任划分)改革"原则指导+分类实施"的趋势逐渐明朗:在2016年《国务院关于推进中央与地方财政事权和支出责任划分改革的指导意见》(国发〔2016〕49号)(以下简称"2016年国务院49号文")提出总体实施框架和基本原则的基础上,2018年至2019年间在基本公共服务、科技、教育等不同领域的类型化推进逐渐深入[①]。其中,2016年国务院49号文就直接明确:"要逐步将国防、外交、国家安全、出入境管理、国防公路、国界河湖治理、全国性重大传染病防治、全国性大通道、全国性战略性自然资源使用和保护等基本公共服务确定或上划为中央的财政事权。""全国性重大传染病防治"作为中央事权的属性毋庸置疑。《国务院办公厅关于印发医疗卫生领域中央与地方财政事权和支出责任划分改革方案的通知》(国办发〔2018〕67号)(以下简称"2018年国务院办公厅67号文")进一步将"公共卫生"分为基本公共卫生服务和重大公共卫生服务,并在重大公共卫生服务项下明确规定:"全国性或跨区域的重大传染病防控等重大公共卫生服务……上划为中央财政事权,由中央财政承担支出责任。将原重大公共卫生服务中的中医药事业传承与发展划入能力建设方面。除上述项目之外的原重大公共卫生服务项目,纳入基本公共卫生服务统筹安排。"而即便是基本公共卫生服务——根据《国务院办公厅关于印发基本公共服务领域中央

---

① 2013年十八届三中全会和2014年十八届四中全会明确了央地事权改革的法治路径;在2014年的《国务院关于改革和完善中央对地方转移支付制度的意见》(国发〔2014〕71号)奠定了转移支付制度基本框架之后,2016年的《国务院关于推进中央与地方财政事权和支出责任划分改革的指导意见》(国发〔2016〕49号)建构了央地财政事权和支出责任划分基本体系。此后,2018年的《国务院办公厅关于印发基本公共服务领域中央与地方共同财政事权和支出责任划分改革方案的通知》(国办发〔2018〕6号)、《国务院办公厅关于印发医疗卫生领域中央与地方财政事权和支出责任划分改革方案的通知》(国办发〔2018〕67号),2019年的《国务院办公厅关于印发科技领域中央与地方财政事权和支出责任划分改革方案的通知》(国办发〔2019〕26号)和《国务院办公厅关于印发教育领域中央与地方财政事权和支出责任划分改革方案的通知》(国办发〔2019〕27号)等则开始分别聚焦基本公共服务、科技、教育、卫生等具体领域。部分文件综述可参见涂缦缦:《制定我国〈政府间财政关系法〉的重点与难点》,《政治与法律》2019年第8期,第151-161页。

与地方共同财政事权和支出责任划分改革方案的通知》(国办发〔2018〕6号)——原则上亦属于中央与地方共同财政事权范围,但中央仍对基础标准的制定具有决定权。

值得一提的是,世界上其他一些单一制国家也存在与我国类似的事权划分立场。如英国将护理、医院等公众健康事项作为中央政府(而非郡政府或区政府)事权①;法国将医院明确为中央政府事权,而卫生保健事项则被列为中央与省和市镇(不包括大区)共同事权②。相对于我国的"中央集权型单一制",这些国家的"地方分权型单一制"使其地方单位在卫生事权的划分中获得了相对更大的比重③,但并未从根本上动摇在新冠肺炎这类全国性重大传染病的防控过程中中央事权的决断性、根本性角色的扮演。前述机制在2020年以英国、法国、意大利为代表的欧洲国家在抗击新冠肺炎的实践中得到了充分印证。相反的是,美国在抗疫的艰难时刻,虽然意识到举国动员、强制隔离之类措施的必要性,但由于联邦宪法并未赋予联邦政府在公共卫生紧急状态下的专断权力、内政事务上的紧急权力以及警察、卫生等均属于州保留事权,即便在国家紧急状态下,联邦政府也只能运用联邦负责的社保项目、财政资金和调动联邦各行政机关向美国各州政府与民众提供援助,而无权调动州警察执行防疫、隔离等相关公务④,从而造成了联邦权与州权在国家抗疫过程中的重大掣肘。

回到我国本次新冠肺炎的抗疫实践,基于其中央事权的身份属性所构建的全国统筹机制也的确发挥了充分的积极效果。如在疫情暴发之初,从2020年1月24日至1月28日短短5天时间,全国29个省区市就迅速分批次调取了52支医疗队共6 097人驰援湖北。其中,1 535名医护人员,充实到除武汉之外的黄冈、孝感等10个市,其余4 562人都被分配在武汉的各定点医院。此外,国家卫健委直接委派在京委属委管医院专家团队121人,国家中医药管理局委派中国中医科学院2支国家中医医疗队共125人,解放军派出海陆空三军军医大学医疗队共443人⑤。而辽宁

---

① 任进:《中外地方政府体制比较》,国家行政学院出版社2009年版,第113页。
② 任进:《中外地方政府体制比较》,国家行政学院出版社2009年版,第115页。
③ 关于"地方分权型单一制",参见熊文钊:《大国地方:中央与地方关系法治化研究》,中国政法大学出版社2012年版,第3页。
④ 曹茗然:《联邦制与党争:美国抗疫中的政治张力》,https://www.thepaper.cn/newsDetail_forward_6769734,访问日期:2020年5月1日。
⑤ 相关数据参见《各地驰援湖北的52支医疗队被派到了哪些医院?》,https://m.sohu.com/a/369974210_260616,访问日期:2020年3月25日。

省和中国人民解放军北部战区分别对雷神山和火神山两大抗疫主力医院的接管,更是为武汉市乃至湖北省疫情的初步有效控制发挥了巨大作用。又如,在国内新冠肺炎疫情蔓延势头得到初步遏制之后①,随着世界其他地区疫情的抬头,境外输入性病例为我国疫情防治工作带来了新挑战,而北京作为重要入境口岸,输入性病例防治压力陡然增加。2020年3月22日,中国民用航空局、中华人民共和国外交部、中华人民共和国国家卫生健康委员会、中华人民共和国海关总署、国家移民管理局五部门联合发布《中国民用航空局　中华人民共和国外交部　中华人民共和国国家卫生健康委员会　中华人民共和国海关总署　国家移民管理局关于目的地为北京的国际航班从指定第一入境点入境的公告(第2号)》要求,"自3月23日零时(北京时间)开始,所有目的地为北京的国际始发客运航班均须从天津、石家庄、太原、呼和浩特、上海浦东、济南、青岛、南京、沈阳、大连、郑州、西安12个指定的第一入境点入境",有力遏制了境外输入病例的弥散风险。

虽然跨省驰援和分担入境的做法对全国疫情防控大局意义重大,但如果放任地方主动性和积极性,则会被纯粹的地方利益所排斥——基于疫情扩散的时间差和区位差,非中心疫区的地方可能会基于资源的有限性以及某种侥幸心理而不当提升作为抗疫反应界点的"灾难阈值"②,进而降低跨区援助的意愿。由此,国家利益与地方利益之间就形成了博弈关系。一方面,中央基于资源、人事乃至党的领导等多方单一制优势牢牢控制着博弈的主动权,"振臂一呼,应者云集";另一方面,国家疫情控制全局的宏观发展亦对作为具有某种"他者再生"特征的小系统的地方抗疫工作形成有利的"反哺"③,这种"远见"在各地也已形成思想共识。因此,"中央的统一领导"最终优先于"地方的主动性、积极性"成为主导思想,成为取得抗疫阶段性成果的强力保障。

---

① 2020年3月10日,全国28个省区市新增确诊病例实现零增长;3月18日,湖北省新增确诊病例实现零增长。
② 根据卢曼(Niklas Luhmann)的理解,"灾难阈值"是指把不幸作为灾难来感知的门槛。参见[德]尼克拉斯·卢曼:《风险社会学》,孙一洲译,广西人民出版社2020年版,第15页。
③ 这里"具有某种'他者再生'特征的系统"用以指代自我再生系统和他者再生系统的中间形态,既具有一定的自我管理能力,又在相当程度上接受外部的控制。参见[波兰]耶日·施特尔马赫、巴尔托什·布罗泽克:《法律推理方法》,陈伟功译,中国政法大学出版社2015年版,第6页。

三、形式合法性：抗疫地方主义可能的地方法制空间

从常识和抗疫实践来说，"全国一盘棋"的抗疫策略已经取得了初步的成效，因此这类重大跨区事务由中央统筹的必要性与合理性毋庸置疑，但事实上，那些与全国统一协同路径"唱反调"的地方主义做法却也并未面临想象中的合法性诘难。

首先，在逻辑上，跨区事务本质上是具有立法权的各行政区域的地方事务的有机结合。我国立法权的纵向划分以特定级别的行政区划为单位，根据《宪法》第三十条的规定，分为省级（省、自治区、直辖市）、市级（设区的市、自治州、3个不设区的市[①]）、县级（自治县）。一般来说，跨区域事项可以通过具有立法权的相关行政区划各自立法再协同的途径解决，具体的协同方式有二：其一，联合立法，即各地方立法主体对某一跨区事项共同起草、讨论相关法律案，再分别经由各自的立法机关依程序通过，又可进一步分为联系磋商阶段和分别报批阶段。如2020年5月1日同步实施的《北京市机动车和非道路移动机械排放污染防治条例》《天津市机动车和非道路移动机械排放污染防治条例》和《河北省机动车和非道路移动机械排放污染防治条例》就采取了类似的立法模式[②]。其二，分别立法后的政府间协议。如美国州际协定、西班牙公共行政机关间的行政协议、日本跨区域行政协调等[③]。前述整合逻辑——如果不考虑交易成本的话[④]——在形式上解决了立法权的空间效力边界和防疫抗疫跨事务跨区划特点之间的张力。比如，就前文提出

---

① 2015年3月15日第十二届全国人民代表大会第三次会议通过的《全国人民代表大会关于修改〈中华人民共和国立法法〉的决定》明确："广东省东莞市和中山市、甘肃省嘉峪关市、海南省三沙市，比照适用本决定有关赋予设区的市地方立法权的规定。"2020年4月，国务院正式批准海南省三沙市设立西沙区和南沙区，"不设区的市"目前还剩下3个。

② 2019年底进行立法协商的《关于〈北京市机动车和非道路移动机械排放污染防治条例（草案）〉的说明》即指出："目前，天津市、河北省正同步推进机动车和非道路移动机械排放污染防治地方立法。前期，京津冀三地就立法内容进行了协同对接，在立法名称、制度框架、基本原则、主要措施和法律责任，特别是涉及区域协同相关条款的内容上，已协商一致，形成共识。"北京市政协官网，http://www.bjzx.gov.cn/zdgz/zyfb/bg/202002/t20200224_201484.html，访问日期：2020年5月4日。此外，2020年1月14日北京市人大常委会副主任张清在北京市第十五届人民代表大会第三次会议上作的《关于〈北京市机动车和非道路移动机械排放污染防治条例（草案）〉的说明》中亦强调："对机动车和非道路移动机械等移动源排放的污染治理，是京津冀协同治理大气污染的一项重要内容，三地制定相对统一的规范，有利于推动实现京津冀生态环境保护协同发展与协同治理。"北京市人大常委会官网，http://www.bjrd.gov.cn/zdgz/zyfb/bg/202002/t20200224_201484.html，访问日期：2020年5月4日。

③ 王春业：《区域合作背景下地方联合立法研究》，中国经济出版社2014年版，第128-133页。

④ 封丽霞：《中央与地方立法关系法治化研究》，北京大学出版社2008年版，第367页。

的健康通行码互认的问题而言，只要通过地方人大及其常委会决定的形式予以确认，就能够在现行制度框架下获得形式的合法性①，即便这种局限于地方政府有限"双边协议关系"的做法对于从全局上根治新冠肺炎流行和扩散的益处有限。

其次，在规范上，《立法法》并未将重大跨区事务明确为中央立法之专属范畴。一般认为，中央事权理应由中央立法予以规制，即在事权央地划分的前提下确立的央地立法权的相应划分。但现行规范却并未提供相关依据。我国目前的中央立法分为宪法、法律、行政法规和部门规章四类。除宪法外，可从如下三个方面剖析中央立法权的范畴。其一，关于法律的垄断性范围，主要依据是《立法法》第八条的规定，而在该条所列举的11项所谓的法律保留事项中，重大跨区事务议题并不在其列。即便是第（十一）项"必须由全国人民代表大会及其常务委员会制定法律的其他事项"的兜底条款，亦尚无明确地作出相关指向性解释的迹象。其二，关于行政法规的立法范围，一方面是基于《立法法》第九条的规定，在全国人大及其常委会授权的情况下对特定法律保留事项的例外性规制，并未突破前述关于《立法法》第八条范围的讨论；另一方面是基于《立法法》第六十五条第二款第（二）项的规定②，属于"宪法第八十九条规定的国务院行政管理职权的事项"。虽然《宪法》第八十九条对国务院职权的列举相对明确，但同时却与《宪法》第一百零七条对地方各级人民政府职权的列举存在大量交叉，"仅在国务院排他管辖的对外事务和国防建设两项上存在空白"③，因而同样无法作出专属性确认。其三，关于部门规章的立法范围，《立法法》仅在第八十条第一款原则性规定"在本部门的权限范围内，制定规章"，基于国务院各部、委员会、中国人民银行、审计署和具有行政管理职能的直属机构实际履行国务院相应职权的关系，尤其是根据《宪法》第八十九条第（三）项"（国务院）领导不属于各部和各委员会的全国性的行政工作"，部门规章规制事项的集合小于国务院职权范围，因此前文关于《宪法》第八十九条国务院职权范围的讨论同样可以适用。由此可见，即便疫情防控等重大跨区事务的中央事权属性毋庸置疑，但在现行法律框架下也并未窒息地方立法"染指"的可能，这在一

---

① 其实《九江市浔阳区和黄冈市黄梅县关于疫情防控期间九江长江大桥一桥安全有序通行的公告》对两地健康码的互认就呈现出类似特征，只是由九江市浔阳区新冠肺炎疫情防控应急指挥部和黄冈市黄梅县新冠肺炎疫情防控工作指挥部联合发文在规范性上远不及地方人大及其常委会的决定而已。

② 至于该款第（一）项的"为执行法律的规定需要制定行政法规的事项"，本质上仍属于法律的规制范围，仍可参见前文关于《立法法》第八条和第九条的讨论。

③ 王建学：《中央的统一领导：现状与问题》，《中国法律评论》2018年第1期，第50页。

定程度上暗示了制度改革过程中"事权"与"职权"两个核心概念之间的断裂。

最后，在实践中，地方主义色彩立法的出台具有一定的客观空间。其一，地方立法的内容具有鲜明的地方性色彩。如《立法法》第七十二条第一款和第二款将省、市两级地方性法规制定的现实根据表述为"本行政区域（市）的具体情况和实际需要"，第八十二条第二款则将"本行政区域的具体行政管理事项"作为省、市两级地方政府规章的重要内容事项，至于该款所谓的"为执行法律、行政法规、地方性法规的规定需要制定规章的事项"，实际上也以"本地区的改革和建设确有需要"为核心考量①，同样具有浓重的地方性色彩。如《江苏省实施〈中华人民共和国传染病防治法〉办法》第二十条规定："地方各级人民政府应当加强入境人员和流动人口的传染病管理，具体办法由省人民政府指定有关部门制定。"这意味着，就本文开篇所列举的大部分事例而言，甚至不必由省政府"亲自出马"，而由其指定的"有关部门"即可实现规范化目标。其二，且不论《立法法》对于省一级地方立法范围除法律保留原则外并未作出明确限制，即便是位阶更低的设区的市立法——根据《立法法》第七十二条第二款和第八十二条第三款的规定——也能够围绕城乡建设与管理、环境保护、历史文化保护等事项制定地方性法规或地方政府规章。虽然对"城乡建设与管理"的规范内涵尚待明确②，但其中包括诸如传染病防治、人口流动限制等议题当无疑义。其三，根据《立法法》第九十六条第（二）项的规定，地方立法不得违反上位法的规定。而在新冠肺炎防治的具体过程中，某些地方的地方主义做法同样也没有如想象中那样严重抵触上位法。如根据《中华人民共和国传染病防治法》（以下简称《传染病防治法》）第四十五条的规定，"县级以上地方人民政府有权在本行政区域内紧急调集人员或者调用储备物资，临时征用房屋、交通工具以及相关设施、设备""在本行政区域内"的限定说明该条的"临时征用"仅采"属地原则"，因此大理市人民截留他地过境防疫物资的行为本质上并未违反"上位法"的规定，这或许就是云南省应对疫情工作领导小组指挥部对大理州大理市人民政府及大理市卫生健康局征用疫情防控物资的通报批评中回避合法性判断的根本原因。甚至可以更进一步假设：倘若大理州依据《立法法》和《传

---

① 全国人大常委会法制工作委员会国家法室：《中华人民共和国立法法释义》，法律出版社2015年版，第272页。

② 关于"城乡建设与管理"的内涵，参见郑毅：《〈立法法〉修改三年来我国自治州立法权的实施问题研究：以××自治州为例》，《中央民族大学学报》（哲学社会科学版）2018年第5期，第107-108页。

染病防治法》第四十五条的规定先期制定了相应的地方立法,是有可能为"依法"截留行为提供规范支撑的。这种假设看似荒诞,但实际上其形式可能性却客观存在。

此外值得注意的是,一些全国统筹的防疫安排可能也会在某种程度上助长所谓的地方主义,而"全国统筹"的特征甚至可能在一定程度上产生赋予地方主义形式合法性的错觉。如在疫情暴发之初,武汉市果断作出了封城的决定,而湖北全省也由于疫情的迅速弥散而予跟进。从中央的角度而言,这对于全国疫情防控无疑是必要的。但随后却在全国各地出现了针对武汉人乃至湖北人的封路劝返、区域隔离等做法。主观上,这是由官僚机制自身的特点所决定的,即在行动上与上级保持一致甚至提升贯彻程度,即便矫枉过正,这并非全国疫情防控工作部署的本意,甚至进而诱发针对疫情重灾区的地域歧视等消极后果——"在等级制内寻求提升的政治人的目标,就是采取领导愿意奖励的做法,而不管领导的主观态度如何"[①]。然而在客观上,由于这些失当的做法身披疫情防控的"外衣",且在基本形态上与中央的统筹行动具有高度相似性,因此其背后的地方主义色彩反而得以深度隐匿,无形中获得了或多或少的制度性纵容。

四、追根溯源:错位的"阿喀琉斯之踵"

前文分析表明,无论在理论上抑或在实践中,地方主义对于抗击新冠肺炎的大局而言均有百害而无一利,但至少在现行制度框架下却反而具有一定的形式合法性,这个问题显然比抗击疫情这类阶段性事件的影响显得更为深远和复杂。究竟是哪里出了问题?笔者认为,这个错位的"阿喀琉斯之踵"主要包括但不限于如下三个方面。

首先,央地事权与支出责任划分改革同央地立法权改革的关系误区。如前所述,近年来对央地事权与支出责任划分改革的深入推进构成了我国央地关系发展的"主旋律"。从前文列举的一系列相关改革文件来看,虽然其标题表述上均指向无差别的"中央与地方财政事权和支出责任划分",但其具体内容甚至发文机关(国务院办公厅)均隐匿着"仅限于中央与地方行政权划分"的狭义化倾向。事实上,"所谓事权,简单来说就是管理事务的权力,具体到中央与地方关系的维度中,

---

① [美]戈登·塔洛克:《官僚体制的政治》,柏克、郑景胜译,商务印书馆2012年版,第93页。

其本质在于包括立法权、行政权等在内的国家权力如何在中央与地方之间以及不同层级的地方之间进行分配"①。在我国制度实践中,广义化的事权当然包括立法、行政、司法、监察等具体权力配置类型。其中,司法权的中央属性相对明晰②,监察权的央地配置格局在《中华人民共和国监察法》第七条、第九条和第十条的规定中亦相对明确③,因此央地事权划分改革的重点在于立法权和行政权。虽然无论从规范的明晰度抑或从改革实践的策略性考量出发,行政事权的央地划分改革先行、立法事权的央地划分改革跟进的实施模式本无可厚非,但在实践中却发生异化。其一,重行政事权划分而轻立法事权划分。目前由顶层规范性文件主导的央地行政事权划分改革方案的精细程度和实操性均得到了充分彰显;而反观立法事权,《立法法》2015年修改后赋予设区的市立法权几乎成为改革的规范"独苗",更遑论设区的市立法权在五年来的实践过程中仍然面临诸多悬而未决的规范明确性困境④。其二,以行政事权划分替代立法事权划分。基于古德诺(Frank Johnson Goodnow)对国家意志的二分法⑤,现代国家的立法、行政等权力其实均属于国家意志的执行范畴⑥,彼此关联却无法互相替代。但就目前来看,无论是官方话语层面抑或理论研究层面,均存在有意或无意地将行政事权的央地配置视作整个央地事权关系改革之全部的以偏概全倾向,导致对立法事权央地配置协同改革的重视程度被进一步削弱。其三,立法事权划分未能与行政事权的划分协同推进。一方面,根据地方组织法的精神,我国各级地方政府的行政权和立法权之间理应具有相对明晰的对应关系,行政事权的划分结果也需要立法事权的协同配置予以确认;另一方面,"立法作为一项创制普遍的行为规则的政治行为,是国家权力运行的起点,

---

① 郑毅:《对〈十八届三中全会公报〉央地关系条款的若干解读》,《中国经济时报》2013年11月15日,第6版。
② 如中央政法委前书记孟建柱在2013年提出,"我国是单一制国家,司法职权是中央事权"。见孟建柱:《深化司法体制改革》,《人民日报》2013年11月25日,第6版。2015年2月4日发布的《最高人民法院关于全面深化人民法院改革的意见——人民法院第四个五年改革纲要(2014—2018)》(法发〔2015〕3号)中也要求"彰显审判权的中央事权属性"。最高人民法院官网,http://www.court.gov.cn/zixun-xiangqing-13520.html,访问日期:2020年5月24日。
③ 秦前红:《监察法学教程》,法律出版社2019年版,第197-189页。
④ 郑毅:《"谨慎放权"意图与设区的市地方性法规制定权实施:基于〈宪法〉第100条第2款的考察》,《当代法学》2019年第3期,第78-79页。
⑤ 罗豪才、湛中乐:《行政法学》,北京大学出版社2006年版,第1页。
⑥ 如联邦德国基本法将国家权力区分为立法权、执行权(vollziehende gewalt)和司法权。李洪雷:《行政法释义:行政法学理的更新》,中国人民大学出版社2014年版,第23页。

是进行制度安排和政治治理的前提"①。而当前行政事权划分的精细与超前同立法事权划分的粗疏与滞后之间的张力,实际上拖累了央地事权划分改革的整体效率。从某种意义上看,在抗击新冠肺炎过程中出现的地方主义的法治悖论恰是这种效率拖累的典型反映。而前述三类误区的产生,除了我国长期以来的行政主导倾向以及央地关系改革实践的策略选择等显性制度因素外,更深层次的理论原因还在于将宽泛意义上的"事权"与具有浓重政府财政色彩的狭义化"支出责任"概念简单等同的认知误区②,因而忽视了促进"事权"向"职权"转化(规范化)的制度过程③。

其次,跨区事务的精细类型化不足。根据2016年国务院49号文,"跨省(区、市)的基本公共服务由中央与地方共同负责",这是一条具有相当原则性的表述;即便是细化到"跨省(区、市)重大基础设施项目建设"这种相对具体的事权类型,也仅是要求"根据财政事权外溢程度,由中央和地方按比例或中央给予适当补助方式承担支出责任"。事实上,文件中语焉不详的"外溢程度"才是判断特定跨区事务属于中央事权抑或央地共同事权的关键标准。具体到抗击新冠肺炎的具体论域中,根据2018年国务院办公厅67号文,"全国性或跨区域的重大传染病防控等重大公共卫生服务"属于中央事权。显然,"跨区域的传染病"只有达到"重大"的程度方属于中央事权,否则仍属央地共同事权,进而获得由地方立法予以部分规制的可能性。易言之,一项跨区域事务能否被归入中央事权,同时取决于"跨区域"(即外溢)的程度和事务本身的重大程度。由此,有学者提倡的"重要程度→影响范围"的单一标准可能并不适当④,而"重要程度+影响范围"的综合性价值标准更值得关注。对此,笔者认为可进一步分为两方面讨论。其一,一般跨区事务。这是指特定事物的跨区性,乃是源于历史传统、地理位置、经济发展等形成的内部同质性或功能一体化⑤,虽然本质上已经超越了若干地方的简单叠加,但仍属量变的过程,尚可通过传统的联合立法或分别立法后的政府间协议的方式解决,因此其

---

① 封丽霞:《中央与地方立法关系法治化研究》,北京大学出版社2008年版,第3页。
② 对事权和支出责任关系的讨论详见郑毅:《中央与地方事权划分基础三题:内涵、理论与原则》,《云南大学学报》(法学版)2011年第4期,第48-49页。
③ 虽然"事权"已经成为当代央地关系改革的核心概念,但却不是一个宪法概念或规范概念,现行《宪法》中仅存在"职权"的表述。
④ "舍重要程度而采影响范围"的标准参见封丽霞:《中央与地方立法关系法治化研究》,北京大学出版社2008年版,第366页。
⑤ 王春业:《区域合作背景下地方联合立法研究》,中国经济出版社2014年版,第15页。

本质上仍属于地方事权范围,其跨区域解决方案的实现取决于《宪法》第三条第四款"地方的主动性、积极性"范畴——其"积极性"是指地方事权的明确性以及地方财力的匹配[1],"主动性"则主要指向"地方联合体"的情形[2]。其二,重大跨区事务。所谓"重大",除了其影响本身的程度外,亦指该事务的跨区域性同时导致其无法基于地方立法的传统联合或量的叠加形成有效的规制;所谓"跨区",着重强调其跨区的具体程度和范围无法完全依托《宪法》第三十条所界定的行政区划界限予以衡量。由此,重大跨区事务已经量变到超出了地方事权甚至央地共同事权的调整范畴,而只能基于《宪法》第三条第四款的"中央的统一领导"的规定被归入中央事权范畴。就本文论域而言,新冠肺炎无论是感染人数还是致死人数均达"重大"之标准,而随着2020年1月30日西藏确诊病例的公布,全国所有省级行政区"无一幸免",依靠个别省区市自发的"地方联合"显然已杯水车薪,因而也符合"跨区"之标准。因此,一方面,新冠肺炎防治当然属于2018年国务院办公厅67号文所谓的作为中央事权的"跨区域的重大传染病防控";另一方面,对于传染病防控之外的其他重大跨区域事项,即便没有相应文件的明确界定,同样可以根据这一标准明确界定央地立法的各自范围。

最后,社会主义法制统一的实质化转型尚待深化。《宪法》第五条第二款规定,"国家维护社会主义法制的统一和尊严",《立法法》第四条将其明确为国家立法的基本原则并进一步要求:"立法应当依照法定的权限和程序,从国家整体利益出发,维护社会主义法制的统一和尊严。"长期以来,对于"维护社会主义法制统一"的理解或多或少地存在简单化倾向,即将其狭义化为通过对法定权限和程序的严格实施确保各级、各类立法的内在一致性。笔者认为,部门化倾向、争权诿责等当然是破坏社会主义法制统一的主要表现,但并不完全。除此外,还应关注社会主义法制的形式统一和实质统一的关系。所谓形式统一,即各级各类立法完全依照法定的权限和程序制定,并在规范内容上实现初步的一致性。截至2011年中国特色社会主义法律体系形成之时,立法工作的重心即体现为形式统一。而所谓实质统一,是指在形式统一基础上,进一步强调各级各类立法在精神内核方面的一致

---

[1] 郑毅:《论中央与地方关系中的"积极性"与"主动性"原则:基于我国〈宪法〉第3条第4款的考察》,《政治与法律》2019年第3期,第63-68页。
[2] 郑毅:《论中央与地方关系中的"积极性"与"主动性"原则:基于我国〈宪法〉第3条第4款的考察》,《政治与法律》2019年第3期,第75页。

性,并以此在体系化实施过程中实现真正的规制合力。实质统一不仅是通过法制统一实现法制尊严的前提,更是2014年党的十八届四中全会"建设中国特色社会主义法治体系"、2017年党的十九大全面推进依法治国总目标的应然内涵。这种区分并非纯粹的逻辑或文字游戏,而是具有深刻的实践价值。如由前文所述,倘若大理州通过制定相关地方立法赋予其截留他地抗疫物资的行为以合法性,则无论从《立法法》的权限与程序规定抑或从《传染病防治法》第四十五条的上位法规定来看,均无明显的制度障碍,即符合社会主义法制形式统一的一般要件。然而,这种行为对全国的抗疫工作部署和局面而言,显然是极不妥当的,更遑论通过地方立法赋予其规范"加持"。一方面,就原则来说,《立法法》第四条实际要求"在起草、制定法律,行政法规,地方性法规、规章时,要从国家的整体利益出发,从人民长远的、根本的利益出发",因而"要坚决防止地方保护主义法律化"[①];另一方面,就规范而言,这也与作为本领域核心规范的《传染病防治法》第一条所谓的"为了预防、控制和消除传染病的发生与流行,保障人体健康和公共卫生"的立法目标的真正实现格格不入。因此,这就违背了社会主义法制实质统一的要求。从央地立法权配置改革的角度来说,相关方案应当既能够确保地方立法主动性与积极性的充分发挥,又能够避免地方主义的"借壳上市"。对此,中央立法对重要(根本性)事项的规制垄断、中央对央地立法权配置全过程的主导、中央对未明确立法事权的当然保留以及中央对立法权配置的全局性和终局性等制度环节,就显得颇为关键。

五、抗疫之后:新时代央地关系改革的"新冠契机"

正如前文所呈现的,较传染病防治法律规范本身的完善,新冠肺炎的抗击过程中暴露出的地方主义与地方法治建设的不当关联同样应引起理论界和实务界的高度重视,因为即便疫情防治工作取得了最后的胜利,这一体制性问题仍将在国家治理能力提升尤其是央地关系改革过程中扮演一定的制约性角色。从这个意义上讲,新冠肺炎疫情只是提供了一个近距离观察这一平时不易被发现的深层问题的难得契机,而真正的改革"硬骨头"却可能在疫情结束之后才逐渐浮出水面。笔者认为可首先从如下三个方面展开。

---

① 全国人大常委会法制工作委员会国家法室:《中华人民共和国立法法释义》,法律出版社2015年版,第21、22页。

（一）重识单一制下的地方主义

哈贝马斯（Jürgen Habermas）指出："社会系统的危机是由于结构固有的系统命令彼此不能相容，不能按等级整合造成的。"① 而单一制下的地方主义则有可能成为触发危机的引信。

首先，地方主义其实一直都存在，只是在当前以权力集中为主流趋势的历史阶段中②，转而以更加隐蔽的形式蛰伏。在日常秩序状态下，由于具有典型科层制特征的党的领导不断加强，地方主义的表现并不明显；但在诸如新冠肺炎疫情这种社会紧急状态下，就可能经由各种各样的途径突然显现出来，因而更加不易应对。虽然从单一制的纯粹类型上看，地方分权型单一制的地方权力空间更加充沛，但实际上由于立法、行政、司法等国家权力在中央和地方之间的划分具有坚实、明确的规范基础，地方主义的问题反而更易被限制在一个可控范围之内，且基本能够实现较为全面的法律规制。反观中央集权型单一制，由于传统上将地方权力视作中央权力的附庸与延伸，"国家整体与组成部分之间的关系是一种行政隶属关系"③，这就导致宪法法律对于地方权力空间的规制往往缺乏明确性，使得地方主义获得了一定的制度空间，隐匿化的特征也进一步提升了法治及时、有效应对的难度，因而更多地需要在制度转型和优化过程中"未雨绸缪"。

其次，地方作为中央对应项（counter-part）的地位得到强化。在《宪法》第三条第四款的表述中，"中央"与"地方"二元结构的逻辑颇为鲜明。即便是在中央集权性的单一制国家，赋予地方相对独立的主体地位也是颇为必要的："承认地方'人格化'并强化地方政府的'主体性'乃是降低中央集权制度成本的重要路径。"④ 其一，地方的相对独立人格和主体地位具有明确的规范基础。如《中华人民共和国地方各级人民代表大会和地方各级人民政府组织法》第五条第一款规定："省、自治区、直辖市、自治州、设区的市的人民代表大会代表由下一级的人民代表大会选举；县、自治县、不设区的市、市辖区、乡、民族乡、镇的人民代表大会代表由选民直接选举。"其二，在分税制改革之前，地方利益的相对独立性就已经有了

---

① ［德］尤尔根·哈贝马斯：《合法化危机》，刘北成、曹卫东译，上海人民出版社2009年版，第4页。
② 关于新中国成立以来央地间权力下放与权力上收的循环往复过程可参见熊文钊：《大国地方：中国中央与地方关系宪政研究》，北京大学出版社2005年版，第75-76页。
③ 王丽萍：《联邦制与世界秩序》，北京大学出版社2000年版，第17页。
④ 苗连营、王圭宇：《地方"人格化"、财政分权与央地关系》，《河南社会科学》2009年第2期，第67页。

充分的体现。从时任国务院副总理朱镕基的逐省谈判,到协商过程中地方政府的讨价还价,"犯其至难,图其至远"的感慨就说明地方早已超越了中央的权力延伸这一简单逻辑,不仅具有充沛的利益需求,而且有相应的机制从中央的宏观控制下延续这一利益①。其三,分税制实施以来,地方财政独立的"钱袋子"不仅确定了明晰的收入范围,更得到法律的直接确认,无形中进一步强化了地方基于相对独立的身份作为中央的对应项的地位。虽然现行《宪法》第三条基于民主集中制的规范框架明确了"中央的统一领导"作为"地方的主动性、积极性"的前提地位②,且两者在实施制度弹性方面存在天壤之别,但"地方的主动性、积极性"的存在本身就隐含了对地方对应项地位的规范确认。

最后,地方联合体新发展与地方主义的新变化。在单一制框架下,地方为在同中央的博弈中获得更大的筹码,往往采取地方联合体的方式组成"集团"以增加成员的共同利益③,典型实例如20世纪80～90年代的西南六省(区市)七方经济协调会④、21世纪初的东北区域经济共同体等⑤。然而随着各方面大环境的变化,地方联合体出现了一些新发展,其对于地方主义的表达方式也随之发生变化。这些变化包括但不限于:由长期联盟向临时联合转化、由宽泛联盟向专题联合转化、由经济联盟向治理联合转化、由协议联盟向灵活联合转化等。在抗击新冠肺炎过程中,部分地方出现的电子健康通行码互认现象,把前述变化体现得尤为明显。临时化、专题化、行政化、灵活化的转变在一定程度上延续了集体博弈的优势,但也从本质上削弱了地方联合体本身对地方成员施加的内部制约效应。易言之,地方成员将更加充分地彰显自身需求来抵消联合体的不稳定性所隐含的风险,这种需求与地方成员的行政区划高度重合,因此在具备充分必要性时,独立的且预留了联合弹性的地方法治也将成为全面依法治国背景下地方主义首选的路径。

(二)避免不断释放的地方立法空间沦为地方主义的"法治外衣"

早在2014年《立法法》修改过程中,笔者就曾表达对"放开设区的市立法权可

---

① 辛向阳:《大国诸侯:中国中央与地方关系之结》,中国社会出版社2008年版,第442-443页。
② 肖蔚云:《我国现行宪法的诞生》,北京大学出版社1986年版,第104页。
③ [美]曼瑟尔·奥尔森:《集体行动的逻辑》,陈郁、郭宇峰、李崇新译,格致出版社、上海人民出版社2014年版,第6-7页。
④ 郑永年:《中国的"行为联邦制":中央—地方关系的变革与动力》,邱道隆译,东方出版社2013年版,第246-247页。
⑤ 王子正:《东北地区立法协调机制研究》,载冯玉军:《京津冀协同发展立法研究》,法律出版社2018年版,第269页。

能导致地方保护主义和区域法制壁垒的进一步恶化"的担忧①。而在2019年底第二十五次全国地方立法工作座谈会释放出"逐步有序释放地方立法空间"的进一步放权信号后,这种风险又可能被进一步放大。

一方面,由于地方主义在某种意义上契合"地方的主动性、积极性"的形式内容,再加之地方利益的明晰化日益加深,长期以来,地方主义的规范表达往往借助地方规范性文件或红头文件的途径实现,这在作为重要掣肘机制的司法审查的开展过程中引发诸多理论和实践的争议。十八届四中全会明确提出,"禁止地方制发带有立法性质的规范性文件"。这本来具备重要的纠偏意义,但随着2015年《立法法》修改对地方立法权主体的扩充,局面无疑又变得更加复杂——借助地方性法规和地方政府规章这两种较之红头文件更为规范的"法制化"基础,地方保护主义的蔓延和区域制度壁垒的建立得以披上法律的外衣"重装亮相"②。事实上,官方在《立法法》修订过程中也一直对这一问题保持清醒的认识:"缺乏全局意识和整体意识,地方保护主义和部门利益法律化问题比较普遍。一方面,地方立法囿于当地的利益,容易滋生地方保护主义,客观上造成分割市场的结果,一定程度上影响国家同一市场的建立和完善……"③

另一方面,在区域发展渐成地方改革重要路径之一的时代背景下④,地方主义可能打破传统的单个行政区划的"壁垒",随着协同策略的深化而在特定区域内进一步弥散。对地方本身而言,这更多地体现为地方主义规模的叠加,以及少量的区域内各成员地方主义之间的部分制衡;但对全国而言,将对"中央的统一领导"和"地方的主动性、积极性"间均衡态势带来深远影响。其中,对于诸如以雄安新区为代表的京津冀协同发展、大湾区建设等区域协同"国家队"而言,其不仅由于中央的动议、决策和直接介入而获得更高的发展规范度,甚至可以基于一定程度的中央事权色彩而得到中央立法的青睐⑤,因此其基本能够维系《宪法》第三条第四

---

① 郑毅:《"较大的市"扩充模式值得商榷》,《检察日报》2014年10月13日,第6版。
② 郑毅:《对新〈立法法〉地方立法权改革的冷思考》,《行政论坛》2015年第4期,第62页。
③ 全国人大常委会法制工作委员会研究室:《我国改革开放40年立法成就概述》,法律出版社2019年版,第65页。
④ 如在2015年两会政府工作报告中,李克强总理首次将西部大开发、东北振兴、中部崛起和东部率先发展并列概括为"四大板块"。
⑤ 如有学者提出由全国人大常委会制定"京津冀区域一体化建设法",将京津冀发展纳入同一个规范体系。田文利、刘帆等:《京津冀协同发展的法治障碍及破解之道》,载冯玉军:《京津冀协同发展立法研究》,法律出版社2018年版,第179-183页。

款构建的央地关系均衡态势。然而对于为数众多的、以自发协同为特色的区域联合体的"地方队"而言,其势必仍将延续联合立法或分别立法后政府间协议的传统地方立法路径,失范的地方立法就可能沦为这种"地方主义2.0"形式合法性的"重灾区"。而且从目前实践来看,这种区域协同常以省级地方为单位形成,而位于地方立法最高位阶的省级地方立法的规模化加持也将进一步放大这种失当的"地方主动性"的消极效应[①]。

（三）关注地方主义规制的地方立法改革

地方立法改革在盘活规范资源、助力地方跨越式发展的同时,也必须对地方主义保持充分的警惕甚至给予有力规制,这是根治新冠肺炎防治过程中诸多地方主义现象的治本之策。笔者认为可具体体现为对如下四个"度"的整体把握和精准拿捏。

首先,协同度,即地方立法改革与央地事权关系改革的协同。一方面,不混同。应客观认识到当前正在规模化、类型化推进的央地事权与支出责任划分改革其实主要限定在行政权纵向配置的相对具体的领域,而且《宪法》第八十九条和第一百零七条业已提供了初步的规范依据。但是,无论在逻辑上抑或在内容上,央地立法权的纵向配置问题均并非前述既有改革方案所能容纳,且作为地方立法权核心规范的《宪法》第一百条也难以完全发挥出直接的指导功能。因此,不仅不应想当然地将立法权纵向配置视作央地事权和支出责任划分改革的组成部分进而予以混同,反而应当在规范建设相对滞后的客观背景下对地方立法制度改革给予更多靶向性关注以补足短板。另一方面,重协同。"不混同"不仅无意强调行政权和立法权两个领域的改革在推进的过程中完全"泾渭分明",反而意在重视两者的协同推进。在理论上,央地行政事权的划分改革亟待地方立法制度的配套推进,这是全面依法治国、建设社会主义法治国家的必然要求;在实践中,鉴于央地行政事权划分改革客观上的先行状态,地方立法制度的协同跟进应成为未来一段时期集中发力的重点领域之一。

其次,精细度,即地方立法权在不同地方层级间的精细配置。在央地事权与支出责任划分改革的过程中,不仅对中央事权、地方事权、中央与地方共同事权进行

[①] 关于"失当的地方主动性"论述可参见郑毅:《论中央与地方关系中的"积极性"与"主动性"原则:基于我国〈宪法〉第3条第4款的考察》,《政治与法律》2019年第3期,第74页。

了初步分类,甚至还对省以下事权与支出责任的进一步划分提供了初步的原则框架。如2016年国务院49号文明确:"省级政府要根据省以下财政事权划分、财政体制及基层政府财力状况,合理确定省以下各级政府的支出责任,避免将过多支出责任交给基层政府承担。"反观应与之深度协同的地方立法制度改革,虽然初步实现了中央、省级、市级、县级的纵向区分,但在规范表达上却体现出浓重的"重范围描述而轻层次配置"的色彩,即强调每个级别立法的事项范围,而缺少对跨级之间纵向区别与分工的明确规定,导致纵向权力配置的精细度不足。如,在中央立法与省级立法的区分方面,仅以《立法法》第八条的法律保留事项划定初步的界限,对于本文论域所聚焦的跨区域事务立法权的界分、立法形式的选择(中央立法抑或省级立法协同)及其相应标准等重要问题均无回应;又如,在省级立法与市级立法的区分方面,《立法法》第七十二条第一款和第二款均以"具体情况和实际需要"作同态描述,市级地方立法的三类事项限制的明确界限也由于实践中的扩大解释倾向而在某种程度上与省级地方立法的范围趋同[①]。诚然,这里提出精细度的要求并非机械地强调地方立法改革与行政事权配置在所有层级上必须一一对应,但从对行政事权划分改革成果的法制确认以及为各级政府更好地行使事权履行支出责任提供规范资源保障的目标来看,地方立法制度改革在立法权纵向层级配置方面的本质提升却是毋庸置疑的。

再次,匹配度,即在本文论域中,根据跨区域事权的具体特征而科学选择与之相匹配的立法实现方式。其一,对于前文所谓的源于历史传统、地理位置、经济发展等形成的内部同质性或功能一体化的一般性跨区域事务而言,其本质上仍属于地方性事务的叠加与简单协同,故应归于地方立法的规制范围,采取联合立法或分别立法后政府间协议等传统立法方式即可实现充分规制。其二,对于中央主导乃至直接介入的跨区域事务而言,由于其要么对国家治理体系格局影响深远(如京津冀协同发展),要么对国家改革全局具有先行和示范作用(如粤港澳大湾区),因

[①] 如全国人大法工委副主任、时任全国人大法工委国家法室主任武增曾指出:"根据全国人大常委会法律委员会《关于立法法修正案(草案)审议结果的报告》,'城乡建设与管理、环境保护、历史文化保护等方面的事项'范围是比较宽的。比如:从城乡建设与管理看,就包括城乡规划、基础设施建设、市政管理等;从环境保护看,按照《环境保护法》的规定,范围包括大气、水、海洋、土地、矿藏、森林、草原、湿地、野生动物、自然遗迹、人文遗迹等;从目前49个较大的市已制定的地方性法规涉及的领域看,修正案草案规定的范围基本上都可以涵盖。"武增:《2015年〈立法法〉修改背景和主要内容解读》,《中国法律评论》2015年第3期,第212页。实际上,2000年版的《立法法》并未对较大的市立法权范围作出明确限定。

而具备了政治学上所谓的"国家性",即要求具有足够的资源、手段、意志和组织来迅速有效地执行政策和决策的国家能力(capacity)①,即2016年国务院49号文所谓的中央事权的"全国性"特征,也就更适宜通过中央直接立法抑或中央的授权立法予以回应。其三,对于重大突发公共事件,即《中华人民共和国突发事件应对法》(以下简称《突发事件应对法》)第三条所谓的"突然发生,造成或者可能造成严重社会危害,需要采取应急处置措施予以应对的自然灾害、事故灾难、公共卫生事件和社会安全事件",虽然为了保障应对的有效性而提倡分类管理、分级负责、属地管理,却必须以国家的统一领导和综合协调为根本前提②。而当此类事件达到前文所论及的相当程度的跨区域规模时,就自然属于中央立法事权的应然范畴。目前,《突发事件应对法》和《传染病防治法》的修改已被正式确定为2020年全国人大常委会立法重点工作,对于前述中央属性的进一步彰显应考虑作为修改的重点之一。

最后,控制度。虽然地方立法可能遭遇地方主义的侵染,但倘若采取将两者简单区隔的策略,不仅效果有限,而且会丧失地方立法这一有效规制地方主义的潜在制度资源。易言之,地方立法对于地方主义,与其被动疏离,莫如主动施控。在前文归纳的两类具备地方性的跨区域事务中,中央主导乃至直接介入的跨区域事务,无论采中央直接统一立法的路径抑或中央授权地方立法的路径,均能在法律或相关授权决定中全面彰显遏制地方主义的规范设计目标。可见,地方立法控制地方主义的"主战场"反而在于一般性的跨区域事务。对此,除了贯彻前文强调的与行政事权纵向配置改革相协同的地方立法制度改革,进而形成与立法层级和跨区域程度的提升同步、提升地方主义规制力度的良性格局外,还在于对既有制度资源的用足、用好、用活。如在"循序推进、立法权限、不抵触、报批准、报备案"等遏制地方主义的"五道防线"中,一方面,《宪法》第一百条赋予了不抵触和报批准更为重大的制度期待,作为关键实体控制的"不抵触"在实践中如何从传统的法条不抵触、现行《立法法》文本聚焦的法权不抵触向更为深远的法意不抵触转变颇为重要③,而其中最核心的"法意"首先就体现为对地方主义具有重要制约意义的"维护社会主义法制的统一和尊严";另一方面,党的十九大对"推进合宪性审查工作"

---

① 阎小骏:《当代政治学十讲》,中国社会科学出版社2016年版,第153页。
② 《突发事件应对法》第四条的规定。
③ 相关分析可参见郑毅:《"谨慎放权"意图与设区的市地方性法规制定权实施:基于〈宪法〉第100条第2款的考察》,《当代法学》2019年第3期,第81-82页。

的顶层部署,为《宪法》第三条第四款直接适用于"在中央的统一领导下"遏制以"地方的主动性、积极性"为掩护的地方主义的地方立法权实施过程提供了更大的制度可能和更丰富的路径选择,对于进一步完善地方立法制度与央地事权与支出责任划分改革的协同推进也同样具有重要的积极影响。

六、结语

在2020年抗击新冠肺炎过程中呈现出的地方主义倾向,其实具有深刻的央地关系背景,只是在地方立法制度改革与央地事权、支出责任划分改革彼此脱节的情况下,得以借助全国抗疫的突发事件充分暴露。因此,除了在技术或工具主义层面以法治为抗疫之战取得最后胜利保驾护航的常规讨论之外,从更为宏观的全面依法治国的视角总览抗疫全程,就不能回避这一更为深层次的制度问题。这也关乎未来一段时期类型化的央地事权与支出责任划分改革如何进一步推进、地方立法空间如何进一步释放的重要时代议题。虽然就抗疫本身而言,地方主义尚未大规模实现同地方立法的"制度合谋",但亡羊补牢不如未雨绸缪,尾大不掉莫若防微杜渐。

2020年5月11日《中共中央 国务院关于新时代加快完善社会主义市场经济体制的意见》明确指出:"完善突发重特大疫情防控规范和应急救治管理办法。"抗击新冠肺炎之战虽已进入下半场,但相关法制建设问题却可能随着改革的不断深入反而愈发凸显。本文作为一篇"非典型"抗疫法治研究文章,愿不揣浅陋,成为唤起更多学术关注的引玉之砖。

· 医事法专题 ·

日本医疗契约典型化讨论及其对医疗契约论的影响
——从债权法修改中的讨论到医疗基本法的讨论[①]

山口齐昭[*] 文　刘明全[**] 译

摘要：本文以是否应当将医疗契约规定在民法为视点，分析了民法修改审议过程中关于医疗契约论的争论，梳理了理论学说与判例实务关于医疗契约论的讨论，探讨了医事法学会论坛相关论点以及医疗基本法，检讨了医疗契约论的局限与意义。在此基础上，指出了今后关于医患关系、医疗契约论与民法的课题研究方法。

关键词：医疗契约　债权法修改　民法　医疗基本法

---

[*] 作者简介：山口齐昭，日本早稻田大学法学学术院教授。
[**] 译者简介：刘明全，东南大学法学院副教授。
[①] 原文出处：山口齐昭「医療契約の典型化に関する議論とその医療契約論への影響——債権法改正における議論から医療基本法の議論へ」安永正昭、鎌田薫、能見善久監修『債権法改正と民法学Ⅲ 契約(2)』(商事法務，2018年)429-469頁。2017年的日本民法典修改在学界引起热议，而医疗契约是其修改讨论中的热门话题之一，山口教授的这篇论文正是以这次民法典修改为视角，对日本医事法学界中医疗契约讨论展开了全面的梳理与检讨。希望通过比较法视角，该译文能够对我国民法典编纂过程中相关部分的讨论有所借鉴与参考。同时，对山口教授与商事法务出版社的翻译授权表示谢意！特别感谢早稻田大学法学部大塚直教授的引荐与帮助！感谢东南大学法学院常若仪同学的校对协助！需要说明的是，摘要与关键词是由译者根据论文内容所添加的。

一、前言

在债权法修改审议中,作为对国民具有重要意义的服务提供型契约之一的医疗契约成为被讨论的对象。其中,在关于承受服务提供型契约之规定与准委任契约之完善的讨论中,学者们不仅仅意识到其所属的重要类型,也讨论了是否应当把医疗契约这种新典型契约和其他非典型契约一起写进民法。然而,这些提案最终并未纳入此次修改,其结果就是此次"民法修改"的影响没有涉及作为非典型契约的医疗契约。

但是,应当把医疗契约规定在民法的主张以及域外存在医疗契约被规定在民法中的实例已经被广泛认知,重要的是医疗契约已经成为全民讨论的对象。实际上,在目前的医事法等领域当中,医疗契约是最重要的争论点之一,从其中衍生出了关于患者权利与医疗方义务的重要理论。而且,最近也存在将规定医疗基本原则与患者权利、医疗方等责任义务的"医疗基本法"进行立法化的讨论,不过医疗契约的检讨进一步推动了这些讨论。所以,即使此次修改没有涉及医疗契约,此次"讨论"也很有可能对医疗契约造成影响。

因此,本文整理了包括这次审议在内的历次对医疗契约的讨论,并检讨其意义。基于此,本文目的如下:在考虑到医疗领域通过法律规定患者权利与医疗方责任义务的显著动向等基础上,以期对今后是否应当再次检讨将医疗契约转变为法律的规定以及是否应当将其规定在民法等方面有所启示。

下文在总结民法修改审议中医疗契约相关讨论的基础上,将日本医疗契约相关讨论按照以下顺序展开:出于责任追及观点的初期讨论、医疗契约当事人论、判例中的医疗契约、日本医事法学会中医疗契约相关讨论、医疗基本法的讨论。其后,在"检讨"部分就今后发展的可能阐述笔者观点并探索若干建议方向。

二、民法修改审议过程中的医疗契约论

(一)第一阶段的讨论

1. 承包、委任的讨论

债权法修改审议过程中,在截至"中间论点整理"的"第一阶段",有很多部分涉及医疗契约。具体而言,自开始服务提供型契约的第16次审议起,部会资料中出现了医疗契约记述,部会资料17-1将其作为"服务提供型的典型契约(雇佣、承

包、委任、寄托)总论"进行如下论述。

"现代社会中,伴随以服务给付为目的的契约大量增加,出现以提供新服务为目的的契约等,以服务给付为目的的契约的重要性正在提高。有观点指出,民法虽然设置了作为以服务为目的的典型契约的雇佣、承包、委任以及寄托,但是如今所见,新服务提供型契约当中有很多是民法没有考量到的,民法对这些契约并不能提供适当规制。由此,为了应对这些新类型服务提供型契约的出现,存在设置新典型契约的必要。"①

基于此,"检讨事项(12)详细版"当中提到"虽然存在若干应对新服务提供型契约的方法,不过其中之一就是将旅行契约、医疗契约、教育契约等应当纳入的个别的服务提供型契约作为新典型契约纳入民法当中。……关于日本民法修改的讨论,作为应当检讨的新典型契约的例子,有诊疗契约、福祉服务契约、信息建议提供契约等"②,其中列举了医疗契约这个新典型契约的具体例子。而且在审议当中,第16次是通过医疗契约的性质判定③、第17次是从委任契约的忠实义务方面讨论医疗契约④。

2. 医疗契约作为新典型契约的可能性

其后,在准委任相关讨论中,从准委任成为目前的服务提供型契约的承受规定的认识到其规定的方式与编成的讨论,与准委任相关的是,内田委员介绍各国立法论时提及"作为典型契约的医疗契约"⑤。

内田委员介绍道:荷兰的"服务契约"中存在医疗契约,欧洲共通参照框架草案的服务契约当中也有医疗契约⑥。而且后者"是欧洲统一民法草案之一",其中医疗契约规定的意义重大。由此引发作为典型契约的医疗契约相关讨论。

3. 第18次会议中关于新典型契约的讨论

在第18次会议,6名委员、干事陈述了关于医疗契约的意见,医疗契约成为焦点。新典型契约成为此次讨论的议题,部会资料也在"新型契约"的"总论"当中

---

① 「部会资料17-1」1頁。
② 「部会资料17-2」2-3頁。
③ 「第16回会议议事录」35頁(野村委员)。
④ 「第17回会议议事录」17頁(松本委员)。
⑤ 「第17回会议议事录」43-44頁。
⑥ 关于欧洲共通参照框架草案,参见クリスティアン・フォン・バール他编、窪田充见他监译『ヨーロッパ私法の原则・定义・モデル准则共通参照枠草案』(法律文化社,2013年)。

有如下记述。

"虽然民法规定了从赠予到和解的13种典型契约，但是该法制定以来的110余年间，社会经济发生大变化，交易形态也愈加多样化、复杂化，鉴于此，为应对上述变化，有必要对典型契约重新进行综合评价，检讨现在13种契约类型是否有严重不足以及如有不足则应当设置哪些契约类型等问题，并且，虽然已有新的应当设置的契约类型……（融资租赁）那样的具体提案，不过是否有必要对包括这些内容在内的那些部分进行关注并检讨呢。"①

如上所述，部会资料指出了新型契约检讨的必要性，提出了最优先的融资租赁。但是，即使将其采纳，对采用方针的检讨也是必要的。因此，作为其他重要契约类型，医疗契约也被列举为检讨对象。这一点，部会资料详细版列举了"作为应当创设的新型典型契约，……除融资租赁之外，还有特许经营契约、代理店与特约店契约、医疗契约、信用契约与其他第三方与信契约、在学契约、旅行契约、特许契约等"②和医疗契约，"比较法资料"的"各国典型契约"也列举了上述荷兰的例子③。

4. 采用医疗契约的意义

在第18次会议的终身定期金讨论中，冈委员认为"对国民而言，把身边人所经历的重要契约设置成典型契约是容易理解的"，通过在律师协会所做的"医疗契约也好，教育契约也好，年金契约也好，为何没有设置这些与民众密切相关且重要的契约（而来讨论终身定期金契约呢）"的讨论发言，指出了医疗契约的重要性④。

并且，虽然已经进入了考虑融资租赁的新型契约的讨论，不过，深山干事陈述了"总论性的讨论"，即"是否应当将在学契约、医疗契约这些如今社会中较多使用的契约进行典型契约化，这其实是选择什么作为新契约类型以前的问题。在学契约抑或医疗契约，或者是旅行、保险、运送，能够列举的契约大都是具有一定特色的所谓服务提供型契约。据说在比较法上，国外都有广泛采用这些服务提供契约的例子。有一种思路是，作为一种立法方式，就是将这些流行的契约与被认为重

---

① 「部会資料18-1」10頁。
② 「部会資料18-2」43頁。
③ 「部会資料(18-2)別紙比較法資料」40頁。
④ 「第18回会議議事録」30頁。

要的契约的默认规则纳入民法"①。这是对流行的重要契约的立法化表示理解的发言。

5. 消极的意见

但是,这与将其规定在民法典未必是一致的。深山干事继续表示:"不过,作为其他思路,与其将这作为赋予色彩的个别契约,还不如将其限定在不带色彩的委任、雇佣、承包……这些特殊的类型并规定在民法当中。"②

在之后讨论当中,也继续出现了将如同医疗契约一样虽然重要却特殊的契约规定在民法的做法持消极态度的发言。

野村委员认为,"通过具体的个别契约类型来整理社会中众多事物当然是重要的,然而在民法当中,所谓典型契约是进行了某种程度的一般化与抽象化,从而包含多种契约类型所生成之物""在学契约与医疗契约如果进行抽象化,也可能聚合到服务提供契约",③表明了医疗契约聚合于服务提供契约的方向。

而且,中井委员认为"关于民法当中规定什么,历来的13种典型契约基本上都是设定了立场互换性的契约类型",并指出融资租赁与医疗契约等也是"经营者与一般人"的契约,"通过这些经营者与谁都一样的契约,将这些交易关系规律放置于何处,……把规制与特定经营者的契约关系纳入民法中进而进行一定的规则化是民法的功能吗……实务家不会提出那样的要求,通过与各个经营者之间的关系来进行规制不是更简单吗"。他对通过民法来规制"经营者与一般人"的契约提出疑问,医疗契约也包含在其中④。

对此,大村干事在"因为存在这种契约而立即主张民法应该对其进行应对的想法或许是并不多的社会实态"的基础上,考虑到融资租赁(中的资金移动),认为有必要把"不能充分还原以前的法理……观点"纳入民法。并且作出了"之前的在学契约、医疗契约或者是旅行契约,难道不是因其法理上可行而最好放在民法中吗"的发言⑤。不过,该发言是为了展示融资租赁中存在新"法理",并不表明因存在具体的"法理"而应当规定医疗契约。

---

① 「第18回会議議事録」43頁。
② 「第18回会議議事録」44頁。
③ 「第18回会議議事録」44頁。
④ 「第18回会議議事録」44頁。
⑤ 「第18回会議議事録」45頁。

另外,山本敬三干事认为"在谈及现在民法中是否存在不充分的地方时,似乎指诸如资金移动相关问题,或者……像指定那样的法律行为",并支持融资租赁等纳入民法①。但是,关于其他新型契约,在认为根据必要可以规定在民法的同时,对其基准,认为"有社会的、经济的需求而应当设置规定是最低要求,而仅凭有需求是否应当在民法中设置规定是另一个问题""例如,虽然大多数类型的服务提供契约可能在现实社会中经常使用,然而也有很多尚未成熟到能作为典型契约类型进行规定。……由此观点出发,如今是否存在值得民法规定进行确立且具有一般性的契约类型,对此,应当结合需求有无来进行考虑"②。该发言承认了在与最优先事项的融资租赁等进行比较的情形下,服务提供契约的新类型不具备规定在民法的一般性。

6. 医疗机关注意义务的重述可能性

其后,会议上进行了融资租赁的讨论。告一段落后,部会会长进行了其他新型契约相关发言。

对此,冈委员再次表明,"在新型契约上,医疗契约是重要的。……判例已经很丰富,例如,地方的中心医疗机构的高度义务、一定情况下的转移义务,能成为具体指针的规则在某种程度上正趋于明确。值得注意的是,从实务来看,不是报酬支付时期或者任意解约权的问题,如果有关于医疗契约的债务不履行的判例评述的话,就会相当方便。如果能通过便于国民理解的法律再加上判例确定部分让国内包民众所接受的话将会如何呢?例如把医疗契约的债务不履行的相当确定部分用国民易于接受的方式表现出来。这是相当有益的,不过其究竟是民法规则还是类似重述,对此如何认识呢"③,阐述了应当积极检讨医疗契约典型契约化的意见。

但是,镰田部会会长对此作出了"对医疗机关注意义务的讨论,是作为债务的总结,还是作为不法行为上的注意义务的讨论呢,尽管后者在判例中占压倒性的多数,但这点如果在判例的无名契约以及其他调查中也出现的话,我想就能接受您的报告,不过我还需要对包括您的意见在内的内容进行思考"这样的总结④。在当天会议中,关于医疗契约部分除此之外再无讨论。可以说,部会会长的总结指出了存

---

① 「第18回会議議事録」45-46頁。
② 「第18回会議議事録」46頁。
③ 「第18回会議議事録」57頁。
④ 「第18回会議議事録」58頁。

在是否有必要将其通过医疗契约进行总结的疑问。

7. 与为了第三方所作契约的关联

在第19次会议上,在为第三方所作契约中,医疗契约成了以分娩契约中的胎儿为题的讨论议题,该点也反映在修改法第537条第2款。但是,因未直接涉及作为典型契约的医疗契约的讨论,故本文不再讨论①。不过,后面要讨论的当事人相关论点是医疗契约中极为重大的问题。

8. 中间论点整理

基于此,在2011年5月出台的"关于民法(债权关系)修改的中间论点整理"当中,没有关于作为典型契约的医疗契约的记述,作为"新典型契约的必要性等",仅记载了"关于民法所规定的典型契约,指出考虑到该法制定以来的社会经济的变化与交易形态的多样化、复杂化等,有必要进行综合的重新评估,检讨现在13种契约类型是否适当,如果不足则应当设置的契约类型有哪些。立足于这些问题意识,已作为个别论点,融资租赁……之外,代替准委任的服务提供型契约的承受规定等被提出。除此之外,关于作为典型契约应当新规定的契约类型的有无及其内容,又如何进行进一步检讨呢"②。并且,上述讨论的概要仅在"补充说明"有所显示③。

(二)第二阶段以后的讨论

1. 审议中医疗契约之涉及

在第二阶段的审议当中,对医疗契约的涉及急剧减少,仅有第38次、第48次、第50次会议有所提及。由于第38次会议是关于债务不履行引起损害赔偿的范围而没有设置故意与重过失规定的提案④,虽有观点指出在医疗契约中重过失也会成为问题⑤,不过仅停留在指摘层面而并无反对意见,没有进行新的规定。而且,第50次会议中提到的医疗契约是上述为第三方所作契约的关联部分⑥。

---

① 已有学说上的检讨。和泉澤千惠「出産契約と第三者のためにする契約—民法改正法第537条第2項をめぐって—」國學院法政論叢38輯(2017)21頁。
② 「民法(債権関係)の改正に関する中間的な論点整理」176-177頁。
③ 「民法(債権関係)の改正に関する中間的な論点整理の補足説明」348、349、431頁。
④ 「部会資料34」5-6頁。
⑤ 「第38回会議議事録」22-23頁。
⑥ 「部会資料42」4頁,「第50回会議議事録」4頁。

2. 契约基本原则等——生命、身体、财产的保护

第48次会议中,山本敬三干事发言中所提到的医疗契约部分的内容如下:作为"关于契约的基本原则等"的"债权债务关系中诚信原则的具体化","(1)为了契约当事人在债权的行使或者债务的履行时能够达成所作契约的目的,设置以应当遵循道义而诚实地行动为主旨的规定如何。(2)为了契约当事人在债权行使或者债务履行时不伤害对方的生命、身体、财产及其他利益,设置以应当慎重为主旨的规定如何"①。

山本敬三认为,对于(2)的不伤害生命、身体、财产等利益,并不限于契约当事人,不法行为责任也以其为基础,"我认为作为契约上的义务,如果承认这些规定,如同(1)那样,希望加上与契约相关联的观点也是可能的。……例如医疗契约与雇佣契约……,这些或许是契约上确定要求不伤害对方的生命、身体、财产等的情形"②。

这是从是否规定所谓保护义务问题的关系上的阐述,同时阐述了"这正如您所讲,无论作为不法行为来构成,还是作为契约责任构成,基本的效果应当尽可能不变,可即便如此也可能存在不同""例如,在是否能够进行履行请求这一问题上,如果是契约上的义务,履行请求就建立在比较简单的基础之上"③。而且,还有发言认为"我还想指出的是,生命、身体、财产这些是'权利',而不是'利益'"④,强调权利性的问题意识。

3. 第二阶段部会资料中的医疗契约

在第二阶段部会资料中,关于医疗契约的记述是进行了新型契约相关讨论的第59次会议中的部会资料48,虽然其中与部会资料18-2有同样的记述⑤,但没有详细论述医疗契约。另外,与部会资料18-2相同,"比较法资料"中介绍了荷兰的例子⑥。

第59次会议当天的讨论,虽然进行了关于融资租赁契约与许可契约的讨论,但没有医疗契约的讨论。最后,部会会长提出"除此之外作为新型契约应当采纳

---

① 「部会资料41」12頁。
② 「第48回会議議事録」50-51頁。
③ 「第48回会議議事録」51頁。
④ 「第48回会議議事録」51頁。
⑤ 「部会资料48」24-25頁。
⑥ 「(部会资料48)別紙比較法資料」19頁。

的内容的意见,至此已经可以了吧"①,最终并未将医疗契约列入话题。

4. 中间试案与公开评论

在2013年7月作出的"关于民法(债权关系)的修改的中间试案",虽然作为类似借贷契约,设置了新契约的融资租赁契约与许可契约规定的提案②,但未触及医疗契约。在补充说明中也有"关于民法的典型契约,有观点指出,考虑到该法制定以来的社会、经济的变化与交易形态的多样化与复杂化等,有必要检讨现在13种契约类型是否适当,如果存在不足的话,应当新设置的契约类型都有哪些"的记述③,其后,变成仅针对融资租赁与许可契约的讨论。

对此,作为"对'关于民法(债权关系)的修改的中间试案'的意见概要"中的"反对意见",其总结介绍了以"最高院(相当多数)、日本律师协会"为首的各律师协会、经济协会、日本大学等的诸多意见,其中包括"今天有必要规定一般的医疗契约(特别是有必要规定说明义务、承诺,无本人意思情况下的说明义务、承诺)、教育契约(修学契约)"④。而且,"其他意见"也介绍了"在将来"应当检讨医疗契约典型化的意见⑤。

5. 后来的讨论

在第三阶段就再无涉及医疗契约了。可以说其理由表述在"中间试案的补充说明"中关于准委任的记述当中⑥。

在准委任的补充说明中,"可以说在今天的社会当中常见到包括民法典制定时没有设定在内的以提供服务为内容的各种契约,例如私立大学等对学生们的教育、学习塾中学习、英语对话等指导、看护、护理、美容治疗、信息的提供与建议、咨询等,服务提供型契约的重要性在升高""由于没有这些契约应当适用的任意规定,故是否应当设置适用于民法制定时没有设定的、新的服务提供型契约的规则已经成为检讨的对象。作为规则的方法包括:1.逐个采纳以医疗与教育等具体的服务为目的的契约类型,设置新典型契约的观点;2.与承包、委任并列,不以具体的服务而以一般的服务提供为对象来设置广范围的典型契约的想法;3.设置适用

---

① 「第59回会議議事録」60頁。
② 「民法(債権関係)の改正に関する中間試案」66頁。
③ 「民法(債権関係)の改正に関する 中間試案の補足説明」468頁。
④ 「部会資料71-6」155-156頁。
⑤ 「民法(債権関係)の改正に関する 中間試案の補足説明」157頁。
⑥ 「民法(債権関係)の改正に関する 中間試案の補足説明」501-502頁。

于包含承包与委任等现有服务提供契约的服务提供型的契约整体的通则规定的想法"。其中第1种是支持应当规定"医疗契约"这种典型契约的观点,不过"鉴于从各种服务提供型契约中挑出具有典型契约采用特征的具体服务并不容易,第1种的观点在实现上有困难",立即被排除了。此次会议对服务提供型契约作出了"将其作为典型契约类型来规定尚不成熟"等总结。

6. 委任、准委任

另外,就委任而言,虽然有来自把委任作为纯粹法律行为规定的观点的修改提案,不过鉴于委任的专门性与准委任的多样性等,即使是所适用的委任,也没有进行大的修改。在上述中间试案中,"上述1到3的观点都没有获得充分的支持",当然"如果从问题出发点准委任规定尚未成为符合服务提供型的一般契约的内容来看,出现了应当将准委任规定改成与此相符的内容的观点",并提出了该方向的提案①。但结果是因为并没有进行关于委任本身的较大修改,所以也没有修改准委任。

(三)小结

以上是民法修改讨论中医疗契约的处理。接下来作为总结,整理了基于笔者理解的大致讨论流程。

在处于中间论点整理以前层面的第1阶段,医疗契约被具体地提出并展开了讨论。这次讨论从是否导入作为义务提供型契约的新类型的、与旅行契约和教育契约等并列的医疗契约这种典型契约的讨论出发,其讨论通过以下方式展开:是否不局限于服务提供型契约而应当导入包含融资租赁契约、特许经营契约等在内的新典型契约,如果导入则基于何种方针。

正如部会资料的比较法资料与内田委员发言所示,这次检讨是以比较法检讨为根据,一边关注以新型典型契约形式导入金融契约与许可契约等,一边整体上检讨典型契约的规则方法的同时讨论现在是否应当把作为具有重要意义的义务提供型契约之一的医疗契约规定在民法中。

但是,在整体观点的讨论中,关于把医疗契约作为典型契约规定在民法中的消极意见占据优势。即保留民法中"不带色彩的"契约的意见,典型契约是"一般化、抽象化的""包含多样契约类型之物"的意见,对通过民法规定没有当事人互换性

---

① 「民法(債権関係)の改正に関する中間試案の補足説明」502頁。

的契约关系的消极意见,新型服务提供型契约还未成熟到作为典型契约来规定的程度。如此,虽然医疗契约作为"民法中典型契约"来规定已经比审议当初困难,不过这在中间论点整理的补充说明中仍持续下去,"从各种服务提供型契约中挑出拥有仅作为典型契约采用的特征的具体服务并不容易"。这种困难不局限于服务提供型契约,也涉及包含作为最优先事项被讨论的新型契约的融资租赁在内的所有新型契约,从结果来看,如果从修改法没有规定新典型契约来看,这次讨论没有把医疗契约规定在民法中也是不得已的事情。

不过另外也存在对医疗契约的典型契约化、法典化上承认其积极意义的意见。即使在审议中,律师协会讨论的意见对此也是积极的,且公众评论中最高院与多数律师协会主张应当规定医疗契约,这是实务界支持把对国民而言常见且重要的医疗契约通过易于国民理解的方式表现出来的必要性的一种表达。然而,审议当中有观点指出,这是基于民法还是基于类似重述的内容,是作为契约上的债务还是不法行为上的注意义务来进行表示,除此之外并没有进行关于医疗契约的积极讨论。只不过值得注意的是,包括不法行为在内的医疗上注意义务的法典化或者重述等的必要性与重要性是不可否定的。

而且,在与不法行为上的注意义务的关系上,在"关于契约的基本原则等"的讨论中,重要的是:契约上当然可以要求通过医疗契约不能伤害生命、身体、财产等;如果这是契约上的义务,履行请求则是附有基础的;医疗契约上成为问题的"生命、身体、财产"是"权利",而非"利益"。

三、日本关于医疗契约的讨论

(一)学说

1. 初期讨论与加藤论文

接下来,整理日本的医疗契约的讨论。

日本很早就存在主张医师与患者的关系是契约的观点。博伊索纳德的民法典把医师与患者的合意理解为契约[①],之后的学说也在进行医疗契约属于何种契约的讨论,在其属于契约的观点上没有疑问[②]。

---

① 前田、稻垣、手嶋『医事法』(有斐閣,2000年)215-216頁(手嶋執筆)。
② 例如,市村光惠『改版医師の権利義務』(信山社〔初版寶文館〕,復刻1994〔初版1928〕)297頁以下。

但是之后,特别是在与医疗诉讼的关系上,把医师患者关系理解为契约的重要性已被意识到。其原因所在就是加藤一郎的"医师的责任"这篇论文[①]。

在该论文中,加藤认为开业医师经营模式下的患者与医师之间、医院经营模式下的患者与医院经营者之间结成了契约关系,其性质虽然一般为准委任,但一定情形下是承包契约,在此基础上论述了"契约责任的涉及范围"。加藤指出,因契约而负担治疗债务的开业医师或者医院经营者负有善良管理注意义务,承认违反情形下因债务不履行造成的损害赔偿,这是所谓积极的债权侵害,而消极的债权侵害是把历来属于不法行为领域的情形放入债务不履行而造成损害,区别医师责任中的因债务不履行造成的损害与因积极债权侵害造成的损害几乎是不可能的,无论在理论上还是实践中,医师契约责任涉及由此产生的所有损害。

而且,加藤论述了契约责任与不法行为责任的竞合,认为"实际上在最不一样的举证责任与时效期间方面,契约责任对受害人有利,其他方面承认与不法行为竞合上的实际利益很少",这在某种程度上采用了契约责任说。不过,关于以后的分析,"然而,日本判例立足于请求权竞合说,在判例所展现事件当中,医师责任都是基于不法行为的损害赔偿而被提起诉讼",虽然进行了"这或许展示了对人体的直接侵害一般被认为不是契约责任,而是不法行为责任"这样意义深远的指摘,但无论如何都没有直接把责任性质作为问题而检讨"医师的责任"。

2. 出于举证责任观点的医疗契约论

如上,加藤的讨论是把重点放在责任追及中的优位性的法性质论。当时,主张"医疗一方总是隐藏于医疗的专业性与封闭性,并不积极出示病历,不积极地说明诊疗经过、事故原因等,逃避举证责任论"[②],该论文对实务产生了很大的影响。基于此,实际上至此并无基于债务不履行构成的医疗事故诉讼,在1965年以后,债务不履行构成请求显著增加[③]。

根据学说的分析,其后的讨论也认为"在问及医师诊疗过错责任诉讼中,作为转换医师过失的证明责任、追及责任简易化的法技术,诊疗契约概念得以普及","没有检讨诊疗债务的内容而问及契约责任,倒置的理论因患者方保护的目的而得

---

① 加藤一郎「医師の責任」『我妻栄先生還暦記念損害賠償責任の研究(上)』(有斐閣,1957年)505頁以下。
② 加藤一郎、鈴木潔監修『医療過誤紛争をめぐる諸問題』(法曹会,1976年)95-96頁(高田利広)。
③ 加藤一郎、鈴木潔監修『医療過誤紛争をめぐる諸問題』(法曹会,1976年)22頁以下。

以应用"①。如此状况被评论认为即使在最近也"非契约论的债务不履行构成"②。

3. 实务判例理论的进展——基于法构成的差异的消解

但是,其后的实务开始不区别债务不履行构成与不法行为构成。对此有观点指出,在"围绕医疗过错纷争诸问题"的讨论中,裁判官们进行分析,并在不法行为中导入了过失推定理论等,而且裁判所实务在债务不履行责任与不法行为责任中采用了竞合说,因此,期望不会对不法行为与债务不履行产生实质差异的处理③。

例如,江田五月(当时是千叶家事裁判所助理法官)认为"关于举证责任,双方构成没有怎么改变……与此同时……通过举证责任上何种有利来考虑法律构成,难道不会误导案外讨论吗",对此,铃木洁(当时是东京地方裁判所法官)认为"加藤先生发表那篇论文时,从裁判所的角度来看确实让人感到某种不足"。加藤接受了该观点并认为"虽然当时考虑的是作为法律论,任何一方都不能举证有无过失时由患者承担是不对的,还是应当由具有专门知识与技能并进行治疗的医师来承担责任,不过由于以此种举证责任而解决的事件几乎没有发生,实际上裁判所的心情或者态度的问题在于,患者的举证在某种程度上是好的,之后再由医生进行充分的说明,这是对患者的一种精神支援"。铃木总结了讨论并认为"确实,强调了引用加藤先生的理论,因被告方有举证责任却没有充分建构的困惑。其后,关于事实上的推定或者举证的必要的实务观点得以深化,到了江田君进入裁判所之际,先生理论的实际效益已经没有那样被明显地意识到。不是这样吗?这种意义上,我想可以说加藤先生的论文达到所有目的了吧"④。

(二)医疗契约当事人论

1. 医疗契约论中当事人论的困难性

一方面,包括这些裁判官们在内的讨论,也有关于实务上很难采用契约论的缘由的重要指摘。这就是医疗契约当事人论。例如,松野嘉贞(当时是东京地方裁判所法官)认为"不得不做出判断的是,在患者没有意识能力、行为能力情形下的契约当事人是谁……保险诊疗情形中契约当事人关系如何。如此,就变成原告承

---

① 高嶌英弘「診療契約の特質と内容(1)—西ドイツの議論を中心に—」民商96巻6号(1987)39頁。不过,当时也存在从契约的视点分析医师与医疗机关的义务的内容的学说,展示出与判例理论连接的视点。唄孝一「判批」法協81巻5号(1965)80頁以下。
② 村山淳子『医療契約論—その典型的なるもの』(日本評論社,2015年)2頁。
③ 加藤一郎、鈴木潔監修『医療過誤紛争をめぐる諸問題』(法曹会,1976年)84頁以下。
④ 加藤一郎、鈴木潔監修『医療過誤紛争をめぐる諸問題』(法曹会,1976年)95頁。

担起不法行为诉讼必须进行可有可无的诉讼起点的争论这种重负""即使作为裁判所,……实务上的应然状态,我认为应是期待尽量减少诉讼上的论点,尽量迅速地进行救济,因此,如果即使不讨论这些契约所伴随的问题也能导出诉讼结论的话,在诉讼中还是避开这样的问题为妙"[①]。即争论债务不履行的情形,需要举证契约的存在以及双方当事人,裁判所也必须对其进行判断,在多数与当事人相关医疗提供体制中,这也会成为实务上的大缺点。

2. 当事人论中的问题点

对此讨论,笔者对截至目前的状况作如下说明。

即使是通过医疗提供,在患者自身基于其意思谋求作为自由诊疗的医疗的情形下,医师与患者或者医疗机构与患者成为契约当事人,这点并无问题。但是,在医疗当中,并不仅仅是这样单纯的例子,除此以外还存在当事人出现的情形、紧急的情形、接受医疗的当事人没有判断能力的情形等。例如,即使在成年患者自身基于其意思谋求医疗提供的情形中,自由诊疗在日本反倒是例外,大都是涉及社会保险,不仅仅是报酬的支付,也牵涉成为支付对象的医疗内容。而且,即使患者是未成年人,也存在具有充分的判断能力的情形与不具备的情形,包括这样的情形在内,除了第三方进行医疗提供申请的情形以外,也有民法修改审议过程中出现的胎儿医疗问题的情形。而且,即使在这样第三方相关的情形下,存在第三方是侵权人等拥有代理权等的情形与其他情形,而且也有公司或学校、市町村等让员工接受健康诊断等的情形。

在如此多样的事例中,医疗契约当事人论,不仅仅是医师与医疗机关对患者进行治疗等的关系,还牵涉谁来承担医疗费等的支付义务、债务不履行的情形下损害赔偿的对方主体是谁等方面。而且,没有报酬支付意思的患者、没有支付能力的患者是否是生活保护的对象,而且也与医师法第19条应召义务等相关,此种情形下,也派生出与患者之间是否成立医疗契约的论点。

3. 对当事人论的学说应对

本文对此并没有进行具体的讨论,但是现有学说基本上划分了较细情形,进

---

① 加藤一郎、鈴木潔監修『医療過誤紛争をめぐる諸問題』(法曹会,1976年)86頁。

行了各自情形下谁是当事人、成立何种契约、谁来承担义务的检讨①。应当指出的是,不能说该当事人论的讨论至今为止对实际问题的解决有所裨益。

具体如下:例如一种观点是,根据一般的契约原则,申请接受医疗提供的一方与承诺一方之间缔结了契约。但是,据此,并非要决定承担进行医疗提供的义务方、接受方、承担报酬支付义务方、决定医疗内容方等。进行医疗提供的不是医疗机关经营方或者保险方而是医疗方,无论申请人是谁,接受方都是以医疗为必要的患者。根据其患者基于何种制度接受医疗,费用与报酬由谁来支付多少也大有不同。而且,具体的医疗内容的决定也不是由医疗机关经营方与保险方来进行,患者方即便存在代理人也不是由代理人进行,应当由医疗方与患者来决定,不因契约当事人是谁的讨论而改变。

如此,在具体的医疗提供当中,谁有何种权利、义务,与契约当事人论无关,而是由不同的原理与制度所决定。契约当事人论当然是以其他原理与制度所定权利义务的主体与归属为前提,大多是从对其如何说明的观点进行讨论,与其他关于一般的契约的当事人论具有很大不同的一面。

4. 当事人论的实益

这样考虑的话,需要探讨医疗中契约当事人论以及契约论自身的实益。实际上,如上所述,诉讼中契约当事人论对原告或者裁判所而言正变成重担。不仅如此,过度重视当事人论的情形,例如因医疗事故引发的损害赔偿请求应当对保险方进行的主张②,以及对于为了财产管理而选任的监护人等谋求医疗同意与医疗内容决定的判断等,很可能导致产生具有违和感的结论。因此,当然会有观点认为,并非要采用契约论,基于不法行为请求损害赔偿,其他权利义务的归属根据案件进行检讨才是建设性的。

---

① 关于学说与判例的状况,参见新美育文「診療契約論では、どのような点が未解決か」椿寿夫编『講座現代契約と現代債権の展望(6)新種及び特殊の契約』(日本評論社,1991年)247頁以下;野田寛『医事法中卷(増補版)』(青林書院,1993年)379頁以下。

② 松倉豊治「医師から見た法律」大阪府医師会編『医療と法律』(法律文化社,1971年)9頁以下。不过,该观点是主张保险人加入诉讼当事人的意义的内容,当时学说也是支持的,也有较多表示作为制度论的共同感的观点。但是,裁判例并未采用(東京地判昭和47年1月25日判夕277号185頁等),通说也支持裁判例(野田寛『医事法中卷(増補版)』(青林書院,1993年)382頁。

（三）判例中的医疗契约

1. 契约与不法行为的区别的实益

另外,判例自身对医疗契约进行了何种应对呢？

对此,正如前述,虽然当初通过不法行为来进行处理,但是由于加藤论文的影响,以契约的存在为前提提出债务不履行构成的请求增多,裁判所也相应地进行判断。但是,由于随后不让两种构成产生差异的处理成为实务判例上的一般处理,只要时效等不成为问题,并不在意不法行为责任构成或者契约责任构成而进行责任追及。在这种情形下,医疗契约的意义并没有在实务判例中得到认识。

2. 医疗水准论的影响

而且,虽然很早就有观点认为存在"过失判断的客观化"[①],但是其后,不管契约责任还是不法行为责任,主张医师、医疗机关的注意义务基准是"诊疗当时的所谓临床医学实践中的医疗水准"的想法也在判例中得以确立。尤其是,以前判例的医疗水准论以医疗水准的确立为绝对基准,成为排除斟酌个别特殊性的统一内容的观点,因此更加排除契约要素了[②]。

3. 判例理论中的契约要素

但是随后,判例根据契约的视点改变以前的判例理论。虽在以前的判例理论中也包含其契机[③],但这明确出现是在姬路日赤医院事件判决（最二判平成7年6月9日民集49卷6号第1 499页）中。因篇幅限制不再详述,但在决定医疗水准之际,主张应当考虑医疗机关的特性与所在地域的医疗环境的特性等诸多情况的该判决判断已经明显是由契约构成导入的。其后,以医疗水准与医药品的添附文书、医疗惯例为问题的最三判平成8年1月23日民集50卷1号第1页将其称为"具体的个案当中,以债务不履行或者不法行为来追究医师的注意义务",虽然这种观点也很快适用于不法行为,不过在医疗水准的新讨论当中,重要的是通过接纳契约论而采纳了个别具体性。

而且,在患者的个别具体意思要素及期待与对其知晓的医师之间,不问医疗水

---

① 加藤一郎、铃木洁监修『医療過誤紛争をめぐる諸問題』（法曹会,1976年）108页（加藤発言）。
② 与具体的眼底检查要求无关,认为不存在应当告知说明其结果的法律义务的最判昭和61年5月30日判时1196号第107页（坂出市立病院事件）与废除医疗契约内容中内含不拘泥于医疗水准为何而应当进行缜密且诚实的医疗的约定的最判平成4年6月8日判时1450号第70页的日赤山田病院事件等。详情可参见拙稿「『医療水準論』の形成過程とその未来」早稲田法学会誌47卷(1997)361页。
③ 上述最二判平成4年6月8日判决承认根据"与患者的特别合意"超过医疗水准的医疗义务。

准而产生个别具体的义务的契约构成也在最三判平成12年2月29日民集54卷2号第582页耶和华证人擅自输血事件(不过该判决依据民法第715条)与最三判平成13年11月27日民集55卷6号第1154页乳房温存疗法事件中得以沿用。

(四)医事法领域对医疗契约的讨论——第35届医事法学会论坛

1. 论坛的构成与背景

以上是关于医疗事故的判例理论及其相关学说中的医疗契约论的处理,最终与责任论有关。但是,最近在进行更加直接的检讨患者权利与医疗者义务的内容的讨论。在医事法领域中,2005年举办的日本医事法学会第35届研究大会的论坛"医疗契约考量——围绕医疗事故"对此从契约的观点进行了讨论[①]。

该论坛的重要企划负责人是加藤良夫(律师、医事法学会理事)。从另一名企划负责人塚本泰司的记述来看,企划背景包括荷兰的诊疗契约法的施行、在律师协会等中进行的医疗契约相关研究以及其活用可能性并引起的关注。该企划构成包括:1.医疗契约的内容;2.发展;3.医疗契约考量对患者的权利发展有贡献吗;4.与医疗质量提升及事故防止相关联吗;5.对受害人救济有作用吗;6.各国如何处理受害人的赔偿与补偿。其问题倾向中可以看到患者权利的发展与医疗的质量提升的观点。

在此基础上,律师增田圣子报告了"日本医疗契约的现状与课题"[②],临床医生塚本泰司报告了"医疗契约考量——临床医生视角下的医师—患者的关系与法"[③],手鸠丰报告了荷兰状况[④],小池泰报告了德国状况[⑤],笔者(山口)报告了法国状况[⑥],饭塚和之报告了英国状况[⑦],最后进行了综合讨论。

2. 医疗契约的意义与优点

当天的讨论详细可参考研究大会记录(《年报医事法学》21号),其概要如下。

首先,报告指出把医疗理解为契约的意义。即增田报告所主张的:根据判例中也能见到的契约的视点而导出的说明义务等内容;根据理解为契约而能够整理

---

① 详细记录参见年报医事法学21号(2006)30页以下。
② 详细记录参见年报医事法学21号(2006)32页。
③ 详细记录参见年报医事法学21号(2006)41页。
④ 详细记录参见年报医事法学21号(2006)49页(「オランダにおける診療契約法について」)。
⑤ 详细记录参见年报医事法学21号(2006)56页(「医療事故リスクと医療契約―ドイツの場合」)。
⑥ 详细记录参见年报医事法学21号(2006)63页(「フランスにおける医療契約と医療被害救済制度」)。
⑦ 详细记录参见年报医事法学21号(2006)72页(「イギリスにおける医師・患者関係の法的性質と医療被害者の救済」)。

患者与医师、医疗机关的法律关系；医疗契约中存在很多与其他契约不同的特性，正因为如此，整理与其性质相符的权利关系并进行必要的法律完善是有意义的。

其次，检讨荷兰诊疗契约法的手鸠报告介绍了如下内容：在荷兰，虽然已有关于医师患者关系的规则基于什么来运行、患者权利的实现方面最为适当的方法是什么的讨论，但对医师患者关系也是契约并无异议，因对医疗的期待因人而异而采用契约这种方法；因立法过程中的讨论而产生了考虑患者权利与医师患者关系的机会，并且明确了医师患者之间的权利义务清单，故多数国民知道了医师的说明义务、患者的记录阅览权等。

最后，在检讨德国状况的小池报告当中，介绍了德国采用把医疗事故风险中风险分配规则透明化的观点，并用与其相关联的形式，以患者权利明确化为目的而把医师患者关系理解为契约。

3. 与契约论不同的视点

另外，也有对把医疗理解为契约进行否定的报告以及与契约不同的思路。首先，塚本报告主张：即使将医师患者关系称为契约也存在特殊之处；如果考虑到历来医疗契约相关讨论是从诉讼上保护患者的观点进行检讨的话，这在医疗方行为规范的情形下有可能阻害医疗方的行动理念；日本医疗是在经济与行政的制约中运行的，为了患者的权利保护，行政与经济的支持是必要的；为了受害人的救济，无过失补偿制度等是必要的。

其次，介绍法国2002年导入患者权利法与医疗受害人救济系统状况的山口报告介绍内容如下：在法国，私立医院把医师患者关系理解为契约并维持了过失责任，公立医院责任是行政责任但部分承认了无过失责任；在2002年立法当中，为消解这种不同，直接根据立法规定患者的权利与医疗方等的义务，同时承认因无过失医疗事故造成的受害人拥有谋求国民连带补偿的权利。

最后，检讨英国状况的饭塚报告介绍如下：在英国，医疗制度的中心是国营医疗的国民保健服务（NHS），其外部有私费诊疗；因此，私费诊疗中医师患者关系被理解为契约关系，不过在核心的国营医疗，医师、医疗机关与患者的关系并不被理解为直接的契约关系，而是采用了不同的特别医疗供给体制。

4. 关于构成契约的意义、必要性的讨论

因此，在综合讨论中也进行了医疗契约论与把医师患者关系理解为契约的意义的讨论。例如，对于主张契约构成优点的增田报告，町野朔、新美育文对构成契约的优点以及与不法行为的差异等提出疑问,增田对此回答:有必要通过法律形成无差异,从契约的视点来看待医疗是便于理解的①;铃木利广对契约构成的"对医疗方的"优点提出质疑,对此,增田作出的回答明确了医疗方负担债务内容以及"承担何种程度的责任"②。

另外,新美对手鸠报告的通过与荷兰基于不法行为的责任追及的比较把诊疗契约进行立法化的意义提出质疑,手鸠认为意义在于:荷兰诊疗契约不是损害赔偿责任的水平,而是"把患者权利明确化,即作为象征存在,在医疗现场保护患者权利"③。

对此,新美认为"如果说展示清单或者样本就有意义的话,那这不是契约也可以""如果不承认典型契约中所定的……限制权利的特别约定……,那这……与不法行为究竟有什么不同呢""当然在我们发言时不谈契约,医疗中又有何种权利义务呢?难道不是应该好好对其进行讨论吗",这更加明确地展示新美自身的问题意识④。

5. 契约与 fiduciary relationship

关于医疗中契约论导入的意义,下面进入更加本质的讨论。对契约论的医疗方优点提出质疑的铃木认为"尽管我认为契约法原本是'遵守约定'的规则,……专家服务不仅仅是遵守约定,由于与高水平服务的提供存在关系,难道不是在诊疗契约论中得不到解决吗",指出医疗服务与约定原理的融合度差⑤。光石忠敬也指出"医疗契约真的没有带来不利吗,没有后退吗""'fiduciary relationship'也就是信赖关系、负担高度忠实义务的关系,在医师与患者关系中是特别重要的,如果将其理解为契约的话,也与通常的契约关系完全不同""在谈及期望的医疗应当为何时,还是在有专家控制专门规则的团体的基础上,再来将前面提及的信任关系、信赖关系摆出来"⑥,无法用契约进行约束的专业义务成了问题。新美也认为"不能忘记所谓 fiduciary relationship 是在不把委任理解为契约的国家被主张的""没有立足于约定则信守这种关系,实际上包含在 fiduciary 一词当中……基于应当对

---

① 年報医事法学 21 号(200)81-82 頁。
② 详细记录参见年報医事法学 21 号(2006)83-84 頁。
③ 详细记录参见年報医事法学 21 号(2006)89-90 頁。
④ 详细记录参见年報医事法学 21 号(2006)95 頁。
⑤ 详细记录参见年報医事法学 21 号(2006)97-98 頁。
⑥ 详细记录参见年報医事法学 21 号(2006)(226)100-101 頁。

患者竭尽全力的关系,有必要讨论诊疗契约可以承担哪个部分或者说这是否充分"①。

不过,在这些讨论当中,对把医师患者关系能够理解为契约的观点本身并没有不同意见。论坛上,手鸠报告自不用说,其他的如小池也回答道"以认定医师与患者关系是契约为起点应该是没错的",山口也认为"如果问医师与患者的关系是契约吗,我认为这就是契约"②。上述涉及 fiduciary relationship 的光石发言也提到,不能否定契约本身,"虽说是契约也可以,不过需要稍微再意识到的是,这与通常的契约交易是完全不同的"③。

只是对于此点,新美谈道:"不得不提,美国出现诊疗契约这一概念是基于医疗补助、联邦医疗保险当中根据合同进行责任限制,其中出现了合同这一讨论。……还有合同这一概念作为责任限制的逻辑而被强烈主张。"④可以说,即使把医师患者关系理解为契约,根据这个契约概念通过什么脉络、指向何种机能来使用,其评价会大有不同。

6. 追求患者权利的另一方

对此,从医疗契约论的消极立场出发进行报告的塚本也认为"当然有守护患者权利的必要",尽管进行"尽力"的医疗当然是最好的,"但是,在盈亏、保险医疗、时间的制约当中,医疗被要求到何种程度呢"是一个问题,"也不能'无限地守护'"。而且,塚本认为"谈及'契约法',无论如何都能强烈地感到医疗方与患者对立的时刻",当然,也作出了重要指摘,"患者有如此权利,医疗方也能够与患者协助向行政等提出要求""正是因为不与患者对立并应承认患者的这种权利,才需要朝向增加医疗人员这种方法"⑤。

基于此,池永满也认为"在一方当事人当中有必须特别保护权利的领域,有可交涉部分的一面,同时也有对其进行公法上保护的一面,这两者能维持一定的权利保护水平吧",有必要主张存在患者的权利法与契约论的统一并同时推进,从强调契约论优点的立场出发作出报告的增田也对此表示同意⑥。

---

① 详细记录参见年报医事法学21号(2006)105页。
② 详细记录参见年报医事法学21号(2006)104页。
③ 详细记录参见年报医事法学21号(2006)101页。
④ 详细记录参见年报医事法学21号(2006)105页。
⑤ 详细记录参见年报医事法学21号(2006)107页。
⑥ 详细记录参见年报医事法学21号(2006)109页。

7. 权利义务明确化的必要性

如此,该论坛以"医疗契约考量"为题展开企划,就把医师患者关系理解为契约的意义提出了各种意见,不能说讨论归于一处,但对把医师患者关系理解为契约本身又没有异议。而且,关于把患者权利与医疗方义务等明确化方面,可以说其意义已被确认。

(五)医疗基本法的讨论

1. 医疗基本法

在日本学说状况介绍的最后,虽然有些唐突,但仍要涉及最近关于医疗基本法的讨论[1]。之所以如此,因为该讨论与上述讨论具有很大关联。

首先,所谓基本法是规定其领域当中基本的大纲、准则、原则、方针等的法律,除部分以外,都是日本的特有规定。基本法基本上是面对政府,其形式是将其规定的方针、政策与对策转为国家与地方公共团体承担的实施义务,很难通过基本法直接导出当事人的具体权利义务,即使通过基本法规定国民的责任义务,也仅仅是训示规定[2]。

在医疗领域,虽然医疗法已经规定了医疗供给体制特别是设施方面的基本框架,但是没有规定医疗系统与医疗方、患者等的基本原则,这并不是"医疗"的基本法。因此,关于应当制定规定医疗的基本原则与框架的医疗基本法的讨论长期存在,医师协会与各团体也提出了大纲案与法律案等试行方案[3]。

2. 医疗契约论与医疗基本法的关系

医疗基本法的讨论与上述医疗契约的讨论的关联如下。即最初关于医疗基本法的讨论,主要是基于医疗方的医疗供给体制的框架的提议,与其他基本法一样都是与政府相关的运动。但是,后来受消费者运动影响等,患者及其律师们成为中心,出现了追求患者权利确立的运动,形成"患者的权利运动"的趋势。即上述医疗契约论所意识到的患者权利的明确化也是患者权利运动的一部分。

---

[1] 关于医疗基本法的讨论,参见「医療基本法を考える」年報医事法学26号(2011)12-96頁,医療基本法会議編『医療基本法』(エイデル,2017年)。

[2] 关于以上内容,参见古城隆雄、山口齐昭「基本法とは何か」,医療基本法会議編『医療基本法』(エイデル,2017年)10頁以下,以及其所引用文献。

[3] 关于各自医疗基本法案的内容、性质与意义等,参见一家綱邦「医療基本法論の歴史と現状」,「医療基本法を考える」年報医事法学26号(2011)16頁以下,「医療基本法論の現在地」,医療基本法会議編『医療基本法』60頁以下。

患者的权利运动是在谋求对医疗事故等中受害的应对当中产生的,当初是向医疗方主张患者权利与医疗方义务的保护与确立,因此医疗方极力排斥。但是随着患者的权利运动把谋求患者权利确立的对象转向政府,医疗方也为了保护患者的权利而向政府追求医疗供给体制的完善,从而演变成了患者与医疗方双方都向政府要求患者的权利保护。基于此,"患者的权利运动"与向政府谋求应对的"医疗基本法"框架合流,现在的医疗基本法讨论都是针对国家,以谋求医疗的基本原则与基本政策的确立为中心,指向通过基本法来规定患者的权利与当事人的责任义务[①]。而且,伴随着作为医疗制度目的的患者权利保障的依法确立,明确医疗制度的理念与原则,进而明确作为医疗系统相关利害关系人的国家与地方公共团体、医疗方与医疗机关以及医疗关系团体、医疗保险人、医疗事业人与医疗事业团体、患者与国民的责任义务与分工,应当明确患者权利的补偿的系统等项目的具体框架已渐渐显现[②]。

3. 医疗基本法的特殊性与问题

但是,这里必须要注意的是,上述基本法的一般特色与现在指向的医疗基本法的性质不同。正如上述,目前的基本法规定了其领域的基本的原则、大纲与方针,对国家与地方公共团体课以一定的责任义务,即使有对国民课以责任义务的情形,那也仅仅是训示的规定。但是,对于通过医疗基本法而指向确定与具体化的患者权利以及基于此的原则等,还是必须让作为医疗提供机制相关当事人的国民(患者、医疗方与保险方等)产生具体的权利与义务。

这是因为鉴于原来的患者权利运动是基于恶劣的医疗过错与药害事件等的反省而来,从通过医疗基本法应确认的基本原则而使今后不会让这些问题再发生,到存在同时面向国家、医疗方以及事业方的原则,原本医疗提供体制不只由国家来提供保障,医疗方与医疗机关、保险方、医疗事业方等也作为体制的一部分而与其相关联。为了确实保障患者的权利,对这些医疗提供体制相关当事人(国民)的直接义务附加无论如何都是必要的。但是,根据历来的基本法框架,靠基本法本身来进行这种对国民的直接义务附加是很难的,如果要进行义务附加的话,有必要对新

[①] 关于以上内容,参见古城隆雄、山口斉昭「基本法とは何か」,医療基本法会議編『医療基本法』(エイデル,2017年)18-22頁。

[②] 例如,鈴木利廣「医療基本法の意義」医療基本法会議編(『医療基本法』)36頁以下。

的根据等进行考虑①。

（六）小结

以上探讨了至今为止关于日本医疗契约的讨论。最后，作为总结来看下日本医疗契约相关讨论的历程。

日本医疗契约论是在当初医疗诉讼中医疗方占据压倒性有利的情况下，由加藤一郎主张转换举证责任并在诉讼中导入患方有利性的意向。该论文对实务的影响很大，医疗诉讼中基于契约的债务不履行构成的主张增多。但是随后在实务判例中，基于不让债务不履行与不法行为产生判断的实质差异，不法行为的举证理论得以深化，进而两者不再产生差异。其重要背景是，如果采用契约构成，在保险诊疗为原则形态的日本，且在与大多数当事人相关的通常医疗提供中，为了避免确定契约当事人变得困难，更偏好于不法行为构成。

在医疗事故诉讼的判例理论中，无论是契约构成还是不法行为构成也基本上不再成为问题。但是，判例理论发展的要点中，契约视点发挥了功能。为了把医疗中的个别性与患方的具体期待、要求等融入判例理论中，契约理论对此发挥着重要作用。不过，一旦患者权利与医疗方义务被融入，其后所要经历的过程是，作为不法行为上的注意义务的根据也能被承认。

随后，明确了患者的具体权利与医疗方的具体义务，从以此为基础的观点出发，医疗契约论得以关注。其背景包括，为了确立患者权利，明确其作为法律上的权利并将其要求变为可能，曾进行了患者的权利运动。对此，在日本医事法学会论坛中，也存在关于明确患者权利与医疗方义务的意义的不同观点。但是，也有关于其是否必须基于契约的疑问与反对意见，提出了直接根据法律明确患者权利与医疗方义务是什么的思路，医疗方义务出自信任关系与专业立场的指摘、医疗方的义务产自契约原理的约束的情形的问题等。而且，也有观点认为，基于医疗是在制度与经济的制约下得以提供的认识，把医师患者关系理解为相对的契约并着力于尝试明确权利义务有些许违和感，患者权利应与医疗方共同向政府提出要求。

由于最近的医疗基本法的讨论融入了患者的权利运动的内容，与上述有着同样的讨论脉络，当初面向医疗方的追求权利保护的患者权利运动现在成为患者与

---

① 关于以上内容，参见古城隆雄、山口齐昭「基本法とは何か」，医療基本法会議編『医療基本法』（エイデル，2017年）25頁以下。

医疗方共同为保护患者权利而向国家与政府追求依法的体制完善与实施政策的讨论。并且,在其立法当中,为了保障患者权利,为了推动国民的健康与幸福的目标的实现,规定医疗中的基本的原则与方针并据此规定国家与地方公共团体、医疗方、保险方、医疗方团体等医疗相关当事人的责任义务成了行动目标。不过,在医疗基本法中,不仅仅是对政府的义务附加,也有谋求作为国民的医疗方等当事人的义务附加,鉴于此,也存在如何赋予其根据的课题。

四、检讨

（一）契约论的意义

以上探讨了债权法修改审议中的讨论,之前讨论的出自责任追及观点的契约论以及当事人论、日本医事法学会中的讨论及医疗基本法相关讨论,接下来将对此进行若干检讨。

首先,在民法修改审议中,医疗契约在第一阶段中是作为服务提供型契约的新类型——新典型契约的一种类型而得以讨论。但是,这仅仅是被列举为民法应当规定的新契约之一的讨论。而且,这主要是鉴于荷兰民法与欧洲共通参照框架草案等海外立法例的讨论,并非基于国内确实必要性的讨论。因此,虽然作为国民重要的契约的认识已被普遍接受,便于理解地展示必要性本身没有被否定,但是在没有采纳其他新型契约的此类讨论中,医疗契约应当纳入民法并未得到普遍认可。

而且,基于律师协会的讨论,主张医疗契约必要性的冈委员的发言与公共评论表明,实务当中便于理解地明示医师患者关系的法律理论与医疗方的义务等是有必要的。但是,只要考虑到承认医疗方责任的判例理论等,就无法清除为何必须是契约而不能是不法行为的疑问。

其次,观察日本关于医疗契约论的讨论状况,当初的讨论也是把重点放在了医疗诉讼中债务不履行构成的有用性。因此,如果判例实务运用不再区别债务不履行与不法行为构成的话,将失去讨论的实际效果,从法的责任追及观点来看,历来的医疗契约论的优点将确定地不复存在。

不过,在判例理论发展之际,医疗契约论与契约的视点发挥了重要作用。并且,根据契约的视点与契约构成而被判例理论承认的患方的权利与医疗机关等的义务,随后也被作为不法行为基础的注意义务得以承认。通过这种形式,医疗契约论产生患者的新权利是可能的,在这个意义上,医疗契约论还是发挥了重要作用。

而且,初期讨论并不是不充分。在民法修改讨论中,新型典型契约相关讨论中也没有触及的论点包括,对于患者的权利与医疗方的义务,不仅仅是作为权利侵害与义务不履行的效果的责任,也包括是否能够要求实际履行。这点在民法修改的"契约相关基本原则"讨论中,有观点认为如果是契约上义务则易于承认。这作为医疗中患者的权利而更加重要,例如患方向医疗方所作的关于自己的病情与治疗时发生的事情等的说明以及诊疗记录的阅览等,仅承认其不履行的责任则意义不大,重要的是进行实际履行。

在该讨论中,虽然有"生命、身体、财产"是"权利"而不是"利益"的发言,但是由于不仅仅是对其侵害进行保护,实际上能够请求的"权利"在医疗领域有很多,所以关注契约的思路或许可行。

(二)成为障碍的契约当事人论

如此,为了承认医师患者关系中新的权利义务,或者为了权利义务的实际的具体的实现与履行,即使契约论有效,其也是在当事人确定的前提下。但是,如果将该前提扩大到整体医疗系统并理论化,当事人论则直接成了阻碍。特别是日本的医疗保险体系功能发挥充分,不是仅仅有医师与患者对立的自由诊疗,保险诊疗成为原则,保险诊疗体系对医疗的内容与报酬也产生较强的规制,因而当事人对立的契约模式并不合适。而且,公法上的规制也很多,由于医师法第19条的应招义务,即使把医疗理解为契约,也没有"契约自由"的余地,特别对医疗方而言,其也很难意识到医师患者关系的契约性。

而且,现在明确提出作为今后国家实施政策的地域的揽了关怀体系,以居家诊疗为中心,包含多种职业的当事人与地域居民等的团队的关怀体系成为目标方向。由于其保险中不只有医疗保险,也涉及介护保险,当事人论变得更加复杂。同时,当事人论并不是为了推导出应当治疗的对象、应当说明的对象以及让谁来负担报酬支付义务等的结论,在有结论时为了对其进行说明,大多从法律上能够如何构成来进行讨论,这与为了新权利义务的发生与履行请求而被认为"有用"的医疗契约论不同,其未必具有建设性。如此,在与多数当事人与利害关系人相关联的医疗体系中,与其确定契约关系的走向,倒不如直接在把握医疗体系是"现实之物"的基础上,在其体系中期待明确各当事人拥有何种权利、义务。实际上,将这些体系作为契约进行分析,倘若不明确契约当事人而不能确定权利义务关系的话,医疗契约论甚至会阻碍当事人权利义务的具体化。

（三）其他视点

由于日本医事法学会论坛是对医疗契约集中进行讨论的平台，虽然没有充分讨论当事人论，但也进行了其他方面的深入讨论，在明确医师患者关系的权利义务关系的意义方面，大多是支持的。但是，关于医师患者关系是否有必要通过契约的形式实行，该论坛进行了很多指摘。不过，下面将探讨目前的讨论中没有涉及的重要论点。

第一，导出医疗方的义务与责任时的渊源及其相关的医疗的方式。如果把医师患者关系当作契约并将契约理解为传统内容的话，医疗方的义务也应从契约（约定与契约的性质）导出。但是，在学会上有学者指出，如果医疗方义务为"约定即遵守"则存在问题，必须遵循基于 fiduciary relationship 与掌控专业知识的医疗方的责任义务，否则甚至会导致医疗崩溃。从上述视点及如何考虑才能更好地进行整体医疗的视点出发，理解医师患者关系，大概是医事法所持有的理解方式吧[①]。

第二，医疗风险及其法律应对。有观点认为，德国通过"风险的社会化"来应对医疗事故风险是消极的，为了明确当事人之间的风险分配而把医疗理解为契约（由当事人倡议的风险管理有利于医疗质量的确保）[②]。对此，法国在维持过失责任的同时，对无过失产生的医疗风险，则由国民连带而对其进行社会上的补偿，对这种风险试图尝试社会化，这是涉及基于制度进行应对的方法而不是契约。如此，重要的是，如何负担、分配医疗中产生的风险的观点也与是否采用契约论相关。

第三，明确患者权利而对其进行保障的情形，谋求保护与保障的另一方的问题。民法框架内讨论医疗契约论时把问题理解为"医师患者关系"，并以此考虑双方当事人之间（保险医疗中涉及保险方的情形为三方当事人）的权利与义务。因此，保障患者权利的主体也是医师或者医疗方，向政府诉求的设想当然并不存在。但是，值得注意的是，有人指出正是基于这种设想，医疗方与患方才开启协力合作。

（四）追求患者权利保护的另一方

在最后涉及的医疗基本法的讨论中，由于基本法规定基本原则与理念，为向政府谋求施策，因而在与规定当事人之间相对权利义务理论的契约论不同的争议上，讨论了患者的权利与医疗方的责任义务。在这一点上，从之前患者权利法进化到

---

① 除上述讨论外，主张信任模式的学说是：樋口範雄『医療と法を考える』(有斐閣，2007年)9頁。
② 小池「医療事故リスクと医療契約—ドイツの場合」，年報医事法学21号(2006)59-60頁。

现在形态的医疗基本法的讨论,没有把医师患者关系作为对立关系来理解,而理解为协力合作(据此向政府谋求患者权利的保护)关系,由此,所谓契约论内在未必和睦。医疗基本法的讨论也把患者权利理解为社会的、制度的内容,把当事人的作用与责任义务设定为对任何患者都予以承认的制度内容,且指向直接规定,无法被理解为当事人之间的契约论。而且,在医疗基本法讨论当中,也有谋求医疗受害救济的确保,这在国家层面运行之时,因风险的社会化,其也无法仅仅通过当事人之间的契约来实现。因此,对其诉求的权利也成为制度的、社会的内容。

如此,最近医疗基本法相关讨论是在与契约论稍有若干不同的层面进行的。但是,另外有观点认为,为了保障患者的权利等,有必要对医疗提供方进行义务添加,但在基本法框架内难以实现。

(五)若干建议

那么,医疗契约在这种情况下应当如何理解呢。下面阐述笔者的若干粗略建议。

1. 权利义务明确化的必要性

首先,在这次民法修改讨论中,最近的医事法领域与医疗基本法相关讨论出现了应当明确患者的权利与医疗方的义务等观点。当然,内容上有若干不同层面的见解混合在一起,例如,把判例所展示的医疗机关的注意义务等进行明文规定、知情同意与记录开示、医疗受害发生之际的救济把对患者重要的权利进行明文规定等,有必要展开进一步的讨论。但是,民法修改讨论中明确列举的、指向易于被国民理解的法律的目的在任何讨论中都是共通的。确实,在民法修改讨论中,作为医疗契约得以提出的契机,多是因为海外立法例已经存在,发展阶段上的必要性讨论或许并不充分。但是在这次修改讨论中也确认了,医疗契约是与国民密切相关且重要的契约类型以及据其便于理解来规定医患关系、患者权利以及医疗方的义务。

2. 基于医疗契约论的明确权利义务的尝试的问题点

但是,至今为止的检讨中明确的是,通过契约来实行向国民"容易理解"地展示医师患者关系与患者的权利以及医疗方的义务等内容,根据历来的方法而言,未必是最佳途径。其最大原因之一在于医疗中契约当事人论的复杂性。虽然该困难是在日本医疗供给的原则形态的保险医疗与医药分离体制等当中业已产生,但在保险诊疗与自由诊疗关联的情形、判断能力不充分的患者接受医疗的情形、急救运送与更换医师的情形、医疗与介护关联的情形、团队医疗的情形以及各种协同与众多当事人参与的情形下成为问题。在以前论及当事人权利义务时，谁成为当事人往往成为争论并使讨论复杂化。并且，作为国家的实施政策的地域统一关怀体系被导入，在不仅有法人、职业者还有志愿者等前所未有的众多当事人相关的情形下，将其根据现在的框架构建的契约论来说明的话，就会变得极其复杂且难以理解。

此种情形下，倒不如将保险与协同等部分纳入医疗供给结构从而将其理解为整体制度，在此医疗制度当中，很明显，明确了服务接受方拥有何种权利、供给方当事人承担何种义务，这是容易理解且符合现状的。最近的医疗基本法相关讨论也基本上是根据这种框架进行的。

3. 医疗契约论的意义

那么，医疗契约论在患者的权利与医疗方的义务等的确立过程中就没有意义了吗？以笔者所见，绝非如此，医疗契约论对"契约"很有讲究而被讨论至今。虽然不能说日本医事法学会论坛最终得出为何必须在乎契约的明确答案，不过明显是出于这种讲究而开展探讨的。

笔者也在当天论坛作为报告人对此有所涉及但并未做出回答，当然，表达了倾向"制度中的权利与义务"想法的观点。但是，如果现在再进行考察的话，虽然还不能明确给出答案，但至少可以指出如下内容。

第一，契约具有生成新权利与义务的能力。在日本判例中，承认尚未明确的患者利益与医疗方注意义务等，进而在判例理论进行新的展开之际，能够清晰地看到契约视点与构成发挥了重要作用。患者方的期待、要求与信赖等要素正因为是契约故而容易被采纳这点是明确存在的，并且即使是不被承认的期待与要求，其后在被认为应当承认保护之际，如是契约则更容易赋予其理由。不仅如此，当事人更加积极地考虑自己的医疗内容，也能促进其作出治疗。当然，即使是制度，纳入患者的多样期待与自由决定的构成也是必要的，由此必须承认患者的权利。但是，由于契约的原理本身是基于当事人自由决定的权利义务创建的，从有说服力的观点出发也好，从当事人的激励观点出发也好，理解为契约的意义很大。

第二，契约具有个别性以及各自关系性的原理形态。即使在判例理论中，这也通过下面方式存在，即根据具体地看待各自契约，纳入案例中的个别情况，导出符合该案的具体权利义务。在从患者的角度出发，例如把医师患者关系理解为具体的相关关系,在这种关系中进行医疗的决定与提供,这一点无论在心理上还是实践操作中都意义重大。也就是说,制度中的权利与义务即使为保障多样性内容进行构筑,其多样性保障本身也是一般的权利义务,很难理解为具体的、私人关系中产生的具体的期待、信赖与感情等。但是,将其理解为特别的相关关系的"契约",在其中决定医疗的内容,法律上也对其进行考虑并做出判断的情形,其所产生的具体的期待与信赖等也能成为评价的对象。为此,所谓医疗中的"契约",不是因为纳入自己决定与自己责任的模式而得以主张的,而是由于纳入其关系性与具体性而得以主张的内容。

第三,契约拥有"亲自承担义务"的机能。虽然这一点实际上应当更加认真地在现在的医疗基本法讨论中进行检讨,但是即使将医疗的供给理解为制度与体系并在其中规定了患者的权利,如果认为其仅仅面向政府、医疗方而没有发生具体义务的话,就不能期待其实效性。为此,笔者也曾指出,虽然有必要对医疗供给相关的作为国民的当事人课以直接且具体的义务,但是根据基本法这种法律形式,很难超出训示的责任义务规定而课以具体的法律义务。对此,并不是把患者的权利与医疗方的义务等理解为一般的权利义务,而是理解为契约上的义务,还把其权利的保护与义务的履行考虑为医疗方承担的情形,其变成直接且具体的权利义务。这种情况下,也能够向医疗供给相关的、作为国民的医疗方等直接主张权利。

与这点相关,笔者在其他论文中也曾指出,在医疗基本法的提案中,基于医疗所牵涉的所有当事人都是相关的,必须纳入合意的要素[1]。但是,这里要指出的是医疗基本法立法过程中程序方面的内容,并不关注各自具体的医疗方与患者的内容。这也与医疗方义务出自专家地位的想法不同,例如,医师作为医师所承担的义务与具体患者在具体且私人的相关与关系当中所承担的义务略有不同。当然,其"承担的义务"也不是作为契约理论原理的自己决定与自己责任或者基于约定而承担的内容,而是想将其理解为在关系与相关当中承担的内容,不能根据传统的契约理论对其进行说明。但是,至少为了展示其关系性,"契约"得以引用的理解是可能的[2]。

---

[1] 古城隆雄、山口齐昭「基本法とは何か」,医療基本法会議編『医療基本法』35頁。
[2] 虽然能够考虑与所谓关系契约论的连接性,但是本文尚不予以检讨。

4. 未来的探讨方向

基于上述内容,未来的探讨方向或许如下。

在患者的权利与医疗方的义务等的明确化这点上,与其根据契约论,不如在作为整体理解的医疗供给体系中优先展示具体存在何种内容。这也是目前的医疗基本法讨论所正在进行的工作,从展示便于国民理解的法律与制度的观点出发,比起在诸多当事人相关中勉强地纳入契约论,明显具有优先性。但是,仅限于具有上述指摘那样的意义的情况,"考量医疗契约"与纳入契约的视点的意义不能被否定,今后应当继续这样的工作。

关于民法与医疗契约论的关系,这次修改讨论显示出服务提供型契约的类型尚未完全成熟,揭示了民法上规定像一方是事业者而没有当事人互换性的契约的违和感等,搁置了将其规定在民法。不过,对此,内田委员认为"所谓民法是具有互换性的人的法典这种讨论,恐怕作为历史的事实认识上,并非正确",并指出世界上纳入所谓劳动者与消费者的概念的部分正在多样化[1]。如果以此认识为前提的话,考虑医疗契约是对于国民而言毫无疑问是身边且重要的这一事实,今后尚有在民法中规定医疗契约的讨论余地。

而且,即使维持规避把伴随事业者与劳动者、消费者等实体的概念纳入民法的方针,医疗契约在今后的民法讨论中也有成为讨论对象的余地。至今成为契约论的障碍的医疗中契约当事人论的困难的原因可能在于,不单单是从制度方面产生的权利与义务、从合意方面产生的权利义务,以及一定情形下从相关关系中产生的权利义务,也有从这种相关关系中产生的对对方的关怀、信赖与依存的承担等,全都落实到传统的契约与事务管理等类型来进行分析。不过这是由于考虑到今后契约模式本身多样化,上述那种关系也从抽象层面来理解,理解为拥有不再仅仅局限于医疗服务与医疗方、医疗事业者的普遍性质的服务与关系是可能的。这种情形下,如上,特定情形下从相关而承担的义务等的关系,或者不管当事人怎么样,其抽象的服务本身包含非对称性与依存性的关系,以及与此情形相关的其他当事人与第三方等应当支持这种相互依赖的当事人的关系,在其他领域也存在吗?如存在的话则是基于何种道理、根据,这种检讨未必仅仅限定在医疗,其将作为具

---

[1] 「第18回会議議事録」46頁。

有普遍性的问题而在民法中被讨论①。

当然,虽然这是在现阶段的设想层面的内容,必须充分检讨这种检讨的可能性本身,不过无论如何都应当指出的是,这次修改讨论并没有关闭今后民法中医疗契约论讨论的平台。特别是最近,作为特殊领域的讨论,有尚未被作为民法理论核心讨论之嫌的医疗契约,在这次修改讨论中被提出来,对其重要性进行再认识具有重要意义。

---

① 1.例如,义务与责任是否不仅从对立的相关关系中产生,也能从包含虚拟事物在内的某种交流的参加,或者因入"场"而产生的相互慎重以及基于拥有相关关联、承受信赖与依赖关系而产生呢?2.医疗与介护中问题所在的关怀等,与被称为事业者、消费者的当事人的实际情况毫无关系,无论是谁来进行,应当如何从本质上理解这种服务是非对称的关系呢?3.而且,如何考虑必然应当支持这种依赖关系的第三方(包含但不限于国家与地方公共团体的周围参加者)的责任义务这种检讨等。暂且假设存在这种设想的话,有必要检讨不仅是直接关系成为问题的当事人的权利与义务,还有采取作为前提的交流与"情景"及其支持制度等的基础上的当事人与参加者的权利义务,或者不能还原为权利义务的依赖关系等。其中,第2、第3点也存在所谓"关怀伦理"与法律的连接问题相关之处,今后,契约论当中也有进行从这种观点出发来检讨的余地与必要性。关于此点,目前可参见日本法哲学会编『ケアの法　ケアからの法』(法哲学年报,2016)。

终末期医疗中患者的事前指示和自己决定权的范围

甲斐克则[*]文　胡子昕[**]译　储陈城[***]校

摘要： 随着人工延命技术的发展，有关终末期医疗中人工延命装置的控制、终止（尊严死）的问题开始成为讨论的热点。纵观世界各国的制度，主要存在"自我决定模式""最佳利益模式"以及"治疗义务界限模式"三种解决模式。其中，以患者的事前指示为核心的"自我决定模式"是基轴。但其范围是否包括患者推定的意思表示这点尚不明确。同时在不具有事前指示或者患者不具有意思决定能力的情况下，仅仅依靠"自我决定模式"来应对十分困难，因此有必要通过"最佳利益模式"和"治疗义务界限模式"对其进行补充，并且需要通过制定指导方针来预先保障恰当的手续。

关键词： 终末期医疗　尊严死　自我决定模式　事前指示

---

[*] 作者简介：甲斐克则，日本早稻田大学法务研究科教授，日本刑法学会常务理事、日本医事法学会理事长、日本生命伦理学会常务理事。

[**] 译者简介：胡子昕，生于1996年，安徽大学法学院法律硕士研究生，天津市东丽区人民检察院干部。

[***] 校者简介：储陈城，安徽大学法学院副教授，硕士生导师。译文的摘要和关键词由译者、校者所加。

序——问题状况

关于末期医疗问题,各国都在热烈讨论①。其中,人工延命装置的控制、终止(尊严死)的问题,正因为是新的人工延命技术所带来的,所以什么样的规则才能"解决",很难做出判断②。因为所谓的"解决"是什么,本身就是一个难题。尽管如此,在一定的场合下,尽可能地采用消除犯罪行为特征的方法来限制、终止人工延命装置,对患者及患者的家族包括对医生来说都是最好的。然而,想要获得"解决"的模式本身是非常困难的。在日本,"关于终末期医疗中尊重患者意愿的法案(暂称)"(但未定稿)也曾被国会提出,此后,此举逐渐衰退。包括立法和指导方针的哪些规则是妥当的,是亟待进一步解决的问题。

关于人工延命措施的控制、终止(尊严死)问题,从世界各国的诸多制度中能提炼出三个"解决"模式。第一个是美国、德国以及日本(厚生劳动省指南)采用的"自我决定模式",第二种是英国采用的"最佳利益模式";第三种则是法国采用的"治疗义务界限模式"。当然,因为法国也采用了"事前指示书"(directives anticipées),所以在一定程度上可以说采用了"自我决定模式",正因如此,需要注意的是存在无法单纯地以模式进行分类的情况。"自我决定固然重要,但不是万能的"是我多年以来坚持的命题,在此也以此为基础,并在以下的演讲中,以患者的事前指示和自我决定(权)的范围为焦点进行讨论,并提出补充完善的模式。

一、患者的事前指示和自我决定权的分析和检讨

(一)美国的议论

在人工延命措施的控制、终止问题上,最先提出患者的事前指示和自我决定权这样模式的是美国。在1976年美国的新泽西州的卡伦库伦案件判决以来,这个问题一直是以延长生命拒绝权这一自我决定权为支柱,结合了隐私权,以及例外地承认对生命维持的优越利益理论进行展开。以生前预嘱(living will)为中心的各

---

① 对近年来的动向,可以参见甲斐克则编『医事法講座第4卷終末期医療と医事法』(信山社,2013年);甲斐克则=谷田憲俊编『シリーズ生命倫理学5 安楽死・尊厳死』(丸善出版,2012年);甲斐克则编訳『海外の安楽死・自殺幇助と法』(慶應義塾大学出版会,2015年);甲斐克则『終末期医療と刑法』(成文堂,2017年);同「比較法的観点から見た終末期医療の立法化・ルール化の動向と課題」判例時報2379号(2018)130頁以下等。

② 甲斐克则『尊厳死と刑法』(成文堂,2014年)1頁以下。

州的立法也在往这个方向发展。正如已经分析的那样,在判例中,对于拒绝延长生命:(a)有存在患者现实的意思表示的案例群;(b)有存在患者本人的事前的意思表示,但在现时点处于意识丧失状态或者没有意思决定能力的案例群;(c)没有本人的事前的意思表示,家族近亲有从患者过去的言行推定患者拒绝延长生命的意思的案例群;(d)从患者过去的言行中什么线索也得不出的家族拒绝延长生命的案例群[①]。其中(d)的案例群被从自我决定模式中排除。相反,(a)的案例群则是符合了典型的自我决定模式。并且对于(b)这样的案例群,如果认为患者本人的事前的意思表示没有变更,也还是放入自我决定模式的范畴中为好。在南希·克鲁赞诉密苏里健康署案(Cruzan v. Director, Missouri Dept. of Health, 110 S. Ct. 2841 (1990))中,美国联邦最高法院认为密苏里州州法要求"明白且具有说服力的证据"并不违反宪法,这正是(b)点的体现。问题是可以将(c)案例群放入自我决定模式中去吗?严密考虑的话,这个案件群中,虽然考虑了患者的意思,但是也包含了家族的判断,可以说是一种共同决定的模式。据说现实中这样的案件很多。因为家人也会存在意见上的分歧,所以有必要更加慎重地处理这样的案件。

为了应对任何案件群,新泽西州的康罗伊案的上诉判决中进行了三个测试[②]。在该判决中,作为"代替判断"时的代替决定方式提出了以下三点条件:(a)主观测试(在代替决定者充分地了解患者意愿的基础上根据明确的证据来决定);(b)限制的客观测试(当存在某种程度上值得信赖的证据,能够推定患者拒绝治疗,以及当决定者判断维持生命的负担明显重于生存利益时,允许限制或终止);(c)纯粹的客观判断(患者的生活负担明显大于生存利益,治疗实施失效的情况下,即使没有主观证据也允许差别控制或中断)。

主观测验可以与患者本人的意思相等,限制性的客观测验是在探索患者意思的线索的同时加上客观的状况来判断的,所以,我认为如果能够制定出细致地把握客观状况的体制就值得考虑。但是,纯粹的客观已经超出了代替判断的框架,例如延迟性植物状态的患者仅作为人体实验的客体延长寿命,或者仅仅为了确保内脏器官而延长寿命的情况也是被考虑的,但是像这样过剩地延长寿命的措施,一般认为应该以违反"人类的尊严"这样的逻辑终止延长生命治疗。留意以上几点,这是

---

① 对于20世纪美国的讨论,详细参见甲斐克则『尊厳死と刑法』(成文堂,2004年)7頁以下。
② 详细参见甲斐克则『尊厳死と刑法』(成文堂,2004年)192頁以下、207頁以下。

在日本也可能引入的测试。并且,在美国,此后围绕自我决定模式的周边的议论也在持续着[①]。

（二）日本的理论

接下来,日本的相关讨论总体来说也是以生前预嘱为中心的居多。超党派的国会议员预定提出的法案（同前文）也在向这个方向前进。因此自我决定模式成了主要的支柱[②]。另外,厚生劳动省2007年的《关于末期医疗决策过程的指南》（之后,2015年改名为《关于人生最终阶段医疗决策过程的指南》,2019年改名为《关于人生最终阶段医疗保健的决定过程的指南》虽然是公共的规则,但说到底还是重视决定过程的指南。从能够确认患者意思的场合和不能确认患者意思的场合分开进行规则化这点来看,其虽然具有"手续模式"的性质,也可以被纳入自我决定模式中。并且,更具体的是日本医师会《关于终末期医疗的指南》（2007年）,日本救急医学会、关于救急医疗中的终末期医疗应然状态特别委员会《关于救急医疗中终末期医疗应然状态的指南方针》（2007年）,日本循环器学会等《关于循环器病治疗的方针——关于循环器疾病患者中末期医疗的建议》（2010年）,日本老年医学会《关于老年人护理决策过程的指南——以引进人工水分、营养补给为中心》（2012年）,日本集中治疗医学协会、日本救急医学会、日本循环器学会《急救、集中治疗中关于末期医疗的方针——来自3学会的建议》（2017年）等。虽然通过医学界的专门领域的指南方针来对应,但现状是其并非仅仅对应着自我决定模式。

另外,从司法实践上着眼的话,从前东海大学医院案件判决中以旁论的方式提到了治疗终止的要件,主张应当将患者的自我决定权和治疗义务的界限作为支柱[③]。换言之,以停止无意义的治疗以保持人类的尊严从而迎接自然的死亡这样

[①] 对于美国后续的议论,参见新谷一朗「アメリカにおける尊厳死」甲斐克則=谷田憲俊編『シリーズ生命倫理学5　安楽死・尊厳死』（丸善出版,2012年）180頁以下;同「アメリカにおける人工延命処置の差控え・終止（尊厳死）論議」甲斐克則編『医事法講座第4巻終末期医療と医事法』（信山社,2013年）125頁以下。

[②] 对于日本有关讨论的整理,参见甲斐克則「日本における人工延命措置の差控え・終止（尊厳死）」甲斐克則、谷田憲俊編『シリーズ生命倫理学5　安楽死・尊厳死』（丸善出版,2012年）180頁以下127頁以下;辰井聡子「治療不開始／終止行為の刑法の評価——『治療行為』としての正当化の試み」明治学院大学法学研究86号（2009）57頁以下;同「終末期医療とルールの在り方」甲斐克則編『医事法講座第4巻終末期医療と医事法』（信山社,2013年）215頁以下;井田良「終末期医療と刑法」ジュリスト1339号（2007）44頁以下。

[③] 对此详细的讨论,参见甲斐克則『安楽死と刑法』（成文堂,2003年）163頁以下;甲斐克則『尊厳死と刑法』（成文堂,2004年）284頁以下。

的患者自我决定权的理论,和实施没有意义的治疗行为已经不是医生的义务这样的医生治疗义务的界限为根据,在具有以下三个要件的情况下治疗终止被容许:(1)患有不可能被治愈的疾病,没有康复的希望,不能避免死亡的末期状态。(2)要求终止治疗行为的患者的意思表示在终止的时点存在,在终止讨论阶段不存在明确的意思表示时,可以根据患者推定的意思来认可有意思表示。(3)作为终止对象的治疗措施,包括药物疗法,人工透析,人工呼吸器,输血,营养、水分补给等为了治疗疾病和对症疗法的治疗措施,乃至为了生命维持的治疗措施等等。

  此后,在射水市民医院等案件中,虽然对人工延长生命措施的终止行为进行了侦查,但是最终做出了不起诉处理。与此相对,在川崎协同医院案件中,由于最后使用了肌肉松弛剂,所以医生的行为构成犯罪的结论难以推翻。不过,受到东海大学案件判决趋势的影响,阐明了对于治疗终止行为判断的一审判决,根据以下的理论否定了本案医生行为的正当性,认定成立杀人罪(有期徒刑3年缓刑5年)。(1)终止治疗被许可,需要以尊重患者的自我决定和基于医学判断的治疗义务的极限为基础。(2)尊重末期患者的自我决定,不是认可自杀和死亡的权利,归根结底是作为人类的尊严、追求幸福权的表露,每个人作为人类而存在,自己决定自己的生存方式、生活方式,并贯彻和完成其决定的结果,实现最后的生活方式,换言之迎接死亡的方式能够由自己来决定这点可以说是与生俱来的东西。(3)对自我决定而言,没有康复的希望,死亡临近,患者必须要对这两点有正确理解并保持判断能力。(4)作为自我决定的前提,医生需要向患者提供充分的信息(病情、可考虑的治疗、应对方法、死期预见等),对此进行充分的说明,基于患者的自愿和真实意思的表明是十分必要的。(5)由于病情的发展、身体的恶化等,不能直接确认患者本人自愿的自我决定、意思表示和内心真意的情况下,只能按照上述自我决定的宗旨,尽可能地探求患者的真意。(6)在探求其真实意思时,本人被记载下来的事前表示(如生前预嘱等)和同居的家人等充分了解患者的生活方式、想法的人对患者的意思的推测等,也是确认患者意思的有力线索。如果虽然进行了探求但患者真实意思仍然不明的话,根据"存疑是有利于生命利益"原理,医生应当优先保护患者的生命,继续采取医学上最适合的措施。7.医生尽可能的适当的治疗达到了医学上有效的治疗界限的情况下,即使患者希望进行治疗,但是从医学角度来判断,这种治疗是有害或无意义的话,那么医生继续实施治疗就不再是法律上的义务。8.医生的判断最终应限于医学治疗的有效性等,医生不能代替患者进行关于其死亡方式的价值判断①。这一判决深入地研究了终末期医疗的本质,因此非常重要。

然而,虽然第二审(東京高判平成19·2·28判夕1237号153頁)在量刑上减轻了刑罚(有期徒刑一年6个月缓刑3年),却批判了第一审关于自我决定权的探讨。认为"仅凭自我决定权的解释,将治疗终止作为适法行为是存在界限的"。虽然说要求现实的意思确认,却又不得不做虚拟的判断,在此立场上,第二审判决认为在刑法解释论上存在勉强之处,并批判了对治疗义务界限的探讨,指出"虽然有必要重视家族的意思,不过家族成员可能会为了避免终末期医疗所带来的经济和精神上的负担,因而存在不遵循患者本人的意思的危险性"。

第一审判决的理论特征是,以自我决定模式为核心,同时根据治疗义务界限模式,由复合的两个支柱构成。虽然后者的内容正如第二审所批判的那样,存在略显不明确的问题,但应当认为前者的方向是妥当的。特别是在(4)中关于自我决定是根据患者的自愿和真实意思来表明的作为原则,不能直接确认患者本人自愿的自我决定、意思表示和内心真意的情况下,只能按照自我决定权的宗旨尽可能地尊重并探求患者的本意。并且在(6)探求本意的时候,本人事前的意思被记录化的东西以及同居的家属等是重要依据,清楚地了解患者的生活方式和思考方式的人对患者意思的推测也是确认真意的有力线索,这点十分重要。并且,如果真意不明,根据"存疑时有利于生命利益"原理,应当优先保护患者的生命,继续采取医学上最为适当的措施,这点是不能忽视的。只是,一般认为在"推定本意"的时候,通过家族成员来"推测患者的意思"这一部分过于笼统了。正因如此,第二审判决认为第一审判决关于自我决定权的探讨的批判也存在疑问。有观点批判了第二审判决,指出其不考虑到现在为止的学说理论上的努力,第二审判决尽管提出了"为了从根本上解决尊严死的问题,有必要制定尊严死法律或者能够代替其的指南方针"这样的规则化的主张,但是不作任何理论逻辑就主张"由公众制定规则"这一点,

---

① 对于第一审判决的详细分析,参见甲斐克则『終末期医療と刑法』(成文堂,2017年)、『終末期医療と刑法』15頁以下;小林憲太郎《判批》刑事法ジャーナル2号(2006)84頁以下。

显示出司法消极主义的色彩过于强烈①。当然也有学者赞同第二审判决②，认为通过理论努力的积累，根据第二审判决的质疑来消解对第一审判决（缺点）的批判也是有必要的。并且把患者拒绝延长生命的权利视为保障患者即使在生命的最后一刻也能活得像自己一样的重要的堡垒，应当尽可能地摸索"探求患者的真意"的道路。

虽然辩护人主张被告人基于从足以推断出终末期的被害人的意思的家属的强烈要求，对气管内管道进行了抽管，本案的拔管属于法律上允许的治疗终止，并以此上诉，但2009年最高法院驳回了该上诉（最决平成21·12·7刑集63卷11号1899页）③。决定的要旨如下：

"根据上述的事实经过，被害者在因支气管哮喘的重积发作入院后，到本案抽管时为止，没有实施为判断其剩余生命所必要的脑波等检查，发病至今只有2周，应当认为，尚且不能准确地判断其恢复的可能性和剩余的寿命。并且虽然被害者在本案时处于昏睡的状态，拔掉本案气管内管道是根据家属放弃让被害者恢复的请求进行的，但是根据上述认定的情况，应当认为家属的请求并非建立在被告知关于被害者病状的准确、适当信息的基础上。因此上述的拔管行为不适用法律上被允许的治疗终止。"

本判决虽然由于是事例判断，因此并没有特别示明新的判断，但从事实关系中直接指出，"气管内管道的拔管行为，虽是根据来自放弃了让被害者恢复的家属的请求进行的，但是应当认为根据上述的情况，该请求并非在传达了对于被害者的病状准确适当信息的基础上，上述的拔管行为不能说是基于被害者的推定的意思做出的"，这点有必要重视。反过来说，最高法院自身可以说认可了这样的解释，即如果传达了关于被害者病状的适切的情报，并且拔管的行为是基于被害者推定的意思的话，气管内管道的拔管就是被允许的。这样一来，日本的司法实践也可以解

---

① 町野朔「患者の自己決定権と医師の治療義務——川崎協同病院事件控訴審判決を契機として——」刑事法ジャーナル8号（2007）47頁以下；田中成明「尊厳死問題への法的対応の在り方」法曹時報60巻7号（2008）1頁以下。

② 例えば，辰井聡子「治療不開始/終止行為の刑法の評価——『治療行為』としての正当化の試み」明治学院大学法学研究86号（2009）95頁以下。

③ 对于最高裁的决定，参见武藤眞朗「判批」刑事法ジャーナル23号（2010）83頁以下；小田直樹「判批」『平成二十二年度重要判例解説』ジュリスト1420号（2011）200頁以下；同「治療行為と刑法」神戸法学年報26号（2010）1頁以下；甲斐克則「判批」甲斐克則、手嶋豊編『医事法判例百選（第2版）』（2014）198頁以下等。

释为遵循某种自我决定的模式。

从以上的讨论来看,总的来说,日本的司法的立场认为,只要不实施值得处罚的单方面的终止延续生命治疗的行为,就不会作为犯罪进行处罚。当然,问题并不是那么简单。在患者的事前意思不明的场合下,如果仅仅以自我决定权为根据来解决该问题是十分困难的。而且,对于认知症患者等没有意思决定能力的患者,也应当考虑引入关注"患者的最佳利益"的规则,以及对其反面地终止对患者有害的治疗的治疗义务界限论规则进行重构。

(三)德国的议论

采用自我决定模式的德国,与美国和日本稍有不同。德国将成年监护制度与终末期医疗的问题予以制度性地结合起来进行讨论。当本人处于不能进行意思决定的状态时,即无法行使作为延长寿命拒绝权的自我决定权时,比如,能不能由成年监护人代替本人判断是否停止或者控制人工延长生命治疗或者措施。

众所周知的是,成年监护制度与终末期医疗问题的关系问题,经由1994年肯普特案(Kempten)中的联邦普通法院刑事判决(BGHSt. 40, 257)、2003年3月17日重要民事案件的吕贝克(Lübeck)案中的联邦普通法院判决等,逐渐地明朗化。关于照料人的权限,虽然说还残有尚不明确的部分,但患者的事前指示在法律上具有约束力这点,通过判例得到了承认。这样一来,大致上,德国的自我决定模式的基础就被构筑起来。在此前后,不断出现立法化的动向,2002年联邦审议会答复申报,2004年司法大臣工作部会报告书、2005年国家伦理评议会报告书被提出[①]。这三项文件,总的来说,都涉及提议将患者事前指示进行立法化的内容[②]。

最后,德国在2009年随着第三次照料法修正而修改了民法。特别是1901a条1-3项设置了新规定,对照料人的权限给予了相当重视的规定。在这里,首先介绍一下"照料法第三修正案"[③]。根据该法律,为了防备(被照料人)自己丧失同意能力的情况,被照料人事前做出了是否接受特定的医疗行为的患者事前指示,那么照料

---

① 对这些的详细讨论,参见甲斐克则『終末期医療と刑法』(成文堂,2017年)82頁以下。
② アルビン・エーザー(甲斐=福山訳)「患者の事前指示と事前配慮代理権:臨死介助におけるそれらの刑法上の役割」比較法学47巻2号(2013)194頁。
③ 対此的詳細論述,参見エーザー(甲斐=福山訳)「患者の事前指示と事前配慮代理権:臨死介助におけるそれらの刑法上の役割」比較法学47巻2号(2013)191頁以下、特に195頁以下;新谷一朗「世話法の第3次改正法(患者の指示法)」年報医事法学25号(2010年)201頁以下;武藤眞朗「ドイツにおける治療終止——ドイツにおける世話法改正と連邦通常裁判所判例をめぐって——」甲斐克則編『医事法講座第4巻終末期医療と医事法』(信山社,2013年)190頁等。

人必须实现该指示,这样的规定被纳入民法1901a条和1901b条中。民法1904条也进行了修改,根据这一修改,如果不存在患者的事前指示,或者患者的指示不符合实际的情况,照料人必须确定被照料人的治疗的希望或者是推定的意思,来决定是同意还是拒绝医疗措施。但是那个时候,还需要考虑到被照料人过去的口头或者书面的发言、伦理或者宗教信念,以及其个人的价值观,这是其特征所在。

不管怎样,总体的倾向是,即使存在事前指示,也要尊重患者本人的意思,这一立场被德国法学界、司法界以及德国联邦医师会不断推进和强化。这也可以说是自我决定模式的一个形态的完成。并且,众所周知的是,近年来在德国有几个围绕着照料人刑事责任的刑事判决。比如2010年6月25日沃尔夫冈·普茨(Wolfgang Putz)律师案件判决(BGHSt 55, 191)和同年11月10日,凯伦的"女婿案件(Schwiegersohn-Fall)"(BGH NJW 2011, 161)中的联邦普通法院判决。限于篇幅,案件详情不再介绍,但是其中的核心要点在于,重视照料人的权限,刑法以民法1901a条为基础进行了解释,这点是其特征所在。当然,对于这样的解释,一部分人批判地认为这是刑法过度从属于民法,但总的来说,还是被善意地接受了。可以说,刑法上也要求按照正确的程序来实现患者的真实意思[①]。并且,上述的两个德国联邦普通法院的判例,可以说在日本未来考虑终末期医疗和成人监护人的作用上,具有重要的意义。当然,在德国,从监护制度在终末期医疗的实际适用比例现在停留在10%左右来看,不能断言这个模式是"成功的"。但是,对于希望者提供这样的制度上的保障也许也有其意义所在。据说德国的问卷调查显示,上述的监护制度在终末期医疗领域得到社会认可[②]。另外,德国联邦医师会于1979年制定了关于看护的指导方针以后,根据司法界的动向,经过数次改定(1998年以后改为原则),对应照料法第三修正案,于2011年进一步更改了此规定[③]。

在日本,即使是现阶段成年监护制度和终末期医疗的问题还没有直接的联系,在现行法上,在考虑近亲属的判断,为细心获取患者的事前指示而努力时,德国的

---

① 另外,对德国近期学说的状况进行细致分析的论文,有山本紘之「治療終止の不可罰性の根拠について」大東法学23巻1号(2013)97頁以下。

② 根据2014年3月16日到22日,由哥廷根大学的谷纳·杜特哥教授、沃尔克·里普教授,哥廷根大学医学部伦理学院的阿尔弗雷德·西蒙博士,马克斯·普兰克外国刑法与国际刑法研究所名誉所长阿尔宾·埃瑟博士以及汉斯·乔治·科赫博士等人组织的问卷调查(Vgl. auch Torsten Verrel/ Alfred Siemon, Patientenverfügungen. Rechtliche und ethische Aspekte, 2010)得出结论。

③ 对此详见武藤眞朗「ドイツにおける治療終止——ドイツにおける世話法改正と連邦通常裁判所判例をめぐって——」201-205頁。

动向也会成为重要的参考①。虽然现状的问题很多,但如果能够积累充分的讨论和实践的话,将来,日本也会迎来不得不考虑连接成年监护制度和终末期医疗的问题的时候。但是,仅仅追求"自我决定模式"的话,实际上还残留着很多现实的问题,比如无法应对没有事前的意思表示的患者和认知症患者等没有决策能力的患者。因此,有必要探索补充的模式。

二、作为补充模式的"最佳利益模式"和"治疗义务界限模式"

(一)"最佳利益模式"

作为"自我决定模式"的补充模式,需要考虑的是"最佳利益模式"和"治疗义务界限模式",对此进行简洁的讨论。

首先,"最佳利益模式"是英国所采用的。在英国,首先想到的是1993年2月4日的安东尼·布兰德案件贵族院判决②。本案中患者在足球场被卷入了惨剧之中,肺部被压碎无法向大脑提供氧气,虽然在医院进行浓氧治疗,但仍然没有意识,对持续处于延迟性植物状态的患者(在案件发生当时17岁,贵族院判决时21岁)是否终止通过鼻腔管进行的人工营养的补给,在本案中引起了争论。贵族院于1993年2月4日明确指出,患者有权拒绝同意延长生命的处置,在患者不具有意思决定能力的情况下,应当以患者的"最佳利益"检验为中心进行判断。由此引导出治疗义务的界限。在这里应该注意的是,在英国并不是通过法律,而是通过指导方针的形式来应对人工延长生命措施或装置的控制、终止的问题。不过,2000年苏格兰颁布了"缺乏意思能力成人法",2005年英格兰和威尔士颁布了"意思决定能力法",并于2007年开始实施,这点也不能视而不见。这是因为这些法律虽然不是专门针对终末期医疗的法律,但是在考虑这个问题时应当作为基础的重要的规定。1999年公布的英国医学会(BMA)的《延长生命治疗的控制和终止——针对意思决定的指导方针》在2007年推出了第三版③,对临床现场具有影响力。

在BMA的指导方针中,从法律角度来看,重要的关键词是"利益""伤害"以

---

① 神野礼斉「成年後見制度と終末期医療」甲斐克則編『医事法講座第4巻終末期医療と医事法』(信山社,2013年)135頁以下,对该问题进行了综合的考察。
② 对于本案以及判决的详细讨论,参见甲斐克則『終末期医療と刑法』(成文堂,2017年)201頁以下、および甲斐克則『尊厳死と刑法』(成文堂,2004年)271頁以下。
③ British Medical Association (BMA), Withholding and Withdrawing Life-prolonging Medical Treatment: Guidance for decision making (Third Edition), 2007.

及"最佳利益"①。其中,对于"最佳利益",BMA指导方针指出:"在没有自我意思决定能力的患者的情况下,为了决定是否提供治疗,必须使用的测试是'最佳利益'测试,这比医疗上的利益更广泛,也包括了患者自身的愿望和价值。""最佳利益"比"医疗上的利益"更加广泛这点十分重要。这意味着,不能用纯医学的判断来解决,"这些意思决定中的重要因素是,患者是否认识到自己的环境或者自己自身的生存"。对于这点,意思决定能力法第4条规定了关于评价"最佳利益"应当考虑的3个事项:1.本人的过去及现在的愿望以及感情(尤其是在能力丧失以前由患者所做的书面的一切的言辞);2.如果患者具有能力,则会影响其决定的信念和价值;3.如果患者能够那样做,所需要考虑的其他的因素。

2010年,最权威的英国综合医学委员会(GMC)的报告《面向终末期的治疗和关怀:意思决定中的良好实践》②被公布了,但是其基本的立场与BMA的指导方针有很多相同之处。GMC指导方针的基本理念是,尊重人的生命,保持对患者的健康的保护,尊重和有尊严地对待患者,以及照顾患者。主要是以12个月以内死亡的患者为对象,在限制、终止延长生命治疗时,要基于患者和医生的共同意愿决定,并且将"患者的最佳利益"作为中心。此外,把有意思决定能力的患者和没有意思决定能力的患者分开对应,特别是后者,除了考虑到患者的"最佳利益"外,还要考虑到家属的同意。该报告还进一步指出,"你必须对患者的近亲属和健康护理团队明确地说明该治疗会被检查审查,并且如果该治疗在利益关系上对患者没有效果并会产生过重的负担,可以终止后续的阶段"。这样,GMC的指导方针和BMA的指导方针一样,在延长生命治疗的控制和终止上并没有承认法律上和伦理上的差异。

如上所述,以"最佳利益模式"为支柱,以GMC指导方针为基本框架,详细情况由BMA指导方针进行补充,这是英国终末期医疗的规则。

(二)治疗义务界限模式

最后,我们来讨论一下"治疗义务界限模式"。法国在2002年颁布了《关于患者权利与保健系统质量的法律》,在保障了病人的权利的基础上,于2005年修改了《关于病人的权利和终末期的法律》这样一部公共卫生法典(Loi n°2005-370

---

① 对这些的详细讨论,参见甲斐克则『終末期医療と刑法』(成文堂,2017年)159页以下。
② General Medical Council, Treatment and Care Towards the End of Life: Good Practice in Decision Making 2010.

du 22 avril 2005 relative aux droits des malades et à la fin de vie；JO n°95 du 23 avril 2005）[①]。L.1110第5条第1项及第2项,规定了预防、诊察或关怀的行为不得以不合理的固执继续进行。如果这些行为只会带来无益、不平衡或者人工地维持生命的效果,则这些行为可以停止或抑制。在这里,可以看到法国传统上将关于生命、身体的问题视为公共问题,从限制对人体的过度介入的意义上,可以窥见"治疗义务界限模式"的一端。的确,这点是十分重要的。如果川崎协同医院事件第一审判决所主张的"治疗义务界限"是这个"不合理的固执"的意思,就不能说具有二审判决所批判那样的不当。

但是在另一方面,L.1110第4条第1项指出:"所有人应当与保健专家一起,考虑提供给本人的信息和建议,作出有关自身健康的决定。"该条款第2项规定:"医生必须在提供与本人的选择结果有关的信息的基础上,尊重本人的意思。"这规定了对自我决定权的尊重。然后该条第5项规定:本人不能表明意思的情况下,没有遵守由医生职业伦理规范所规定的经双方合意决定的手续,并且没有根据L.1111第6条规定,参照受托者、家属或者近亲属中一人的意见,没有根据具体场合参照本人事前的指示书时,不能限制或停止治疗而使患者的生命有可能暴露在危险之中。L.1111第11条第1项规定:"所有成年人针对将来不能表明意思的情况,可以制作事前指示书。这些事先指示书显示了与限制或者停止治疗的要件相关的、患者对生命末期的本人的愿望。这些随时都可以撤回。"这导入了"事前指示书"制度。因此,虽然该法与德国在法的形式上有所不同,但实际上并无差异。尤其应该注意的是,该法通过2016年修正,在有事前医疗情况书的情况下,附加了遵守该情况书的义务,即事前医疗情况书对医生有约束力,这就是其中内容变化的地方。可以说,"治疗义务界限模式"并不能自己单独地成为一种"解决模式",而是规定了作为"自我决定模式"的补充模式所应当考虑的内容。

结语

从以上的考察来看,作为人工延长寿命措施的控制、终止(尊严死)问题的解

[①] 对本法的翻译,参照本田まり訳・飯田亘之=甲斐克則編『終末期医療と生命倫理』(太陽出版,2008年)223頁以下,对于该法的成立经过和详细内容,参见本田まり「フランスにおける人工延命処置の差控え・終止(尊厳死)論議」甲斐克則編『医事法講座第4巻終末期医療と医事法』(信山社,2013年)165頁以下;末道康之「終末期医療とフランス刑法」南山法学34巻2号(2011)29頁以下等。

决模式,将"自我决定模式"作为基轴考虑,为了应对那些范围不明确的案件,也考虑到事前没有表明意思的患者和无法行使自我决定的患者的场合,补充采用"最佳利益模式"和"治疗义务界限模式"的"混合模式"是妥当的。当然,刑法理论上认为,"自我决定模式"的范围可以阻止违法性,但"最佳利益模式"和"治疗义务界限模式"中违法性的阻却是十分困难的,只能用责任阻却的方式来应对。如果是后者,有必要特别地通过指导方针好好地预先保障恰当的手续。最近正在普及的所谓预立医疗照护计划(Advance Care Planning,ACP)也应该在这个脉络上定位。如果分析日本刑事司法至今为止的运用实际情况,只要不是由于医生的独断的单方面的终止治疗,遵照这样的必要条件和恰当的手续,即使没有所谓的尊严死法,终止人工延长生命措施医生也不会被追究刑事责任吧。但是,不管怎样,充分保障患者的生存权及各种权利的前提是我至今为止多次强调过的[①]。不可以轻易地通过"他人决定"来进行生命的割舍。

[①] 甲斐克則『尊厳死と刑法』(成文堂,2004年)289-290頁;甲斐克則編『医事法講座第4巻終末期医療と医事法』(信山社,2013年)146頁等。

论我国预先医疗指示登记制度的构建*

孙也龙**

摘要： 预先医疗指示的可及性是其发挥现实效能的前提，而登记制度是预先医疗指示可及性的核心，这源于登记的存储、保护、获取、验证等功能。我国已存在预先医疗指示登记的社会实践基础，同时域外法特别是美国法上的预先医疗指示登记制度对我国具有较强的参考价值。将来我国构建预先医疗指示登记制度，应当由政府主导登记事务，明确登记与否不影响预先医疗指示的效力，采取电子化的存储方式，设立登记机构的审查义务，采用双向性获取程序，规定登记的修改、删除、更新通知机制。

关键词： 预先医疗指示 生前预嘱 登记 可及性

一、预先医疗指示的可及性与登记制度

（一）预先医疗指示可及性的意义

预先医疗指示的可及性（accessibility）就是指已订立的预先医疗指示可以被获

---

* **基金项目：** 本文得到南京工业大学引进人才科研启动专项经费资助。
** **作者简介：** 孙也龙，南京工业大学法学院讲师，复旦大学医事法研究中心兼职研究人员，法学博士。

得和知晓的可能性。预先医疗指示承载和表达了个人的医疗意愿,但只有在健康危机导致患者无能力表意之时,预先医疗指示才能够被医生或亲友知晓,其才有可能被遵从,患者的事前意愿才能得以实现。相反,尽管个人订立了完备的预先医疗指示,但其没有采取任何增加指示的可及性的措施,那么在健康危机来临之时医生或亲友就难以获知指示的内容甚至根本不知道指示的存在,这样已订立的预先医疗指示就变得完全无用。

有学者生动地指出:"如果你遭遇了车祸并陷入无意识,你显然不再有能力对医疗做出知情同意,别人需要为你做决定。但你的家人或爱人在你迷宫一样的家中却无法找到你的医疗委托书!你可能苏醒过来却发现医生已经施加了违背你明示的个人意愿的治疗或措施。……在家里成堆的文件和纸张中,你的生前预嘱被藏在你最爱的精装《孙子兵法》的第50和51页之间。虽然这里不是你通常存储重要法律文件的地方,但你碰巧在某天晚上读完《孙子兵法》后把生前预嘱当作书签放在了那里。总之,在你最需要生前预嘱的时刻,却哪里也找不到它。这种情况很容易发生在你或其他任何人的身上。"①这个简单的例子反映了预先指示可及性的重要意义,一旦发生健康危机使患者失去表意能力的情况,如果又不存在某种可以使他人知晓预先医疗指示的通道,那么即使患者预先做好了医疗计划,他的意愿也无法被遵从。已订立的指示文件在需要它发挥应有作用的时候却难以被获知,将不仅使得鼓励订立指示的努力付诸东流,还会反过来打击人们订立指示的积极性,因为人们会认为缺少某种可获得已订立之指示的机制,既然已订立的预先医疗指示难以被医生知晓,那就没有必要订立这种文件了。这无疑对预先医疗指示制度的现实效果具有很大的消极影响,法律应当对此做出回应以抵消这种消极影响。因此,考虑到可及性的意义,法律应建立增加预先医疗指示可及性的通道,其中最重要的就是预先医疗指示的登记制度。

(二)预先医疗指示登记制度的优势

预先医疗指示的登记是指存储预先医疗指示的中心资料库,主要为了医疗代理人以及医疗人员能够获取指示,但不包括在个人医疗档案或健保卡中存储预先

---

① Joseph Karl Grant, The Advance Directive Registry or Lockbox: A Model Proposal and Call to Legislative Action, Journal of Legislation, *Journal of Legislation*, Vol. 37, 2011, pp.81-82.

指示①。有学者列举了预先医疗指示登记制的三个好处:第一,登记将给登记人带来心理上的平和,使其知道他们的医疗选择处于受保护的安全状态并且能够在健康危机发生时被家庭成员和医生获取;第二,登记人关于医疗决定的意图和愿望将被家人和医生知晓,使登记人将来无能力时也能与家人和医生"对话"并传达个人价值观;第三,医院和医生将能够24小时地安全获取登记人的预先医疗指示②。此外,预先医疗指示登记还可以消除人们对预先指示文件可能受到物理损坏或被错误放置的担忧;登记有利于医生提供以患者为中心的医护,因为他们只需点击几下电脑鼠标就可以获取患者预先医疗指示的准确副本;登记可以使患者家属免于为患者做艰难的医疗抉择,即便他们没有预先医疗指示的物理副本或者不知道预先医疗指示的存在;登记使医生可以核查试图成为患者医疗受托人的人是否真的是患者指定的受托人③。除上述意义之外,本文认为,由于政府的公信力,如果预先医疗指示的登记机构是由政府建立的,则有可能促使医生遵守预先医疗指示。

  以上所阐述的登记制的重要性源于登记制的功能,本文将这些功能凝练为四个方面。①存储功能。如前文所述,法律文件有灭失和寻找不到的风险,登记则可以帮助订立人将预先医疗指示的信息存储起来以备将来所用,特别是电子化便利了预先医疗指示的存储,也减少了存储的成本,订立人只需将文件扫描上传至登记机构即可。②保护功能。登记不仅可以保护预先医疗指示文件的实体免遭灭失,而且能够保护订立人的隐私权。登记机构都会与拟登记人订立合同,其中包括了隐私权条款,只有有权向登记机构获取预先医疗指示的主体才可以了解文件的内容,这就保护了患者的隐私。③获取功能。登记的最终目的就是保证患者的医师或家属在患者丧失表意能力时能够便利地获取预先医疗指示,因为预先医疗指示本身就是在订立人丧失了表意能力时才发挥作用,而此时订立人本人无法告知他人文件的所在和内容,这就需要第三方为医师或家属提供获取预先医疗指示的通道。④验证功能。预先医疗指示的登记必须由指示的订立人本人申请登记,如需修改或撤销指示,也须本人申请,这就保证了登记机构所存储的预先医疗指示的真

---

  ① Allison Hughes, State Advance Directive Registries: A Survey and Assessment, Bifocal, Vol. 31, No. 2, 2009, p.36.
  ② Joseph Karl Grant, The Advance Directive Registry or Lockbox: A Model Proposal and Call to Legislative Action, *Journal of Legislation*, Vol. 37, 2011, pp.83-84.
  ③ Vanessa Cavallaro, Advance Directive Accessibility: Unlocking the Toolbox Containing Our End-Of-Life Decisions, *Touro Law Review*, Vol. 31, No.3, 2015, pp.577-578.

实性,以此可以验证其他人提出的预先医疗指示是否为伪造,即如果其他人提出的文件内容与登记的文件不一致,则可以认为他的文件是虚假伪造的,除非他能够提出确凿的证据证明订立人在登记之后修改了预先医疗指示并且没有及时向登记机构申请修改登记内容。

二、我国构建预先医疗指示登记制度的潜力

虽然我国尚无预先医疗指示的立法,但是民间已经有推广预先医疗指示的呼声和倡导性运动,而缺少立法的确认和保护反而促使民间的推广运动重视预先医疗指示的保存甚至非官方的登记。这是因为预先医疗指示在我国是否具有法律效力还很模糊,为了增强有关机关对个人预先医疗指示效力的认可度,有人开始选择将订立的预先医疗指示进行保存或登记。因此,在没有相关立法的情况下,我国民间已经形成了一定程度的预先医疗指示登记意识和实践,这为将来我国创立预先医疗指示登记制度提供了一定的社会基础。这些构建预先医疗指示登记制度的潜力包括以下几个方面。

(一)"选择与尊严"网站中的"生前预嘱注册中心"

2006年,"选择与尊严"公益网站创立,成为我国第一家推广尊严死的公益网站,它结合我国国情,推出了供我国居民使用的生前预嘱文本《我的五个愿望》,并建立了生前预嘱注册中心,使公民注册、使用《我的五个愿望》及保存、检索等日臻完善。2013年,在"选择与尊严"公益网站的基础上,北京生前预嘱推广协会成立。北京生前预嘱推广协会的主要任务之一就是"以数据库支持系统,为以生前预嘱方式填写《我的五个愿望》的注册者提供高度保密且自由的修改、变更渠道,也为更多的可能的认同者提供网络服务平台,将生前预嘱注册工作作为协会最重要的服务工作之一来做"①。

根据"选择与尊严"网站中"生前预嘱注册中心"的注册流程,个人首先要注册成为"用户",填写真实姓名、身份证号等个人信息,接着就可在线注册生前预嘱。注册流程也较为简便,无须用户自己拟定生前预嘱,而只需要用户在线勾选"生前预嘱五个愿望表单"中的选项后就可自动生成一份生前预嘱。接着,用户将

---

① 北京生前预嘱推广协会简介,http://www.lwpa.org.cn/XZYZY/NewsIndex.aspx? queryStr=p0w7x08q7x15x15o3w8w1vZ8w7x08q7x15x15o3w8w1v0vZ8p4x2X12x01w1u9,访问日期:2019年11月28日。

文件下载打印并签署后作为正本原件妥善保存,"选择与尊严"网站数据库会自动保存用户填写但未签署的文件副本电子文档。用户可通过密码查阅,如果用户改变主意,则可以随时修改这份表格,同时网站提醒用户在每次修改完后要重新下载打印并签署,才能形成可使用的新"正本原件",网站将清除修改前的旧文档。在经注册的生前预嘱的使用上,"选择与尊严"网站鼓励用户将已经签署生前预嘱一事,尽可能详细地告知家人、医生、朋友和其他相关人士,必要时将原件给他们看,或请他们上网查阅副本电子文档;如果住进医院、疗养院或退休者社区,可将签署过的生前预嘱正本原件给他们看,并建议他们把正本原件的复印件保存在用户的医疗档案中[1]。

从以上可看出,"选择与尊严"网站已经提供了预先医疗指示的注册登记服务,这一实践属于民间性质,并非由政府创设管理或官方认可,也没有与医疗机构形成衔接,因此该登记的实际效力仍有待继续观察。但是,"选择与尊严"网站及北京生前预嘱推广协会的实践开创了我国预先医疗指示登记的先河,必将成为我国将来受法律认可的官方登记制度的重要借鉴。

(二)预先医疗指示示范文本专家共识

预先医疗指示的登记以规范书写文本为前提,但是我国目前预先医疗指示的实践和法律规范较为欠缺。在这一背景下,2019年中国卫生法学会、中国老年学和老年医学学会安宁疗护分会、中国医师协会-北京大学患者安全与医患关系研究中心共同发起并制定了《医学预嘱书》和《医疗选择代理人委托授权书》示范文本,旨在规范目前临床授权委托行为,推动中国安宁疗护工作开展,帮助相关方根据《医学预嘱书》和《医疗选择代理人委托授权书》保护患者权益[2]。

上述示范文本是我国卫生法学界推动预先医疗指示书写规范化的重要举措,具有积极意义。示范文本的引言部分写明,书写人应妥善保存该种文件,建议将这些医学文书的原始文件与其他贵重文件(如遗嘱、生前信托、契约或保险单)放在一起。可见,示范文本的草拟专家已经具备一定的预先医疗指示登记的意识,虽然这种意识还较为粗浅模糊,但是这对我国将来建立预先医疗指示登记制度具有一定积极意义。

---

[1] 以上信息可通过自行注册"选择与尊严"网站用户来获取。
[2] 王岳:《〈医学预嘱书〉和〈医疗选择代理人委托授权书〉示范文本专家共识(2019年第一版)》,《中国医学伦理学》,2019年第8期,第1091-1098页。

（三）预先医疗指示的公证实践

由于我国立法没有明确承认预先医疗指示的法律效力，因此一些民众为了增强所立预先医疗指示将来被认可的可能性，就选择了公证的方式。例如，南京市民赵女士希望在生命的最后阶段能够使用无痛的治疗手段，但担心到时自己已无法作出正式的表态用于交付医院或者监护人，故到南京公证处家事法律服务中心寻求帮助；公证员张某某、公证员助理高某向赵女士告知了生前预嘱中关于治理方案的几种选择，并建议赵女士在适当时候将自己的预嘱交给相关人员；赵女士自行选定预嘱内容后，公证员以声明书的形式办理了生前预嘱公证[①]。南京公证处一直积极推广生前预嘱，也已经办理了多份生前预嘱公证。

对于生前预嘱公证，南京公证处的工作人员认为，公证机构作为综合性的法律服务机构，除了证明的职能以外，应当积极创新服务形式，多方面为群众提供法律服务，公证机构拥有深厚的群众基础，很多群众办理遗嘱公证时都流露过类似想法，或者愿意了解相关公证，具有推广和办理生前预嘱的天然优势[②]。由于存档备案是公证的一个必备程序，因此预先医疗指示公证实际上有一定的登记效果，但是这种公证存档并非以将来获取文件为目的，而是为了进行备案，以证明公证处的工作合法、公平、公正。正因如此，在公证实践中，即便对生前预嘱进行了公证，公证员仍会提醒当事人应在适当时候将自己的预嘱交给相关人员[③]。正是意识到现阶段我国的预先医疗指示公证实践本质上并非预先医疗指示的登记，因此南京公证处的工作人员认为，公证机构可以建立类似于台湾地区预嘱的备案中心，以电子化的方式保存当事人的预嘱，甚至参考台湾地区的制度，在未来与卫生部门打通信息平台，将在公证机构办理过的生前预嘱标注在社保卡上，增加使用上的便捷性[④]。这种想法实际上就是建立预先医疗指示登记制度，可见我国对于预先医疗指示登记是具有现实需求的。

---

① 毛剑平：《一次包含提存、信托式遗嘱、顺位意定监护、生前预嘱及"替代监护人"声明的综合公证服务》，《中国公证》，2019年第3期，第33-34页。
② 张宁沛、高畅：《生前预嘱制度与公证的介入》，《中国公证》2019年第7期，第54-57页。
③ 毛剑平：《一次包含提存、信托式遗嘱、顺位意定监护、生前预嘱及"替代监护人"声明的综合公证服务》，《中国公证》2019年第3期，第33-34页。
④ 张宁沛、高畅：《生前预嘱制度与公证的介入》，《中国公证》，2019年第7期，第54-57页。

三、域外法上的预先医疗指示登记制度

登记是预先医疗指示发挥实际作用的重要途径,美国、新加坡等法域的立法明确规定了预先医疗指示登记制度。这些域外立法,尤其是其中较为成熟的美国法,对我们将来设计预先医疗指示登记制度具有参考价值。

(一)登记机构

美国的预先医疗指示登记机构分为州立和私立两种,目前尚无联邦政府性质的预先医疗指示登记机构。目前,美国有12个州通过立法创建了预先医疗指示登记制度(亚利桑那、加利福尼亚、爱达荷、路易斯安那、马里兰、蒙大拿、内华达、北卡罗来纳、俄克拉何马、佛蒙特、弗吉尼亚、华盛顿州)[①]。美国还有7个私人性质的面向全国的预先医疗指示登记中心,其中影响力比较大的是美国生前预嘱登记中心(U.S. Living Will Registry)、北美生前预嘱登记中心(America Living Will Registry)、DocuBank。在上述美国12个州中,内华达州和佛蒙特州与美国生前预嘱登记中心签约,由后者负责建立、运营这2个州的预先医疗指示登记[②],其余州都是由政府自己建立并运营登记处。新加坡也是采取政府建立并运营的模式。

(二)登记与预先医疗指示效力的关系

对于登记与预先医疗指示效力的关系,有两种立法选择:一是是否登记不影响预先医疗指示的法律效力,二是未经登记的预先医疗指示不具有法律效力。美国各州都采第一种立法,例如加利福尼亚州制定法明确规定:"未向州务卿登记不影响任何预先医疗指示的有效性。"[③] 相反,新加坡采第二种立法,该国《预先医疗指示法》第5条第3款规定:"如果预先医疗指示没有根据本条被登记,则没有人应当遵从该指示而行事。"[④] 可见,在新加坡法上未经登记的预先医疗指示不具有法律效力,他人没有义务遵从之。

[①] 亚利桑那:AZ ST T. 36, Ch. 32, Art. 7;加利福尼亚:CA PROBATE D. 4.7, Pt. 5;爱达荷:ID ST § 39-4515;路易斯安那:LA R.S. 40: 1151.2;马里兰:MD HEALTH GEN T. 5, Subt. 6, Pt. II;蒙大拿:MT ST 50-9-501 至 MT ST 50-9-505;内华达:NV ST 449.900 至 NV ST 449.965;北卡罗来纳:NC ST § 130A-465 至 NC ST § 130A-471;俄克拉何马:OK ST T. 63 § 3102.1 至 OK ST T. 63 § 3102.3;佛蒙特:VT ST T. 18 § 9701 至 VT ST T. 18 § 9719;弗吉尼亚:VA ST § 54.1-2994 至 VA ST § 54.1-2996;华盛顿州:WA ST 70.122.130.

[②] U.S. Living Will Registry, Nevada Selects U.S. Living Will Registry for Statewide Registry, http://www.uslivingwillregistry.com/nevadarelease.shtm,访问日期:2019年10月19日。

[③] CA PROBATE § 4803.

[④] ADVANCE MEDICAL DIRECTIVE ACT, §5(3).

(三) 登记范围与存储方式

美国各州一致将生前预嘱作为可予登记的内容。而路易斯安那州制定法规定的登记制度只登记生前预嘱[1]，除路易斯安那州以外，其他州都允许登记持久医疗授权书。关于存储方式，美国的预先医疗指示登记机构基本都实现了电子化或无纸化储存。例如，亚利桑那州制定的法规定："收到完整的登记表后，州务卿应当为该文件创建数字化复制，将复制的文件输入医疗指示登记数据库，并为每个登记的文件分配一个唯一的文件号和密码。"[2] 美国生前预嘱登记中心（受托运营内华达州和佛蒙特州的登记）也是将预先医疗指示文件电子化后存储至在线数据库中[3]。

(四) 登记程序

美国各州制定法上的登记程序首先要求申请登记人将预先医疗指示提交（submit/file with）给登记机构，但对于提交的方式美国各州法律没有规定，而由负责登记事务的政府部门（州务卿/卫生部）来具体决定。通过访问州政府部门网站，本文发现它们都是要求申请人将预先医疗指示的纸质复印件以及登记协议直接寄给负责的政府部门[4]。除此之外，如果州政府部门规定登记收费，那么申请人还须提交登记费用。经查询，绝大多数州的登记都不是免费的，但费用数额只限于弥补登记机构的运作花费，例如加州预先医疗指示登记法规定："州务卿应当向每位登记人收取费用，此费用的程度限于：向所有登记人收取的费用总和不得超过建立和维护登记处的实际花费。"[5] 加州州务卿确立的向每位登记人收取的费用是10美元[6]。在收到申请人寄送的材料后，登记机构将申请人的个人信息输入数据库，并将预先医疗指示电子化复制后上传至数据库，为每个电子文件分配登记号及对应的密码。登记完成后，应当将登记人所提交的预先指示文件退还[7]。美国各州立法

---

[1] LA R.S. 40: 1151.2
[2] AZ ST § 36-3294.
[3] U.S. Living Will Registry, How the Registry Works, http://www.uslivingwillregistry.com/howitworksind.shtm, 访问日期: 2019年10月19日。
[4] 例如，亚利桑那州: http://www.azsos.gov/services/advance-directives, 访问日期: 2019年10月19日。
[5] CA PROBATE § 4800.
[6] Alex Padilla California Secretary of State, Advance Health Care Directive Registry: Forms & Fees, http://www.sos.ca.gov/registries/advance-health-care-directive-registry/forms-fees, 访问日期: 2019年10月19日。
[7] 例如北卡罗来纳州规定："一旦将复制文件输入登记处数据库后，州务卿应当将原始文件返还给提交文件之人。"参见NC ST § 130A-468.

规定,在完成登记后,登记机构应向登记人提供登记卡,此卡的大小一般是以能塞入钱包为准①,其中记录着关键的登记信息。例如,内华达州规定,在完成登记之后,州务卿应当"向登记人提供一个登记卡,其中包括但不限于姓名、登记号以及密码"②。

对于在进行登记之前登记机构是否应当审查申请人所提交的预先医疗指示是否符合法定要求,美国各州制定法存在两种立法模式。一是明确要求登记机构在受理登记之前审查申请人提交的预先医疗指示是否符合法定要求,例如蒙大拿州制定法规定:"在收到生命维持医疗声明后,总检察长应当对该声明是否符合第50-9-103条做出判定。如果声明不符合第50-9-103条的规定,则总检察长应当将该声明连同关于该声明由于不符合第50-9-103条的要求而未予登记的说明一并退还。"③马里兰州也要求登记机构在接受登记之前审查、证实预先指示是否符合法定形式要求④。第二种立法模式则规定登记机构无须审查预先指示是否符合法定要求,亚利桑那、爱达荷、内华达三个州采用此立法模式。例如,爱达荷州制定法规定:"州务卿不需要审查医疗指示以保证该文件符合可适用的法定要求。文件根据本条规定被纳入医疗指示登记处并不产生文件有效的推定。"⑤

(五)获取程序

预先医疗指示登记的最终目的在于获取。对于获取方式,除了加州和路易斯安那州没有做出规定外,其他各州制定法都明确规定经登记的预先医疗指示应当能够被电子化获取。例如,马里兰州制定法规定:"登记处应当包括一个安全的电子数据库,该数据库可提供每天24小时、每周7天的授权获取。"⑥对应于预先医疗指示的电子化存储特征,其获取也是电子化的,也只有实现电子化获取才能提高预先医疗指示的利用效率。建立在数据库基础上的电子化获取可以保证预先医疗指示被简单、随时、快速地获取,特别是在网络发达的当今,这无疑有利于患者的医疗意愿被迅速知晓。

---

① 例如爱达荷州和亚利桑那州制定法明确规定应提供一个"钱包大小的卡片"(a wallet-sized card),见ID ST § 39-4515以及AZ ST § 36-3294.之所以要求钱包大小,是因为这样便于个人随身携带,一旦发生健康危机,就可便于他人发现相关信息。
② NV ST 449.925.
③ MT ST 50-9-503.
④ MD HEALTH GEN § 5-625.
⑤ ID ST § 39-4515.
⑥ MD HEALTH GEN § 5-624.

唯存分歧的是有权获取的主体及获取途径,对此美国各州存在两种立法模式。第一种立法模式为少数州(亚利桑那[①]、爱达荷[②]、北卡罗来纳[③])所采取,即明确规定登记处预先指示的唯一获取途径只能是通过输入登记号和密码,只有拥有登记号和密码的人才能获取预先指示。北卡罗来纳州和爱达荷州都规定登记机构只向登记人提供登记号和密码。例如,北卡罗来纳州制定法规定:"试图获取文件的人只有输入文件的档案号和密码才可获取登记处中的该文件。"[④]而且该州制定法规定登记处只向登记人提供档案号和密码[⑤]。亚利桑那州则规定登记机构向登记人或其代理人提供登记号和密码:"A.根据本节建立的登记只有通过在网站上输入档案号和密码才能够被获取。B.登记、档案号、密码以及任何由州务卿根据本节规定所持有的其他信息都是保密的,除了提交文件的人或此人的代理人以外,不得向任何人披露。"[⑥]

第二种立法模式为多数州所采取,即除了规定应向登记人提供可用来获取的登记号和密码之外,还明确规定必须向登记人的医疗服务提供者和代理人提供获取服务。向医疗服务提供者和代理人提供的获取是无需密码的,至于如何获取,加州和路易斯安那州规定了请求程序。加州制定法规定:"州务卿应当建立一个登记系统,……使预先指示信息一经登记人的医疗提供者、公共监护人或代理人的请求就可获取。根据本条对信息的请求应说明获取信息的必要。"[⑦]路易斯安那州制定法规定:"任何主治医师或医疗机构可以口头或书面请求州务卿立即确认声明的存在并披露其内容……"[⑧]除了加州和路易斯安那州外,其他各州都没有规定具体如何获取,而只是简单规定必须向医疗服务者和代理人提供获取服务。例如,华盛顿州制定法规定:"登记处必须:(d)为代理人、主治医师、高级注册护理执业者、在主治医师或高级注册护理执业者指导下的有执照的医疗提供者以及卫生保健机构提供登记的随时获取。"[⑨]虽然没有规定何种方式,但可以确定医生和医疗

---

① AZ ST § 36-3295.
② ID ST § 39-4515.
③ NC ST § 130A-469.
④ NC ST § 130A-469.
⑤ NC ST § 130A-468.
⑥ AZ ST § 36-3295.
⑦ CA PROBATE § 4800.
⑧ LA R.S. 40:1151.2.
⑨ WA ST 70.122.130.

机构可以进行直接的获取,例如蒙大拿州制定法规定:"登记必须由一个安全的数据库来维持,该数据库为经授权的医疗服务者随时提供对登记的直接获取。"[①]并且,根据美国学者的调查,在这些州的实践操作中,医疗提供者只需在登记系统中输入患者的身份信息如姓名、出生日期、社会保障号就可以获取该患者的预先医疗指示[②]。至于代理人,既无关于获取方式的具体法律规定也未见学者的调查,但是既然这些法律明确规定必须确保代理人能够获取并且同时又规定仅向登记人提供密码,那么代理人的获取应当既可以是通过请求的方式(如加州和路易斯安那州)也可以是通过在系统中输入登记人和代理人的身份信息的方式。

(六)登记的删除、更新通知

美国多数州的制定法都明确规定了预先医疗指示登记的删除制度。例如,爱达荷州制定法规定,当州务卿收到预先指示订立人所签署的撤销文件或者收到州政府卫生部门关于医疗指示订立人已死亡的认证,州务卿应当从医疗指示登记中删除该医疗指示以及信息登记表[③]。亚利桑那州规定州务卿应当至少每五年根据卫生部门的死亡认证进行预先指示的登记清除[④]。对于登记清除周期,内华达州也是规定至少每五年[⑤],爱达荷州的规定则是每两年[⑥]。

美国各州预先指示登记法未见关于更新通知的明文规定。但是美国影响力最大的私立预先指示登记机构即美国生前预嘱登记中心则每年会向登记人发送更新通知,以确认登记人是否需要修改或撤销预先指示或者是否需要更新个人信息和紧急联系方式等[⑦]。由于内华达州和佛蒙特州与美国生前预嘱登记中心签约,由后者负责具体运营这两个州的预先指示登记,因此这两个州的居民可以享受年度更新通知的服务。

---

① MT ST 50-9-501.
② Allison Hughes, State Advance Directive Registries: A Survey and Assessment, *Bifocal*, Vol. 31, No.2, 2009, p.39.
③ ID ST § 39-4515(8).
④ AZ ST § 36-3294.
⑤ NV ST 449.935.
⑥ ID ST § 39-4515(8).
⑦ U.S. Living Will Registry, How the Registry Works, http://www.uslivingwillregistry.com/howitworksind.shtm,访问日期:2019年10月19日。

四、我国未来预先医疗指示登记制度的构建

（一）由政府主导预先医疗指示的登记制度

我国应当由政府主导建立预先医疗指示登记制。现有的北京生前预嘱推广协会的注册中心缺乏政府介入而呈现服务的单向性，即只向个人提供登记服务，而缺少向医疗机构提供预先医疗指示信息的服务。所以，虽然个人可以利用该注册中心上传、修改生前预嘱，但仅此而已，获取生前预嘱只针对患方单方而言，而医院则无法利用登记服务获取患者生前预嘱。美国大多数的州立预先医疗指示登记机构的服务都是双向的，患者个人和医院都可以获得服务。医院经申请就可以获取经登记的预先指示及相关信息，或者经注册的医院输入患者的身份信息如社会保障号就可查询患者的预先指示。显然，登记机构为医院也提供获取服务无疑将大大增强预先医疗指示的可获取性从而尽快确定患者的医疗意愿。虽然有个别州的登记机构不提供医院直接获取的服务，但是美国的私立预先医疗指示登记机构很发达，并且都提供医院注册获取服务[①]，因此医院仍有途径便利地获取在院患者的预先指示。而我国则不同。我国大多数医院是公立医院，政府在医疗事业中的地位举足轻重，相反，我国的非政府组织的发展还很不成熟，因此只有政府牵头的登记机构才具有获得医院信任并吸引其参与预先指示服务的基础。正因如此，北京生前预嘱推广协会特别指出："全国人民代表大会、全国政协会议的部分代表自2010年至2014年，均向会议提出……建立政府指导下的生前预嘱注册中心的议案、提案。"[②]

由政府主导建立预先医疗指示登记制度有两种方式：一是由政府自己建立并运营登记处，二是政府委托某个外部实体来建立和运营预先医疗指示的登记，并对其进行监管。本文认为两种方式皆无不可，因为二者都是由政府主导的，只不过第二种方式的登记运营例如网站数据库等是外包给外部实体，但这对于登记服务的使用人是没有差别的。对于使用人来说都是通过政府的预先医疗指示登记机构来获得服务，登记协议的双方是登记人与政府预先医疗指示登记机构，而委托运营

---

① 例如美国生前预嘱登记中心：U.S. Living Will Registry, Frequently Asked Questions（FAQ）About the U.S. Living Will Registry, http://www.uslivingwillregistry.com/faq.shtm，访问日期：2019年10月19日。

② 北京生前预嘱推广协会简介，http://www.xzyzy.com/XZYZY/NewsIndex.aspx? queryStr=p0w7x08q7x15x15o3w8w1vZ8w7x08q7x15x15o3w8w1v0vZ8p4x2X12x01w1u9，访问日期：2019年10月19日。

关系只存在于政府和外部实体之间。例如，虽然佛蒙特州委托美国生前预嘱登记中心运营登记，但是该州居民仍须向该州卫生部申请登记，登记协议双方是"登记人"与"佛蒙特州登记处"①。实际上，内华达州和佛蒙特州采取第二种模式的原因在于作为私立机构的美国生前预嘱登记中心的运作成熟度高、数据库系统稳定、开发了先进的软件等。如果我国将来对预先指示及其登记进行立法时已经存在了运作成熟的外部机构，那么实行第二种方式也未尝不可。

（二）登记与否不影响预先医疗指示的效力

对于登记是否影响预先医疗指示的效力，应当从预先医疗指示及其登记制度的目的进行分析。预先医疗指示是一种保证患者的医疗意愿在其无法表意时也能得到充分表达的途径。这与遗嘱性质类似，遗嘱是一种保证个人关于财产分配的意愿在其死后（当然也不可能表意）也能得到表达的途径。虽然预先医疗指示与遗嘱所承载的意愿的性质不同（前者是医疗意愿，后者是遗产分配意愿），但二者都是表达单方意思的法律文件，都是建立在绝对权（前者是自由权，后者是所有权）基础之上，不存在保护善意第三人之信赖利益的制度目的，因而也无须公示公信作为其有效性的前提。预先医疗指示登记制度的目的是增强此种法律文件的可及性，确保在患者无能力时其代理人及负责医生能获知其医疗意愿，但是否登记属于患者本人的选择权。如马里兰州法律规定："不要求个人向登记处提交预先指示。"②如果没有登记，患者也可采用其他确保预先医疗指示能够被相关人获取的方式，相关人也可通过其他途径获取预先医疗指示，通过任何途径获取的预先医疗指示并不影响预先指示本身的效力判断。类似地，我国在2013年3月成立了中华遗嘱库，提供遗嘱的登记、保管和传递服务③，但是是否登记属于个人选择权，登记与否不影响遗嘱本身的法律效力，只要遗嘱按照继承法要求订立就具有效力④。同理，将来我国制定预先医疗指示的法律，规定预先医疗指示的订立要件，只要患者的预先医疗指示是按照法律的规定订立，就应具有法律效力，法律同时建立登记制

---

① Vermont Department Of Health, Create and Register an Advance Directive, http://healthvermont.gov/vadr/register.aspx, 访问日期：2019年10月19日。
② MD HEALTH GEN § 5-623.
③ 何莹：《我国首个遗嘱库成立》，《中国老年报》2013年3月26日，第1版。
④ 况且，截至2015年4月，中华遗嘱库的登记量为1万多份（参见李张光：《中国遗嘱管理制度破冰》，《民主与法制时报》2015年4月12日，第6版），全国公民订立的遗嘱量当然不止这1万多份，未登记的遗嘱也不可能就无效了。

度以增强预先医疗指示的可及性,但是否登记属于患者的权利,不登记不影响预先医疗指示的法律效力。

不仅如此,预先医疗指示的撤销的效力也不受是否登记的影响,即患者将预先指示进行登记,后对预先医疗指示行使了撤销,但是没有将该撤销事宜告知登记机构,则只要该撤销行为符合法律规定,那么未将撤销进行登记不影响撤销行为本身的效力判断。美国各州的制定法都对此进行了明确规定。例如,弗吉尼亚州的预先医疗指示登记法规定:"未向卫生部门告知撤销已登记的文件不影响满足法定要求的撤销的有效性。"[①]但是,因善意信赖已登记的预先医疗指示而给予或不给予维生医疗的医务人员,不承担违反患者医疗决定的法律责任。

(三)采取电子化的存储方式

电子化或无纸化方式可以便于存储、查询、检索、调取,其存储空间巨大,无需实体存储场所,可以节约成本,也能避免实体文件易受毁损的弊端。实体化或纸质化存储还可能存在文件被恶意涂改的风险,而电子化方式是将患者的预先医疗指示原件扫描成不可修改的格式,如需修改就必须以患者提交的新的扫描件代替,不存在直接在原扫描件上涂改的操作空间。学者指出,"美国生前预嘱登记中心将文件扫描成只读的PDF文件,这样信息就不能被改动了"[②]。很显然,电子化存储方式具有多方面优势,也优越于实体化存储,故本文建议我国将来采取电子化或无纸化存储方式。我国也完全具备这样的技术条件,例如北京生前预嘱推广协会的生前预嘱注册中心就是以电子数据库系统为支持的。

(四)登记机构负有审查义务

登记机构有义务审查申请人提交的预先医疗指示是否符合法定要求,这虽然增加了一项工作步骤,但有助于确保所登记的文件合法有效。特别是绝大多数立法例明确规定因善意信赖经登记的预先医疗指示而行事的医疗服务提供者免于被追究法律责任,这一规定的基础就在于从登记机构获取的预先医疗指示应当在法律上是无瑕疵的,因而医生才可以合理地信赖之,但是如果法律明确规定登记机构无需审查申请人提交的预先医疗指示是否符合法定要求,那么就无法保证经登记的预先医疗指示是合法有效的,这样就丧失了信赖登记而免责的立法基础。有趣

---

① VA ST § 54.1-2996
② Vanessa Cavallaro, Advance Directive Accessibility: Unlocking the Toolbox Containing Our End-Of-Life Decisions, *Touro Law Review*, Vol. 31, No.3, 2015, p.572.

的是，亚利桑那州和内华达州的制定法在采取无需审查之立法模式的同时还明确规定了善意信赖从登记机构获取的预先医疗指示的医疗服务提供者免于法律责任[①]，这就产生了不协调之处：既然登记机构无需审查预先医疗指示是否合法有效就可以办理登记，那么医生信赖该登记而免责的基础就不存在了。所以本文认为无需审查之条款与信赖免责之条款不可同时规定。爱达荷州虽采用无需审查之立法模式，但其没有关于信赖登记而免责的条款，因而该州似乎比亚利桑那州和内华达州的立法更高明一些。本文赞同登记前审查的立法模式，特别是如果个人在订立预先医疗指示时没有查询相关法律也没有请教律师，那么其可能不知道所订立的文件存在法律有效性瑕疵，而登记机构对指示文件进行审查就可以确保文件的法律有效性，如果有瑕疵就予以退回，这样订立人也可明白所订立的文件存在法律瑕疵从而及时进行修正。并且如上文所述，登记前审查也是医生信赖登记而免责的前提，之所以医生可以获得法律关于信赖登记而免于责任的优待，就是因为登记前审查可以确保经登记的预先医疗指示是合法有效的，并且医生也可以免于再次审查预先医疗指示是否有效的程序，这也大大增加了预先医疗指示被遵守的可能性。

（五）采用双向性获取程序

如果立法规定登记号和密码是唯一的获取途径，则这是一种单向性获取，虽然具有保护患者隐私的好处，但是其与登记制度本身的增强预先医疗指示可及性的立法目的不相符合，因为其没有向医疗服务者提供直接获取就诊患者的预先医疗指示的途径。医生如要获取也只得使用登记号和密码，而登记号和密码只能依赖患者提供，如亚利桑那州法律规定：通过提交"患者的"档案号和密码，医疗提供者可以获取登记并接收患者的医疗指示文件[②]。在北卡罗来纳州和爱达荷州，由于法律规定登记机构只向登记人本人提供登记号和密码，那么医生要获取预先指示就必须依赖患者提供档案号和密码，而当预先指示被需要时必然是患者已发生了健康危机从而丧失决定能力之时，此时是不可能依赖患者来提供相关登记信息的。虽然亚利桑那州法律规定登记机构也可向代理人提供登记号和密码，这一定程度上增加了医生获得登记号和密码的可能性，但是并没有从根本上解决问题，因为医

---

① 亚利桑那：AZ ST § 36-3294 以及 AZ ST § 36-3296；内华达：NV ST 449.940 以及 NV ST 449.945.
② AZ ST § 36-3295.

生还是必须先从第三方处得到这些信息后才能向登记机构进行获取。因此，第一种立法模式不利于医疗机构和医务人员及时获取就医患者的预先指示，与登记制度增强预先医疗指示可获取性的制度目标不相符合，因此美国仅有三个州采取这一立法模式。

我们认为应采取双向性获取的立法模式。之所以称之为双向性，是因为该立法模式不仅规定了患者本人可以使用登记机构所提供的登记号和密码进行预先指示的获取，而且更重要的是其允许医疗服务者和代理人直接获取就医患者的预先指示。不管是加州和路易斯安那州所采取的请求程序还是其他州在实践中所采用的在登记系统输入患者身份信息的程序，医生都不需要先从患者处取得登记号和密码，而可直接向登记机构获取就医患者的预先医疗指示。这无疑增强了预先医疗指示的可获取性，从而使医疗服务者可以及时对患者的医疗事务做出决断。并且这样不存在隐私泄露的疑虑，因为医生和医疗机构必须提供患者的身份信息，而这些身份信息只有在患者已就医的情况下才能被医生获知，而在没有发生健康危机时这些信息在通常状态下是不会被获知的。本文认为医疗机构可直接获取是登记制度的应有之义，因为如果只允许由患者本人通过密钥来获取自己经登记的预先指示，那么登记机构就只是一个法律文件保存处而已，其功能只是和一个可储存预先指示文件的密码箱相同，还是需要患者自己来开锁，而预先医疗指示的本质目的不是让患者可获取，而是让医务人员可获取从而知晓患者的自主意愿，因为医疗措施的最终执行人是医务人员。只有为医务人员和医疗机构提供就医患者预先医疗指示的直接获取途径，才能保证医疗提供者能够及时、准确知晓患者的预先决定，也才符合预先医疗指示登记的制度目标。

登记制度不仅应当保证医疗提供者对预先医疗指示登记的获取，还应规定医疗提供者因善意信赖所获取的登记内容而免责，否则将打击医疗提供者对获取的积极性和对登记的信任感。正因如此，美国多数州的预先医疗指示登记法都有医生善意信赖登记免责的明确规定。当然，正如前文所述，此善意信赖免责的规定应当建立在法律同时规定登记机构应在受理登记时对所提交的预先医疗指示进行合法性审查的基础之上，在此不再赘述。

（六）应规定登记的修改、删除、更新通知制度

登记必须准确地反映预先医疗指示现时的内容和效力状态，如果发生某些影响其内容和效力的行为或事实，那么相关人员应当及时通知登记机构以做出登记

上的调整。个人在订立预先医疗指示后有权对指示进行修改，如果在修改之前已将指示进行了登记，那么登记的预先医疗指示与经修改后的新预先医疗指示的内容就发生了不一致，此时登记人应当立即通知登记机构请求修改登记的预先医疗指示的内容或者申请提交并登记新的预先指示以替代原来登记的预先指示，从而使登记的预先指示与新预先指示保持内容上的一致。如果登记人没有及时通知登记机构修改，那么在个人发生健康危机后医疗机构向登记机构所获取的预先指示就是未经修改的。此未经修改的预先指示非但不能反映患者的真实医疗意愿而且极有可能与新的预先指示中所含有的医疗意愿完全相反，特别是如果原来登记的预先指示以终止生命维持医疗为内容，而患者在新的修改后的预先指示中表达了愿意继续接受维生医疗的意愿，那么在无法通过其他途径获知新的预先指示的情况下，医疗机构就会信赖未经修改的已登记的预先指示并依此终止生命维持医疗，其后果相当严重。因此，登记人在修改预先医疗指示后必须及时通知登记机构。

　　登记的删除也是登记制度的必要内容。登记的删除应当包括两种情形，即登记人撤销预先医疗指示以及登记人死亡。撤销是订立人主动使预先医疗指示丧失效力，也包括婚姻解除或无效致使代理型预先医疗指示被自动撤销的情形。在收到撤销通知后，登记机构必须立即删除已经丧失效力的预先指示。预先指示订立人死亡客观上使得预先指示没有适用的可能，在向卫生部门确认订立人死亡事实后登记机构应当删除预先指示的登记。

　　为了防止登记人在撤销或修改预先医疗指示后或者登记人的个人信息发生变动后登记人可能会忘记通知登记机构，因而有必要规定登记机构应当每隔一段时间向登记人发出更新预先医疗指示及其相关信息的通知。本文认为，立法有必要明确规定登记机构有每隔一段时间进行更新通知的义务，因为这可以保证登记人将撤销、修改预先医疗指示的事实及时通知登记机构，从而降低登记的预先医疗指示与患者的实际意愿不相符合的可能性。并且更新通知并非难事，既可以寄送更新通知信件也可以发送更新通知的电子邮件，其操作成本低廉，但却具有上述重要的意义，因此有必要明确规定。

五、代结语：对我国预先医疗指示可及性的未来期待

　　预先医疗指示已经在国际社会获得普遍认可，并成为老龄化社会的必备法律工具。虽然现在我国对预先医疗指示这一前沿问题缺少精准的理论和实践分析，

但是相信随着时代的发展和医事法新型学科的兴起，预先医疗指示这一国际社会通用制度必定会在我国建立。因此，本文不再赘用笔墨论证预先医疗指示的正当性，而是聚焦于预先医疗指示的重要制度内容，即可及性制度。因为即便将来承认预先医疗指示的法律效力，如果不建立可及性制度，那么此种效力也难以在现实中发挥。

登记是增强预先医疗指示可及性的最重要和最直截了当的方法。通过登记，个人可将已订立的预先医疗指示在官方认可的登记机构中固定留存，以备将来有关人员及时获取。如果不进行登记，当个人发生医疗危机时，其预先医疗指示就难以被知晓和发现，因此登记制度对于实现个人医疗自主权具有关键作用。

进一步而言，预先医疗指示的可及性制度不仅包括登记，还包括医保卡注记制度、病历注记制度、驾照标记制度。医保卡注记制度是对预先医疗指示登记制度的补充，即将预先医疗指示记入医疗保险信息系统，在患者进入医疗机构就医后，医护人员只需通过患者的医保卡就可确定患者是否订有预先医疗指示，如有，则进入预先医疗指示登记数据库中获取文件。病历注记制度要求已知晓患者预先医疗指示的医师将该情况注记在患者的病历中，从而使得以后为患者提供医疗服务的医务人员及医疗机构知晓此情况。驾照标记制度，是在驾照上标记持照人是否订有预先医疗指示，这尤其适用于个人因车祸而无意识的医疗选择情形。

将来，我国引入预先医疗指示制度，就必须重视其可及性问题，建立包括登记以及其他配套的可及性制度。目前，我国也存在一定的预先医疗指示登记的社会实践基础，"选择与尊严"网站的生前预嘱注册、预先医疗指示的公证实践等都是这一方向的努力成果。将来的预先医疗指示法律制度不仅要保障人们的医疗自主和临终表达，还要让这种自主表达能够被别人知晓并执行。

· 理论前沿 ·

费城制宪会议的议事规则

姜 峰[*]

> 在一个人民做主的国家里,很少有一门知识能像议事规则这样,只需稍加学习即可如此显著地提高效率。
>
> ——亨利·罗伯特

历史上政治秩序变革,多带有集权和暴力的烙印,美国的情况似有不同,正如布鲁斯·阿克曼所说的,美国革命"以一个持久的政治交流体制的建立而告终",而法国革命"以大屠杀告终"[①]。这个"持久的政治交流体制"是由1787年联邦宪法建立的。作为近代第一部成文宪法,230多年来,美国宪法经历内战和危机的重重考验,引领国家从保有奴隶制的农业国步入发达的后工业社会。这期间只通过27条宪法修正案,其中前10条("权利法案")还是在1791年第一届国会上一揽子通过的。宪法正文仅7条,5 000字,清晰规定了联邦的国会、总统、法院的组成、任期、职权、相互关系等结构性内容。

政论家托马斯·弗里德曼认为,美国强大的原因不是因为华尔街、硅谷、航空

---

[*] 作者简介:姜峰,华东师范大学法学院教授,法学博士。
[①] [美]布鲁斯·A.阿克曼:《新联邦主义?》,载[美]埃尔斯特、[挪]斯莱格斯塔德:《宪政与民主:理性与社会变迁研究》,潘勤、谢鹏程译,生活·读书·新知三联书店1997年版,第178页。

母舰或市场经济,真正的秘密在于宪法和法治,这是"一种由天才们设计、蠢材们可以运作的体系"①。产生这样一部宪法的原因,当然可以从不同方面做出解释,但制宪会议上精心设计的议事规则有着不可低估的影响。议事规则本身并不是一部宪法持久存在的充分条件,却为那些愿意进行政治联合的人们达成共识提供了保证。

一、"深思熟虑与自由选择"

北美的独立是13个事件而不是一个事件,是13州分别相对于英国独立了。独立后的各州需要某种联合,但因为害怕再产生一个强大的权威,所以只建立了一个松散的邦联。权力机关邦联国会只是一个集立法、行政、裁决于一身的协商性机构,没有征税权力,权威不及于个人,对州无强制权力,也没有邦联法院。国会虽有权与外国缔约,却无权强迫各州履行。驻扎于加拿大的英军虎视眈眈,各州之间却各自为政,互设贸易壁垒,甚至相互敌视,建立常备军以彼此设防。这样的邦联好似一只"头脑听从四肢指挥的怪物"②。

新生的民主制度的问题也让精英们深感忧虑。历史学家戈登·伍德说,与以前殖民地议会的代表相比,独立后各州的议员多出身平民,许多人既无殷实的财产保证其独立,受教育的程度也不能保证其明智审慎。例如在革命前的1765年,新罕布什尔州的殖民地议会仅有的34名议员,几乎都来自普利茅斯港附近沿海地区的富裕绅士,到了1786年,州议会人数达到88人,多数是普通农民和家道小康者。尽管"财产保证独立"这一传统观念仍然盛行,但这些议员缺乏开明的绅士素养,他们专注于自我利益③。公开的官职竞争、讨价还价的交易以及政治分肥现象在各州普遍存在。

1786年8月,马萨诸塞州发生谢斯叛乱,成为各州启动制宪的一个导火索。谢斯是参加过独立战争的老兵,战后解甲归田,生活极为穷困。1786年秋,他集合武装农民揭竿而起,要求平分土地,取消一切公私债务和惩罚穷人的法庭。邦联政府花了大半年的时间才平息这场不足千人的叛乱。1786年9月,5个州的12位代表

---

① Thomas L. Freidman, Medal of Honor, *The New York Times*, Dec 15, 2000.
② [美]汉密尔顿、[美]杰伊、[美]麦迪逊:《联邦党人文集》,程逢如、在汉、舒逊译,商务印书馆1980年版,第234页。
③ [美]戈登·伍德:《美国革命的激进主义》,傅国英译,北京大学出版社1997年版,第258页。

在安纳波利斯开会,决定第二年在费城召开修宪会议。1787年5月,12个州的55名代表陆续到达费城①,历时3个月,闭门讨论,制定出一部全新的联邦宪法。

查尔斯·比尔德等历史学家认为,费城制宪不过是少数财富精英阻止人民革命的一次阴谋行动。但这种看法低估了制宪者们的品格,若如其所言,精英们的共同利益完全可以遮蔽他们在宪法设计上的巨大分歧,根本不需要激烈争吵3个多月。实际情况如有人所言:"不论是麦迪逊冷静的说理风格,或是华盛顿雍容有致的节奏,我们在那精辟说理的背后都可以感受到一股对国家的关切热爱。"② 温德尔·霍姆斯大法官对比尔德的看法也愤愤不平,他在写给友人的信中说:"你我都坚信,人要具备高贵心灵并非不可能。"

55名代表都受过良好教育,30多人曾是律师,20多人是银行家、政治家,不少人担任过州长、议员或法官。美洲没有封建传统,革命不是一场阶级矛盾引发的社会革命,而是一场以独立为唯一目的的政治革命,这也呈现了美洲革命的一个前所未有的特征,即革命领袖是思想家与政治家的合一,他们深谙为政之道,同时也博学善思,他们要通过立宪这一"深思熟虑和自由选择"过程而不是靠"机遇和强力"③,来完成托克维尔后来概括的一项特殊使命,即"洁化民主的风尚""规制民主的行动",以求"以对民主的真正利益的认识取代其盲目的本能"④。

制宪会议是秘密进行的。约翰·沃森在《费城编年史》中记载,会议厅前的石板路罕见地铺上了一层厚厚的土,以减弱过往马车的车轮发出的声响⑤。马克斯·法仑德在《设计宪法》中提及,会场门口设置了警卫,禁止无关者出入,记者也不能采访报道⑥。会议厅窗户紧闭,窗帘拉得严严实实。会议从5月下旬开到9月中旬,经历整个炎热的夏季。当地的老人说,这是30年来最热的一个夏天。一位法国旅行者这样描述费城的这个夏天:"每吸一口气,你就得为下一口发愁,稍稍

---

① 罗得岛州因为被反联邦派政治家控制,未派代表参会。
② [美]凯瑟琳·德林克·鲍恩:《民主的奇迹:美国宪法制定的127天》,郑明萱译,新星出版社2016年版,第15页。
③ [美]汉密尔顿、[美]杰伊、[美]麦迪逊:《联邦党人文集》,程逢如、在汉、舒逊译,商务印书馆1980年版,第3页。汉密尔顿在《联邦党人文集》开篇即提出了一个重要问题:"人类社会是否真正能够通过深思熟虑和自由选择来建立一个良好的政府,还是他们永远注定要靠机遇和强力来决定他们的政治组织。"
④ [法]托克维尔:《论美国的民主》(上卷),董果良译,商务印书馆1988年版,第8页。
⑤ 转引自[美]马克斯·法仑德:《设计宪法》,董成美译,上海三联书店2006年版,第48页。
⑥ 转引自[美]马克斯·法仑德:《设计宪法》,董成美译,上海三联书店2006年版,第50页。

动一下就难过得要命。"①

二、最重要的事最先做

最重要的事,是制定议事规则。

在此之前,会议选出了会议主席和秘书。德高望重的富兰克林提名同样德高望重的华盛顿担任主席,出席会议的7个州全票通过。杰克逊少校被选为会议秘书。会议又投票选出一个由韦思、汉密尔顿、平克尼组成的议事规则起草委员会。他们足足用了3天时间,草拟了一份议事规则。但其实这并不困难,韦思是法官,汉密尔顿是议员,平克尼是政界新星,他们经验丰富,洞悉人性。而且,美洲政治生活遵循议事规则,这也是曾经的宗主国大英帝国的一个悠久传统。

看一下那些核心议事规则在英国历史上的形成时间就知道了:

同时只有一个议题(1581年);

意见相左的双方应轮流得到发言权(1592年);

主持人必须请反方表决(1604年);

禁止人身攻击(1604年);

所有发言需要以主持人为发言对象(1610年);

将复杂议题拆分讨论(1640年)。

美洲人从英国学来的这些议事规则,曾经帮助他们在分歧重重的情况下形成强有力的联合以争取独立。

1787年5月28日,韦思代表委员会做报告,代表们经过认真讨论,通过了12条议事规则②:

开会议事,出席者不得少于7个州的代表;一切问题由出席代表足够的各州投票,由多数州作出决定;出席者不足以代表7个州时,得逐日休会。

主席就座,代表入席后,秘书即宣读前一天的会议记录。代表起立发言,需先

---

① [美]凯瑟琳·德林克·鲍恩:《民主的奇迹:美国宪法制定的127天》,郑明萱译,新星出版社2016年版,第3页。

② 也有的规则遭到质疑。鲁弗斯·金反对一项规则:每个代表都有权要求把某项议题付诸表决,并把表决结果记录在案。他强调说,这次制宪会议所立的法,对选民没有约束力,没有必要把这种表决证据公之于众;开会过程中改变观点是常有的事,如果公布,会议记录会显得矛盾百出,实为不妥。梅森上校附议。他补充说,用这种办法记录代表们的观点,会变成一个障碍,妨碍已被说服的代表改变自己的观点;倘若今后公布出来,会授人以柄,被反对者用来反对会议的成果。会议一致通过取消了这项规则。

向主席致意；代表发言时其他人不得交头接耳，不得读书、读小册子、读印刷或手写的文件；若2名代表同时起立，由主席决定先听取谁的发言。未经特别许可，1名代表不得就同一议题发言2次以上；若1名代表决定就同一议题作第二次发言，需等在座静听的其他代表把他们对这个议题的意见全部说完之后，才能开始第二次发言。

提出动议，表示附议，都需要重复一遍，若有代表要求书面发言，应由秘书朗读，再开始辩论；宣布表决结果以前的任何时间，代表都可以收回自己的动议或附议。

读完前一天的会议记录后，秘书即宣布当天的议程，会议或就议程展开讨论，或决定推迟讨论某项议题，然后才能提出其他事务。

一旦开始辩论一项议题，代表只能对这项议题本身提出修改意见，或深入发挥这项议题，或要求推迟讨论这项议题，会议中途不接受其他动议。

若一项议题的内容复杂，经任何一名代表要求，提出者需将议题分解，根据主题，把议题的各个组成部分拆开，逐一划分为单项主张。

对一项议题作出决定之前，即使议题已经经过充分辩论，只要有一个州坚持要求，即应推迟到次日再议。

书面发言，若包含要求会议讨论的内容，需先从头至尾朗读一遍，让全体代表知情，然后逐段辩论，若有修改，需做二读；然后再把整个问题连贯起来，或修改，或批准原来的形式。

设立委员会需由投票决定；得票最多的代表，即当选为委员，即使得票未超过半数；两人或多人得票数字相等时，唱票时排名在前者优先。

全体代表也和主席一样，可以要求其他代表遵守秩序；若要申饬一名代表，也应允许他解释自己的行为，表述自己的想法。一切由规则引起的问题，均由主席裁定，不必征求会议同意，不再辩论。

在一天的会议进程中，任何时候有人提出休会动议，只要有人附议，即予执行，不再辩论。

每天会议结束时，全体代表起立，待主席走过身边后，方可离席。

会议的第二天，经过讨论又通过6条补充规则：

未经许可，任何代表不得缺席，以免中断州的代表性。

大会期间，委员会需单独议事时，可以不出席会议。

开会期间,未经会议同意,任何代表不得抄录会议记录。

代表只能查询会议记录。

会议当中的任何发言,未经许可,不得付印,不得发表,不得传播。

提出动议,要求再议已经由多数州投票决定的事情,需在表决当天提出,得到所有的州一致批准,方可再议;否则,需提前一天提出,若会议同意,可指定一个后来的日期再议[①]。

比之于现代的议事规则手册,上述内容并不复杂,让我们结合一般原理稍作解读:

(一)动议与附议

动议是提出供讨论的问题,动议者应首先获得发言机会,并且此时没有其他待决议题。附议是在有人提出一个动议后另一人表示赞同将动议内容付诸讨论,但并不表明其支持或者反对动议的内容。如果一个动议无人附议,则表明其没有讨论价值,不会予以讨论,这样可以防止会议把时间花在只有一个人关心的问题上。如果要动议重新讨论一个先前已经做出决议的议题,则比提出一个新动议的难度要大,这是为了避免会议决策的不稳定。

(二)发言

议事规则不只是安排发言顺序,更是为阻止恣意,避免争执拖沓。一般来说,会议代表都有地位和声望的高下之分,但规则要确保代表的平等发言机会,以防任何观点被压制。动议人通常有优先发言权,所有发言必须与当前议题相关。这次制宪会议似乎相信,这些令人尊重的代表会自我克制,所以没有限定一次发言的时间,这不违背传统做法。大多数代表发言较为简短,有的代表发言则较长,汉密尔顿在6月18日的发言长达5个小时。代表的发言频率并不均衡,麦迪逊总共发言150多次,有几名代表则从头至尾一言未发,只参与投票表决。

(三)表决

辩论完毕后,用书面投票对议题进行表决,每一次表决固定一个决议。代表以州而不是个人为单位进行投票,达到7个州(超过出席的12州的半数)方可通过一项决议[②]。设定这一条件的目的,是保证会议的名义不被滥用,以防一小部分人

---

① [美]麦迪逊:《辩论:美国制宪会议记录》,尹宣译,辽宁教育出版社2003年版,第8-11页。本文将原译文中的"邦"改为"州"。

② 实际上在场投票的州从未超过11个。

以会议的名义做出缺乏代表性的决定。各州对有效投票要求的人数是不同的,康涅狄格州和马里兰州规定只要有1名代表出席即可代表本州投票,其他州则要求2～4名代表不等。表决的数量令人吃惊,3个多月的会议共进行了569次表决!

（四）礼节

会议对于辩论礼节十分关注,代表发言前、离席前均须向主席致敬。主席和秘书是会议不可缺少的官员,但都需要保持中立。华盛顿的参会是对会议成功的一个保证,他的声望减少了不少混乱,除在最后一天附议一项动议之外,华盛顿全程都没有参与实质性讨论,只是尽心维持秩序[1]。所有代表和主席有同等权利申饬违规代表。华盛顿在会上仅批评过一位代表丢失了会议材料,没有其他申饬行为。对主席的礼节没有特别规定,依照现代的做法,对主席的一般要求是对自己的称呼限于用第三人称"主席"或"主持人",而不是第一人称"我",主席对代表不能直呼其名,具体如何称呼则视情况而定,比如可以是"那位……的代表"。禁止代表直接相互辩论,所有的辩论只能通过主席进行。对其他代表不能进行人身攻击,不能妄加揣测动机。主席有权请成员遵守秩序、点名批评、制止非成员的骚扰、勒令退场等,主席一旦听到指责别人"欺诈""骗子""撒谎"等,应立即制止以免情况恶化。

（五）保密

费城会议的产物是"一份秘密制定的公开契约"[2]。保密并非这次会议的特别规则,英国议会下院几百年来有一个惯例,即访客未经批准一律不得入内。封闭的讨论环境为代表进行必要的政治交易创造了条件[3]。如果辩论公之于众,就不可能制定出任何宪法。乔治·梅森认为保密是"为防止误解和错误的必要之举",历史学家克林顿·罗斯特对此解释得更为透彻：保密规则激发了代表的思维,使他们能畅所欲言；为采纳更合理的立场,代表可以不失体面地改变看法；使他们的宪法决议和政治妥协免受轻率而蓄意的误解；使代表抛却各种不成熟的见解和偏见而

---

[1] 华盛顿在整个会议期间仅发言三次。第一次是刚当选会议主席时做简短谢词。第二次是会议结束那天对戈汉姆的一个动议表示附议,这个动议是：把从每四万人选出一名众议员改为从每三万人选出一名,这样选民可以选出更多的代表。第三次就是问：他保存会议记录后怎么办？

[2] Clinton Rossiter, *1787: The Grand Convention*, Macmillan Company, 1966, p. 169.

[3] 杰斐逊曾经批评说,会议保密是"对公共讨论价值的无知",是一个"可憎的……先例"。Letter from Jefferson to John Adams, Aug.1, 1787, reprinted in *The Adams-Jefferson Letters: The Complete Correspondence Between Thomas Jefferson and Abigail and John Adams*, edited by Lester J. Cappon, The University of North Carolina Press, 1959, p. 194.

形成一系列共识；鼓励代表对诸如各州主权和军事荣耀之类的神圣之物表达诚恳的怀疑；等等①。引人注目的不是保密规则竟然通过了，而是被代表们严格遵循了。尽管在少数私人信件中有对规则的些许违背，代表们总的来看还是能对会议的进程守口如瓶。华盛顿在日记中对会议都只字不提。麦迪逊在给他的一个至亲表兄的信中也是讳莫如深。

尽管有议事规则的约束，讨论仍然十分激烈，在会议3个月的时间里，13位代表中途拂袖而去。在小州和大州的平等权和是否保留奴隶制问题上分歧最大，会议几近中止。代表们终于形成两次"大妥协"：改一院制为两院制，以在国会的参议院体现小州的平等代表权；默许奴隶制，将南方州的黑奴每5人按3个纳税人计算，纳入选举众议员的人口基数。42人坚持到了会议的最后一天，其中仍有3人未在宪法草案上签字。草案与所有人的预想都不一样，毋庸置疑，这是一份融会了所有代表包括异议者和中途离会者观点的成果。宪法草案提交各州审议，一年多后终为所有13州批准，一个全新的联邦政府建立了。

三、议事规则不是万能的

制宪会议中意见分歧严重，在多次危急的形势中，代表们其实并不淡定，大局观念是有的，但维护本州利益的私心同样存在。例如在会议开始前，宾夕法尼亚州代表古维诺·莫里斯曾策动大州代表不要给小州平等代表权，弗吉尼亚州的代表阻止了这个想法，因为担心这"会在大州和小州之间引起致命的争吵"②。政治人物的私心历来并不少见，早在独立战争时期，华盛顿就发现，邦联国会里各州派来的代表只对提名新官员、新将领有兴趣，他们看中的只是如何为自己的老家争取利益，巴结选民，对于军队的需要根本漠不关心③。制宪会议数次处于分崩离析的边缘，81岁高龄的富兰克林甚至"倚老卖老"提出建议：聘请一两位牧师，每天上午开会前主持祷告，祈求上苍协助保佑代表们的讨论。不过，这个建议最终因为会议没有这项预算而作罢④。代表的自私如果不能受到自身和环境的约束，就会冲垮规则构筑的堤防，因此议事规则不是万能的。此外在很多会议中，议事规则本身既不能阻

---

① Clinton Rossiter, *1787: The Grand Convention*, Macmillan Company, 1966, pp. 167-168.
② [美]马克斯·法仑德：《设计宪法》，董成美译，上海三联书店2006年版，第50页。
③ [美]凯瑟琳·德林克·鲍恩：《民主的奇迹：美国宪法制定的127天》，郑明萱译，新星出版社2016年版，第6页。
④ [美]麦迪逊：《辩论：美国制宪会议记录》，尹宣译，辽宁教育出版社2003年版，第233-234页。

止位高权重者垄断决策,也不能拯救冷漠消极的敷衍者,在这类场合,冠冕堂皇的讨论不过是主角领导者和群众演员的联合演出。议事规则要真正发挥作用,还需要代表们遵循必要的议事伦理。

(一)尊重对手并善于妥协

会议的目的是通过交流信息和观点寻求共识,而不是宣示和固守既定的立场,所以代表必须尊重不同观点。在制宪会议最后一天,富兰克林劝说代表们签字时发出告诫:必须为了公益而牺牲认为宪法中还有谬误的私人之见,否则,以后代表们再见面的时候将不过是为了"掐断彼此的喉咙"①。妥协也是一种"议程排除"策略,即通过搁置敏感问题而在更重要的事项上达成共识,正如史蒂芬·霍姆斯所说的:"一场讨论进行得如何,往往要看其参加者决定不说什么。"②凯斯·R.孙斯坦也认为:"把某些问题从政治议程中剔除出来的决定,可以说是保护民主政治而不是损害民主政治的手段之一,通过削弱一些富有争议问题的力量以达到保护的目的,这些问题能够滋生党派斗争、不稳定因素、冲动行为、混乱局面、僵持局面、集体行为问题、目光短浅、策略行为,或强烈而又无法克服的敌对情绪。"③南方蓄奴州的代表表示,如果新宪法执意废除奴隶制,他们就退出制宪会议。奴隶制问题被策略性地搁置起来,代表们才能转而在其他问题上达成妥协。这样,政治妥协建设性地把抽象的原则问题暂时置于脑后,这是一种"非理论化共识"④。妥协不仅意味着克制私利,也意味着牺牲某些可贵的原则,而这确实是更为艰难的事情。

(二)区分道德与理智

宪法规则的选择应出于对"理由"的"深思熟虑和自由选择"而不是诉诸"机遇和强力"。面对宪法反对者利用人们对自由的热爱来抵制政府权威的论调,汉密尔顿在《联邦党人文集》中提醒人们,不能让"自由的热情"遮蔽了"开明的见解",他强调把"理智上的过错"和"感情上的过错"区分开来,"对人民权利的威胁过于谨慎的防范——这通常是理智上的过错,而不是感情上的过错"⑤。邦联体制

---

① [美]麦迪逊:《辩论:美国制宪会议记录》,尹宣译,辽宁教育出版社2003年版,第775页。
② [美]史蒂芬·霍姆斯:《言论限制法或议程排除策略》,载[美]埃尔斯特、[挪]斯莱格斯塔德:《宪政与民主:理性与社会变迁研究》,潘勤、谢鹏程译,生活·读书·新知三联书店1997年版,第21页。
③ [美]凯斯·R.孙斯坦:《设计民主:论宪法的作用》,金朝武、刘会春译,法律出版社2006年版,第119页。
④ [美]凯斯·R.孙斯坦:《设计民主:论宪法的作用》,金朝武、刘会春译,法律出版社2006年版,第119页。
⑤ [美]汉密尔顿、[美]杰伊、[美]麦迪逊:《联邦党人文集》,程逢如、在汉、舒逊译,商务印书馆1980年版,第5页。

的缺陷不宜归于道德原因,各州面临的困难"并非存心不良,而是头脑不灵"①。这样的话,政治变革就不需要以仇恨和革命为动力,立宪才可以成为"深思熟虑和自由选择"的过程。约翰·波考克评论说,制宪者们表达了一种"明晰的、确切的迹象,……即一种倾向,它把一种共和制之下的平衡与对其公民个人的任何道德原则的要求分离开来。"②

（三）重"理由"轻"动机"

辩论中无论各方立场如何,背后的动机都是复杂的,正确的观点背后可能有错误的动机,而错误的观点背后可能有正确的动机,动机因深藏于内心,终究是不可查考的,如果一场辩论聚焦于纠问动机,就可能激励道德义愤代替理性评价,并有引发人身攻击的危险。在后来劝说人们批准宪法的过程中,汉密尔顿反复申明这一道理。"不分青红皂白,随便将哪一路人的反对都归结于利益或野心,不是实事求是的。天公地道,我们必须承认,即使那样的人也会为正当目的所驱使。毋庸置疑,对于已经表示或今后可能表示的反对,大多数的出发点即使不值得敬佩,至少也无可厚非,这是先入为主的嫉妒和恐惧所造成的正常的思想错误。""我的动机必须保留在我自己的内心里。我的论点将对所有的人公开,并由所有的人来判断。"③"即使接受敌人劝告也是合法的""慎重地探讨问题时,在任何情况下,显然应该是:与其问劝告来自何人,不如问劝告是否有益"④。"这种精神对于公正地估计这些措施提高或阻碍公众福利的真正趋势是重要的。"⑤道德判断的不当容易引发非理性的情感诉求,把对立的意见打入道德冷宫,一旦冷静而理性的思考没有余地了,"敌—我"思维就会占据上风,消除异己的方式将只剩下仇恨和暴力。

（四）尊重"伪善的教化力量"

拒绝在公共辩论中探究动机,也意味着需要接受伪善。伪善在私人生活中无

---

① ［美］汉密尔顿、［美］杰伊、［美］麦迪逊:《联邦党人文集》,程逢如、在汉、舒逊译,商务印书馆1980年版,第316页。

② Terence Ball and J. G. A. Pocock, *Conceptual Change and the Constitution*, University Press of Kansas, 1988, p. 72.

③ ［美］汉密尔顿、［美］杰伊、［美］麦迪逊:《联邦党人文集》,程逢如、在汉、舒逊译,商务印书馆1980年版,第4-6页。

④ ［美］汉密尔顿、［美］杰伊、［美］麦迪逊:《联邦党人文集》,程逢如、在汉、舒逊译,商务印书馆1980年版,第204-205页。

⑤ ［美］汉密尔顿、［美］杰伊、［美］麦迪逊:《联邦党人文集》,程逢如、在汉、舒逊译,商务印书馆1980年版,第178页。

疑令人厌恶,在公共生活中也不值得褒奖,但对之有所容忍却是必要的和建设性的,它既是民主和宽容精神的一个副产品,也是一个条件。在大多数制宪会议上,个人、集团、机构总是在为自己的立场争辩,代表往往通过诉诸公平与正义来捍卫自己的观点。这种自利动机反而可能促进公益。在制宪会议上,乔治·梅森曾经论及私利可以仿效公正的观念:"富不过三代,他们的子孙后代,不仅可能,而且必然会散落到社会的较低层次中去。因此,出于自私的动机也好,出于家庭纽带的考虑也好,都要求建立一套体制:对下层人民权利和幸福的关心,不得少于对社会最上层的关心。"① 另一位代表古维诺·莫里斯也认为,在公开的辩论中,自私动机产生偏私政策的可能性是非常小的,这种动机并不一定排斥接受一个各州平等相待的规则体系,因为没有人知道他自己或者其后代来年会在哪州居住②。乔·埃尔斯特指出,对公共问题进行审议的环境,能够塑造独立于参与者动机之外的结果。一个事实是,由于存在强有力的规范禁止诉诸纯粹的利益和偏见,人们必须把自己的要求诉诸公益,这就是所谓的"伪善的教化力量"(civilizing force of hypocrisy)③。这种力量是将公共问题进行开诚布公的讨论所带来的效果。用"伪善是恶行对美德的敬仰"这句谚语来形容它是非常贴切的。

(五)认真对待规则

对宪法规则的选择是一个理性设计过程,它与国情和现实中的非理性因素可能难以相容。费城会议的代表们有一种可贵的制度主义立场。与他们不同,政治现实主义者根本不会把正式制度当回事,他们认为如果要战胜对手,蒙蔽、撒谎、欺骗都是有用的策略,而辩论、协商、选举不过是逢场作戏,与解决人们共同面临的问题、促进对社会价值的共同理解没有必然联系④。这种论调会颠覆人们在制度选择上的信心,它总是假定能够看到整体的"现实"并甘心任其摆布。但实际上,正像奥斯特罗姆批评的:"我们绝不可能看到整个活生生的现实。假定我们能够看到整个画面,这是对人类能力的幻觉。"⑤ 只有在我们显然了解了规则如何把社

---

① [美]麦迪逊:《辩论:美国制宪会议记录》,尹宣译,辽宁教育出版社2003年版,第27页。
② 转引自Jon Elster, Deliberation and Constitution Making, in Jon Elster, *Deliberative Democracy*, Cambridge University Press, 1998, pp.109-110.
③ Jon Elster, Deliberation and Constitution Making, in Jon Elster, *Deliberative Democracy*, Cambridge University Press, 1998, p.111.
④ [美]文森特·奥斯特罗姆:《复合共和制的政治理论》,毛寿龙译,上海三联书店1999年版,第221页。
⑤ [美]文森特·奥斯特罗姆:《复合共和制的政治理论》,毛寿龙译,上海三联书店1999年版,第221-222页。

会事实"构造"成"制度的"事实时,我们才能理解这些活生生的现实。如果离开规则观察事实,"观察家就使自己失去了必要的基础,从而无法理解游戏的意义,公平游戏的策略范围,以及什么是不公平的游戏"①。规则构造了社会关系,它们绝非可有可无。对政治现实的迷恋事实上是一种粗俗的经验主义,它最终导向寻求一种单一中心的垄断性权力模式。

四、结语

良好的议事规则并不是完成立宪选择的完备条件,但它能把人们从混乱无序的争吵中解放出来,通过平等、理性、有序的讨论达成共识。接受议事规则意味着承认观点、情感和利益的差别现实,每一个代表都有把自己的意愿变成集体决议的机会,但这要在规则所能允许的范围内主张。对议事规则的共识,为解决实体分歧提供了程序合法性,能够吸收大部分实质分歧和怨气。议事规则的确定与议事结果的不确定并存,才能体现"议"的价值,否则就都成了按照预定剧本所做的表演。民主价值的土壤培育议事规则,议事规则滋养民主的沃土。孙中山先生在《民权初步》中说:"夫议事之学,西人童而习之,至中学程度则已成为第二之天性矣,所以西人合群团体之力常超吾人之上也。"②此论是在百年前发出的,但议事规则和议事伦理的价值一直没有在我国公共生活中得到充分的尊重,值此全国人大修订议事规则之际,希望我们能有一个新的和卓有成效的开始。

---

① [美]文森特·奥斯特罗姆:《复合共和制的政治理论》,毛寿龙译,上海三联书店1999年版,第212-213页。
② 孙中山:《孙中山全集(第六卷)》,中华书局2011年版,第417页。

韩日含放射性核素食品的进口措施案评析[*]

马 光 方 敏[**]

摘 要：在2011年3月11日福岛第一核电站事故之后，韩国政府采取了一系列措施，而日本政府认为其中的部分措施违反了世界贸易组织的相关规定，向WTO争端解决机构提出对该问题的磋商请求。本案是WTO审理的唯一与核辐射有关的案例，而且与大多数SPS相关案例相反，本案的最终结果是在绝大多数范围支持了被申诉国——韩国所采取的预防措施。更为值得关注的是，本案也是极为罕见的在SPS领域上诉机构几乎全盘推翻了专家组报告，这些应该是考虑到了核辐射这一严重的情势，而尽量认可采取预防措施成员的裁量权。

关键词：水产品禁令 《SPS协定》 临时措施 放射性核素

一、引言

在2011年3月11日福岛第一核电站（Fukushima Daiichi Nuclear Power Plant,

---

[*] 基金项目：浙江大学"中央高校基本科研业务费专项资金资助"。
[**] 作者简介：马光，浙江大学光华法学院副教授；方敏，浙江大学光华法学院硕士研究生。

FDNPP)事故之后,韩国公众认为从日本进口的水产品可能由于放射性污染而隐含毒性物质,如果韩国政府不采取措施则是将消费者健康置于危险中。这种舆论使得消费者以及一些利益相关者担忧,由此韩国政府采取了一系列措施,而这些措施中,日本政府认为如下措施违反了世界贸易组织(WTO)的相关规定:2011年5月1日,宣布对来自日本所有县的除牲畜以外非渔业产品中如果检测到微量的铯或碘,则必须测试其他放射性核素;2012年5月2日,宣布禁止来自宫城县和岩手县的太平洋鳕鱼进口;2012年6月22日,宣布禁止来自福岛县的太平洋鳕鱼和阿拉斯加鳕鱼进口;2012年8月27日,宣布禁止来自青森县的太平洋鳕鱼进口;2012年11月9日,宣布禁止来自茨城县的太平洋鳕鱼进口;2013年9月9日,宣布对8个县的所有渔业产品实行全面进口禁令,如果发现铯,对来自所有县的渔业和畜牧业产品必须测试其他放射性核素[1]。

2015年5月15日,日本政府正式向WTO争端解决机构提出对该问题的磋商请求[2]。6月11日,中国台北要求加入磋商[3]。8月20日,日本要求成立专家组[4],而该专家组在9月28日得以成立,中国大陆、欧盟、危地马拉、印度、新西兰、挪威、俄罗斯、中国台北和美国保留其作为第三方的权利。

日本认为韩国政府所采取的上述措施违反《实施卫生与植物卫生措施协定》(以下简称《SPS协定》)的第2.3条和第5.6条,在情形相同或相似的成员之间构成任意或不合理的歧视,或其实施方式构成对国际贸易的变相限制,并且对贸易的限制超过为达到适当的卫生与植物卫生保护水平所要求的限度;除此之外,还违反了《SPS协定》第7条和附件B规定的透明度要求以及第8条和附件C规定的检查和批准程序[5]。

2018年2月22日,该案的专家组散发报告,而4月9日和4月16日,韩日两国

---

[1] WTO, Korea-Import Bans, and Testing and Certification Requirements for Radionuclides: Report of the Panel, WT/DS495/R, 22 February 2018, para.2.116.

[2] WTO, Korea-Import Bans, and Testing and Certification Requirements for Radionuclides: Request for Consultations by Japan, WT/DS495/1, 1 June 2015.

[3] WTO, Korea-Import Bans, and Testing and Certification Requirements for Radionuclides: Request to Join Consultations, WT/DS495/2, 15 June 2015.

[4] WTO, Korea-Import Bans, and Testing and Certification Requirements for Radionuclides: Request for the Establishment of A Panel by Japan, WT/DS495/3, 21 August 2015.

[5] WTO, Korea-Import Bans, and Testing and Certification Requirements for Radionuclides: Request for the Establishment of A Panel by Japan, WT/DS495/3, 21 August 2015, paras.17-18.

相继提出上诉。2019年4月11日，上诉机构散发报告，争端解决机构则在4月26日通过了上诉机构报告和经上诉机构修改的专家组报告。

该案的专家组报告认为韩国的措施违反了《SPS协定》第2.3条、第5.6条，也不属于《SPS协定》第5.7条的临时措施。而上诉机构报告则推翻了专家组报告中包括《SPS协定》第2.3条、第5.6条、第5.7条在内的实体部分内容，仅维持了第7条和附件B的程序部分内容。

至今，在卫生和植物卫生（SPS）领域，被申诉的一方取得胜利的情况不多，而且专家组报告的大部分被推翻的案例更属罕见，再加上此案与核污染危险相关，从这些角度来看，此案具有非常高的研究价值。通过对此案的分析，我们也可以思考遇到此类情况，应采取何种程度的措施以及这些措施通过何种程序实施。

二、韩国的措施是否超过必要限度？

日本声称韩国所采取的措施与《SPS协定》第5.6条不一致，表现为韩国采取的措施对贸易的限制程度超过了第5.6条规定的要求范围。《SPS协定》第5.6条规定："在不损害第3.2条的情况下，在制定或维持卫生与植物卫生措施以实现适当的卫生与植物卫生保护水平时，各成员应保证此类措施对贸易的限制不超过为达到适当的卫生与植物卫生保护水平所要求的限度，同时考虑其技术和经济可行性。"此条的目的是防止成员采取的SPS措施超过必要限度而构成对国际贸易的不当限制，这与国内法上的必要性原则非常相似。而第5.6条的注释3规定，就第5.6条而言，除非从技术和经济可行性上考虑，存在可合理采用的另一措施，这一措施将实现适当的保护水平且对贸易的限制大大减少，否则可认定原先的措施对贸易的限制不超过所要求的限度。因此，我们可以认为，当某一措施符合下列条件时，即构成对贸易的不当限制：（1）从技术和经济可行性考虑存在可合理采用的另一措施；（2）该措施能够实现适当的卫生与植物卫生保护水平；（3）该措施对贸易的限制大大减少[①]。

在否定韩国所采取的措施合法性的同时，日本提出相应的替代措施，认为该措施相较于韩国目前采用的措施而言，减少了对贸易的限制，即仅对日本进口的水产

---

① Sung-Hyoung Lee, Cheong-Ghi Chun, A Study on Major Issue of WTO Korea-Radionuclides (Japan) Case (1), *Journal of International Trade and Commerce*, Vol.15, 2019, p. 216.

品作铯含量的检查。其认为,铯是FDNPP事故泄漏中排放量最大的放射性核物质,如果检测表明水产品中铯含量低于100 Bq/kg,那么韩国消费者所吸收的放射性核物质总量也将低于1 mSv/a。即只要日本水产品通过铯含量检查,就可达到韩国的适当保护水平(Appropriate Level of Protection, ALOP)。对于日本提议的替代措施,韩国认为日本错误地判断了韩国的ALOP,因此主张日本的替代措施并不能达到韩国的ALOP[1]。

专家组认为韩国的ALOP是:(1)采用国际食品法典委员会(以下简称"食典委")基准,辐射暴露极值为1 mSv/a;(2)量化ALOP所能接受的最高辐射暴露数值。牢记两个目标:不超过普通环境中的水平和遵守尽可能低的合理可行(As Low as Reasonably Achievable, ALARA)原则[2]。结合咨询专家的意见,专家组认为对食品的放射性辐射在普通环境中产生的剂量和额外剂量总和不得超过1 mSv/a。[3]

专家组认为韩国将所有来源的人造放射性核素吸收的总量的最高限值规定为1 mSv/a,如果日本能够证明其拟议的替代措施能够实现低于1 mSv/a的ALOP,则该措施将满足第5.6条的规定[4]。为了评价日本的替代措施可否达成韩国的ALOP,专家组说明要审查:(1)鉴定和鉴别所涉污染物;(2)日本食品中污染物的含量;(3)如果采取日本的替代措施,韩国消费者于日常饮食中暴露在放射性核素的程度;(4)风险特征[5]。

第一,关于污染源,专家组认为,在事故导致最初泄漏之后,就能够对食品中包含的放射性核素进行实际测量,而其污染源的重要性将会减少,进而知道反应堆中剩余的放射性核素或具体的泄漏量与评估特定食品受放射性核素污染的可能性之间没有关联。第二,关于日本食品的污染水平,专家组得出结论,日本已经证明如果确定食品中的铯含量低于100 Bq/kg(包括铯-134和铯-137),那么锶、钚和其他

---

[1] WTO, Korea-Import Bans, and Testing and Certification Requirements for Radionuclides: Report of the Panel, WT/DS495/R, 22 February 2018, para.7.120.

[2] WTO, Korea-Import Bans, and Testing and Certification Requirements for Radionuclides: Report of the Panel, WT/DS495/R, 22 February 2018, para.7.165.

[3] WTO, Korea-Import Bans, and Testing and Certification Requirements for Radionuclides: Report of the Panel, WT/DS495/R, 22 February 2018, para.7.170.

[4] WTO, Korea-Import Bans, and Testing and Certification Requirements for Radionuclides: Report of the Panel, WT/DS495/R, 22 February 2018, paras.7.172-7.173.

[5] WTO, Korea-Import Bans, and Testing and Certification Requirements for Radionuclides: Report of the Panel, WT/DS495/R, 22 February 2018, para.7.178.

放射性核素的含量一定低于食典委的法典参考水平。第三，专家组认为，对铯含量低于 100 Bq/kg 的食物进行测试的结果是有效剂量低于 1 mSv/a，并且即使百分百食用日本食品，其有效剂量也会大大低于此标准。第四，关于风险评估，专家组认为国际放射防护委员会（International Commission on Radiological Protection，ICRP）指导的最高限制成为许多国家所采取的食品安全标准的基础，而韩国制定的 1 mSv/a 的剂量限值应是适用了这一标准。因而，对韩国来说，如果辐射值低于该标准，食品应被认为是安全的[1]。

专家组认为，使用日本的替代措施导致剂量低于 1 mSv/a，即使食用的食物百分百来自日本。考虑到日本食品在韩国市场中所占的份额很小，因此它们对韩国消费者剂量的预期影响将显著降低[2]。

基于上述分析，专家组认为，2013 年额外测试要求、全面进口禁令（对福岛县和茨城县太平洋鳕鱼的禁令除外）和对 8 个县的 28 种渔业产品采用全面进口禁令违反《SPS 协定》第 5.6 条，因为日本的替代措施能够达到韩国的 ALOP，并且对贸易的限制更少[3]。

上诉机构回顾，主张存在《SPS 协定》第 5.6 条违反措施的一方要证明存在符合如下要求的替代措施：（1）考虑到技术和经济可行性，可合理予以使用；（2）满足成员的 ALOP；（3）比有争议的 SPS 措施具有更少的贸易限制性。并且，上诉机构认为本案的争议在于替代措施能否达到成员的 ALOP[4]。

上诉机构表示，成员有权设定其认为适当的保护级别，虽然不需要成员定量设置适当的保护级别，但也不能使用含糊或模棱两可的保护级别，这样将导致无法适用包括第 5.6 条规定的义务在内的《SPS 协定》的相关条款[5]。

韩国在上诉中提出，专家组用 1 mSv/a 的定量标准替代韩国的 ALOP，从而在

---

[1] WTO, Korea-Import Bans, and Testing and Certification Requirements for Radionuclides: Report of the Panel, WT/DS495/R, 22 February 2018, paras.7.193-7.240.

[2] WTO, Korea-Import Bans, and Testing and Certification Requirements for Radionuclides: Report of the Panel, WT/DS495/R, 22 February 2018, para.7.244.

[3] WTO, Korea-Import Bans, and Testing and Certification Requirements for Radionuclides: Report of the Panel, WT/DS495/R, 22 February 2018, paras.7.255-7.256.

[4] WTO, Korea-Import Bans, and Testing and Certification Requirements for Radionuclides: Report of the Appellate Body, WT/DS495/AB/R, 11 April 2019, paras.5.21-5.22.

[5] WTO, Korea-Import Bans, and Testing and Certification Requirements for Radionuclides: Report of the Appellate Body, WT/DS495/AB/R, 11 April 2019, para.5.23.

评估日本提出的替代措施时采用错误的ALOP①。上诉机构注意到,由韩国提出并得到专家组接受的ALOP,包括:(1)普通环境中存在的水平;(2)尽可能的低剂量原则(As Low As Reasonably Achievable,ALARA);(3)1 mSv/a的定量剂量暴露②。上诉机构认为,在这些被韩国设定的ALOP中,专家组仅就适用量的标准与替代措施进行比较,而未对一般环境中存在的水平和ALARA标准等质的标准进行审议③。专家组在《SPS协定》第5.6条的框架下,根据包含多个要素的ALOP进行分析,同时就日本的替代措施得出结论,这使得专家组不清楚替代措施是否满足所确定的ALOP的所有要素。专家组的最终调查结果反映ALARA元素和普通环境中的放射性水平有效地服从韩国ALOP的定量要素,这种方式与专家组在分析之初明确接受的ALOP公式不一致。根据第5.6条的要求,专家组可以在比较日本提议的替代措施所能达到的保护水平时,清楚地说明韩国ALOP的所有要素,也可以根据全部证据确定,某些元素不属于第5.6条规定的相关ALOP的一部分。上诉机构认为,专家组最终未能清楚地说明与日本拟议的替代措施所实现的保护水平有关的,并归因于韩国的ALOP的所有要素,因此错误地适用第5.6条和评估韩国的措施是否比所要求的更具贸易限制性④。上诉机构发现,专家组接受由数量和质量组成的ALOP并将其与替代措施进行比较,以便有效地在低于ALOP的定量阈值的情况下实现保护⑤。

  上诉机构认为,专家组在适用《SPS协定》第5.6条时,认为日本所提议的替代措施达到了韩国的保护水平是错误的,因此推翻了专家组的结论⑥。

---

① WTO, Korea-Import Bans, and Testing and Certification Requirements for Radionuclides: Report of the Appellate Body, WT/DS495/AB/R, 11 April 2019, para.5.25.

② WTO, Korea-Import Bans, and Testing and Certification Requirements for Radionuclides: Report of the Appellate Body, WT/DS495/AB/R, 11 April 2019, para.5.26.

③ WTO, Korea-Import Bans, and Testing and Certification Requirements for Radionuclides: Report of the Appellate Body, WT/DS495/AB/R, 11 April 2019, paras.5.28-5.35.

④ WTO, Korea-Import Bans, and Testing and Certification Requirements for Radionuclides: Report of the Appellate Body, WT/DS495/AB/R, 11 April 2019, para.5.36.

⑤ WTO, Korea-Import Bans, and Testing and Certification Requirements for Radionuclides: Report of the Appellate Body, WT/DS495/AB/R, 11 April 2019, para.5.37.

⑥ WTO, Korea-Import Bans, and Testing and Certification Requirements for Radionuclides: Report of the Appellate Body, WT/DS495/AB/R, 11 April 2019, para.5.39.

三、韩国的措施是否构成对日本水产品的歧视

在探讨韩国的措施是否构成歧视时,依据第2.3条,即"各成员应保证其卫生与植物卫生措施不在情形相同或相似的成员之间,包括在成员自己领土和其他成员的领土之间构成任意或不合理的歧视。卫生与植物卫生措施的实施方式不得构成对国际贸易的变相限制。"

日本主张韩国的措施违反第2.3条,造成任意或不合理地歧视日本食品并构成对国际贸易变相的限制。具体而言,从日本或其他来源出口到韩国的食品的情况是相似的,因为二者均构成韩国措施规定的类似的SPS风险。韩国否定了日本的主张,认为日本与其他成员的条件并不相似,不同的措施与有关成员境内现行条件的差异有合理的联系[①]。

专家组认为,根据第2.3条审查主张涉及对条文中三个要素的分析,包括:(1)是否存在相同或相似的条件;(2)措施是否涉及歧视;(3)歧视是任意的或者不合理的[②]。以下进行具体的分析。

(一)是否存在相同或相似的条件

日韩两国认可专家组先前将"相似"解释为整体上具有相同的实质或结构,但对可进行比较的条件类型产生了分歧。日本认为专家组应参照歧视性待遇所依据的总体管理框架,分析一揽子来自不同来源、具有相同或类似SPS风险的产品的情况。韩国则认为日本强调比较产品是错误的,适当的比较基础应当是日本和其他国家或地区领土上的普遍情况[③]。

首先,专家组不同意韩国在声明中侧重"领土"一词的做法,即认为根据第2.3条要比较的条件仅限于成员的生态和环境条件,而不是产品的条件。对于第2.3条,必须根据其上下文及其目的和宗旨来理解,且第2.3条是与不歧视有关的一个基本权利和义务,适用于所有类型的SPS措施。而根据第5.5条,通过比较是针对同一产品还是针对同一风险来确定是否需要应用同一ALOP。因此,相关条件不能仅

---

① WTO, Korea-Import Bans, and Testing and Certification Requirements for Radionuclides: Report of the Panel, WT/DS495/R, 22 February 2018, paras.7.257-7.258.

② WTO, Korea-Import Bans, and Testing and Certification Requirements for Radionuclides: Report of the Panel, WT/DS495/R, 22 February 2018, para.7.259.

③ WTO, Korea-Import Bans, and Testing and Certification Requirements for Radionuclides: Report of the Panel, WT/DS495/R, 22 February 2018, paras.7.261-7.264.

限于进出口成员领土内的条件。其次,专家组同意韩国的观点,即在第5.2条中理解"条件"一词,该条要求在风险评估时应考虑相关的生态和环境条件。然而,韩国忽略该条应当考虑的其他因素,例如与产品条件有关的生产、检验、取样和测试以及检疫方法。最后,第4.1条提供进一步的上下文支持,认为产品风险是确定相关条件的因素之一①。

综上,专家组得出结论,确定相关条件应根据被质疑措施的监管目标以及成员根据措施的性质和案件的具体情况所依据的理由。而在第2.3条第1项中没有任何相关内容,需要根据其上下文、宗旨和目的来理解,因此无法将国际贸易中的产品风险视为相关条件②。

专家组回顾,分析相关条件的起点是该措施的目标以及所要预防的风险,韩国旨在实现单一目标的进口禁令和附加测试要求是总体制度的一部分,即保护韩国人口免受食用放射性核素污染的食物可能产生的不利影响。因此,为了确定与第2.3条所指的条件是否相似,要比较的是,日本和世界其他地区的产品是否都有可能受到20种放射性核素(特别是铯、碘、锶和钚)的污染以及污染程度是否会低于韩国的容忍水平③。

日本认为世界各地的食物都含有一定量的铯和其他放射性核素,所以日本和非日本食物中具有类似的含铯潜力。韩国则认为相关科学证据不足,并且在日本环境和某些日本产品中检测到的铯含量升高,表明含有铯和其他放射性核素的可能性更高。专家组认为,这项评估应采取整体方法,考虑所有影响④。所以在确定食物中放射性核素的水平时,必须首先审查2011年、2012年和2013年对应措施所涵盖的产品类别的条件是否相似,其次确定2015年9月28日专家组成立时及后续的条件是否相似。以下按照时间线逐一分析。

第一,关于2011年附加测试要求。韩国在FDNPP事故后的几个月内通过针对农产品、加工食品和食品添加剂的2011年附加测试要求。日本也承认在此期间

---

① WTO, Korea-Import Bans, and Testing and Certification Requirements for Radionuclides: Report of the Panel, WT/DS495/R, 22 February 2018, paras.7.268-7.275.

② WTO, Korea-Import Bans, and Testing and Certification Requirements for Radionuclides: Report of the Panel, WT/DS495/R, 22 February 2018, para.7.276.

③ WTO, Korea-Import Bans, and Testing and Certification Requirements for Radionuclides: Report of the Panel, WT/DS495/R, 22 February 2018, para.7.283.

④ WTO, Korea-Import Bans, and Testing and Certification Requirements for Radionuclides: Report of the Panel, WT/DS495/R, 22 February 2018, paras.7.284-7.298.

日本受灾最严重地区的食物中铯含量大大增加。由于缺乏2011年日本在这些产品类别中发现的放射性核素水平数据,专家组认为,日本未能履行采用2011年附加测试要求时日本和非日本产品中存在类似条件的举证责任。第二,关于2012年特定产品禁令。专家组指出,日本先对同一县的太平洋鳕鱼和阿拉斯加鳕鱼实行内部分销限制,韩国随之采取这些措施,而日本没有论证其采取的措施。因此,专家组认为,日本尚未承担证明2012年来自相关县两种渔业产品的污染低于韩国的耐受水平的责任。第三,关于2013年全面进口禁令。专家组审查受影响县的28种渔业产品的抽样数据表明,8个县的27种渔业产品以及福岛县和茨城县以外的县的太平洋鳕鱼中潜在的铯污染水平低于100 Bq/kg的耐受水平。然而,2013年日本没有就福岛县和茨城县的太平洋鳕鱼提出同样的主张承当举证责任。第四,关于2013年9月延长附加测试要求。专家组审查有关数据后,发现在日本所有县的所有产品类别中,一般只有不到1%的样品被发现超过100 Bq/kg的铯耐受水平,主要例外是野禽肉。因此,专家组认为总体上日本食品中的铯污染水平低于100 Bq/kg。第五,关于维持2011年和2013年的附加测试要求。专家组回顾,总体上产品中铯含量一直在下降。经审查的数据支持日本的论点,即除了两类食品外,所有食品样品中只有不到1%超过100 Bq/kg(包括福岛县在内)。到2015年,日本食品中的铯浓度总体上回到了低于100 Bq/kg的水平。韩国也承认,进口到韩国的18.8万多批日本食品中,没有一批铯含量超过100 Bq/kg[①]。

综上所述,专家组认为,日本在确定日本和其他成员采用2013年附加测试要求中存在类似条件,承当了举证责任。采用全面进口禁令方面,日本确定日本和其他成员对27种渔业产品以及原产自青森县、千叶县、群马县、岩手县、宫城县和栃木县的太平洋鳕鱼存在着类似的条件。关于维持韩国的措施,日本已承担其举证责任,即在专家组成立后,日本和其他成员对包括28种渔业产品在内的所有食品都有类似的条件[②]。接下来将继续分析这些措施是否存在任意或不合理的歧视。

(二)措施是否涉及歧视

首先,在进口禁令中,专家组指出,只有日本产品才受到特定产品禁令和全面

[①] WTO, Korea-Import Bans, and Testing and Certification Requirements for Radionuclides: Report of the Panel, WT/DS495/R, 22 February 2018, paras.7.301-7.310.

[②] WTO, Korea-Import Bans, and Testing and Certification Requirements for Radionuclides: Report of the Panel, WT/DS495/R, 22 February 2018, para.7.321.

进口禁令的限制,这些禁令阻止了日本产品在韩进口和销售。因此,通过2013年全面进口禁令后,韩国对来自8个县的27种渔业产品和来自6个县的太平洋鳕鱼给予了歧视性待遇。专家组还发现,维持针对太平洋鳕鱼和阿拉斯加鳕鱼的产品特定禁令,以及2013年对来自8个县的全部28种渔业产品的全面进口禁令,同样也给予日本产品以歧视性待遇[①]。

其次,在附加测试要求中,韩国对日本产品进行售前附加测试,而非原产于日本的产品无须在边境进行进一步测试即可进入韩国市场。日本认为,附加测试产生的高成本和时间延迟阻碍了韩国人民从日本进口新鲜食品,构成对日本产品的法律上的歧视。韩国无法证明其措施必须进行此类测试[②]。专家组认为,韩国未能证明对国内产品的销售点测试和售前测试等同于在韩国边境对日本产品进行的附加测试。因此,韩国仅对日本产品采用2013年售前附加测试要求以及维持2011年和2013年售前附加测试要求是歧视性的[③]。

(三)歧视是否任意或不合理

日本认为,进口禁令和附加测试要求都以任意或不合理的方式歧视日本产品,因为韩国措施的监管目标与区分日本与其他来源的食品之间没有合理的联系。虽然存在污染上的巨大差异,但日本产品和其他来源的产品在绝对值和达到韩国的容忍水平上都是相似的。韩国坚持认为,措施与监管目标之间存在合理的联系,日本的情况与世界其他地方不同之处在于FDNPP事故所造成的更高的潜在污染。韩国进一步否认日本引用的声明,即韩国的措施除了保护韩国人民免受污染风险之外,还有其他目的。此外,韩国对日本将附加测试要求的特征认为是禁令表示异议,因为通过测试获得证明的日本产品已进入韩国市场[④]。

专家组认为,首先,在进口禁令方面,在日本食品中发现的铯和额外的放射性核素含量都非常低,韩国未对预期高度污染的非日本产品(包括超出韩国容忍度的产品)实施类似的禁令,相反采用了100 Bq/kg的铯容忍度。这表明,该措施所作

[①] WTO, Korea-Import Bans, and Testing and Certification Requirements for Radionuclides: Report of the Panel, WT/DS495/R, 22 February 2018, paras.7.324-7.325.

[②] WTO, Korea-Import Bans, and Testing and Certification Requirements for Radionuclides: Report of the Panel, WT/DS495/R, 22 February 2018, paras.7.326-7.330.

[③] WTO, Korea-Import Bans, and Testing and Certification Requirements for Radionuclides: Report of the Panel, WT/DS495/R, 22 February 2018, para.7.332.

[④] WTO, Korea-Import Bans, and Testing and Certification Requirements for Radionuclides: Report of the Panel, WT/DS495/R, 22 February 2018, paras.7.333-7.336.

出的区分与所陈述的监管目标没有合理关系。并且韩国根据收获地、食品加工地或包装地对日本产品实行进口禁令,并且公海捕捞的鱼类可能仅依据加工地点而受到禁令表明,进口禁令并不完全与解决潜在污染有关。其次,总体来看,韩国的进口禁令与保护韩国人民免受食用受污染食品的风险的目标没有合理联系。结论是基于对以下因素的累积评估:(1)措施的贸易限制程度高;(2)在日本相关渔业品种中测得的铯和其他放射性核素水平远低于韩国的容许水平;(3)缺乏在合理的时间内审查措施以进行风险评估的条件;(4)进口禁令不符合第5.6条的规定;(5)不考虑由日本船只收获并在8个县之一包装或加工的产品的来源和污染程度。专家组得出结论,韩国对来自福岛的阿拉斯加鳕鱼,青森、福岛、茨城、岩手和宫城的太平洋鳕鱼维持特定产品禁令以及对日本8个县的28种渔业产品的全面禁令,是任意或不合理的歧视[1]。

（四）是否构成对国际贸易的变相限制

专家组回顾说,《SPS协定》第2.3条第2项规定的义务,遵循了关税及贸易总协定(GATT)第20条的先例,即任意或不合理的歧视是一种变相限制国际贸易的形式。由于专家组已经发现韩国的措施与第2.3条的第1项不一致,因此专家组认为,进口禁令和附加测试要求同样构成了对国际贸易的变相限制[2]。

上诉机构首先考虑根据第2.3条,专家组在审查日本和其他成员之间存在类似情况时是否犯了错误。韩国质疑专家组的调查结果,即必须根据《SPS协定》第2.3条确定进行比较的条件范围。具体而言,韩国认为专家组采用一种错误的基于产品的方法,这种方法不适当地侧重于产品的污染程度,而排除日本的环境和生态状况以及FDNPP的状况[3]。

上诉机构同意专家组的结论,第2.3条的条件可以解释为产品的条件,而不止是出口或进口成员的领土[4]。但是,专家组错误地解释第2.3条,即第2.3条规定的

---

[1]　WTO, Korea-Import Bans, and Testing and Certification Requirements for Radionuclides: Report of the Panel, WT/DS495/R, 22 February 2018, paras.7.343-7.350.

[2]　WTO, Korea-Import Bans, and Testing and Certification Requirements for Radionuclides: Report of the Panel, WT/DS495/R, 22 February 2018, paras.7.356-7.359.

[3]　WTO, Korea-Import Bans, and Testing and Certification Requirements for Radionuclides: Report of the Appellate Body, WT/DS495/AB/R, 11 April 2019, paras.5.53-5.54.

[4]　WTO, Korea-Import Bans, and Testing and Certification Requirements for Radionuclides: Report of the Appellate Body, WT/DS495/AB/R, 11 April 2019, para.5.63.

相关条件的范围仅限于产品中存在的风险,不包括领土条件[①]。

上诉机构了解到专家组关于环境污染以及对 FDNPP 周围与其他领土有关的情况的一般评估,并没有反映专家组所确定的影响不同地区的放射性核素污染的因素[②]。

与上述污染源的一般潜在污染不同,专家组对日本食品的评估侧重于实际水平,而非潜在水平。专家组使用了不同的表述来表达其调查结果,有时似乎将铯污染的可能性等同于观察低于定量公差水平的实际测量。上诉机构回顾专家组未能解决污染源附近释放的放射性核素的潜力是否与其他领土上存在的全球污染水平相比较的问题。上诉机构还指出,专家组特别表明日本食品中铯污染的可能性更高,而日本和非日本食品中的铯含量都非常低,并且明显低于 100 Bq/kg。但是,专家组未解释过铯浓度低于 100 Bq/kg 是否意味着根据第 2.3 条,不同的污染潜力并不重要[③]。

最后,上诉机构认识到,证明成员之间存在相同或类似的条件是第 2.3 条的基础事项,对此的适当解释应包括可能影响所涉及产品的相关条件。专家组仅根据产品中的实际测量水平得出的结论最终未能考虑到不同成员领土内的相关情况造成污染的可能性[④]。因此,上诉机构认为专家组在解释和适用《SPS 协定》第 2.3 条时犯了错误,认为日本和其他成员之间普遍存在类似的情况。因此,上诉机构推翻专家组认定下列措施与第 2.3 条不一致的结论:(1)全面进口禁令(福岛县和茨城县太平洋鳕鱼进口除外)和 2013 年附加测试要求;(2)维持韩国的所有措施[⑤]。

四、韩国的措施是否构成临时措施

《SPS 协定》第 5.7 条规定:"在有关科学证据不充分的情况下,一成员可根据

---

① WTO, Korea-Import Bans, and Testing and Certification Requirements for Radionuclides: Report of the Appellate Body, WT/DS495/AB/R, 11 April 2019, para.5.65.

② WTO, Korea-Import Bans, and Testing and Certification Requirements for Radionuclides: Report of the Appellate Body, WT/DS495/AB/R, 11 April 2019, paras.5.74-5.76.

③ WTO, Korea-Import Bans, and Testing and Certification Requirements for Radionuclides: Report of the Appellate Body, WT/DS495/AB/R, 11 April 2019, paras.5.77-5.88.

④ WTO, Korea-Import Bans, and Testing and Certification Requirements for Radionuclides: Report of the Appellate Body, WT/DS495/AB/R, 11 April 2019, para.5.92.

⑤ WTO, Korea-Import Bans, and Testing and Certification Requirements for Radionuclides: Report of the Appellate Body, WT/DS495/AB/R, 11 April 2019, paras.5.91-5.93.

可获得的有关信息，包括来自有关国际组织以及其他成员实施的卫生与植物卫生措施的信息，临时采用卫生与植物卫生措施。在此种情况下，各成员应寻求获得更加客观地进行风险评估所必需的额外信息，并在合理期限内据此审议卫生与植物卫生措施。"

根据第5.7条，韩国认为日本应当承担举证责任，但日本没有在其主张中提及该条，专家组就必须假定韩国的临时措施属于第5.7条的范围，因为其措施符合该条的所有内容，并且韩国在解释方面不承担举证责任[①]。

专家组则认为，韩国有责任证明第5.7条适用于其措施。专家组针对第5.7条的适用性提出四项要求：(1)相关的科学信息完全不足以进行风险评估；(2)临时措施建立在可获得的相关信息的基础上；(3)采取临时措施的成员必须寻求必要的附加信息，以便更客观地评估风险；(4)在合理的时间内审查该措施[②]。采取的措施只有同时满足这四项要求才属于第5.7条规定的范围。下面对这四项要求进行具体分析。

(一)相关信息是否不足以进行风险评估

韩国认为，相关的信息不足以了解发生FDNPP事故后放射性核素的释放程度。具体而言，由于FDNPP事故的特点，例如铯以外的放射性核素的信息不足等，采用日本食品监测方案收集的数据进行风险评估的用处和代表性有限[③]。

日本认为，没有足够的科学证据和相关的不确定性可以证明对日本食品的歧视是合理的或有必要对这些产品施加贸易限制。且韩国未能评估相关的科学证据，似乎有意无视大量的科学证据[④]。

专家组回顾，尽管韩国实施措施时已经具备测试放射性核素的能力，但并不确定事故的程度，即已经释放到环境中的放射性核素及其数量。并且日本在没有进行风险评估的情况下于2011年3月紧急采取了措施。因此，专家组认同韩国的意

[①] WTO, Korea-Import Bans, and Testing and Certification Requirements for Radionuclides: Report of the Panel, WT/DS495/R, 22 February 2018, para.7.70.

[②] WTO, Korea-Import Bans, and Testing and Certification Requirements for Radionuclides: Report of the Panel, WT/DS495/R, 22 February 2018, paras.7.75-7.76.

[③] WTO, Korea-Import Bans, and Testing and Certification Requirements for Radionuclides: Report of the Panel, WT/DS495/R, 22 February 2018, para.7.81.

[④] WTO, Korea-Import Bans, and Testing and Certification Requirements for Radionuclides: Report of the Panel, WT/DS495/R, 22 February 2018, para.7.82.

见,即在科学证据不足的情况下采取2011年的附加测试要求①。

韩国认为,其特定产品禁令是依赖于日本实施内部限制的结论,但是韩国并没有随着日本的取消而取消这些限制。2013年,韩国加强现有的措施,对8个县的所有渔业产品实行全面进口禁令,并将附加测试要求扩展至渔业和畜牧产品。韩国辩称,采取这些措施是因为放射性核素泄漏总量的不确定性意味着没有足够的科学证据可以进行风险评估。②

专家组通过询问专家关于放射性核素额外泄漏的数量和不确定性与日本食品消费风险的相关性时得知,了解食品消费情况的最佳方法是对食品进行检测。因此,韩国的担忧,即通过食用受污染的食品而暴露于放射性核素,与风险评估能力没有直接关系。并且韩国提到铯与其他放射性核素之间是否存在特定比例的问题,证明仅采用测试铯的措施是合理的,这与进行风险评估的能力无关③。

专家组指出,韩国根据现有相关信息,即FDNPP事故发生后,与日本国内采取的措施保持一致,通过并实施2011年附加测试要求和特定产品禁令④。由此可知,没有足够的科学证据可以将特定产品禁令、全面进口禁令以及附加测试要求扩展到2013年的附加测试要求。

(二)临时措施建立在可获得的相关信息的基础上

韩国声称其措施是基于事故后放射性核素的释放情况和缺乏环境和海洋中放射性核素的资料等信息。日本认为韩国仅列出了各种信息,未实际向专家组提供该信息或说明其措施是如何基于这些信息。

专家组认为韩国2011年附加测试要求和特定产品禁令是在FDNPP事故发生后不久通过的,并与日本的措施一致。并且韩国使用的最大铯水平与日本相同,对于其他放射性核素,韩国遵循食典标准中规定的水平。因此,专家组认为2011年

---

① WTO, Korea-Import Bans, and Testing and Certification Requirements for Radionuclides: Report of the Panel, WT/DS495/R, 22 February 2018, para.7.84.

② WTO, Korea-Import Bans, and Testing and Certification Requirements for Radionuclides: Report of the Panel, WT/DS495/R, 22 February 2018, paras.7.86-7.88.

③ WTO, Korea-Import Bans, and Testing and Certification Requirements for Radionuclides: Report of the Panel, WT/DS495/R, 22 February 2018, paras.7.92-7.94.

④ WTO, Korea-Import Bans, and Testing and Certification Requirements for Radionuclides: Report of the Panel, WT/DS495/R, 22 February 2018, para.7.98.

的附加测试要求和特定产品禁令是根据可获得的相关信息通过的①。

但是,专家组认为第5.7条"根据可获得的有关信息采取措施"的义务意味着韩国仅列出文件是不够的,而必须证明有关信息是其措施的基础。韩国提及食典标准,但食典标准并未要求取消所有贸易或实施进口禁令,而是要求建立一个干预水平,低于该水平的食品可以安全交易。因此,就全面进口禁令而言,专家组无法得出结论,即食典标准是采取该措施的基础。即使是在附加测试要求中,韩国未证明食典标准中的水平是如何构成其检测到铯或者碘超过0.5 Bq/kg即需要进行附加测试的基础。专家组认为,公众关注、不确定性和无法预测的未来发展不是第5.7条规定的相关信息的类型,该条重点在于基于科学的措施②。

(三)寻求必要的附加信息,以便更客观地评估风险

日本认为,韩国没有积极主动地寻求获取新信息或审查信息。韩国采取最后一项措施以来,基本上已停止获取和审查其他信息。并且韩国一直阻止专家组对现有信息的评估③。

韩国回应,除计划的最后一步外,其余步骤均已完成,为最终重新评估报告做准备。并且2011年以来,韩国一直在审查其措施,但其努力受到了FDNPP不断变化的形势和新信息的阻碍,除此之外,韩国也曾多次向日本寻求信息④。

(四)在合理的时间内审查该措施

关于合理的期限,根据第5.7条规定的方式,应该理解为在接受合理延误理由的同时,要尽可能快地采取合法手段⑤。

专家组认为,2014年9月以来,韩国没有提供足够的证据证明对该措施的审查。具体而言,韩国确实在向日本寻求补充信息,并定期访问可公开获得的数据,并且韩国宣布于2014年开始对2013年措施进行审查。但是,2014年9月以来,韩

---

① WTO, Korea-Import Bans, and Testing and Certification Requirements for Radionuclides: Report of the Panel, WT/DS495/R, 22 February 2018, paras.7.97-7.98.

② WTO, Korea-Import Bans, and Testing and Certification Requirements for Radionuclides: Report of the Panel, WT/DS495/R, 22 February 2018, para.7.100.

③ WTO, Korea-Import Bans, and Testing and Certification Requirements for Radionuclides: Report of the Panel, WT/DS495/R, 22 February 2018, para.7.103.

④ WTO, Korea-Import Bans, and Testing and Certification Requirements for Radionuclides: Report of the Panel, WT/DS495/R, 22 February 2018, paras.7.104-7.105.

⑤ WTO, Korea-Import Bans, and Testing and Certification Requirements for Radionuclides: Report of the Panel, WT/DS495/R, 22 February 2018, para.7.102.

国政府没有与该审查有关的具体活动的记录。此外,韩国没有为中止审查提供任何正当理由。因此,专家组认为,韩国未在合理的时间内审核该审查并采取措施①。

基于上述分析,专家组得出以下结论:(1)韩国在确定实施特定产品禁令、全面进口禁令或2013年附加测试要求方面科学证据不足;(2)韩国未证明采取的全面进口禁令或2013年附加测试要求是基于可获得的信息;(3)韩国未能在合理的时间内审查其措施。由于这些措施都不符合第5.7条的要求,专家组认为,韩国的措施不属于第5.7条的范围②。

韩国上诉中声称,第5.7条超出专家组的职权范围,专家组应探讨第5.7条中关于科学证据不足的方面,为确定以下方面的相关性提供依据:(1)根据第2.3条的规定,日本和其他国家或地区普遍存在的条件相似;(2)根据第5.6条,日本提出的替代措施在技术和经济上是否可行并达到韩国的ALOP要求。韩国认为,在根据第5.7条做出调查结果时,专家组的行为不仅与《关于争端解决规则与程序的谅解》(DSU)第6.2条和第7条不一致,而且与DSU第11条不一致,因为专家组评估了一项不属于该事项的条款,特别是日本没有根据该条款提出不一致的主张③。日本答复说,专家组正确地处理了第5.7条④。

根据DSU第7.1条和第11条,专家组的任务是根据当事方援引协定的规定审查相关的事项,并做出有助于争端解决机构提出适用协定中规定的建议或做出裁决的调查结果。上诉机构指出,日本在其请求中没有根据第5.7条提出不一致的主张。相反,韩国的反驳论点促使专家组研究韩国根据第5.7条采取的措施。因此,上诉机构必须根据韩国提到的第5.7条确定专家组是否得出正确的结论⑤。

韩国表示,现有的科学证据不足以证明日本根据《SPS协定》第5.6条提出的替

---

① WTO, Korea-Import Bans, and Testing and Certification Requirements for Radionuclides: Report of the Panel, WT/DS495/R, 22 February 2018, paras.7.106-7.107.

② WTO, Korea-Import Bans, and Testing and Certification Requirements for Radionuclides: Report of the Panel, WT/DS495/R, 22 February 2018, para.7.111.

③ WTO, Korea-Import Bans, and Testing and Certification Requirements for Radionuclides: Report of the Appellate Body, WT/DS495/AB/R, 11 April 2019, para.5.110.

④ WTO, Korea-Import Bans, and Testing and Certification Requirements for Radionuclides: Report of the Appellate Body, WT/DS495/AB/R, 11 April 2019, para.5.104.

⑤ WTO, Korea-Import Bans, and Testing and Certification Requirements for Radionuclides: Report of the Appellate Body, WT/DS495/AB/R, 11 April 2019, paras.5.112-5.114.

代措施能够实现韩国的ALOP。就日本根据第2.3条提出的主张,由于日本放射性核素污染的相关科学证据不足,日本的现行条件不能说与韩国或其他国家普遍存在的情况相似或相同。同时,韩国辩称第5.7条是第2.3条、第5.6条、第7条和第8条以及附件B和C的相关文本背景[①]。由于第5.7条规定的临时性,且日本在其请求中没有提出主张,其措施将有理由免除第2.3条、第5.6条、第7条和第8条以及附件B和C所规定的义务。在对韩国措施与第5.7条的一致性做出调查后,上诉机构认为专家组超出其职权范围,从而不符合DSU第7.1条和第11条的规定。因此,上诉机构声明,专家组根据《SPS协定》第5.7条得出的结论无法律效力[②],上诉机构推翻了专家组的结论。

五、韩国是否履行了WTO规定的通知义务

就韩国的措施是否足以履行《SPS协定》第7条和附件B中提高SPS措施透明度的义务,双方意见不一。日本认为韩国的行为与第7条、附件B(1)、附件B(3)(a)和附件B(3)(b)的规定不一致,韩国则认为已经履行上述条文规定的义务。具体而言,争议焦点在于:(1)韩国在政府网站上以发布新闻稿的方式宣布实行进口禁令和附加测试要求,是否足以履行附件B(1)中规定的义务,即满足公布要求;(2)韩国的咨询点对日本要求的两份文件和请求的答复(分别为2014年6月24日和2014年11月13日)是否履行附件B(3)中的义务[③]。

(一)第7条和附件B(1)公布要求

根据《SPS协定》附件B(1)的规定,"各成员应保证迅速公布所有已采用的卫生与植物卫生法规,以使有利害关系的成员知晓"。日本声称韩国采用新闻稿的方式宣布全面进口禁令、特定产品禁令和附加测试要求不足以履行该规定,因为新闻稿中未包含实际规定,且发布的网站不便于成员们找到这些规定[④]。

以下对特定产品进口禁令、全面进口禁令和附加测试要求是否履行了通知义

---

① WTO, Korea-Import Bans, and Testing and Certification Requirements for Radionuclides: Report of the Appellate Body, WT/DS495/AB/R, 11 April 2019, para.5.116.

② WTO, Korea-Import Bans, and Testing and Certification Requirements for Radionuclides: Report of the Appellate Body, WT/DS495/AB/R, 11 April 2019, para.5.118.

③ WTO, Korea-Import Bans, and Testing and Certification Requirements for Radionuclides: Report of the Panel, WT/DS495/R, 22 February 2018, para.7.448.

④ WTO, Korea-Import Bans, and Testing and Certification Requirements for Radionuclides: Report of the Panel, WT/DS495/R, 22 February 2018, paras.7.457-7.464.

务进行具体分析。(1)关于特定产品进口禁令。专家组认为附件B(1)中的义务不仅指在网站上发布新闻稿,而且应使进口成员充分了解该措施。虽然新闻稿中有针对特定产品的进口禁令,但并未使日本熟悉这些法规。因此,在特定产品进口禁令方面,韩国的行为与附件B(1)和第7条不一致。(2)关于全面进口禁令。日本声称韩国的新闻稿未能明确禁令所涵盖的产品,即"所有渔业产品"一词的范围是模糊的。专家组认为,尽管全面进口禁令的新闻稿中涵盖了原产地和适用条件,但没有明确适用于该禁令的产品。并且韩国公布禁令的方式也未能使日本熟悉禁令措施。因此,专家组得出结论,在全面进口禁令方面,韩国的行为与附件(1)和第7条不一致。(3)关于附加测试要求。日本宣称韩国新闻稿未能明确触发附加测试的铯限值、需要附加测试的放射性核素和适用的原产地规则等。韩国则认为日本承认收到新闻稿意味着日本已经熟悉韩国的措施。对此,专家组认为日本在事实发生数年后才有能力向专家组提供有关信息,但这不足以使韩国免于履行其根据附件B(1)应当承担的义务。因此,韩国2011年和2013年附加测试要求与附件B(1)和第7条不一致[①]。上诉机构支持专家组的意见,即韩国不能证明相关成员会在韩国标示的网站寻找涉及SPS措施的信息。

(二)第7条和附件B(3)解答合理问题和提供相关问题

日本声称韩国的行为与第7条、附件B(3)不一致,因为韩国的SPS咨询点未能提供实施进口禁令和附加测试要求等措施的文件副本,也未能充分回应日本提出的问题。韩国则主张,日本确认收到韩国咨询点对其2014年6月请求的答复,这意味着韩国已履行附件B(3)规定的义务[②]。

根据附件B(3)的规定,"每一成员应保证设立一个咨询点,负责对有利害关系的成员提出的所有合理问题作出答复,并提供有关下列内容的文件:a.在其领土内已采用或提议的任何卫生或植物卫生法规;b.在其领土内实施的任何控制和检查程序、生产和检疫处理方法、杀虫剂允许量和食品添加剂批准程序"。

韩国认为应将条文中规定的"义务"解释为设立咨询点,该咨询点能够回应涉及附件B(3)的询问,但不需要回答特定问题或提供所需的文件。专家组否定了韩

---

① WTO, Korea-Import Bans, and Testing and Certification Requirements for Radionuclides: Report of the Panel, WT/DS495/R, 22 February 2018, paras.7.465-7.502.

② WTO, Korea-Import Bans, and Testing and Certification Requirements for Radionuclides: Report of the Panel, WT/DS495/R, 22 February 2018, paras.7.504-505.

国的观点,认为应当结合条文的背景、目的和宗旨理解"义务"一词。因此,不仅要建立咨询点,而且实际上还要提供文件和回答合理问题,从而实现第7条的要求[①]。上诉机构认为,专家组对附件B(3)的解释是错误的,因为咨询点如有一次未能回应请求将导致与附件B(3)的不一致,因此推翻了专家组的调查结果。

具体来说,专家组审查了日本向韩国SPS咨询点提出的具体要求,以确定其是否符合附件B(3)中的义务。

首先,专家组审查2014年6月24日日本向韩国提出的请求以及韩国作出的答复和提供的文件后,认为韩国未能完成答复,并且提供的文件也没能充分解决日本的问题。但其咨询点确实答复了日本提出的问题并提供了大量文件。因此,日本未能证明韩国咨询点的举措已上升到与附件B(3)不一致的程度[②]。

其次,日本于2014年11月13日再次向韩国咨询点提出请求。韩国对其咨询点未回应此次请求没有异议。专家组认为,韩国的行为违反附件B(3)的义务,进而违反第7条[③]。上诉机构认为,专家组在适用附件B(3)时犯了错误,只根据两个具体事例,就认定韩国的行为与附件B(3)不一致,从而违反了第7条,因此推翻了专家组的裁决。

六、结论

根据日本农林水产省的数据,截至2020年2月1日,外国或地区对日本的监管措施分为四种类型:(1)暂停日本某些县的进口;(2)索取日本部分或全部县的检验证书;(3)加强对日本产品的检查;(4)完全取消限制措施。第一种类型的监管措施,中国大陆、中国香港、中国澳门、中国台湾及美国仍然暂停部分县的部分产品的进口。第二种类型的监管措施,印尼、法属波利尼西亚、阿联酋、埃及、黎巴嫩、摩洛哥、欧盟27国、俄罗斯、新加坡并不禁止日本产品的进口,但一般要求提供政府颁布的放射检查证书、指定检查机构出具的放射检查报告和政府颁布的原产地证书等。以色列属于第三种类型,加强对日本产品的国内检查,对境内所有批次产品进

---

① WTO, Korea-Import Bans, and Testing and Certification Requirements for Radionuclides: Report of the Panel, WT/DS495/R, 22 February 2018, paras.7.506-510.
② WTO, Korea-Import Bans, and Testing and Certification Requirements for Radionuclides: Report of the Panel, WT/DS495/R, 22 February 2018, paras.7.511-516.
③ WTO, Korea-Import Bans, and Testing and Certification Requirements for Radionuclides: Report of the Panel, WT/DS495/R, 22 February 2018, paras.7.517-519.

行样品检查(有放射性物质检查报告将被豁免)。而更多的国家属于第四种类型,在2011年至上诉审生效前期间,加拿大、缅甸、塞尔维亚、智利、墨西哥、秘鲁、几内亚、新西兰、哥伦比亚、马来西亚、厄瓜多尔、越南、伊拉克、澳大利亚、玻利维亚、印度、科威特、尼泊尔、毛里求斯、伊朗、卡塔尔、乌克兰、巴基斯坦、沙特阿拉伯、阿根廷、土耳其、新喀里多尼亚、巴西、阿曼、巴林等国家相继取消了所有针对日本产品的限制措施。在2019年6月7日和10月21日,刚果(金)和文莱取消了所有限制措施。2020年1月,菲律宾也取消了限制措施[①]。

在争端解决机构通过报告以后,相关的法律上争议暂时告一段落,但韩国仍在密切关注日本就FDNPP后续污水处理问题。2019年9月17日,日韩两国在国际原子能机构(IAEA)的年度大会上,就FDNPP后污染水的处理产生了意见上的分歧。9月19日,韩国外交部向日本驻韩大使馆经济公使传达了普通照会。韩国政府希望日本政府能够公开、具体、透明地向国际社会公布FDNPP后续处理计划,包括污染水和废炉的处理问题,尤其是有日本官员称将污染水排放到大海中是目前的解决方法,加重了韩国民众的恐慌和不安的情绪。2019年10月7日,在《伦敦倾废公约》缔约国大会上,韩国代表团要求将FDNPP污水问题作为会议的正式议题。2019年12月23号,日本经济产业省公布FDNPP和污水处理方法草案,草案建议将污水稀释到标准值以下后排放到海水或者大气中,该方案尚未得到实施,虽然日本官方认为污水排放无害,但仍遭到了各方的反对。

本案是WTO审理的唯一与核辐射有关的案例,而且,与大多数SPS相关案例相反,本案的最终结果是在绝大多数范围支持了被申诉国韩国所采取的预防措施。更为值得关注的是,本案也是极为罕见的在SPS领域上诉机构几乎全盘推翻了专家组报告,这些应该是考虑到了核辐射这一严重的情势,而尽量认可采取预防措施成员的裁量权。日韩水产品限制进口案是随着科技发展出现的新问题,较之以往的争端存在极大的特殊性,因此在新情况下重新审视《SPS协定》并对其进行改进,显得非常有必要[②]。

本案的另外一个有趣的现象是韩国在本案的专家组阶段和上诉机构阶段分别

---

① 日本农林水产省:《诸外国·地域的规制措置》(截至2020年2月1日),https://www.maff.go.jp/j/export/e_info/pdf/kisei_all_200201.pdf,访问日期:2020年4月15日。

② 马光、田甜:《初探地震引起的核污染与水产品贸易限制措施》,《华东理工大学学报(社会科学版)》2017年第3期,第65-72页。

由朴槿惠政府和文在寅政府予以应对,而众所周知,这两任政府对日本的态度又截然相反,所以,笔者认为此案是外交与国际法结合的非常有趣的案例,值得国际法学人了解和研究。

尽管在本案中争端解决机构支持了韩国的做法,但是,随着时间的推移,正如上面所示,有些国家已经逐步撤回了之前所采取的限制措施。而像包括韩国、美国和我国在内的对日主要贸易伙伴还是采取相应的限制措施。对比同时期的其他国家和地区,针对福岛核泄漏事件对相关海域水产品的进口限制措施,不难发现韩国和中国等近邻国家的措施更为严格。近邻国家和地区所采取的措施与像欧盟这些远距离国家和地区所采取的措施存在差异是因为水产品的易腐败性质使日本倾向于将其出口到近邻国家和地区,从而这些近邻国家和地区受到核辐射的可能性也增加[①]。

我国采取的措施包括:暂停进口来自宫城、福岛、茨城、栃木、群马、埼玉、千叶、东京、长野等县的所有食品和饲料;停止进口来自新潟县的食物和饲料(大米除外),从新潟县进口大米需要提交日本政府生成的原产地证书;来自其他地区的日本蔬菜及其制品、牛奶和乳制品、茶叶及其制品、水果及其制品、药用植物产品、海鲜产品的进口需要提交日本政府生成的放射性物质检验证书和原产地证书,其他食物和饲料进口则需要提交日本政府生成的原产地证书。我国是作为第三方参加了本案的专家组和上诉机构审理,虽然并未提出正式的书面或口头意见,但可以推测我国的立场基本上与韩国相似,因为我国也对日本水产品采取了限制,尽管没有像韩国那么严厉。在日本能够消除所有潜在危险之前,我国应继续维持现有措施,而日本政府应做到相关信息的及时共享,并适时地提出相应方案。至少从日本目前所提出的方案来看,我国现在还不应撤回现有措施。正如在新型冠状病毒事态中所看到,国民的生命和健康安全显然要比外交关系更为重要。

---

① Chung Minjung, Korea's Measures on the Safety of Seafood Imports from 8 Prefectures of Japan in Response to the Nuclear Accident at Fukushima in View of the WTO SPS Regulations, *The Korean Journal of International Law*, Vol.58, 2013, p.252.

对纯粹法学视域下宪法法院违宪审查理论的批判

董静姝[*]

摘要： 在违宪审查的宪法法院模式上，凯尔森从理论和实践两方面都作出了卓越贡献。然而，由于其理论置于纯粹法学语境中（尤其是对道德相对主义的贯彻），也就无法对"法律漏洞"的填补提供实质性指南，只能对如何从众多可能解释中进行选择保持缄默，并且回避了就民主而言非常重要的"同质性"前提，将民主不正确地全然形式化为多元价值—利益的妥协。于是，违宪审查的宪法法院模式在纯粹法学语境内便立足不稳：在接受道德相对主义的前提下，不仅无法证成宪法法院选择的宪法解释方案优于议会选择的宪法解释方案，更构成对民主的威胁。该模式的证成最终必须从纯粹法学之外寻求理论资源。

关键词： 纯粹法学　宪法法院　违宪审查　民主

奥地利学者凯尔森最为学界熟知的角色便是法哲学家与公法学家。由于其开创的"纯粹法学"被打上鲜明的"纯粹智识兴趣"烙印，人们往往认为凯尔森对政

---

[*] 作者简介：董静姝，中国政法大学法学院讲师。

治法律实践毫无关怀,也忽视了他作为"宪法法院之父"对宪法审查理论和实践所作出的卓越贡献。事实上,凯尔森曾担任奥匈帝国最后一任战争部部长的发言人,在帝国解体后领衔起草奥地利宪法——据凯尔森本人宣称,"这部宪法在法学中的核心内容是关于保障宪法和行政管理的章节……最高法院则要转变为一个真正的宪法法院,这是世界宪法历史上第一个采取这种形式的法院。在此之前,还没有任何一家法院获得这个权限:具有普遍效力地、而非效力仅限于特殊情况地取消某些违反宪法的法律"。[①]并且他不无得意地表示,在奥地利国民制宪大会对宪法草案的讨论中,自己"最为看重的、视为自己个人成果的……关于建立宪法法院的部分……没有任何改动"[②]。在此之后,直至1929年,凯尔森一直担任奥地利宪法法院的常任法官。

作为"宪法法院之父",凯尔森主张,如果一部宪法仅仅满足于调整法律创制而罔顾这些法律是否被实际遵守和适用,那么它就缺乏完整的拘束力。因此必须设置"守护宪法"的机构。但这一机构不应当也不可能是国家元首[③],因为守护宪法——违宪审查——正是旨在对政治权力作规约,所以若由政治权力行使者(如国家元首)本身来守护宪法,那无异于运动员与裁判员兼诸一身。唯宪法法院这样的司法性控制机构才是承当守护宪法这一使命的适切之选。

然而,对于宪法法院的违宪审查权历来争议颇多。本文正是着眼该主题进行探讨——不过,本文并不直接从"外部"进行审视,而恰恰是首先在凯尔森自己的纯粹法学视域"内部"进行观察(事实上,凯尔森在论证其宪法法院违宪审查理论时,也是将之放置于纯粹法学语境中),由此揭示其无法自圆其说的矛盾或弊病;最后,再从"外部"视角对该主题——连带纯粹法学相关问题——作出反思。

一、宪法法院违宪审查必须证立的问题

主张宪法法院的违宪审查权,必须证立如下四个问题:(1)宪法优位于一般法律;(2)可能出现违宪的法律;(3)宪法法院违宪审查权的存在与行使,不会与西方

[①] [德]马提亚斯·耶施泰特:《汉斯·凯尔森自传》,载《法治国作为中道:汉斯·凯尔森法哲学与公法学论集》,张龑编译,中国法制出版社2017年版,第43页。

[②] [德]马提亚斯·耶施泰特:《汉斯·凯尔森自传》,载《法治国作为中道:汉斯·凯尔森法哲学与公法学论集》,张龑编译,中国法制出版社2017年版,第43页。

[③] 凯尔森的宿敌卡尔·施米特主张,国家元首作为国家政治统一体的化身,理所当然担负宪法守护者的角色,以对抗沦落为"社会多元力量之镜像"的议会。

传统权力分立原则（此处即立法权与司法权的分立）发生矛盾；（4）宪法法院进行违宪审查，无损于民主原则。①

上述问题，尤其是在纯粹法学视域中（无论是一般法理论还是公法理论，都被囊括其内）如何得到证立？

关于宪法优位性。可论证的路径包括实质性论证、形式性论证或实质性+形式性论证。凯尔森的宿敌施米特尽管在其论著《宪法学说》中列数了各种宪法概念，但其最"垂青"的还是从实质上将宪法视作现实存在的政治统一体，或基于具体政治存在而作出的根本政治决断②。在此意义上，宪法相较于一般法律而言的确具有优位性。不过，施米特更关心存在性或事实性维度的论证③，自然法学者则热衷于对正当性问题的讨论，主张宪法因承载着不可被撼动的根本政治价值理念（一种"真正的应然"）而具有最高效力。与此形成鲜明对比，凯尔森则一以贯之地恪守自己理论的"纯粹性"要旨，去除任何"驳杂的"实质探讨，进行完全形式化的论证：（1）从效力理由追溯来说，一个实在法规范的效力只可能追溯至另一个更高层级的规范④，如是层层上溯，最终（在实在法规范秩序内）诉诸宪法规范；（2）从规范生成来说，（在实在法规范秩序内）宪法规范作为规范创制的起点，总辖其下各层级规范的创制。故而，从上述任一视角，宪法都优位于一般法律。

关于违宪法律的可能性。凯尔森在否认不同层级规范之间发生冲突的同时，又肯定了违宪法律的存在。对这一看似怪异的主张，凯尔森论证道：宪法不仅赋予合宪立法的效力，也承认违宪立法的效力（否则，后者自始便无所谓"法律规范"，而效力就是法律规范的特殊存在⑤）；诚然，宪法规定法律的内容和（或）立法的程序，而面临违宪立法时却也并非视之如无物，而是在有关机关（譬如宪法法院）废止该立法之前承认该立法有效；况且，有时宪法亦并未规定一旦发现违宪立法便即行废止，而是维持其效力，同时追究立法机关的责任。因此，立法之违宪实际上得被解释为特殊宪法程序——废止该立法，或在维持该立法效力的同时对立

---

① ［德］汉·马可：《法院的规范控制问题——对凯尔森方法的批判》，载《法治国作为中道：汉斯·凯尔森法哲学与公法学论集》，张龑编译，中国法制出版社2017年版，第376-377页。
② ［德］卡尔·施米特：《宪法学说》，刘锋译，上海人民出版社2005年版，第一章、第三章。
③ ［德］卡尔·施米特：《宪法学说》，刘锋译，上海人民出版社2005年版，第27页。"一切现存的政治统一体的价值和'存在理由'并不在于规范的正当性或有用性，而在于其存在。"
④ 因为，如果追溯至规范创制者的意志事实，则在逻辑上无法解释何以从意志事实（是）推导出规范（应当）。
⑤ ［奥］汉斯·凯尔森：《法与国家的一般理论》，沈宗灵译，中国大百科全书出版社1996年版，第32页。

法机关追责——的启动条件①，这在规范意义上和在法律现实中都当然可能存在。（不过，由于凯尔森的宪法概念是以层级高低标定的形式规范，无涉于具体政治决断这一实质内容，因此，施米特实质宪法意义上"违背政治体根本决断"的违宪法律，从形式视角看未必被认定为违宪。这个问题也将在本文第三节作出进一步探讨。）

关于西方传统的权力分立原则是否会因宪法法院宪法审查权而受到侵犯，凯尔森从以下几点进行了论述。首先，在凯尔森的纯粹法学视域下，权力分立的更确切表达当是"权力分配"。因为凯尔森有意模糊了法律创制和适用的界限：(1)不同于将法律赋予"普遍约束力"这一属性的通常法律定义，凯尔森将具有普遍约束力的一般规范(general norm)和司法裁判、行政决定之类具有个别约束力的个别规范(individual norm)都囊括在法律概念中，这就为"法官造法"之类对规范创制与适用之界限的打破提供了初步理论基础。(2)在规范生成图示中，凯尔森指出，某一规范的创制是适用其上一层级规范的结果②，反之，对某一高级规范的适用也意味着创造低级规范。比如，某项刑事判决（个别规范）的创制是适用刑法（一般规范）的结果，换言之，法官适用刑法创制了刑事判决，法官的"立法者"角色进一步获得确证③。综上(1)(2)，规范创制与适用仅具有相对性。那么，传统的"权力分立"其实只涉及"两权"："国家的基本职能并不是三个而只有两个："法律的创造和适用（执行）……作为基础的立法权和（最广义的）执行权的二元论，只有一种相对的性质，国家的大多数行为都同时既是创造法律又是适用法律的行为④。因此，"权力分立"的确切称谓是"权力分配"，"人们恐怕不能说立法职能和国家其他职能在这种意义上的任何分立，即单单所谓'立法'机关才有权行使立法职能，而将所谓'行政'和'司法'机关排除在外，这样一种分立的外表之所以存在是因为只有那些由'立法'机关所创造的一般规范才称为'法律'。即使在宪法明文规定分权原则时，立法职能——同一职能，而不是两个不同职能——也是分配给几个机关

---

① ［奥］汉斯·凯尔森：《纯粹法理论》，张书友译，中国法制出版社2008年版，第93页。因此，宪法关于立法的规定具有选言性质：或者(1)立法合宪，则有效；或者(2)立法违宪，则或者(2.1)立法被废止，或者(2.2)维持该立法效力的同时对立法机关追责。
② 即高级规范授予某立法主体创制低级规范的权限，决定低级规范的内容和（或）规定低级规范的创制程序，则该立法主体创制低级规范也就是对该高级规范的适用。
③ ［奥］汉斯·凯尔森：《纯粹法理论》，张书友译，中国法制出版社2008年版，第92页。此外，关于"法律漏洞"的论述，也是再次强化法官的立法者角色。本文第二节也将对此作出论述。
④ ［奥］汉斯·凯尔森：《法与国家的一般理论》，沈宗灵译，中国大百科全书出版社1996年版，第299页。

的,不过只给予其中之一以'立法'机关的名义。这一机关绝没有创造一般规范的垄断地位,充其量只有……某种有利地位"①。因此,宪法法院的违宪审查和传统意义上的立法并不存在本质差异,二者都既是法律创制也是法律适用②。所以,"法院是通过个案裁判还是通过废除法律来创制规范并不存在概念上的问题。(传统意义上)权力分立的主要作用在于对权力的控制。而宪法管辖权则加强了这种控制,因此,权力分立原则并非反对而是赞同宪法管辖权"③。

但是,这种"权力控制"的论证并不具有说服力,因为完全可能有相反的质疑,即在议会中"失意"的人或许会——即使明知自己毫无道理——利用宪法法院的违宪审查为自己"扳回局面",以致"幸运地"废止了原本的立法,从而酿成以"权力控制"为名而行相反之实的后果。换言之,宪法法院的判决也可能是违宪的。正因如此,有学者认为,这就需要在宪法法院"之上"再建立一个机构来审查宪法法院违宪审查的合宪性;但其实,在"法律技术"的层面上说,由什么主体对合宪性作最后决定是无所谓的;只是因为存在着最后的、不能再进行审查的决定,法律秩序才不会失去效力④。这就意味着,仅仅形式化的、法律技术上的、"价值无涉"的论证是不足够的,而需要内容上的理由。但凯尔森恰恰割弃了实质性斟酌,这一点也反映在最后面临的问题(即宪法法院的违宪审查权是否无损于民主原则)中,纯粹法学遭遇了无法逃离的困境。

不过,在陈说困境、分析问题之前,有必要先深入了解凯尔森的道德相对主义主张和与此存在密切联系的法律解释理论、法律漏洞虚构说(它意味着司法的政治性品格)和民主理论。

二、凯尔森的道德相对主义主张

纯粹法学闻名于世的"双重纯粹性",其中一重便是对法律概念的道德提纯,

---

① [奥]汉斯·凯尔森:《法与国家的一般理论》,沈宗灵译,中国大百科全书出版社1996年版,第303页。
② 施米特之所以极力反对宪法法院作为"宪法守护者",理由就在于他认为法官变成了立法者,因此司法权僭越了立法权领地,侵犯三权分立原则。但从凯尔森的观点来看,任何法律适用都同时具有法律创制的因素。从这个意义上说,确实如本文第二节所分析的,司法本身就具有政治性。
③ [奥]汉斯·凯尔森:《国事法院的本质与价值》,《德国国家法学者协会会刊》第5期,转引自[德]汉·马可:《法院的规范控制问题——对凯尔森方法的批判》,载《法治国作为中道:汉斯·凯尔森法哲学与公法学论集》,张龑编译,中国法制出版社2017年版,第377-378页。
④ [德]汉·马可:《法院的规范控制问题——对凯尔森方法的批判》,载《法治国作为中道:汉斯·凯尔森法哲学与公法学论集》,张龑编译,中国法制出版社2017年版,第379页。

即将道德从法律概念中剔除。这样做的理由,凯尔森列举了不止一种,比如为了保证知识边界的清晰性(或者说为了捍卫法律科学的独立性),比如对道德是否具有可认知性存疑[1],再比如非常重要的(如果不是最重要的话)"正义相对论"——它(在凯尔森看来)破除了自然法学者粉饰于道德之上的"客观性"神话,因此当然不能见容于以客观认知为己任的法律科学。详言之:

凯尔森主张,自然法、道德之类的说辞,本质上只是某个个人或群体的利益—情感偏向,因此具有主观性和特殊性。只不过,人类根深蒂固的冲动便是对自身的行为作正当性辩护,而这样的辩护在涂抹上"客观性""普遍性"之类的妆容时,将更加具有说服力,乃至能够引诱或迫使其他人也如此行为(如果其他人不如此行为,就是自我放逐于"普遍性"之外,那么即使遭受批判或攻击也都是"正当的"[2])。然而,至少在如下两个事实面前,"客观性""普遍性"的谎言都遭到了驳斥:(1)不同时间维度或不同空间维度内的人们,各有不同的道德观念;即使人们因为共同物质—精神生活条件而具有某些道德共识,这也与道德的主观性并不矛盾[3]。(2)自然法学内部,不同学者对自然法学的解读存在差异,甚或彼此完全悖反:有的学者主张依据自然法私有财产权应当被承认和尊重,有的学者则宣称唯财产公有符合自然法;有的学者认为依据自然法自由是最高的价值,有的学者则坚持秩序才最为自然法称许。在凯尔森看来,这实在不啻对所谓"客观性""普遍性"的讽刺。而既然道德的主观性意味着道德判断因人而异,从而道德也就是相对的——我的道德判断,其有效性理应仅及于我个人,不及于我之外的其他人。

因此,以客观认知为宗旨的法律科学,必然拒绝接纳道德。而主张自然法—实在法二元论并强调自然法对实在法之"统辖"的自然法学,与其说完成的是科学—认知任务,毋宁说是在承担政治—评价任务:其或者以自然法作为攻讦实在法的武器(这种攻讦,不仅包括以自然法为准据批判实在法是"邪恶的",还包括更激进的,直接以自然法否定实在法存在的合理性——后者正是无政府主义的呼

---

[1] [奥]汉斯·凯尔森:《法与国家的一般理论》,沈宗灵译,中国大百科全书出版社1996年版,第11-13页。凯尔森对道德可认知性的怀疑,从他将柏拉图形而上学的理念—现实二元论与自然法学中的自然法—实在法二元论的对照中可见一斑。

[2] 所谓"启蒙的专制"便正是陷入这样一种困局:一方面呼吁大众勇于运用自身的理性,主张将道德判断之权交付个人;另一方面知识精英却又为大众规定了一套"普世"道德准则,要求后者必须依据这些准则行为。然而,这些准则凭什么就是"普世"的呢?

[3] [奥]汉斯·凯尔森:《法与国家的一般理论》,沈宗灵译,中国大百科全书出版社1996年版,第8页。

声),或者以自然法对实在法进行辩护。

不过,凯尔森在坚持法律科学对道德"关闭"的同时,也丝毫不否认,在法律实践中,从事法律操作和国家治理的主体无可避免地,甚至积极主动地进行道德—政治斟酌,而一个恪守"科学任务"的学者不能越过界限,对实践主体的道德—政治选择指手画脚。

在这种道德相对主义主张和对科学—政治的明确区分之下,凯尔森的法律解释理论和法律漏洞虚构说,以及民主理论,就显示出独特的鲜明风格。

(一)法律解释理论法律漏洞虚构说与司法的政治性

通常认为,实在法规范秩序存在漏洞,表现为规范空白或语义模糊、不同规范内容之间矛盾、在个案中适用某规范将导致极其不公正的裁判结果,法官由此采用法律续造等技术或遵循"新法优于旧法""上位法优于下位法""特别法优于一般法"等原则对漏洞进行填补。但凯尔森却指出,法律漏洞不过是一个出于意识形态考量的虚构。他的理由如下:

首先,和其他某些学者一样[1],凯尔森承认,由于人类立法者的理性局限和语言本身的开放性,法律规范通常并非只具有"唯一正解",而是提供了内含若干可能解释的框架。不过,凯尔森主张,学者的任务仅在于认知,即满足于揭示这些可能的解释,而并不从中作出选择;法官的任务则在于决断,即从这些可能的解释中择取其中之一,并据此裁判[2]。之所以对学者和法官的任务作出用心区分,联系道德相对主义,也就不难理解:当从若干可能的解释中择取其一时,往往需要依赖实在法之外的道德斟酌(因为实在法本身已无法提供选择标准),而由于道德不具有客观性,以客观认知为己任的学者便被免除了选择"正解"的责任(或者说,学者应当恪守价值无涉的学术准则)。法官则从事法律实践,在认知的基础上必须作出意志行为。但由于道德具有相对性,即没有哪种道德能够宣称自己具有绝对正确性和优越性,因此,即便不同法官面对同一法律漏洞和同一案件作出不同价值取向的裁判,也不能就此作出此法官裁判就优于或劣于彼法官裁判的结论。

接下来,凯尔森解释了为什么法律漏洞其实是一种虚构。他认为,所谓漏洞,

---

[1] 比如凯尔森的后辈、分析实证主义法学大师哈特,就在其论著《法律的概念》第七章第一节中详细阐释了法律的开放结构。

[2] [奥]汉斯·凯尔森:《纯粹法理论》,张书友译,中国法制出版社2008年版,第101-102页。而这种对学者与法官各自任务的区分,其实也就是在划定法律科学与法律实践的界限。

要么不过是因规范的上述"框架性"而生的不确定性,但法官本就被授予权力从框架内可能的解释中择取其一,进而做出裁判(即创制个别规范),因此无所谓"漏洞";要么漏洞"不过是实在法与另一所谓善良、公正之秩序的差异而已。只有以此秩序衡量法律并指出其不足,方能指责法律存在'漏洞'。考虑及此,便可知绝非法律解释所能弥补:此处解释之功能并非扩大规范之适用可能,而系以另一更加善良、公正之规范——裁判者所欲适用者——取而代之。此举以查漏补缺之名而行除旧布新之实"①。综上,法律毫无漏洞可言。"优秀的立法者绝不反对法官对其立法加以必要自由裁量,因为其深知自身未能也无法预见未来之所有情形,而只能针对普通情况制定一般规范。正因为如此,其无法预见之情形便只能委诸法律适用者代为确定……然而一旦作出此类规定,其便只能容忍法律适用者扮演'委任立法者'之角色,甚至承受后者对其原本打算直接适用之法律案件也擅加裁量之风险……法律创制之中心也不无从一般规范转为个别规范、从立法者变为执行者之虞。为尽可能减小此风险,立法者不得不采取瞒天过海之术对委任立法条款加以包装,使得法律适用者对此项授权懵然不觉。"②

由此可见,(传统意义上的)司法与立法一样,同样具有政治性,因为法官——在纯粹法学语境下——同时也就是立法者(只不过其创制的是个别规范而非一般规范),他的任务不只在于认知一般规范框架内的若干可能解释,更在于通过实在法之外的政治斟酌,从这些解释中择取其一,甚至能够自行决定在何种情境下突破该框架而"另起炉灶"。不过,这种突破规范框架的"另起炉灶"显然必须被限定于宪法"之下"的法律。因为如果立法者(包括法官和传统意义上的立法者)在正常状态下竟然逾越宪法框架,那么,无论在何种意义上,这都是在撼动共同体的根本。而对于违宪审查来说,其要旨之一就在于防范和扼制这种逾越宪法框架的立法。

(二)民主理论

凯尔森是一个坚定的自由主义者和民主信徒,并且他常常将自由与民主绑定:

---

① [奥]汉斯·凯尔森:《纯粹法理论》,张书友译,中国法制出版社2008年版,第103-104页。
② [奥]汉斯·凯尔森:《纯粹法理论》,张书友译,中国法制出版社2008年版,第105-106页。

对于一个在国家中生活的人来说,自由①的问题就是"如何可能既从属于一个社会秩序又仍然自由",而民主就是答案——若要保证体现在社会秩序内的集体意志与从属于该社会秩序的个人意志之间的和谐,唯有当社会秩序是由被其调整行为的那些个人所创造,才是可能的②;不过,完全、彻底的和谐是一种极其理想的状态,在现实中,社会秩序只可能最大限度地保证个人自决,因此"自决"必须受到人人平等前提下"多数决"等原则的限制③。

民主、自由又与道德相对主义不可分割。凯尔森认为,既然没有什么道德主张是绝对的,也没有什么个体或群体是凌驾于其他个体或群体之上的,那么所有道德主张(除了压抑其他各种道德表达的专制道德主张)都应当得到尊重——即使我们不赞同,也应当允许其存在。因此,"宽容"与道德相对主义如影随形④。而民主就其本质来说意味着自由,自由则意味着宽容,那么民主也就与宽容、与道德相对主义为伴:每个人都有权表达自己的道德主张,并应当受到尊重;即使最终按照"多数决"而选择了另一种道德主张,也不等于自己的道德主张就是无价值的。并且,由于在凯尔森看来,道德终究不过是利益,那么民主也就是秉承宽容而通过"多数决"对各种不同利益作出不断妥协。

在上述论证中,可见凯尔森式的民主——与其纯粹法学一样——具有高度的形式特征,它除了对各种价值—利益主张保持宽容之外,并未认同任何一种实质性的政治理念。实际上,这种民主只是放任各种政治理念在议会的多元力量角斗场上相互厮杀,谁死谁生、孰强孰弱,都统统交给"多数决"来审判。这种对实质性政治理念选择的不闻不问,固然是坚持道德相对主义的必然结果,同时也是最招致严肃批判的一点,这在宪法法院违宪审查权与民主原则的关系中亦得明鉴。

那么,在讨论过道德相对主义视域下司法的政治性和民主理论之后,便可以探讨凯尔森的宪法法院违宪审查理论是否构成对民主原则的威胁了。

---

① [奥]汉斯·凯尔森:《法与国家的一般理论》,沈宗灵译,中国大百科全书出版社1996年版,第316页。确切地说是政治自由。自由包括自然自由和政治自由,凯尔森认为,自然自由是原始意义的自由,只有生活在社会和国家"之外"的人才拥有这种自由。但当从自然状态进入社会状态时,自然自由就转变为政治自由。
② [奥]汉斯·凯尔森:《法与国家的一般理论》,沈宗灵译,中国大百科全书出版社1996年版,第316页。
③ [奥]汉斯·凯尔森:《法与国家的一般理论》,沈宗灵译,中国大百科全书出版社1996年版,第317页。
④ [奥]汉斯·凯尔森:《何谓正义?》,载《纯粹法理论》,张书友译,中国法制出版社2008年版,第163-164页。

三、凯尔森宪法法院违宪审查理论批判

宪法法院被赋予对一般规范是否违宪作出审查和判断的权力。据此,在议会立法中"失意"的一方可以主张"得意"的一方作出的意志表达违反了宪法,于是,双方可以在宪法法院继续政治争论,并指望争夺宪法法院法官的"青睐"。对此,有人质疑道,政治意志建构的过程并未因民主多数派的合法决定而完成,或者说,并未被限定在民主商讨的领域内,反而是,对相关政治问题——甚至是关乎整个政治存在的根本性政治问题——的最终发言权被攥在了宪法法院手中,而宪法法院不只是民主正当性基础远远薄弱于议会,甚至不必承担民主责任。那么,要应对这样的质疑,就必须寻求一种方案来弥补缺失的民主责任,而依据宪法规定,宪法法院并不亲自就政治问题本身作出决断,只是"声张"制宪者已经作出的决断,因此,关于议会权力"被宪法法院僭越"的指控实际不成立——议会只是被制约了创制违宪法律的权力——那么宪法法院反而有望强化而非威胁民主(以及传统意义上的权力分立)[①]。

然而,上述辩护对纯粹法学观照下的宪法法院违宪审查理论是否成立?

关于宪法法院违宪审查与权力分立原则的关系问题,结合本文前两节分析,如果将法律创制和法律适用作"一体化"处理,并基于道德相对主义以及科学—政治的区分,宣称法律创制的内容始终不存在道德上的唯一正解,而仅由"因人而异"的价值—利益主导和决定,那么,究竟由议会还是宪法法院来从事法律创制都会变得无关紧要。在此意义上,也就没有足够充分的理由支持宪法法院的违宪审查权。唯有对议会和宪法法院所作的法律创制,即在议会立法和宪法法院违宪审查裁判之间进行价值评断,才能够论证宪法法院违宪审查的合理性与适切性。但在道德相对主义主张之下,这条路被封死了。

接下来,审视宪法法院违宪审查是否对民主原则构成威胁:

宪法本身对立法(传统意义上的立法)的民主性作出规范要求,而宪法法院法官作为(纯粹法学语境下的)立法者却通常被认为不受民主要求的控制,除了"依据宪法"对一般法律进行审查外,可以说,他只受到职业伦理的约束。而法官的违

---

① [德]迪特·格林:《论凯尔森的解释学说、宪法法院机制与民主原则之间的关系》,载《法治国作为中道:汉斯·凯尔森法哲学与公法学论集》,张龑编译,中国法制出版社2017年版,第359-360页。

宪审查,在凯尔森看来,不仅包括前述对议会立法是否突破既定宪法框架的判断,还包括对既定宪法框架内的各种可能解释作出与议会立法相同或不同的选择。如果说前一种判断是可被理解和接受的(法官一旦判定议会立法逾越既定宪法框架,那么该立法就是违宪的),后一种"选择"则令人疑窦丛生。因为如上所述,对某项宪法规范的解释往往并非唯一的,该宪法规范提供了内含若干可能解释的框架。这些可能的解释在实在法规范意义上的权重是相同的,即议会也好,法官也罢,从中择取一种解释时,都必须诉诸实在法之外的道德考量或政治斟酌。那么,当议会立法在宪法规范提供的解释框架内择取了甲选项,宪法法院法官却认为应当择取乙选项,从而裁判该议会立法违宪时,他就必须证成,乙选项相较于甲选项具有道德—政治上的优越性。

然而问题也正在于此。由于凯尔森坚持道德相对主义,那么对于此种道德—政治观念与彼种道德—政治观念的优劣比较便成为不可能,无论此种观念还是彼种观念,都不具有客观的、普遍的、绝对的正确性。仅关怀形式规范的纯粹法学亦丝毫不能对观念的取舍给予任何指南。即议会择取的甲选项与法官择取的乙选项,无法相互否定,所以,最终取乙选项而舍甲选项也就无法获得证成。何况,如上所述,法官裁判的民主性基础相较议会立法远为薄弱,因此"存在着权力由民主选举的议会向一个脱离民主正当性链条的机构转移的危险,而这种转移并不是宪法之本意(即是违反宪法的)"①。

不过,凯尔森辩护道,民主的主要实现形式虽然是多数决,但绝不意味着多数人对少数人的绝对支配,多数决本身也预定了少数人的存在——一个民主国家应当,实际上也的确是由包括多数人和少数人在内的全体公民同意并参与法律创制,在此前提下多数决才是有效的和可被遵守的。那么,少数人就始终存在影响多数人意志的机会,他们的权利也应当得到尊重和保障。于是,如果说议会立法意味着多数人的利益获得承认,宪法法院的违宪审查就是避免多数人对少数人的暴政,从而达成真正公允的利益妥协②。

---

① [德]迪特·格林:《论凯尔森的解释学说、宪法法院机制与民主原则之间的关系》,载《法治国作为中道:汉斯·凯尔森法哲学与公法学论集》,张龑编译,中国法制出版社2017年版,第367页。
② [奥]汉斯·凯尔森:《国事法院的本质与价值》,《德国国家法学者协会会刊》第5期,转引自[德]汉·马可:《法院的规范控制问题——对凯尔森方法的批判》,载《法治国作为中道:汉斯·凯尔森法哲学与公法学论集》,张龑编译,中国法制出版社2017年版,第378页。

然而，只要坚持道德相对主义和形式意义的民主，上述辩护仍然不具说服力。因为多数人的选择（议会立法）和少数人的选择或对少数人选择的考量（法官裁判），在道德—政治上都是平等的，在没有足够充分的理由支撑时，以少数人的选择替代多数人的选择，无论如何无法自圆其说。而如果说宪法法院的违宪审查是向多数人对少数人的暴政说"不"，那么它是否也有可能向少数人对多数人的暴政敞开方便之门？

至此，足见在坚持道德相对主义和形式分析的纯粹法学视域之内，宪法法院违宪审查权的可证立性（不管是在其与权力分立原则的关系上，还是在其与民主原则的关系上）受到了"挑衅"。那么，或许我们需要从"外部"进行审视：

诚然，正如凯尔森所言，不同时空的不同个人或群体都有不同的道德观念，尤其现代以降，人类僭越神明之地位而实现自我统治，使得此前还能借神圣至高而粉饰的"终极"价值标杆彻底倒塌，道德生活（也是利益生活）的多元性愈来愈分明。但问题在于，凯尔森虽看到道德的上述主观性和偶然性，却没有看到这种主观性和偶然性背后的客观性和必然性。从历史唯物论的角度，有什么样的社会物质条件，最终就决定了（但非机械、单向决定）有什么样的社会精神结晶。奴隶制社会和封建制社会不可能孕育资本主义社会的道德，资本主义社会的生产方式必然呼唤资本主义社会的自由、平等的道德精神，却也不可能与社会主义社会的自由、平等具有同样内涵。因此，从上述意义来说，恰恰可见道德的客观性与必然性。而就不同国家来说，其在各自的文化脉络、历史基因和地域元素作用下，各自形成不同的政治性格和精神气质，并由此被识别为"这个国家"和被区别于"那个国家"：一方面，此种区别不是优劣区别（在这一点上可与道德相对主义握手言欢），而是基于上述文化—历史—地域具体差异而划出的理性界限；但另一方面，"这个国家"成为"这个国家"，意味着它作为一个自我决断的政治统一体，尽管能够接受国民的价值—利益多元性，但必然存在着不容践踏的根本政治共识。正是仰赖这一根本政治共识，"这个国家"的国民得自称"我们"，并区别于作为"你们"或"他们"的"那个国家"的国民，即这个具有实质价值内容的根本政治共识，不能被空洞的形式所吞噬，而有不同根本政治共识所标定的理性界限，也并不能被所谓的一般性、普遍性所拆除。

实质意义上的宪法,正是这一根本政治共识的产物[①]。凯尔森形式—规范意义上的宪法实际上也正是因此才被赋予一国实在法秩序中最高效力位阶。但仅言形式—规范的宪法概念,却可能发生以修宪(此处宪法即宪法规范)之名行重新制宪或颠覆宪法(此处宪法即根本政治共识)之实的恶果[②],对此,站在道德相对主义的视角却往往只能保持缄默,更奢谈批判和抗争。所以,识别、肯定和直面根本政治共识,才能明察(姑且不论由什么主体来担当这项任务)修宪和重新制宪的界限,以及判断一般法律是否违宪(特别是是否构成对根本政治共识的挑衅)。尤其是,对于在宪法规范的解释框架内、从若干可能解释中择取其一的问题,就不可能再是随意的或是在道德上不论优劣的,因为当各个可能解释在法律权重上平等时,决定选择何种解释就必须仰赖、符合对根本政治共识的认识。那么,当这项任务由宪法法院法官担当时,他就绝不能以自己个人的道德—政治立场来选择,否则便构成对共同体、对真正民主——"人民自主"——作出的根本政治决断的背叛和侵犯[③]。

而民主也必须用上述足以辨认"我们"的同质性来标记。这意味着应当首先进行政治甄别,在就一种实质性政治理念达成基本共识的前提之下,才能允许多元力量的角逐和博弈,才谈得上凯尔森所谓的"自由""妥协"与"宽容"。否则,假若这些多元力量僭越和突破这一基本共识性的实质政治理念,就难以避免利用多数决原则(议会)或凯尔森式"少数人对多数决的必要限制"(宪法法院)来酝酿"(形式)民主杀了(实质)民主"的荒诞悲剧。因此,尽管凯尔森对宪法法院违宪审查制度的建立功不可没,并且该制度在长期的实践中确实发挥了守护宪法的功能[④],但是,当推翻(强硬的)道德相对主义立场,跨越形式规范、形式民主而诉诸实质性分析,从纯粹法学视角为宪法法院违宪审查权作辩护就举步维艰。于是,必须寻求其他理论资源。

---

① 如前所述,施米特也青睐于从实质意义上将宪法理解为政治统一体的根本政治决断。但施米特偏向于仅从存在性、事实性的维度理解,而毋论道德正当性问题。个中危险不言而喻。

② 假如将宪法概念完全形式化,并最终简化为"非常繁难的修改程序"(比如绝对多数的同意),那么企图颠覆共同体的人,完全可以通过各种手段达到"绝对多数的同意",来修改宪法规范文本中关于共同体根本政治决断的内容——但这已绝不能叫作修宪,而叫作重新制宪。

③ 也正是因为宪法法院法官必须认识而非逃避谈论根本政治决断,同时必须接受根本政治决断优位于个人的道德—政治选择,才谈得上前文所述的宪法法院法官不是作出而只是"声张"政治决断。

④ 与此相对,尽管施米特对宪法的理解为其作为卓著的公法学者奠定了基础,但其"由总统守护宪法"的主张却遭到来自理论和实践的双重质疑和打击。

阿列克西对此发表了颇富启发性的见地。他同样认为，要证成宪法法院违宪审查权，必须证成其对民主原则有益无害。唯一可行的思路就是证成，宪法法院与议会一样是"人民的代表"。于是，这便需要重新解读"代表"及其相关概念。阿列克西指出，一个丰满的宪法概念，除了具备凯尔森主张的规范性维度、施米特主张的事实性维度，还应当具备理想性（或者说正确性）维度；一个丰满的民主概念，不只包括决断或决定要素，也包括论证要素，后者使得民主（更）具审慎性。宪法法院法官由此被界定为"论证代表"（argumentative representation），其违宪审查相较议会立法更具强烈、纯粹的论证性。而阿列克西精心建构的论证理论主张，客观正确性的论证是可能的，那么关于违宪审查的论证也就绝非主观任意，更不是漂流于道德相对主义式"无所谓对错"的虚海中，并且在一个法治文明国家中，有充分的人民具备运用理性的能力和意愿[①]。那么宪法法院违宪审查"制度化的正确性"就应当被认可[②]。

四、结语

作为宪法法院之父，凯尔森在违宪审查的宪法法院模式上，从理论和实践两方面都作出了卓越贡献。然而，其理论由于置于纯粹法学语境中，存在无法克服的困境。出于对"客观性"异乎寻常的执着（并且作为其执着对象的"客观性"本身也被凯尔森进行了过于苛刻的定义，即一种超脱具体历史—空间限定的"客观性"），凯尔森坚持道德相对主义，也就无法对"法律漏洞"的填补提供实质性指南，只能对从众多可能解释中如何选择保持缄默，并且回避了就民主而言非常重要的"同质性"前提，将民主不正确地全然形式化为多元价值—利益的妥协。于是，这不仅无法证成宪法法院选择的宪法解释方案优于议会选择的宪法解释方案，更构成对民主的威胁。因此，对凯尔森的违宪审查理论来说，关键缺陷并不（只）在于掌握违宪审查权的主体是谁，而（更）在于，在道德相对主义的旗帜下剔除对实质性政治理念的考量所不得不付出的——威胁民主、威胁宪法本身的——代价。

[①] 这意味着宪法法院违宪审查制度不是无条件的，而必须以理性论证和理性人民的存在为前提。

[②] Robert Alexy, Balancing, Constitutional Review and Representation, *International Journal of Constitutional Law*, Vol.3, No.4, 2005.pp.572-581.

现象与理论：符号学视角下的行政行为公定力[*]

马生安[**]

摘要：作为公定力理论研究对象的公定力，其产生、发展至今经历了三种不同的历史形态：基于国家公权力先验优越性推定的事实上的效力；基于宪法、行政诉讼法制度推定的法律效力；为行政程序法所明确规定或判例法所确定的法律效力。公定力概念表达的并非行政行为任何一项具体的效力内容，而是对行政行为的存续力、拘束力及强制力之效力内容的概括与统称，属于反映和揭示行政行为效力之普遍性或一般性问题的范畴。在现代社会，公定力本质上就是行政行为依法产生的形式效力，属于具有明确法律依据的"法定效力"而非"推定效力"。基于公定力现象的历史考察及公定力理论的符号学分析，公定力理论存在着无法克服的致命缺陷，对其应该予以摒弃，以形式效力理论取代公定力理论。

关键词：公定力　形式效力　实质效力　行政行为　符号学方法

---

[*] 基金项目：2019年度国家社科基金后期资助项目"行政行为效力理论之反思、批判与重构"（项目号：19FFXB007）。

[**] 作者简介：马生安，男，法学博士，江苏省高级人民法院行政庭审判员、二级高级法官，主要研究方向为行政法学、诉讼法学与司法制度。

一、引言

思想源头发端于法国和德国,最终在日本得以形成的行政行为公定力理论,至今已流传近二百年之久。"二战"以来,对于这样一个几乎被奉为经典的理论,在我国台湾和大陆地区及日本却逐渐遭到了一些学者越来越多的质疑和批评。是否正如有些学者所言,公定力理论乃"传统行政法上虚构的神话"[①]?中外学者对公定力问题虽有一些研究,但始终不够深入和充分。公定力问题研究的停滞不前,已经影响到行政行为效力及相关问题的深入研究。例如,就行政行为效力内容的具体构成问题而言,行政行为究竟具有哪些方面的效力?公定力是否像有些学者宣称的那样,是行政行为其他效力产生的基础与前提[②]?又如,近年来我国台湾地区的翁岳生教授等一部分学者受德国行政行为效力理论的影响,已开始摒弃公定力理论,由此掀起了一股以存续力替代传统公定力的思潮。存续力能否对传统的公定力理论构成本质上的颠覆,从而取代公定力成为现代"四效力说"之核心[③]?公定力理论究竟有没有缺陷?如果其存在缺陷,其又有哪些缺陷?公定力理论的缺陷是否可以通过修正的办法予以弥补,还是对其只能予以摒弃?对于这类问题,行政行为效力理论应该做出科学、明确的回答。子曰:"工欲善其事,必先利其器。"[④]诞生于20世纪初的符号学,是系统地研究语言符号和非语言符号的科学,也是当代哲学及其他许多思想领域最为核心的理论之一。符号学的理论与方法在本质上属于一种跨学科的方法论。在20世纪80年代左右,符号学理论与方法在法学研究中开始得以广泛的应用。在法学研究领域,符号学方法的运用主要表现为对法律现象与法学理论的符号学诠释。作为一种新的研究范式,符号学法学产生以来,其发展在我国可以说是方兴未艾。在某些情况下,符号学方法作为法学研究中的一门"独门绝技",在解决法律疑难、复杂问题方面发挥着极为重要的作用。本文在对公定力产生、发展历史考察的基础上,以符号学的方法对公定力理论存在的问

[①] 刘东亮:《行政行为公定力理论之检讨》,《行政法学研究》2001年第2期,第58页。
[②] 章志远:《行政行为效力论》,中国人事出版社2003年版,第52页。
[③] 林腾鹞:《行政法总论》,三民书局股份有限公司1999年版,第460-466页;管欧:《行政法概要》,三民书局股份有限公司1964年版,第193-194页。传统"四效力说"认为,行政行为的效力包括公定力、确定力、拘束力和执行力。在我国台湾地区,现代"四效力说"认为,行政行为的效力包括存续力、构成要件效力、确认效力及执行效力。
[④] 《论语·卫灵公》。

题进行分析和探讨。本文研究和写作的基本思路：首先，在全面、深刻把握行政行为公定力这一行政法现象的基础上，分析公定力理论对研究对象（公定力）的认识是否存在偏差或错误。长期以来，关于公定力理论问题的研究，存在着孤立地研究公定力理论、把公定力理论的研究对象（公定力）抛在一边的现象。假如公定力理论对研究对象（公定力）的认识有所偏差乃至错误，则必然会导致公定力理论的错误。其次，研究公定力理论对公定力这一行政法现象是如何解释的、其解释上是否存在问题。最后，根据上述两个方面的研究结论，综合分析公定力理论是否存在缺陷及存在哪些缺陷，从而进一步回答公定力理论的保留或摒弃及公定力理论的发展等一系列重大的理论问题。

二、公定力的来源之历史考察与分析

对研究对象的准确把握，应该是科学研究的首要任务。现代科学是先有现象的发现，再有科学理论的发展。在科学研究中，只有准确地把握事物的现象，才能深入事物的本质，从而形成科学的理论。公定力理论所研究和解释的行政法现象，当然就是行政行为的公定力。对公定力理论解释和说明的行政法现象的把握，对于公定力理论的研究非常重要，其构成了公定力理论研究的基础和前提。而这一点却长期为中外研究公定力理论的学者们所忽视。深刻把握公定力的产生、发展及其历史形态，对于公定力理论的研究具有非常重要的意义。公定力产生以后，其并非静止不变的；公定力产生和发展至今经历了如下三种不同的历史形态：

（一）基于国家公权力先验优越性推定的事实上的效力

在资产阶级大革命胜利以后，一些资产主义国家虽然通过宪法确立了权力分立的政体，但尚未建立独立的行政诉讼制度，因为当时的法制不够完备，也并没有法律专门对行政行为的公定力问题作出规定。尽管如此，公定力却始终是一种事实上的客观存在，在国家管理及社会秩序的维护上发挥着重要的作用。以日本为例，颁布于1889年（明治二十二年）的《大日本帝国宪法》，即《明治宪法》，是日本基于近代立宪主义而制定的首部宪法。1946年，日本颁布了新宪法。根据新宪法，日本于1948年才制定《日本行政案件诉讼特例法》，确立了新宪法下的行政诉讼制度。因此，在1889年至1948年间的日本，行政行为的公定力在理论上就可以认为是基于国家公权力先验优越性而推定的效力。这一历史时期的公定力究竟是属于事实上的效力，还是属于法律上的效力？一种理解认为，行政权是宪法赋予的，宪法只对行政权作出了规定,并未对行政行为的公定力作出明确的法律规定,行政行为公定力属于事实上的效力。还有一种理解认为,因为行政权是宪法授予的,所以行政行为其实直接来自宪法的授权,行政行为的公定力也当然地为法律所认可,属于法律上的效力;否则,宪法对行政行为的授权将没有任何意义。相比较而言,笔者倾向于认为,法律上的效力应该是具有法律依据的效力,公定力虽然客观上存在且为人们所承认,但毕竟没有法律依据,故其应该属于事实上的效力较为合理。因此,基于国家公权力先验优越性的"推定效力"及"事实上的效力",构成了这一历史形态的公定力的最为主要的两大特征。奥托·迈耶认为,国家公权力的先验优越性,正是行政行为公定力产生的根本依据,即行政行为的公定力源于国家意思的优越效力,源于国家的权威性,因为行政行为乃国家意思或权威的表示,故其应当得到尊重。公定力思想在战前君主体制下的德国,就是国家或君主权威的体现。因为行政机关拥有代表国家的权威性,故其所作的一切行政行为都被推定为合法有效,此乃公定力理论之渊源与核心思想。美浓部达吉的观点与奥托·迈耶的思想一脉相承,完全继承了奥托·迈耶的公定力思想,以国家意思之公定力为核心,推导出行政行为之公定力,进而创立了以公定力概念为核心的公定力理论。

在没有明确法律依据的情况下,行政行为的确因为国家公权力的先验优越性之缘故,一经成立便被人们承认为合法有效。因此,行政行为公定力的最初来源就是基于国家公权力之先验优越性而被人们承认的结果。随着宪治、民主及法治思想的深入发展和广泛普及,这种观点已完全丧失了说服力,并难免被作为国家极端权威主义予以批判。"二战"以后,公定力系基于国家公权力的先验优越性"推定效力"之理论,由于不符合现代宪治、民主与法治的精神和要求,已逐渐为人们所摒弃。

(二)基于宪法、行政诉讼法制度推定的法律效力

随着独立的行政诉讼制度的产生,学者们认为,可以根据行政诉讼制度推导出行政行为的公定力。这一历史形态的公定力,就是基于行政诉讼制度推定的法律效力。以日本为例,由于日本新宪法的制定、颁行及独立的行政诉讼制度的存在,行政机关已经丧失了与司法机关相并列的作为法律宣言机关的地位。行政权与私人权利一样,必须服从于司法裁判权。要言之,新宪法的制定、颁行及独立的行政诉讼制度的存在,已经否定了国家行政权力的先验优越性,再谈公定力乃基于国家公权力先验优越性的"推定效力"已没有任何实质意义。在此情形下,学者们提出,

行政行为在被行政诉讼撤销之前，一直被当作合法有效的行政行为对待，故行政诉讼制度的存在就是行政行为公定力的实在法依据。换言之，尽管没有明确的法律依据，但行政诉讼制度的存在，就可以推导出行政行为的公定力。《日本行政事件诉讼法》（1962年）中的撤销诉讼制度，就是行政行为公定力在实在法上存在的根据①。从理论上分析，如果某一国家存在违宪审查制度，行政行为也可以成为违宪审查的对象，宪法也应该可以作为推定行政行为公定力存在的制度依据。应该说，行政行为的这种基于宪法、行政诉讼制度推定的公定力，与基于国家公权力先验优越性推定的公定力有着本质的不同：前者为法律上的效力，后者为"事实上的效力"。如今，公定力理论所谓的"推定有效"其实就是"依法推定"，即根据实在法的规定推导出行政行为公定力源于法律这一结论。

（三）行政程序法明确规定或判例法确定的法律效力

"二战"以后，随着世界范围内宪治、民主及法治的发展与进步，行政行为公定力为行政程序法所明确规定或判例法所确定的情形逐渐增多，行政行为公定力法定化的趋势不断得到加强。

一是行政程序立法对公定力明确作出规定。例如，《西德行政程序法标准草案》（又称《慕尼黑草案》，1966年）第33条行政处分之效力规定："一、行政处分，对其内容所指定之人及其有关之人自接到通知时起发生效力；二、行政处分如未被撤销、废止或以其他方法废除，或因时间之经过或其他方法终结者，仍保持其效力；三、无效的行政处分不发生效力。"此后，《联邦德国行政程序法》（1992年）第43条、《联邦德国行政程序法》（1997年）第43条均对此作出了规定②。在我国，虽然没有统一的行政程序法对公定力作出规定，但公定力已经为相关的地方行政程序立法所规定却是一个不争的事实③。必须指出的是，虽然上述德国、中国关于行

---

① 《日本行政事件诉讼法》（1962年）第8、38条等，王天华译，载何海波：《中外行政诉讼法汇编》，商务印书馆2018年版，第741-764页。

② 应松年：《外国行政程序法汇编》，中国法制出版社1999年版，第101、137、179页。《联邦德国行政程序法》（1992年）第43条及《联邦德国行政程序法》（1997年）第43条的内容与《西德行政程序法标准草案》（1966年）第33条的内容几乎相同，均是关于行政行为公定力的规定。

③ 例如，《湖南省行政程序规定》（2008年）第七十六条规定："行政执法决定自送达之日起生效。行政执法决定附条件或者附期限的，应当载明效力的条件或者期限。"《山东省行政程序规定》（2011年）第九十条规定："行政执法决定自送达之日起生效。行政执法决定附条件或者附期限的，应当载明生效的条件或者期限。"《江苏省行政程序规定》（2015年）第六十二条规定："行政执法决定自送达之日起生效。行政执法决定附条件或者附期限的，应当载明生效的条件或者期限。"

政行为效力的行政程序立法没有使用"公定力"的字样,但其所规定的行政行为效力,其实就是理论上所说的公定力。

二是通过判例法确定行政行为的公定力。通过司法判例确定行政行为的公定力,是公定力得到法律认可的又一重要方式和途径。在法国,行政行为公定力就是以行政行为"效力先定特权"之名出现,其后通过司法判例的方式得以确定的[①]。在日本,除行政行为无效的情形外,判例法上承认行政行为的公定力。日本最高法院在1956年7月18日的判决中就曾指出:"行政处分只要具有作为该国家机关权限的外观上的形式,即使该处分有违法的地方,除该违法是重大且明显的以外,在法律上也不应视为当然无效。"[②] 迄今为止,《日本行政程序法》(1993年)尚未对行政行为的公定力作出明确的规定。有学者认为,公定力在日本没有实在法上的根据,其实就是指没有《行政程序法》之制定法根据[③]。

以上主要以日本为例,以类型化的方法,对公定力的三种历史形态予以简要的分析和说明。必须指出的是,由于世界各地民主、法治发展与进步的非均衡性和非同步性,公定力的三种历史形态在不同的国家和地区出现的时间并不一致。例如,就目前而言,德国、葡萄牙及中国,公定力已经为行政程序法所明确规定,公定力已经发展到了第三种历史形态。在有的国家或地区,如果其行政程序法缺位,公定力的来源仍然只能是根据行政诉讼制度予以推定,则其行政行为公定力就属于第二种历史形态。行政行为公定力产生、发展的历史形态的区分非常重要,通过对其纵向的历史考察与分析,能够为我们深入研究公定力及公定力理论,进而正确认识、剖析公定力理论是否存在及究竟存在哪些缺陷奠定必要的基础和前提。

三、定力理论对公定力现象的解释和说明

行政行为公定力是一种客观存在的行政法现象,公定力理论能否科学、有效地解释这一行政法现象,应该是分析、评价公定力理论科学与否的根本依据。长期以来,学者们对此恰恰是有所忽视的。

(一)科学理论、经验事实与客观事实

任何一种科学理论,其必然都是对一定的自然或社会事实(现象)的描述、解

---

① 王名扬:《法国行政法》,中国政法大学出版社1988年版,第172页。
② 杨建顺:《日本行政法通论》,中国法制出版社1998年版,第394页。
③ 杨建顺:《日本行政法通论》,中国法制出版社1998年,第380-381页。

释和说明。事实有客观事实与经验事实之分。客观事实是客观存在的事件、现象、过程,属于本体论意义上的事实;经验事实是人们所观察到的客观事件、现象、过程以及对其所作的陈述或判断,属于认识论意义上的事实。无论自然事实抑或客观事实,一旦被人类认识并用语言对其描述而做出经验陈述或判断,就形成了经验事实。所谓科学理论,是对某种经验现象或事实的科学解说和系统解释,是由一系列特定的概念、原理以及对这些概念、原理的严密论证组成的知识体系。科学理论的形成是以客观和真实的经验事实为基础的,而经验事实的客观真实又是以其对客观事实的正确反映为基础和前提的。经验事实与客观事实的根本区别在于,经验事实有可能是错误的,而客观事实则不存在这一问题。科学理论是以经验事实而非客观事实为直接依据的。客观事实和经验事实对于科学理论的形成具有决定作用,其中经验事实起直接的决定作用,而客观事实起间接的和最终的决定作用。经验事实是人们通过感官获得的,以感觉、知觉、直觉、表象等形式描述出来的经验知识。对于科学理论而言,经验事实非常重要,因为经验事实构成了科学理论的经验基础。如上所述,科学理论是以经验事实而非客观事实为直接依据的,经验事实对科学理论的形成起直接的决定作用,尽管客观事实起最终的决定作用,但它的作用毕竟还是间接的。

(二)公定力理论据以产生的客观事实与经验事实

公定力理论的核心内容,主要体现在公定力理论的核心概念"公定力"上。行政行为公定力,是指行政行为(重大且明显违法的除外)一经成立,即应当被推定合法有效;在未经有权机关通过法定程序和方式否定其效力之前,所有机关、组织或者个人都应该服从和尊重其法律效力。正确认识公定力理论是如何描述、解释和说明公定力这一行政法现象的,离不开对公定力理论据以产生的客观事实与经验事实的分析和研究。

公定力理论据以产生的客观事实(公定力现象)实际上有三种不同的历史形态:基于国家公权力先验优越性推定的事实上的效力,基于宪法、行政诉讼制度推定的法律效力以及为行政程序法所明确规定或判例法所确定的法律效力。公定力理论据以产生的经验事实又是什么呢?从公定力的概念出发,公定力理论具有如下潜台词是:由于行政行为是国家公权力行为,故其一经成立,不论其实质上是否合法,即有被推定为合法有效的法律效力。据此,公定力理论的经验事实至少包括如下三个方面的内容:其一,行政行为是国家公权力行为;其二,行政行为一经成立,不论其实质上是否合法,在未经有权机关依法定程序否定其效力之前,被人们当作合法有效的行为对待;其三,公定力是一种推定的法律效力。也许有学者会提出质疑,公定力概念的内涵部分并没有突出和强调行政行为的国家公权力行为属性,也没有说据此推定出公定力,为何这些内容却成了公定力理论之经验事实的一部分?其实,公定力理论并非不包括这一内容,它只是隐藏于公定力概念之名称(公定力)之中,因为公定力这一术语(语言符号)表达的含义就具有"国家公权力行为推定有效"之义。

(三)公定力理论之经验事实不能正确反映客观事实

公定力产生、发展至今经历了三种不同的历史形态,公定力理论对其是否都完全适用?或者说,公定力理论对这三种不同历史形态的公定力均可科学地予以解释和说明吗?

第一种历史形态的公定力,是基于国家公权力先验优越性予以推定的"事实上的效力"。公定力理论的核心要义是行政行为的"推定有效",公定力理论是在公定力的来源没有明确法律依据的情形下,学者们对公定力的来源予以解释和说明的结果。对于第一种历史形态的公定力而言,行政行为一经成立,确实因为其乃国家公权力行为便被推定为合法有效,公定力理论据以产生的经验事实与客观事实具有高度的一致性,公定力理论也因此具有很强的可接受性。公定力理论在解释和说明第一种历史形态的公定力时,还是较为符合当时的历史实际的,因而也是比较成功的。从公定力思想与理论产生的历史背景看,行政行为及其作用乃高权行政之观念的产物,公定力思想与理论也是直接服务当时的政治统治与行政专制的。在早期的自由资本主义时期,公定力理论在实践中对行政权威的树立、行政效率的提升及行政目标的实现等发挥了巨大的保障作用。

第二种历史形态的公定力,是基于宪法、行政诉讼制度推定的法律效力。公定力理论在解释和说明第二种历史形态的公定力上,已经有所偏差而不够准确。这一历史形态的公定力已经属于依法推定的法律效力,而公定力的"推定效力"显然已不足以充分揭示或表达其法定效力之特性。也就是说,公定力概念此时已并不足以充分揭示公定力的法定效力之本质属性。

第三种历史形态的公定力,是为行政程序法所明确规定或判例法所确定的法律效力。此时的公定力已经不再是推定的"事实上的效力"或依法推定的法律效力,而是彻头彻尾的为法律所明确规定的法定效力。公定力理论在解释和说明第三种历史形态的公定力上,事实上已经完全行不通了。例如,《西德行政程序法标准草案》(1966年)第33条、《联邦德国行政程序法》(1992年)第43条、《联邦德国行政程序法》(1997年)第43条均对公定力作出了规定[①]。《葡萄牙行政程序法典》(1996年)第127条。公定力理论的核心观点是行政行为的"推定有效",在公定力的来源没有明确的法律依据的情况下,认为公定力系"推定效力"是可以理解的。但在现代社会,公定力明明是为法律所明确规定的法定效力,怎么能仍然坚持说它是"推定效力"?应该说这种批评和质疑不无道理。在如今的德国行政法理论中,并没有如日本行政法中那般发达的公定力理论。德国行政法学者认为,所谓的行政行为公定力,其实并非来源推定的效力,而是法律规范赋予行政行为的实实在在的法定效力。

在现代社会,由于公定力日益为越来越多的国家和地区以法律明文规定或是以判例法确定,公定力理论的"推定有效"遭遇了前所未有的重大挑战。特别是在公定力已为众多国家或地区的法律做出明确规定的情形下,公定力理论仍然坚持公定力乃"推定效力"之观点,这是非常荒谬的。时至今日,日本、我国大陆和台湾地区的一些学者罔顾公定力已经为行政程序法所规定这一客观事实,仍然主张公定力系"推定效力"的错误观点,其中原因不能不令人深思。公定力理论产生于日本特定的社会历史条件之下,在当时具有相当的合理性,可以有效地解释第一种历史形态的公定力。但是在现代社会,公定力理论却未能随着公定力的发展、变化而作相应的发展、变化,以致其已不能科学有效地解释和说明行政行为的形式效力这一行政法现象。忽视法律实证问题的研究,从理论到理论,理论研究与实践严重脱节,应该说是其中的一个重要原因。在客观事实已发生重大变化的情况下,公定力理论据以产生的经验事实却依然停留在推定效力的状态,经验事实已不能真实有效地反映客观事实。我国古代刻舟求剑的故事,恰好可以形象地说明这一问题。在现代社会,由于其经验事实未能正确地反映客观事实,公定力理论已越来越不能有效地解释客观现实,这正是公定力理论在现代社会遭遇困境的根本原因。

---

① 《西德行政程序法标准草案》(1966年)第33条规定:"一、行政处分,对其内容所指定之人及其有关之人自接到通知时起发生效力;二、行政处分如未被撤销、废止或以其他方法废除,或因时间之经过或其他方法终结者,仍保持其效力;三、无效的行政处分不发生效力。"此后,《联邦德国行政程序法》(1992年)第43条、《联邦德国行政程序法》(1997年)均做出相同的规定。分别参见应松年:《外国行政程序法汇编》,中国法制出版社1999年版,第101、137、179页。

四、公定力之本质：行政行为的形式效力

（一）公定力之本质

行政行为（无效的行政行为除外）一经成立，不论其实质上是否合法有效，即具有被人们当作有效的行政行为来对待的法律效力。行政行为的此种法律效力具有这样的两个特点：其一，行政行为的效力是以行政行为的成立为基础和前提的；其二，不论行政行为实质上是否合法有效，在未经有权机关依法定程序否定其效力之前，即具有被人们当作有效的行政行为来对待的法律效力。由此可见，行政行为只要成立且具备了形式合法性（并非重大且明显违法而无效的行政行为），在未经有权机关依法定程序否定其效力之前，即具有这样的法律效力。因为行政行为的这一法律效力是基于其形式合法性而依法产生的，故笔者称之为行政行为的形式效力[1]。行政行为的形式效力，其实也就是人们所谓的行政行为公定力。我国的一些学者已经注意到了公定力的形式效力本质，例如黄全先生认为："一般而言，行政行为的公定力是指行政行为一经作出或一旦成立，即使其内容存在瑕疵，就具有被推定为合法有效的形式效力。"[2] 章志远教授也曾指出："公定力所蕴含的有效性推定绝不意味着该行政行为已经当然地具备了实质效力，而只是表明其在形式上暂时被假定为有效。至于该行为能否最终取得实质效力，还应当视其是否具备一切法定要件而定。"[3] 朱正宏先生也指出："行政行为的公定力并不是实质意义上的效力，只是一种形式意义上的效力。"[4]

（二）公定力之特征

在近代及现代社会，行政行为的公定力具有三种不同的历史形态，不同历史形态的公定力之间存在着很大的差异。在现代社会，行政行为的公定力具有如下几个方面的特征：

---

[1] 形式效力与实质效力是相对存在的一对范畴，行政行为的形式效力是指行政行为基于其形式合法性而依法产生的法律效力；行政行为的实质效力是指经过司法程序的审查，行政行为基于其实质合法性而依法产生的法律效力。

[2] 黄全：《论行政行为形式效力之完全公定力：兼论无效行政行为制度不适合我国》，《甘肃政法学院学报》2009年第3期，第121-123页。

[3] 章志远：《行政行为效力论》，中国人事出版社2003年版，第55页。

[4] 朱正宏：《行政行为公定力理论基础探究》，《哈尔滨学院学报》2006年第9期，第64页。

1. 法定性

在现代社会,任何试图取得法律效力的行为,都必须在法律上寻求依据,方才具有权威性与合法性。行政行为作为行政主体的意志,其效力只能是源于法律。因此,行政行为的公定力也必然是法定的。具有形式合法性的行政行为,依法产生公定力;不具有形式合法性的行政行为,则属于无效的行政行为。由行政程序立法明确予以规定、通过判例法确定和依法推定,是公定力产生的三种具体方式。

2. 行政程序性

行政行为的公定力是随着行政程序的完成而依法产生的法律效力,正是在这一意义上,我们说行政行为的公定力具有行政程序性之特征。

3. 形式性

行政行为的公定力是基于行政行为的形式合法性而依法产生的效力。公定力产生的前提是行政行为的成立(无效的行政行为除外);公定力产生的基础是行政行为的形式合法(外观上的合法);公定力的本质是行政行为形式合法性基础上的形式效力,即"形式有效性"(与实质有效性相对)。至于行政行为是否具有实质效力(实质有效性),还要视其是否具有实质合法性而定。

4. 相对性

行政行为的公定力不是绝对的、无条件的,而是相对的、有条件的。对于一个违法的行政行为,即使在成立之后产生公定力,但如果其内容不具有实质合法性,在行政复议或司法审查程序之后,其公定力则将被否定,最终也不会产生实质效力。

5. 有限性

公定力的有限性是指行政行为具有的公定力是有限的而非无限的;具有重大且明显违法的行政行为,不具有公定力。赞成公定力有限性的观点,属于行政行为的"有限公定力说"的范畴;赞成公定力无限性的观点,则属于行政行为的"完全公定力说"的范畴。笔者认为,从应然的角度来说,行政行为的公定力是有限的而非无限的,行政行为的"有限公定力说"较为科学。

6. 一般性

根据公定力的概念,公定力是指行政行为一经成立就会产生的法律效力。公定力是指行政行为的某项具体的效力内容吗?非也。公定力概念表达的是行政行为形式合法性基础上的形式效力(形式有效性),而并非行政行为的任何一项具体的效力内容。公定力是对行政行为的形式存续力、形式拘束力及形式强制力等具体效力内容的概括与统称,属于反映和揭示行政行为效力普遍性或一般性的概念。赵宏教授又认为,"公定力"其实被填入了行政行为生效制度的内核,公定力理论描述、解释和说明的其实是行政行为的生效制度[①]。无独有偶,杨科雄博士也认为公定力的实质是行政行为的生效制度[②]。笔者以为,公定力的实质乃是行政行为的形式效力或形式有效性,而并非行政行为的生效制度。行政行为的形式有效性(与实质有效性相对),是行政行为基于其形式合法性而依法产生的有效性。行政行为的这一形式有效性与其实质有效性不同,其具有条件性和相对性;经过行政复议或行政诉讼,行政行为被撤销的,其形式有效性也将不复存在。根据矛盾的普遍性与特殊性关系之原理,公定力与行政行为的形式存续力、形式拘束力及形式强制力之间是普遍性与特殊性、共性和个性、一般和个别的关系。在行政行为效力内容问题上,形式存续力、形式拘束力及形式强制力概念属于矛盾的特殊性,而公定力概念则属于矛盾的普遍性,具有行政行为效力的一般性或普遍性之特征。德国的行政法学者很可能早就注意到了公定力的效力一般性之特征,在论及行政行为效力内容的具体构成时,并没有把公定力作为效力的一项具体内容对待[③]。江必新教授也很可能是注意到了公定力的效力一般性之特征,认为不宜将公定力作为一项具体的效力纳入行政行为效力内容之中[④]。在行政行为效力体系的理论建构上,"公定力核心说"与"公定力、存续力共存说"均把公定力定位于一项具体的效力内容且与其他效力并列,这在逻辑上是非常错误的。导致这一致命错误产生的

---

① 赵宏:《法治国下的目的性创设:德国行政行为理论与制度实践研究》,法律出版社2012年版,第194、281页。
② 杨科雄:《行政行为效力来源研究》,中国政法大学2009年博士论文,第33页。
③ [德]G.平特纳:《德国普通行政法》,朱林译,中国政法大学出版社1999年版,第129页;[德]哈特穆特·毛雷尔:《行政法学总论》,高家伟译,法律出版社2000年版,第266-269页。根据笔者的阅读范围,至今未见德国学者将公定力作为行政行为效力的内容构成之一。例如,德国行政法著名学者G.平特纳教授认为,行政行为的效力包括约束力、执行力与确定力,而确定力又可以分为形式确定力与实质确定力。德国著名行政法学者哈特穆特·毛雷尔则将行政行为效力的内容概括为存续力、构成要件效力、确认效力以及执行力四项。
④ 江必新:《行政行为效力体系理论的回顾与反思》,《江苏社会科学》2008年第5期,第127-132页;江必新、罗英:《论行政决定公定力之起点》,《湘潭大学学报(哲学社会科学版)》2011年第1期,第53-57页。

根源,就在于没有能够正确揭示公定力的效力一般性或普遍性特征[①]。由此可见,公定力的效力一般性或普遍性特征的揭示其实具有非常重要的意义。

(三)公定力之本质问题回答的重要意义

原来,中外学者费尽笔墨的行政行为公定力,本质上就是行政行为的形式效力。公定力之行政行为形式效力本质的揭示,对于行政行为效力问题的研究具有非常重要的意义。

其一,公定力之本质问题的回答,进一步深化了公定力理论问题的研究。在行政行为效力的研究上,学界对公定力问题的争议最大,不仅对于公定力理论的存废存有重大分歧,即使持"公定力说"的阵营内也存在着诸多的争论。本文以公定力产生、发展历史形态的类型化分析为基础,通过对公定力理论的符号学方法的分析,揭示了公定力的行政行为形式效力本质,剖析了公定力理论在现代社会存在的若干重大缺陷。在现代社会,公定力理论已无法科学有效地揭示行政行为的形式效力本质,其违背了符号学原理,存在着无法克服的致命缺陷,对其只能予以摒弃。本文通过对公定力本质的揭示及公定力理论符号学方法的分析,回答了公定力理论保留抑或摒弃这一重大的理论问题。

其二,公定力之本质问题的回答,有利于指导行政行为效力内容论的理论建构。要研究行政行为效力的内容构成问题,公定力问题显然是一个十分重要而又不容回避的重大理论问题。长期以来,中外学者对公定力问题虽有一些研究,但始终不够深入和充分。公定力问题研究上的落后及停滞不前,已经严重影响和制约行政行为效力内容构成及相关理论问题的深入研究。对公定力本质问题的回答,有助于破解长期以来悬而未决的理论难题。例如,公定力本质上就是行政行为的形式效力,它是对行政行为的各项具体的形式效力(形式存续力、形式拘束力及形式强制力)的概括和统称,并非行政行为的一项具体效力内容,行政行为的其他效力在理论上完全可以脱离公定力的支持而独立存在。

其三,公定力之本质问题的回答,有利于指导行政行为效力问题相关的立法、

---

① 马生安:《行政行为效力体系重构的"两质态论"与"三效力说"》,《重庆大学学报(社会科学版)》2015年第3期,第121-127页。"公定力核心说"是对以公定力为核心建构行政行为效力体系的观点和学说的统称,传统"四效力说"是"公定力核心说"的典型代表。"公定力、存续力共存说"是对以公定力与存续力为共同核心建构行政行为效力体系的观点和学说的统称。"公定力、存续力共存说"认为,行政行为在效力体系的构成上,其实既包括公定力又包括存续力,二者与其他效力一起共同构成完整的行政行为效力体系。"公定力核心说"与"公定力、存续力共存说"存在着致命的逻辑错误。

执法及司法实践。例如,公定力之形式效力本质的揭示,对于行政行为无效制度的理论与实践问题具有重要的指导意义。在立法上,对于重大且明显违法的行政行为,不应该赋予其形式效力(公定力),即应该建立行政行为的有限形式效力(公定力)而非完全形式效力(公定力)制度,有限形式效力(公定力)制度的同义语就是行政行为的无效制度。又如,公定力之形式效力本质的揭示,对于行政诉讼或行政复议中行政行为的强制执行问题具有重要的指导意义。有些学者将公定力作为行政诉讼或行政复议中不停止行政行为强制执行的理论依据,即因为行政行为具有公定力,所以行政诉讼或行政复议中不能停止行政行为的强制执行[①]。然而恰恰相反,正因为公定力的本质就是行政行为的形式效力,其具有形式性、相对性,故在行政复议或行政诉讼中,被诉行政行为应该停止强制执行。还有,在司法上,因为公定力(形式效力)的形式性和相对性,在行政行为的合法性构成司法裁判的先决问题时,具有公定力的行政行为一般不得作为司法裁判的直接依据;必须对具有公定力(形式效力)的行政行为进行严格的司法审查,确定其具有实质合法性,才能将其作为司法裁判的依据。

五、公定力理论之若干重大缺陷

(一)公定力理论的核心行政行为的"推定有效"在现代社会正日益失去其赖以存在的现实基础

公定力理论的核心观点是行政行为的"推定有效"。在现代社会,客观事实已发生重大变化,由于国家公权力先验优越性已被否定,公定力已越来越多地通过行政程序立法规定、判例法确定的方式获得,公定力已是法定效力而非"推定效力"成为一个不争的客观事实。"行政决定的效力来自法律的规定。""行政决定的效力既然为一种公法上义务,就须由法律来规定。这是由公权力法定原则和私人非契约义务法定原则所决定的。"[②] 在此情形之下,公定力理论仍然坚持公定力为"推定效力"的观点,显然已与客观事实不符。公定力理论的核心观点行政行为的"推定有效",在现代社会正日益失去其赖以存在的客观现实基础。在客观事实已经

[①] 罗豪才:《行政法学》,北京大学出版社1996年版,第400页;朱新力:《现代行政法原理》,杭州大学出版社1998年版,第265页;周含宇:《行政法理与行政审判的衔接:"起诉不中止执行"原则的学理研究》,《行政法学研究》1996年第1期,第35-40页。

[②] 杨登峰:《行政决定效力的本质与体系》,《行政法学研究》2013年第4期,第44-52页。

发生重大变化的情况下,公定力理论据以产生的经验事实却没有随着客观事实的变化而变化,依然停留在过去"推定效力"的认识水平上,这无疑是非常错误的。

(二)公定力理论不能科学地解释和说明行政行为的形式效力这一行政法现象

法律与语言的关系极为密切。法律借助语言文字予以表现,语言文字又赋予法律以具体的内涵,塑造着法律的形象,并使之成为一种有力量的东西,影响或支配着人们的思想和行动①。制度实证主义法学派的集大成者麦考密克更是扬言:"法学其实不过是一门法律语言学。"②西方20世纪法学研究的语言学转向,既是法学家们对自身理论研究范式的突破和创新,也是语言学为法学研究提供了重要的智力资源所致。在人类社会多元的符号系统中,语言符号具有系统性、社会性、约定性、强制性、多义性及演化性等诸多的特征③。作为一种表达概念的符号系统,语言符号系统最为复杂、典型。基于美国哲学家和逻辑学家莫里斯把符号学的完整意义运用于语言研究的成果,语言符号系统涉及语义关系(指称意义)、语构关系(言内意义)及语用意义三类符号学意义。其中,语义关系(指称意义)是语言符号与其所描述的事物之间的关系,即语言符号和它所描述的主观世界或客观世界的事物之间的关系;指称意义是语言符号表层的意义,它是对语言符号所代表事物的基本特征的抽象概括。在大部分情况下,指称意义是语言符号的基本内容和它所传递的命题信息,所以也被称为"概念意义"或者"认知意义"。关于语义关系的研究,构成了符号学重要内容之一的语义学。语义学原理要求,语言符号(术语)必须能够准确地揭示和反映事物的本质及其特征,即术语必须准确地反映和揭示事物的指称意义。一方面,从公定力概念的名称来看,"公定力"作为语言符号,在创立之初,表达的就是"国家公权力行为推定有效"之义。在现代社会,公定力本质上就是行政行为依法产生的形式效力,却被继续地冠以"公定力"之名,因而名不副实。另一方面,从公定力概念的内涵来看,公定力乃"推定效力"。在现代社会,公定力的来源已经有了行政程序法或判例法所明确的法律依据,公定力是

---

① 王健:《沟通两个世界的法律意义:晚清西方法的输入与法律新词初探》,中国政法大学出版社2001年版,第1页。
② 舒国滢:《战后德国法哲学的发展路向》,《比较法研究》1995年第4期,第348页。
③ 聂志平:《语言符号论》,《东南大学学报(哲学社会科学版)》2012年第4期,第66页;王铭玉:《语言符号学》,北京大学出版社2015年版,第32-47页。

行政行为依法产生的法定效力,不再是一种"推定效力"。因此,公定力概念的"推定有效"之内涵与客观现实已严重不符。由此可见,在现代社会,公定力概念已无法科学有效地揭示行政行为的形式效力这一行政法现象,更不能有效地揭示其法定性、形式性、相对性、行政程序性、一般性之特征。

(三)公定力理论的实践指导功能严重缺失

人是符号性的高级动物,通过符号及符号系统进行思考和行动。长期以来,公定力这一术语(语言符号)表达的就是"国家公权力行为推定有效"的含义,不断地暗示人们公定力乃是行政行为的"推定效力"。很多学者的思想和认识也因此被禁锢在行政行为"推定效力"的范围内,从而一直试图解释和论证行政行为"推定有效"的科学性、合理性,始终在行政行为"推定有效"的范围内打转。赵宏教授认为,尽管学者们不断地对公定力理论进行改造和澄清,但这一理论"至今并没有焕发出新的生机,既不能为效力理论的系统建构提供良好基础,也未对制度实践发挥应有指导,相反还因为始终无法摆脱与威权国家和公共利益为本位的干系,对我国行政行为效力学的整体研究都带来负面影响"[①]。在现代社会,公定力为越来越多的国家和地区的行政程序法或判例法所规定已经是一个不争的事实,公定力理论却长期对此视而不见,仍然坚持所谓的行政行为"推定有效",对于人们的误导应该说是非常之深。正是在这一意义上,我们说公定力理论严重束缚了人们的思想,影响和制约了行政行为效力理论的深入研究。

在立法、执法和司法实践中,公定力理论究竟有何指导作用?公定力理论构成了哪些法律制度的理论基础?公定力理论产生以来,中外学者研究公定力理论的文章非常之多,但关于公定力理论的实践价值问题论者却是寥寥无几;即便偶尔有人提及,也是浅尝辄止、一带而过。这其中的原因何在?是公定力理论的实践价值问题过于深奥,让人无法深入研究还是其他?我们不无疑问。其实,公定力理论实践价值的缺乏,也是公定力否定论者主张摒弃这一理论的重要原因之一[②]。科学的理论对实践具有积极的指导作用,错误的理论则对实践具有阻碍作用。公

[①] 赵宏:《法治国下的目的性创设:德国行政行为理论与制度实践研究》,法律出版社2012年版,第194、281页。

[②] 刘东亮:《行政行为公定力理论之检讨》,《行政法学研究》2001年第2期,第55-58页。例如有学者就认为,公定力理论不仅不能解释和回答行政复议及行政诉讼实践中的诸多理论问题,而且与行政复议及行政诉讼实践中的诸多制度相互矛盾。

定力理论的非科学性必然导致其无法科学有效地指导实践,在特定的情况下,反而会导致实践的错误。例如,有公定力论者认为,起诉(复议)不停止执行是行政行为公定力最为典型的制度体现。但是,在盛行公定力理论的日本,诉讼(复议)不停止执行原则却并非以公定力理论为依据①。诉讼(复议)不停止执行仅仅是立法者在立法时利益权衡的结果,而与行政行为的公定力理论毫无关系。公定力理论似乎仅仅可以作为诉讼(复议)不停止执行制度的一种理由,而并非作为诉讼(复议)不停止执行制度的理论依据②。当然,公定力理论也不能作为诉讼(复议)停止执行制度的理论依据③。由此可见,公定力理论并不能有效地指导立法实践。在执法和司法实践上,公定力理论同样缺乏应有的实践指导功能,这是公定力理论在现代社会遇到的又一重大问题。

（四）公定力理论的致命缺陷无法通过修正的办法予以弥补

科学理论是系统化的观点及理论体系,其具体表现为一系列具有内在联系的概念、原理或基本命题。科学理论之核心概念,是对研究对象总体矛盾的一般性本质的规定,是构成科学理论的基石。对一个科学理论而言,其核心概念是非常重要的,往往决定着一个科学理论的成败。如上所述,作为公定力理论核心的"公定力"概念,其名称与内涵均存在着严重的缺陷。那么,公定力概念存在的缺陷,是否可以通过修正的办法予以弥补呢？法律术语是法律概念的语言符号,是通过语音或文字来表达或限定专业概念的一种约定性符号。作为法律基本元素的法律术语应当具有科学性,必须能够准确地揭示和反映事物的本质。如上分析,"公定力"术语代表的含义是"国家公权力行为推定有效"之义,体现了以国家威权为核心的理论推演,有着浓厚的国家权力先验优越性的色彩。在现代社会,"公定力"术语既与现代宪治、民主及法治思想不符,亦与公定力已经为法律所明确规定的客观现实不符。既然公定力本质上就是行政行为的形式效力,可否以"形式效力"术语代替"公定力"术语？从技术上来说,这个似乎可以。但问题在于,"公定力"术语一经更改为"形式效力"术语,则公定力理论将不复存在。由此可见,公定力概念之名称存在着无法克服的致命缺陷。那么,可否保留"公定力"这一名称（语言符

---

① [日]神橘一彦『行政救济法（第2版）』（信山社,2016年）147-148页。
② 李文曾:《走出公定力理论的困境:从公定力与起诉（不）停止执行原则的关系谈起》,《南开法律评论》2013年第1期,第107页。
③ 刘东亮:《行政行为公定力理论之检讨》,《行政法学研究》2001年第2期,第58页。

号),而对其内涵予以重新定义,以保留公定力概念和理论,使得公定力概念和理论获得重生呢?答案又是否定的,一切概念均由名称(语言符号)、内涵与外延这三个要素构成。按照符号学之语义学原理的要求,概念的名称(术语),必须与其指称的内容相一致。其中,名称作为外在的标识而代表概念,内涵作为实质内容而揭示概念的含义,外延作为含量而界定概念的范围,这三个要素之间应该相互协调而不能有所矛盾。概念的名称不仅要恰如其分地代表其内涵与外延,概念的内涵与外延也要切实保障其名称的代表性,此谓概念之构成律[①]。在现代社会,公定力乃是基于行政行为的形式合法性而依法产生的法律效力。据此,公定力概念的内涵必须予以修正,否则其将无法正确地反映客观现实。但是,如果将公定力概念的内涵修正为"基于行政行为的形式合法性而依法产生的法律效力",其又会与"公定力"这一名称相互矛盾,因为"公定力"这一语言符号代表的是"国家公权力行为推定有效"之义。法律术语的意义存在于其他符号的关系之中,基于符号学的语构学原理[②],语言符号作为一个有机系统,语言符号(术语)之间必须和谐统一,不能相互矛盾。概念之名称作为一种语言符号,其代表着特定的含义,存在于特定的语言符号系统中,存在于与其他符号的联系之中,既不能随便被更换,也不能随便被定义。"公定力"术语当然也是如此。也就是说,即使对公定力概念的内涵做出全新的定义,"公定力"这一术语还是不能继续使用。总之,公定力理论存在着致命的缺陷,无法通过修正的办法予以完善,对其只能予以摒弃。

六、以形式效力理论取代公定力理论

(一)公定力制度:具有正当性的客观存在

有学者认为,行政行为公定力缺乏实在法支持,有悖于公平正义理念,其应该退出行政行为效力领域,并确立以权利直接制约权力的独立价值取向[③]。对此,笔者并不认同。公定力与现代法治限制国家权力、保障基本人权的要求并行不悖。

[①] 宋炳庸、何云鹏:《符号学与法律行为抽象概念名称》,《延边大学学报(社会科学版)》2004年第1期,第44-48页。

[②] 王铭玉:《语言符号学》,北京大学出版社2015年版,第126页。美国哲学家和逻辑学家莫里斯把符号学的完整意义运用于语言研究,语言符号系统涉及语义关系、语构关系和语用意义三类符号学意义。其中,语构关系考察的是语言符号之间的关系,它包括的范围极广,从最低层的语音到最高层的篇章结构,其间还有词、词组、句子和段落。对于语构关系的研究,构成了语言符号学重要内容之一的语构学。

[③] 柳砚涛:《行政行为公定力质疑》,《山东大学学报(哲学社会科学版)》2003年第5期,第151-153页。

在人权、法治、平等、公正等理念广为人们所接受的今天,公定力制度这一国家威权时代的产物,既没有沦为片面强调行政特权的工具,也没有为人们所根除。相反地,公定力制度的存在有其正当性基础。关于公定力制度存在的正当性基础问题,且看沈岿教授的一段精彩论述:

一个维度是立足于国家的,认为行政行为的公定力源于国家意思的优越效力、源于国家的权威性,因为行政行为乃国家意思或权威的表明,故应当得到尊重;另一个维度则是立足于社会的,认为行政行为之所以具有公定力,盖因需要保护普通民众对行政行为的信赖,或者需要保护安定的社会关系或法律秩序,否则,社会将陷于纷乱无序之中。虽然国家威权的维度被一些学者认为与民主主义原理相左,而屡遭诟病,甚至成为公定力概念应受摒弃的理由,虽然社会的维度尤其是法律秩序之安定,似乎更易在民主国家框架内得到认可,然而,在现代民主国家的理论视野中,两个维度却有一种融通①。

对于沈岿教授关于公定力理论国家维度的解释,笔者并不完全赞同。但是,沈岿教授关于公定力制度存在的正当性之论述,笔者认为还是很有道理的。尽管公定力理论存在着无法克服的致命缺陷,但其解释和说明的行政法现象(公定力)却是客观存在的。基于法的安定性之需要,公定力在维护行政法律关系的稳定、提高行政效率以及保障行政管理目标的实现等方面起着至关重要的作用。公定力制度的正当性基础,即在于此。"只要重视保护相对方及一般公众对行政行为的信赖,就不得不肯定行政行为具有公定力。"②无论如何,我们需要摒弃的是公定力理论而非公定力制度。努力寻求一种新的理论,对公定力这一现象进行科学、合理的解释和说明,也是本文试图完成的任务之一。

(二)以"形式效力"术语指称"公定力"现象

汉语语言符号(汉字)有很强的表意性,在选用汉语语言符号作为法律术语时,首先要弄清其所要指代概念的内涵,然后才能准确地选用合适的汉语语言符号。语言符号的选择要做到科学、合理,易于理解及方便使用,能够经得起时间考验而成为大家公认的标准化术语。前已述及,公定力概念与理论由于违背了符号学原理的要求,存在着无法克服的致命缺陷,只能将其摒弃重新选择新的概念和理

---

① 沈岿:《行政行为公定力与妨害公务:兼论公定力理论研究之发展进路》,《中国法学》2006年第5期,第70-78页。

② [日]南博方:《行政法》,杨建顺译,中国人民大学出版社2009年版,第51页。

论来替代。在现代社会,公定力本质上就是行政行为基于其形式合法性而依法产生的法律效力。基于符号学之语义学原理,以"形式效力"这一术语替代公定力术语还是较为合适的[①]。此后,再以形式效力为核心概念,建立行政行为的形式效力理论。

(三)形式效力理论对公定力理论的发展与超越

就理论意义而言,行政行为的形式效力理论是对公定力理论的进一步发展和超越。行政行为的形式效力理论能够科学有效地解释和说明行政行为一经成立即具有法律效力这一行政法现象,能够科学有效地揭示行政行为形式效力的本质及其法定性、行政程序性、形式性、相对性等特征;形式效力与实质效力理论联袂作用,还能够有效地解释和回答公定力理论无法解释和回答的诸多理论与实践难题。根据公定力理论,其与行政诉讼或复议制度的设计存在矛盾。既然行政行为具有公定力,缘何还要对其提起行政诉讼或行政复议? 但是,如果根据形式效力和实质效力理论,则可以很好地解释和回答这一问题。因为行政行为的形式效力具有形式性、相对性及行政程序性之特征,通过行政诉讼或复议制度,则可以保障行政行为的实质合法性,从而进一步保障公正和自由价值的实现。此外,形式效力与实质效力理论还构成了行政诉讼及违宪审查的重要理论依据。就实践价值而言,首先,形式效力理论能够指导和促进行政行为形式效力立法的法治化和科学化。通过形式效力构成要件问题的研究,对于那些具备形式合法性的行政行为,在立法上赋予其形式效力;对于那些因重大且明显违法而不具备形式合法性的行政行为,在立法上则将其归属于无效行政行为的范畴。其次,形式效力理论还能够有效指导行政诉讼或行政复议相关制度的建构。例如,依据公定力理论,行政复议、行政诉讼提起以后,除法律明确规定的情形下,都不停止行政行为的执行;而依据行政行为的形式效力理论,由于行政行为形式效力的形式性、相对性及行政程序性之特点,一旦提起行政复议或行政诉讼,则应当停止行政行为的强制执行。因此,应该确立以行政复议或行政诉讼停止强制执行为原则、以不停止强制执行为例外的制度。因为行政行为一旦被提起行政复议或行政诉讼,行政行为的形式合法性及形式效力将受到质疑和审查,在其实质合法性及实质效力确定以前,原则上不得实施针对

---

① 刘东亮:《行政行为公定力理论之检讨》,《行政法学研究》2001年第2期,第58页。刘东亮教授很早就撰文对公定力理论提出了质疑,以试图打破公定力这一传统行政法学上虚构的神话。他同时指出,至于用什么"力"来取代"公定力"更为合适,是值得我们认真思考的一个问题。

行政行为的强制执行,以免造成不可挽回的后果。当然,因情况紧急,依法需要先予执行的除外。哪些情形的行政行为可以先予执行,则应该由法律作出明确的规定。最后,形式效力和实质效力理论珠联璧合,联袂作用,对于司法实践同样具有很强的指导功能。例如,人民法院在审查判断行政行为的效力时,就应该以形式效力和实质效力理论为指导,通过审查行政行为形式合法性与实质合法性的办法予以识别判断并得出科学的结论。还有,对于行政行为对司法裁判的拘束力而言,具有形式合法性及形式效力的行政行为对司法裁判仅具有相对的、有限的拘束力;经过司法审查而具有实质合法性及实质效力的行政行为,对司法裁判具有绝对的、完全的拘束力,其可以作为定案的直接依据。

七、结语

公定力理论因为违背了符号学原理,其经验事实不能正确地反映客观事实,这是公定力理论在现代社会陷入困境的根本原因。对公定力现象的研究和分析不够深入,孤立地研究公定力理论及其得失问题,这是中外学者一直未能发现公定力理论症结所在的重要原因之一。公定力理论在日本产生以来,随着社会历史条件的发展、变化,其也一直在不断地修正和完善。可以说,公定力理论在日本产生、发展的历史,也就是公定力理论在不断的争议声中逐步修正、完善以努力适应社会现实的历史。因为语言符号具有系统性、社会性、约定性及强制性等特征,公定力理论违背符号学原理这一无法克服的致命缺陷使其根本无法通过修正、完善的办法得到弥补。公定力理论在现代中国遇到的困难与问题,固然与公定力理论本身的致命缺陷有很大的关系,公定力理论引进过程中的照搬照抄、囫囵吞枣也是其中的重要原因之一。试想,在公定力理论引进之初,如果能对这一理论在充分消化吸收的基础上予以本土化的改造,将其翻译为行政行为"形式效力"理论和术语,则对这一理论和术语的理解就要相对容易得多,远非如今的云里雾里、晦涩难懂。在现代社会,以国家公权力先验优越性为思想基础、与高权行政紧密联系的公定力理论已经过时。在中国行政法上,摒弃行政行为公定力理论,建立行政行为的形式效力理论,已是我们的必然选择。

意思表示及其意思[*]

杨志利[**]

摘要： 意思表示是私人旨在形成、变更或者消灭法律关系的行为。意思表示与法律行为是同义语。基于不同的体系化方法进行区分，意思表示既是法学内部体系中规定功能的概念，也是外部体系中一般抽象概念，前者是实现私法自治的工具，后者是法律事实。法律事实是法律规范中的构成要件，也是司法推理三段论中的小前提。基于法律规定，意思表示具有法律效力，属于个别规范。意思表示的意思就是意思表示的内容，即法律行为的意思，本质是效力内容，即形成、变更或者消灭法律关系，不是意思与表示分立情形下的所谓内心意思。在意思表示概念意义上，意思与表示一致并属于一个整体。在瑕疵意思表示情形下，区分当事人原意与意思表示内容才具有意义。

关键词： 意思表示　法律行为　意思　私法自治

一、引言

意思表示是私法自治的工具，与法律行为是同义语，既是法律事实上的行为，

---

[*] **基金项目：** 辽宁省社会科学规划基金项目"民法典编撰中的法律行为解释研究"（项目号：L16BFX006）。

[**] **作者简介：** 杨志利，沈阳大学马克思主义学院副教授。

也是法律规范上的个别规范,意思表示的本质是效力表示,即旨在形成、变更或者消灭法律关系,不是内心意思。这些表述均属常识范畴,但也有很多不做此理解的,尽管有重复论述之嫌,本文还是冒险为之,进一步廓清某些问题。

二、何为意思表示

意思表示的性质问题包括意思表示的构成理论,包括意思表示的法律事实与个别规范理论,也包括意思表示与法律行为的关系理论,本文将按此思路论述。

（一）意思表示的构成

德国学者诺伊尔在《何为意思表示》一文中主张内外部二分的要件构成,外部要件即表示,内部要件则包括能力、意图和实质要件。诺伊尔认为:①法学上的意思表示服务于对法律关系的塑造,所以特别要求外部表示必须指向某种法律后果的发生,即显示法律拘束的意思,此种意思必须通过解释来确定,而此种意思多大程度上主观地存在则属于意思表示的内部要件问题;②如果被表示出来的法律拘束意思和真实意思相吻合,则此时该行为便是以私人自治方式参与法律交往的无瑕疵行为,对于此种意思表示,无须特别地予以归责,但表示出来的意思与真实意思相偏离的意思表示,应被规范性地予以归责;③规范归责源于意思表示内部要件的能力、意图和实质自由等方面的问题,其中意图要件方面缺乏沟通意思,即表示人根本就不想表示任何东西或参与意思,表示人虽然想表示点什么,但并无法律行为上的意图,即便外部表示显露出了法律拘束意思,也不存在意思表示[①]。概而言之,一是法律拘束的意思,即创设法律关系的意图,是意思表示或法律行为构成的必要条件,不满足这一条件,法律行为将不存在,同时法律拘束的意思及其内容都要经由意思表示解释来确定,所以无瑕疵或正常的意思表示概念并不涉及表示人真实的或内心的意思,也无须特别地予以归责。二是只有因能力、意图和实质自由等方面的原因致使表示与真实意义相偏离的时候,即瑕疵或病态意思表示时,才会引致规范归责问题。三是虽然从善意接受人角度看,表示体现出了法律拘束意思即告成立,但不能忽略表示人主观方面对意思表示认知的局限性,应将行为可归责性与表示意义的可归责性相区别,意思表示并非纯粹的"对意愿进行的表示",也并非纯粹的"不带有意思的表示",意思表示的意义最好应被理解为效力性

---

① ［德］耶尔格·诺伊尔:《何为意思表示?》,纪海龙译,《华东政法大学学报》2014年第5期,第43-54页。

表示①。

诺伊尔的论文几乎是拉伦茨1930年代《法律行为解释之方法》论文的现代意思表示构成角度的精简版,其所传达出来的信息或并不仅限于本文的转述,但这些也对本文即将展开的论述有着基础意义,因为本文的意思表示本质属性论将这样的构成要件理论作为既定条件。同时诺伊尔的论文也有力地表明某些意思表示论述是有待商榷的。意思表示的目的性必须得到阐释,"意思表示本身是被意愿的,并且法律效果通过意思表示是被意愿的"②,意思表示作为效力表示,是意思行为和意义表达,效力意义抑或表示意义表明某种法律效果应当发生③。

这样的构成也表明意思表示既是法律事实也是法律规范,而这样的判断是很多学者的共识。比如,凯尔森认为,法律行为是个人由法律秩序授权在法律上调整某些关系的行为,它因为产生了参与行为的当事人的法律义务和权利而成为创造法律的行为,并提醒"重要的是要明确地区分:私法行为作为当事人用以为他们自己创造一个规范的行为,以及在这种方式下被创造的规范",因为"这两个现象往往被人们以同一词来称谓"④"有约束力的契约与成立契约的程序,即双方当事人一致意图的表示,是两个不同的现象"⑤。在相同的意义上,拉伦茨和弗卢梅对意思表示概念也做了这样的区分。拉伦茨将意思表示分为"作为行动的意思表示"与"作为客观逻辑的意义构造的意思表示"⑥。弗卢梅将意思表示分为"作为行为的意思表示"与"作为规则的意思表示"⑦。拉伦茨的"作为行动的意思表示"即"作为行为的意思表示",而其"作为客观逻辑的意义构造的意思表示"实质是"效力表示"⑧。弗卢梅的"作为规则的意思表示"实质是"效果表示"⑨。但他们对这两个概

---

① [德]耶尔格·诺伊尔:《何为意思表示?》,纪海龙译,载《华东政法大学学报》2014年第5期,第56-57页。
② [德]卡尔·拉伦茨:《法律行为解释之方法:兼论意思表示理论》,范雪飞、吴训祥译,法律出版社2018年版,第53页。
③ [德]卡尔·拉伦茨:《法律行为解释之方法:兼论意思表示理论》,范雪飞、吴训祥译,法律出版社2018年版,第53页。
④ [奥]凯尔森:《法与国家的一般理论》,沈宗灵译,中国大百科全书出版社1996年版,第155页。
⑤ [奥]凯尔森:《法与国家的一般理论》,沈宗灵译,中国大百科全书出版社1996年版,第34页。
⑥ [德]卡尔·拉伦茨:《法律行为解释之方法:兼论意思表示理论》,范雪飞、吴训祥译,法律出版社2018年版,第37页。
⑦ [德]维尔纳·弗卢梅:《法律行为论》,迟颖译,法律出版社2013年版,第91-92页。
⑧ [德]卡尔·拉伦茨:《法律行为解释之方法:兼论意思表示理论》,范雪飞、吴训祥译,法律出版社2018年版,第45页。
⑨ [德]维尔纳·弗卢梅:《法律行为论》,迟颖译,法律出版社2013年版,第66页。

念都是在应然的规范的层面赋义,实质含义也是一样的。弗卢梅著作中表达了对"效力说"的赞同①,拉伦茨也同意弗卢梅提出的"效力说"与"意思说"一致论②。

（二）作为行为的意思表示抑或法律行为属于法律事实

法律事实是法律的基本概念或法律范畴,其并非源于法律之外的经验事实,是随法律而先验的必然的产生。意思表示抑或法律行为属于法律事实,是具有规范意义的法律概念。法律事实是生活事实类型化的产物,其根本要求是具有法律意义,绝非纯粹的经验事实。"法律必须是规范的,必须是当为规范的,故其不可能是纯粹的经验概念",所有的法律概念,都会充满"规范的精灵"③。规范意味着,"某件事应当发生,特别是一个人应当在一定方式下行为""'应当'只不过表示了人的行为是由一个规范所决定的这一特定意义""这种意义不同于我们说一个人实际上在一定方式下行为、某件事实际上发生了或存在着的那种意义""规范丝毫没有讲到有关个人的实际行为"④。作为具有规范意义的法律概念,法律行为同样不是一个具体的行为,正如弗卢梅所言:"法律行为是一个抽象概念""现实中不存在'某一'法律行为本身,而仅存在为法律秩序所认可的,因其而存在的各种行为类型,例如买卖合同、债权让与、所有权转移、订婚、结婚、遗嘱等行为,这些行为都可以被置于抽象的法律行为概念之下去理解"⑤,因为法律行为概念"并非以归纳的方法对各种法律行为类型进行抽象的结果",是法学经演绎的方法而获得的被赋予特定法律特征的概念,它被适用于先于它而存在的各种法律行为类型,只是因为这些行为类型都具有形成法律关系目的这一本质特征⑥。谢鸿飞同样认为,法律行为概念完全是理论的创造物,是法学家追求法律形式体系化和抽象化的产物,在民法典中,法律行为只是一个抽象的名,其上还有更为抽象的人类行为概念,其下是进入法律调整的契约、遗嘱、婚姻等具体、可被观察的法律行为⑦。所以,法律

---

① ［德］维尔纳·弗卢梅:《法律行为论》,迟颖译,法律出版社2013年版,第68页;［德］卡尔·拉伦茨:《德国民法通论》(下),王晓晔、邵建东、程建英等译,法律出版社2002年版,第453页,注3。
② ［德］卡尔·拉伦茨:《法律行为解释之方法:兼论意思表示理论》,范雪飞、吴训祥译,法律出版社2018年版,第105页。
③ ［德］阿图尔·考夫曼:《法律哲学》(第二版),刘幸义等译,法律出版社2011年版,第119、124页。
④ ［奥］凯尔森:《法与国家的一般理论》,沈宗灵译,中国大百科全书出版社1996年版,第39页。
⑤ ［德］维尔纳·弗卢梅:《法律行为论》,迟颖译,法律出版社2013年版,第26-27页。
⑥ ［德］维尔纳·弗卢梅:《法律行为论》,迟颖译,法律出版社2013年版,第33-39页。
⑦ 谢鸿飞:《论法律行为概念的缘起与法学方法》,载易继明:《私法(第二辑第2卷)》,北京大学出版社2003年版,第68页。

行为更多的时候是一个学理概念，民法典中的相关规定也不是针对法律行为这一抽象概念，而是针对各法律行为类型，现实生活中当然也不会存在作为具体行为的法律行为。正如法律关系，作为法对于生活关系评价的结果，与作为事实关系的生活关系蕴含于生活层面不同，作为规范关系的法律关系则蕴含于法层面，其本身在现实世界中并没有直接的对应物，也并不代表和描述任何具体事物①。法律事实具有规范意义，作为常识，这里的目的在于强调对作为法律事实的意思表示而言，是一个法律概念，属于应然世界，并不是具体概念，不在实然世界。

法律事实是具有法律意义或具有法律后果的事实，包括与人的意志无关的自然事件和人的意志控制下的行为。日本学者古田裕清对行为概念进行了德语溯源，按日本民法理论，行为(Handlung)分为违法行为(Widerrechtliche Handlung)和合法行为(Rechtmäßige Handlung)，合法行为分为法律行为(Rechtsgeschäft)与准法律行为(Geschäftsähnliche Handlung)，德语"Geschäft"是指人通过做出意思表示，与他人结成约束性关系的行为，准法律行为不是"Geschäft"，而是"Handlung"，要使Geschäft成立，必须是Handlung加上通过意思表示与他人建立法律关系②。法律行为是旨在获致法律效果的意思表示，即其目的是引起法律后果，法律行为之所以产生法律后果，是因为法律制度为法律行为规定了这样的后果，而且从事法律行为的人正是想通过这种法律行为引起这种法律后果③。法律行为与准法律行为均为表示行为，但法律行为抑或意思表示的目的直接指向法律效果，而准法律行为之表示行为的目的并不直接指向法律效果，事实行为则不存在表示行为④。显然此时的法律行为具有分类学意义，是典型的技术性抽象概念体系的构成部分，但旨在获致法律效果的特征使其特立独行，前文述及的创设法律关系的意图即这一特征的表现。

法律事实是法律规范中的构成要件，也是司法三段论中的小前提。这是其"具

---

① 朱虎：《萨维尼视野中的法律关系的界定：法律关系、生活关系和法律制度》，《比较法研究》2009年第3期，第45-47页。

② [日]古田裕清：《日本的法律用语与德语——关于"行为"》，崔延花译，《比较法研究》2004年第1期，第158-159页。民法学通说认为合法行为包括法律行为、准法律行为和事实行为(Realakte)，事实行为包括拾得、先占、住所的取得和丧失、从物的界定、无因管理等，参见常鹏翱：《事实行为的基础规范》，《法学研究》2010年第1期，第48-62页。日本民法学者将准法律行为分为表现行为和非表现行为，非表现行为即指通说之事实行为，亦可参见[日]近江幸治：《民法讲义I：民法总则》(第6版补订)，渠涛等译，北京大学出版社2015年版，第149页。

③ [德]卡尔·拉伦茨：《德国民法通论》(下)，王晓晔、邵建东、程建英等译，法律出版社2002年版，第426页。

④ 常鹏翱：《对准法律行为的体系化解读》，《环球法律评论》2014年第2期，第52-56页。

有法律意义或具有法律后果"特征的表现。法律规则意义上的法律规范由构成要件和法律效果构成,构成要件是法律规范的前件,法律后果是法律规范的后件,而构成要件可以指涉行为或者事件,可以指涉一般的事实类型或者特殊的事实,即涉及规则的事实[1]。拉伦茨在论述完全法条的逻辑构成时也表明案件事实即构成要件,法条的意义即当构成要件所描述的案件事实存在,法律效果即应发生[2]。同样,有学者也认为,从构成要件引致法律效果的构造上看,其与民法学中法律事实的功用完全相当,所以构成要件就是规范层面上的法律事实[3]。拉伦茨区分了作为事件和作为陈述的案件事实,认为判决的事实部分即作为陈述的案件事实,并引用恩吉施确定司法三段论小前提的论述表明,具体事实经陈述而成为案件事实并得到确证,若案件事实经由法律评价而具备法律规范构成要件的要素,而成为最终的案件事实,则最终的案件事实是思想加工处理后的成果,处理过程已包含法的判断[4]。按此,最终案件事实的构建就是司法三段论小前提的构建,于是可知法律事实就是小前提,是案件事实与法律规范构成要件联结后所形成的事实,其联结的过程即案件事实的归属论证[5]。案件事实的归属论证主要是为了打通事实与法律之间的屏障,对案件事实的确证和法律判断而得到的法律事实与法律规范构成要件具有同一的事实特征和价值判断,是当事人承担特定法律效果的前提条件[6]。

在弗卢梅以前,意思表示抑或法律行为作为法律事实概念是它们的主要定位,自弗卢梅之后,如拉伦茨所言,规定功能的法律行为概念开始大行其道。弗卢梅的大作《法律行为论》第一版序言的第一句话就是"在阐述民法总论时,人们通常将法律行为理论纳入法律事实理论之中予以论述,并将其视为权利创设、变更和消灭的事实构成",因为将法律行为理解为行为,"没有体现出法律行为所特有的基于意思自治创设性地形成法律关系的本质",于是为了进一步澄清私法自治理论的特性和价值,才要将法律行为理论作为独立理论进行研究[7]。于是规定功能的法律行为概念才登场了。但意思表示的法律事实本质不会有变,其在构筑体系和法

---

[1] 雷磊:《法律规则的逻辑结构》,《法学研究》2013年第1期,第83-84页。
[2] [德]卡尔·拉伦茨:《法学方法论》,陈爱娥译,商务印书馆2003年版,第132页。
[3] 常鹏翱:《法律事实的意义辨析》,《法学研究》2013年第5期,第9页。
[4] [德]卡尔·拉伦茨:《法学方法论》,陈爱娥译,商务印书馆2003年版,第160-161页。
[5] 黄泽敏:《案件事实的归属论证》,《法学研究》2017年第5期,第76-77页。
[6] 张继成:《从案件事实之"是"到当事人之"应当"——法律推理机制及其正当理由的逻辑研究》,《法学研究》2003年第1期,第69页。
[7] [德]维尔纳·弗卢梅:《法律行为论》,迟颖译,法律出版社2013年版,第一版序言,第1页。

律推理中的基础性地位依然如故。拉伦茨明确指出意思表示是法律事实，"由单一或多数——以发生效果为目标的——表示所构成的案件事实（法律行为），也是具有法律意义的案件事实"，正如"确定法效果的三段论"一样，拉伦茨也有"确定法效果的意思表示""意思表示不仅是——法律可赋予一定法效果的——案件事实，反之，其内容本身亦同时指出：应发生此种或彼种法律效果""法律行为是一种本身已经包含应赋予之法效果的案件事实"①。作为法律事实的意思表示抑或法律行为依然有着构成要件或小前提的面向，但旨在获致法律效果依然是其独特之处。

（三）作为规则的意思表示抑或法律行为属于个别规范

在对法律事实性质的认识上，一些学者主张具体性和事实性，认为法律事实就是现实生活中实际发生的具体事实，于是意思表示抑或法律行为自然就是具体行为②。但具体事实的定位面临着诸多理论上的困境，比如法律行为的效力、解释等问题都不能基于此而得到说明，即便在法律事实的正确认识上，对这些问题的理论说明也不是很有力。近来有些学者开始关注法律行为的规范性，主张法律行为主要或仅是一种规范。朱庆育在2001年的论文中就已提到"法律行为具有法律规范之品格"③，其后更是直接提到了"作为个别规范之法律行为"④，但还没有对法律行为规范性进行深入的讨论，后来在2012年的论文中，朱庆育对"法律行为的规范品格"进行了详细论证⑤。薛军在对法律行为合法性问题的研究论文中提出，法律行为是私人创设调整其相互利益关系的法律规范的行为，法律对法律行为的调整主要表现为效力性评价，规范性是法律行为的本质属性⑥。胡东海和窦海阳也明确肯定了法律行为的规范属性并给出了详尽深入的分析论证⑦。学者的努力足以表明法律行为作为规范的正确性，也反映了我们对法律行为认识上一直存在的问题，即

---

① ［德］卡尔·拉伦茨：《法学方法论》，陈爱娥译，商务印书馆2003年版，第178页。
② 常鹏翱：《法律事实的意义辨析》，《法学研究》2013年第5期，第5页。
③ 朱庆育：《民法典编纂中的两个观念问题》，《北大法律评论》2001年第2期，第566页。
④ 朱庆育：《私法推理的典型思维：从司法三段论到意思表示解释理论》，载郑永流：《法哲学与法社会学论丛（五）》，中国政法大学出版社2002年版，第159页。
⑤ 朱庆育：《私法自治与民法规范：凯尔森规范理论的修正性运用》，《中外法学》2012年第3期，第476-483页。
⑥ 薛军：《法律行为"合法性"迷局之破解》，《法商研究》2008年第2期，第37页。
⑦ 胡东海：《论法律行为的规范性》，《中外法学》2012年第6期，第1176-1189页；窦海阳：《法律行为概念的再思考》，《比较法研究》2016年第1期，第109-125页。

对法律行为概念的理解还不太清晰,这几乎是民法学的遗留问题,长期以来是认识的盲区。

但法律行为抑或意思表示作为规范并不是新事情。

拉伦茨以赠予允诺为例表明意思表示即效力表示,体现出了规范性质。比如,拉伦茨认为赠予作为法律概念,其中"起决定性作用的是法律上的关联""表示在内容上指向的是某种法律后果""允诺是一种具有拘束性的表达""旨在实现某种终局性的东西,在于效力""因此,如果意思表示依其被指称的和被理解的意义,指向对某些法律联系或法律关系(它是诸法律联系的结合)作出规定,且这种规定涉及它们的客观存在,那么,这个意思表示就是指向某种法律效力的发生的。它所说的并非什么东西存在,而是什么东西应当发生效力"[①]。这就是拉伦茨"作为意义构造的意思表示"的本质所在,像一切法律概念一样具有规范性,而且本身就是具有效力的,直至明确表述"意思表示的这一特征与法律或已具确定力的判决无异"[②]。但他的论述只在于表明意思表示具有效力这一规范特质,却并没有说明意思表示可以完全等同于实证法规范,比如他认为,合同的缔结为当事人之间的关系确立了一种规范,即"合同法",这样一种规则只适用于当事人自己,"而不像一般的法律规范那样约束不确定的多数人并具有各种可能的适用情况",即不满足法律规范的一般性,"因此,与法律或章程中包含的规范不同,合同中所确定的规范并不是《民法施行法》第2条意义上的'法律规范',也不是技术意义上的'法律条款'"[③]。

弗卢梅将意思表示区分为作为行为的意思表示与作为规则的意思表示。作为行为的意思表示属于一个过程,作为规则的意思表示是该行为的结果。在单方法律行为中,规则基于一个意思表示形成。通常情况下,规则基于多个意思表示形成,合同为其典型。在合同中,缔约结果,即所订立的合同,与缔约过程并列。人们应当对作为法律行为结果的规则与作为行为、作为过程的法律行为予以区别。弗卢梅认为意思表示的本质就是,以意思自治的方式通过有效制定法律规则来创造性地形成法律关系的行为,法律行为即个体基于法律秩序可以按照自己的意思通过

[①] [德]卡尔·拉伦茨:《法律行为解释之方法:兼论意思表示理论》,范雪飞、吴训祥译,法律出版社2018年版,第42-45页。

[②] [德]卡尔·拉伦茨:《德国民法通论》(下),王晓晔、邵建东、程建英等译,法律出版社2002年版,第453页。

[③] [德]卡尔·拉伦茨:《德国民法通论》(下),王晓晔、邵建东、程建英等译,法律出版社2002年版,第718页。

其创造性地形成法律关系的一类行为,法律行为之行为的内容是制定规则[①]。弗卢梅总结道:"事实上,每一法律行为的内容(也包括那些未采用特定形式的法律行为)都是通过法律行为之行为,即主要借助于一个或多个意思表示,使当事人以及当事人以外的其他人都能够感知其旨在形成的法律关系。从内容上来看,法律行为属于效力表示,这是因为通过法律行为之行为有效地制定了某项规则,法律关系基于该规则而设立、变革或者消灭。"[②]这样,意思表示抑或法律行为作为法律事实和规范的性质基本明确了。弗卢梅一再强调意思表示的规范性质,甚至明确表示意思表示的具体规范性,他引用赫尔德在第20届德国法学家大会上的论述:"我们所探讨的意思始终属于规范性的意思,其宗旨始终是规定我们在此所论及的某一'应然'或者'可然',某一'非能'或者'不可',相信没有人会提出反对意见。正如法律确定抽象规范那样,具有法律效力的意思表示也可以具体规范确定私人意思,该私人意思同样以公告形式被确立为规范。在其向公众表示出来之前,所表示的意思根本不能作为规范存在,因为规范存在的前提条件是它以任何一种方式被公之于众。有鉴于此,我们可以认为:该意思属于规范性的意思,依据法律规定,为了使其生效,该意思因其被表示出来,因其被公告而存在。"[③]基于这样的划分,弗卢梅还列举了《德国民法典》中涉及法律行为之行为的条文和涉及基于法律行为所产生规则的条文,前者包括有关行为能力、意思瑕疵、法律行为形式要件、需受领意思表示到达、合同缔结等条文,后者包括有关解释、法律行为形成规则限制问题以及有关无效和可撤销法律行为等总则条文[④]。在弗卢梅那里,法律行为是抽象的行为概念,也是不折不扣的规范概念,并且他的法律行为之规定功能的概念,即实现私法自治工具观的提出也是基于这样的认识,私人以意思自治的方式通过有效制定法律规则来创造性地形成法律关系,是以个别规范对私法自治原则具体化的理论描述,即私法自治是经由作为规则的法律行为具体化而实现的。

凯尔森明确地指出私法行为是创造法律的行为,通过私法行为,人们创造调整当事人相互行为的个别规范,甚至是一般规范。他认为,私法行为是个人由法律秩序授权在法律上调整某些关系的行为,因为产生了参与行为的当事人的法律权利

---

① [德]维尔纳·弗卢梅:《法律行为论》,迟颖译,法律出版社2013年版,第91-92页。
② [德]维尔纳·弗卢梅:《法律行为论》,迟颖译,法律出版社2013年版,第92页。
③ [德]维尔纳·弗卢梅:《法律行为论》,迟颖译,法律出版社2013年版,第66-67页。
④ [德]维尔纳·弗卢梅:《法律行为论》,迟颖译,法律出版社2013年版,第92页。

和义务,所以是创造法律的行为,因为当事人利用了使私法行为成为可能的一般规范,所以也是适用法律的行为。而且,他明确指出,在规范的意义上,议会制定的法律、双方当事人缔结的契约或个人立下的遗嘱,三者之间并无不同,契约是约束双方当事人的规范,遗嘱是约束遗嘱执行人和继承人的规范。与弗卢梅的区分一样,凯尔森也明确区分了作为行为的私法行为与作为行为结果的规范的私法行为,并以合同为例来说明:"私法行为作为当事人用以为他们自己创造一个规范的行为,以及在这种方式下被创造的规范。这两个现象往往被人们以同一词来称谓。尤其'契约'这一术语就有这样一种双重用法。'契约'既指用以创造契约当事人的契约义务与权利的特定程序,又指由这一程序所创造的契约规范;这是一个成为契约理论中的典型错误来源的双关语。"① 与拉伦茨认为意思表示与法律、司法判决都具有规范性一样,凯尔森认为私法行为与司法行为都是创造和适用法律的行为,它们都创造了个别规范。凯尔森认为司法行为是在一般规范基础上创造个别规范的行为,当法院在审判时是其在适用作为一般规范的法律,同时法院也创造了对特定人予以制裁的个别规范,因而司法判决既是法律的创造又是法律的适用,从而经由个别规范对一般规范的个别化和具体化,实现法律对社会生活的调整。私法行为作为创造法律和适用法律的行为,其结果是次要规范,是由一般主要规范规定为制裁条件的法律行为的内容。凯尔森以房屋租赁合同为例对个别次要规范进行了解释:房东给房客提供住房而房客支付租金的法律义务并不是由一般主要法律规范所直接规定的,要在一般规范之外加上一个特定的创造法律的行为,也就是用以创造一个构成房东和房客之间具体义务和权利的个别次要规范的法律行为,即一般主要规范授权当事人以这样的私法行为按一定程序创造次要个别规范,于是规定房东让房客付房租这一规范就是个别次要规范②。

以上所引三位学者的论述,意在表明意思表示抑或法律行为实为规范,具有规范效力,即拘束力,或为通说,并且主流法学家的认识并无不同。在凯尔森那里,相对于一般规范,司法判决和私法行为这类的特殊规范因为只适用于特定范围,不能反复适用,因而被称为个别规范。但法律的本质属性并不必然具备一般性,只要具备效力或拘束力,个别规范也属于法律。凯尔森称次要规范是私法行为的产物,

---

① [奥]凯尔森:《法与国家的一般理论》,沈宗灵译,中国大百科全书出版社1996年版,第155页。
② [奥]凯尔森:《法与国家的一般理论》,沈宗灵译,中国大百科全书出版社1996年版,第152-157页。

"私法行为是创造法律的事实""私法行为意图创立某一次要规范""私法行为的法律后果,即构成当事人义务和权利的那个次要规范的效力,是私法行为有意得到的"①。弗卢梅同样坚称法律行为本质即旨在形成法律关系而制定的规则,为对比方便,我们不妨再行引述如下:"所有可以在抽象'法律行为'概念下予以理解的行为类型的共同之处在于,它们皆旨在通过制定规则来达到形成、变更或者消灭法律关系的目的。法律行为是指个体基于法律秩序可以按照自己的意思通过其创造性地形成法律关系的一类行为。法律关系基于实施法律行为的一人或多人共同制定的因获得法律秩序的认可而生效的规则所形成。以此为目的而制定的规则正是法律行为与那些法律效果基于法律秩序而产生的法定构成要件之间的区别所在。"②凯尔森与弗卢梅的论述如出一辙,都同意法律行为制定了规范。弗卢梅曾言:"依私法自治而形成法律关系不是法律创制行为……正如各人不得担当自己案件的法官,他亦不得充任立法者。各人依其自决形成法律关系,此诚属正当,唯其效力基础仅仅在于自决以及法律制度对于自决的承认。于此,自决无法赋予私人自治行为以(旨在)实现法律思想之实质法律品格。"③显然弗卢梅在论述的是私法自治不能赋予私法自治行为以法律的品格,弗卢梅认为"私法自治行为缺乏法律的实质特征""只要获得法律秩序的充分认可,私法自治的设权行为就会产生类似造法的效力"④,显然弗卢梅的法律指的是法律秩序。再如拉伦茨所言,每个法律秩序都包含一些规则,"大部分的法规则都同时是国民的行为规范及法院或机关的判断规范",这些规则有两点特征,即规范性特质和一般性特质⑤,意指这是法律秩序中大部分法律规则的特征,不是表明法律规范必为一般规范。

但似乎仍要强调的是,作为规范的法律行为抑或意思表示却不同于实证法上的规范,显然它们并没有一般性特征。不过也并非没有例外,比如集体合同或国际条约,却几乎等同于一般规范,这点上,学者们也有一致的认识。比如凯尔森:"由契约所创造的规范可以是个别规范或一般规范。在劳工法和国际法中,一般契约

---

① [奥]凯尔森:《法与国家的一般理论》,沈宗灵译,中国大百科全书出版社1996年版,第158页。
② [德]维尔纳·弗卢梅:《法律行为论》,迟颖译,法律出版社2013年版,第28页。
③ Werner Flume, Allgemeiner Teil des Bürgerlichen Rechts II, *Das Rechtsgeschäft*, 4. Aufl., 1992, S.5, 转引自朱庆育:《私法自治与民法规范:凯尔森规范理论的修正性运用》,《中外法学》2012年第3期,第479页。
④ [德]维尔纳·弗卢梅:《法律行为论》,迟颖译,法律出版社2013年版,第6页。
⑤ [德]卡尔·拉伦茨:《法学方法论》,陈爱娥译,商务印书馆2003年版,第132页。

扮演显著的角色。"① 考夫曼："契约不仅是私法，也是公法，尤其是国际法的最重要法律形态。"② 拉伦茨："合同中所确定的规范并不是《民法施行法》第2条意义上的'法律规范'，也不是技术意义上的'法律条款'，除非这种规范定于像集体劳资合同规则性部分那样的所谓'规范性合同'中。"③

（四）意思表示与法律行为

意思表示与法律行为的关系是一个争论已久的话题。有学者认为意思表示与法律行为属于同义概念，主张将法律行为概念一剃了之，只保留意思表示概念④，有学者认为意思表示独立于法律行为，意思表示仅仅是使法律行为按照行为人所规定的内容成立⑤。所以这个问题似乎仍有讨论的必要。

意思表示与法律行为是同义语，本质上并无区别，弗卢梅说："意思表示或者等同于法律行为，或者属于法律行为的组成部分。"⑥ 我们或许应该循着这个路径进行探讨。

弗卢梅给出的两者的定义："法律行为是指个体基于法律秩序可以按照自己的意思通过其创造性地形成法律关系的一类行为"⑦ "意思表示的'本质'可以被概括为：以意思自治的方式通过有效制定法律规则来创造性地形成法律关系的行为"⑧。显然它们在本质上完全同一，而在《德国民法典第一草案立法理由书》中就更清晰了："草案中的法律行为是旨在引发法律效果的私人意思表示，法律效果之所以根据法律制度而产生，是因为行为人有此欲求。法律行为的本质在于，旨在引发法律效果之意志活动，以及通过承认此等意思而令欲求的法律安排在法律世界中实现之法律判断。"⑨ 之所以如此，是因为它们本来就是同一的。据弗卢梅的

---

① ［奥］凯尔森：《法与国家的一般理论》，沈宗灵译，中国大百科全书出版社1996年版，第160页。
② ［德］阿图尔·考夫曼：《法律哲学》（第二版），刘幸义等译，法律出版社2011年版，第124页。
③ ［德］卡尔·拉伦茨：《德国民法通论（下）》，王晓晔、邵建东、程建英等译，法律出版社2002年版，第718页。
④ 朱庆育：《意思表示与法律行为》，《比较法研究》2004年第1期，第34页。
⑤ 王琦：《德国法上意思表示和法律行为理论的新发展》，《清华法学》2016年第6期，第45-46页。
⑥ ［德］维尔纳·弗卢梅：《法律行为论》，迟颖译，法律出版社2013年版，第36页。
⑦ ［德］维尔纳·弗卢梅：《法律行为论》，迟颖译，法律出版社2013年版，第28页。
⑧ ［德］维尔纳·弗卢梅：《法律行为论》，迟颖译，法律出版社2013年版，第57页。
⑨ Motive,Fn.[49],S.126.转引自朱庆育：《法律行为概念疏证》，《中外法学》2008年第3期，第333页。关于这段论述引用很多，比如：［德］维尔纳·弗卢梅：《法律行为论》，迟颖译，法律出版社2013年版，第26页；［德］汉斯·哈腾保尔：《法律行为的概念——产生以及发展》，孙宪忠译，载杨立新：《民商法前沿》（第1、2辑），吉林人民出版社2002年版，第145页。

研究,意思表示与法律行为概念形成于18世纪,直到18世纪末,才出现法律行为(Rechtsgeschäft)这一术语,萨维尼在对法律行为理论的经典论述中主要探讨了其中的意思要素,将法律行为与意思表示这两个术语作为同义词使用[①]。与弗卢梅认为法律行为概念产生与学说汇纂体系直接相关一样,谢鸿飞通过研究认为概念的产生与理性法学和历史法学相关,因为它们提供了体系化和抽象化方法,在意思表示这一社会行为基础上,抽离了全部价值和伦理因素,只剩下"私法上的效果",赋予法律行为以尊重个体自治和自由的价值[②]。薛军也认为是意志论和行为论的共同影响,使得作为意思表示的行为被法学理论确认为能够产生意志所指向的法律后果的行为,意思表示意义上的法律行为概念就产生了[③]。我们阅读和引用得比较多的是哈腾保尔的论述,但他认为萨维尼之后,法律行为理论取代了意思表示理论,意思表示变成了法律行为的一个要素[④],这恐怕会使我们误以为法律行为取代了意思表示。在这篇《法律行为的概念——产生以及发展》的文章里,哈腾保尔主要表达了他对法律行为概念所蕴含的自由价值逐步减损的担心和批评,他认为行为是被实现的自由,法律行为理论是行为理论的一部分,意思表示的效力源于意思本身,而在萨维尼之后,法律行为的效力来源则是法律制度。哈腾保尔的效力来源观点另当别论,但他并没有表明法律行为不同于意思表示[⑤]。相反恰是萨维尼及其后继者对法律行为术语的赋值,使得法律行为成为根据行为人意旨而发生法律效果之行为,该观念成为19世纪德国主流法学的共识,成为法律教义学与法律体系中不可或缺的基本概念[⑥]。而"萨维尼将法律行为与意思表示这两个术语作为同义词来使用。他针对意思要素做的文章这一点也许可以说明,他几乎唯独使用了意思表示这一术语"[⑦]。至此,我们可以认为,意思表示与法律行为是同一的,因为它们本来就是同一不曾分离的,所以本质、功能一致。这也是本文几乎不加区别

---

① [德]维尔纳·弗卢梅:《法律行为论》,迟颖译,法律出版社2013年版,第32-35页。
② 谢鸿飞:《论法律行为概念的缘起与法学方法》,载易继明:《私法(第二辑第2卷)》,北京大学出版社2003年版,第63-99页。
③ 薛军:《法律行为理论在欧洲私法史上的产生及术语表达问题研究》,载《环球法律评论》2007年第1期,第41页。
④ [德]汉斯·哈腾保尔:《法律行为的概念——产生以及发展》,孙宪忠译,载杨立新:《民商法前沿》(第1、2辑),吉林人民出版社2002年版,第144-145页。
⑤ [德]汉斯·哈腾保尔:《法律行为的概念——产生以及发展》,孙宪忠译,载杨立新:《民商法前沿》(第1、2辑),吉林人民出版社2002年版,第136-145页。
⑥ 朱庆育:《法律行为概念疏证》,《中外法学》2008年第3期,第332页。
⑦ [德]维尔纳·弗卢梅:《法律行为论》,迟颖译,法律出版社2013年版,第35页。

地使用这两个概念的原因所在。

既然意思表示与法律行为是同义词,为何还要叠床架屋地同时使用两个词呢?答案正是便利。法律行为是理论经演绎创造的概念,为扩大它的容量而定义得非常抽象,但正如拉伦茨所言,概念的抽象程度越高,内容就越空洞,其代价是由价值标准及法律原则所生的意义脉络不复可见。他认为,从法律行为的一般定义,即一个或多个以获致法律效果为目标的意思表示之事实构成,实在无从认识,法律行为是人类自己参与形成自身法律关系的手段,"只有认识到,在个人生活关系的形成层次上,法律行为是人格自我发展的手段,然后才能了解,何以通常都需要双方当事人合致的意思表示(契约),单方的法律行为只有在特殊条件下始能生效"[①]。即在意思表示维度上更能让法律行为的意义得到彰显。《德国民法典第一草案立法理由书》针对意思表示和法律行为这两个概念的适用进行了说明:"意思表示可以被理解为法律行为中的意思表示。一般而言,意思表示和法律行为这两个表述被作为同义词使用。之所以选择意思表示这一表述,是因为意思表示本身居于首要地位,或者意思表示仅被作为法律行为构成要件的组成部分予以考虑。"[②]法律行为本身要求意思表达,意思表示为其必备条件,若只有一个意思表示,则两个概念重合,但如果像合同那样包含两个一致的意思表示,或那些有意思表示和其他事件构成的法律行为,这时意思表示就有了特殊含义,便于认识和讨论,"使意思表示独立于法律行为的意义仅仅在于,当法律行为中所出现的问题涉及意思表示时,将其转化为意思表示问题更加便于掌握"[③]。弗卢梅对此进一步的解释是:"法律行为中的意思问题所涉及的是意思与行为的宣告之间的关系。当数人参与法律行为——通常如此——时,就会出现意思的问题,特别是每个参与者宣告自己意思的问题。这正是法律行为的意思问题为何一般不被作为'法律行为'的问题,而是被作为'意思表示'的问题予以处理的原因。虽然人们将其视为'意思表示'的问题,但是它所涉及的仍然是'法律行为'的问题。"[④]以意思表示错误为例。根据唐晓晴的研究,"在萨维尼之前,学说一般认为错误会破坏契约的合意(或导致不合

---

① [德]卡尔·拉伦茨:《法学方法论》,陈爱娥译,商务印书馆2003年版,第332-333页。
② 《立法理由书》I,第126页(《穆格丹》I,第421页),转引自[德]维尔纳·弗卢梅:《法律行为论》,迟颖译,法律出版社2013年版,第28页。
③ [德]维尔纳·弗卢梅:《法律行为论》,迟颖译,法律出版社2013年版,第32页。
④ [德]维尔纳·弗卢梅:《法律行为论》,迟颖译,法律出版社2013年版,第53页。

意）。换言之，无论是经院学者（包括后期的教会法学家）、自然法学者，以至19世纪初的法国学者在思考错误的问题时，都是从契约的角度出发的，错误是契约范畴内的一个个别问题"①。萨维尼错误理论将原本放在契约范畴考察的问题纳入了意思表示范畴，将本来模糊不清的错误与合意的关系，拆解成错误与一个或多个单向的意思表示之间的关系，成为《德国民法典》错误制度的基础②。弗卢梅也曾做了相似但更详细的有关萨维尼错误理论的研究，认为"萨维尼的特殊贡献是，他将错误理论在意思表示说中进行了贯彻始终的体系定位"③。所以，意思表示概念的存在，以及从意思表示概念出发予以讨论的许多问题，实在是理论节约思考的典型范例。而且与将错误理论置于意思表示范畴一样，合同作为法律行为，其特殊的两个一致的意思表示构成，仍然要求从意思表示角度来分析解决相关问题，仍然需要对意思表示与法律行为概念的正确理解，否则我们仍然要经受理论上的困扰。比如我们认为要约和承诺是意思表示，合同成立即法律行为成立，但这似乎并未成为共识，比如有学者称："要约与承诺如果不是法律行为的话，它们的结合又如何能够成为双方法律行为呢？两个不构成法律行为的意思表示却能结合为双方法律行为，这样的观点在逻辑判断和价值判断上都得不到合理的解释。"④可见意思表示与法律行为关系的研究仍需加强和深入。

（五）小结

本部分内容可归纳为两句话：一是意思表示与法律行为是法律事实，是法律规范中的构成要件和司法三段论推理中的小前提，也是私人为创设法律关系而制定的个别规范，但与实在法规范不同，只约束当事人自身而没有规范的一般性。二是意思表示与法律行为是同义语，只是在涉及多个意思表示或意思要素的问题时，适用意思表示概念更易于掌握。需要强调的是意思表示抑或法律行为都是法律概念，在法律制度环境下具有特定的意义，是人构建的结果，是依赖于法律这种社会制度而存在的事实，属于制度性事实。法律事实，当然包括意思表示抑或法律行为，尤其是法律行为，是人们在法律制度框架下构建的结果，是制度性事实，包括法律

---

① 唐晓晴：《意思表示错误的理论与制度渊源》，《华东政法大学学报》2008年第2期，第38页。
② 唐晓晴：《意思表示错误的理论与制度渊源》，《华东政法大学学报》2008年第2期，第39-40页。
③ ［德］维尔纳·弗卢梅：《法律行为论》，迟颖译，法律出版社2013年版，第522页。
④ 彭隋生：《合同法律关系成立新探：从"法律事实"出发的理论分析》，《政治与法律》2012年第7期，第119页。

制度本身都是制度性事实,也是人们构建的结果。法律行为以表意行为为基础,经由法学家们构建为私法中私人旨在创设法律关系的行为,在功能赋予、集体意向性和建构性规则的概念中得以解释[①]。

三、何为意思

意思表示是法律事实,是效力表示,于是作为概念的意思表示似乎就天然地包含了对意思和表示的理解问题,而对表示又基本不存在争议,所以意思是什么就成了主要问题。但是欲回答意思是什么,同样重要的是还要搞清楚意思不是什么。

（一）意思不是什么

意思表示作为法律事实是一个法律概念,并不是具体概念,不在实然世界,那么意思自然也不是具体概念,不是当事人的内心意思,只是在与内心意思相同时才不加区分而已。正如梁慧星所言:"意思表示上的意思,指效果意思。表意者内心意欲发生法律上效果的意思,为内心的效果意思,即所谓真意。……法律上所谓效果意思,是指表示上的效果意思。所谓表示上的效果意思,指从书面形式或口头形式的表述行为所推断的效果意思。意思表示中的意思,原则上指表示上的效果意思。但在例外情形,如能判明真意即内心的效果意思,则应以内心的效果意思为当事人的意思。"[②]反映在合同解释场合,在当事人的理解相同时,合同意思指他们的内心意思,而在理解有分歧时,则是规范意思[③]。

这与我们通常的理解直接冲突,因为通说表明意思表示中意思与表示两分,意思与表示之间存在各种关系云云。问题的解决似乎还需要回到萨维尼那里,因为他的论述奠定了意思表示理论、意思说以及意思与表示之间关系的相关理论的基础,又因为不同的解读者有不同的见识,进而又有相关的理论发展。现辑录米健教授的翻译如下:

"意思与表示之间的关系恐怕不好这样去理解,即认为两者本质上说是彼此互不依赖的,就像一个人的意志和另一个人的意志一样,它们之间的相互一致,其实完全是一种偶然;相反,仅就两者的本质而言,可以认为它们是相互联系的。意思

---

① ［美］约翰·R.塞尔:《社会实在的建构》,李步楼译,上海人民出版社2008年版,第8-25页;［英］麦考密克、［奥］魏因贝格尔:《制度法论》,中国政法大学出版社1994年版,第49、118页;李力、韩德明:《解释论、语用学和法律事实的合理性标准》,《法学研究》2002年第5期,第8页。

② 梁慧星:《民法总论》(第三版),法律出版社2007年版,第171页。

③ 杨志利:《论合同解释上的主客观主义与理性人标准》,《东方法学》2014年第5期,第62页。

本身必须被看作唯一重要和有效,只不过因为它是内在的、不可见的事物,故需要一种可以使之为他人所知的表达,而这个使意思得以对外宣示的表达,恰恰就是表示。由此可以知道,意思与表示的一致并非什么偶然之事,而是它们的必然联系。"①

这段话一般认为有两层意思:一是意思与表示的一致是必然的;二是意思是唯一重要和有效的,表示只是它的承载者。这样的理解几乎是作为常识存在的,本文也深以为是。意思表示是一个法律概念,其含义是旨在设立、变更、消灭法律关系的行为,当意思表示被这样理解为一个法律概念时,其只与这个含义相关,与非法律概念的意思、表示无关。这也可以通过法律术语以及事实术语的区分来得到说明,"法律术语的意义是由法律文本所确立的,而事实术语的意义由法律之外的规范所确定",法律术语的例子包括合同、遗嘱、财产、婚姻,事实术语的例子包括树木、建筑物等,法律术语通常指代不可观测的实体,并不指示任何有形的客体或实物②。显然意思表示是法律术语,而意思、表示是事实术语,所以在作为法律术语的意思表示上没有事实性的意思、表示存在的可能。物质世界即便也存在不包含法律意义的意思表示、意思、表示这样的表意行为,但法律对其不予赋义,则它们仍然不具有法律意义,仍然是事实术语,而不在法律世界。正如凯尔森认为,在法律世界中没有什么"本来是"事实的东西,也没有什么"绝对的"事实,是确定条件事实的主管机关"创造"了法律上的事实,这具有一种构成性,"如果根据一个法律规范,必须对一个谋杀者执行制裁,这并不意味着谋杀的事实'本身'是制裁的条件。甲杀了乙这个'本身'的事实是没有的,有的只是我或其他人关于甲杀了乙这件事的信念或了解"③。由此可见,意思表示不可能包含意思和表示,在意思表示概念下,这样的区分就是有问题的。正如龙卫球引用拉伦茨的观点:"意思表示并不是一个复合式概念,它被视为一个单一式概念,是本质的一体:不是指单纯的表达或者单纯的意思,而是被创制性地用以概括那种与法律效果意思相联结的表达。"④

---

① 米健:《意思表示分析》,《法学研究》2004年第1期,第35页;[德]维尔纳·弗卢梅:《法律行为论》,迟颖译,法律出版社2013年版,第57页。
② [波兰]莱赫·莫拉夫斯基:《法律·事实·法律语言》,田荔枝、张婷婷译,载陈金钊、谢晖:《法律方法》(第13卷),山东人民出版社2013年版,第42、44、45页。
③ [奥]凯尔森:《法与国家的一般理论》,沈宗灵译,中国大百科全书出版社1996年版,第154页。
④ 龙卫球:《民法总论》,中国法制出版社2001年版,第503页。

所以，本文以为，萨维尼的这段叙述不是针对法律概念的意思表示，而是讨论事实术语上的意思和表示如何构成法律上的意思表示，即讨论意思表示成立要件，讨论的是物质世界抑或生活世界的意思和表示需满足法律所设定的何等条件而成为意思表示的问题，即生活事实归属为法律事实的过程，是获得小前提的过程，也是制度性事实的生成过程。作为法律概念的意思表示将再无意思和表示，而仅是旨在设立、变更、消灭法律关系的行为，其中的一致性是意思表示的特征。正如弗卢梅所言："当萨维尼将表示对'意思'的公开时，他并非意在指出它属于心理事实的告知，也非意在指出意思表示因此而属于心理事实的信息告知。事实上，萨维尼认为，就意思而言，意思表示是'通过公布意思而使内在的意愿展现于可被感知的外部世界的过程'。""意思与表示一致的'必然性'不仅在于一般而言法律行为的意思与表示实际上相互一致，而且在于当法律行为构成以意思自治方式形成法律关系的行为时，法律秩序应该以意思与表示的一致性这一'必然性'为基础，将这种一致性视为法律行为的本质。"[①]

综上可知，意思表示上的意思于现实世界并无所指，更不是当事人内心意思，甚至并无"意思表示上的意思"这一说法。作为事实术语的意思和表示相对于作为法律术语的意思表示而言，它们所指分处不同的世界，前两者是实然世界，后者是应然世界。意思与表示的一致是法律认定表意动作具有法律意义的标准，因为意思与表示一致才成为意思表示，所以意思表示就已经包含了法律认定的一致性。这样，不再涉及任何实存物，意思表示成为基本法律概念。根据语义工具论观点，"其作为法律素材描述的技术性工具和推理的入门工具使我们能够更简单容易地将案件事实与法律后果联系起来"[②]。正如凯尔森所指出的，法律和法律行为本质是意志（意思）表示，但法律中的立法者意志和法律行为中的当事人意志都不是心理学上的现象，也不是规范效力的来源[③]。

（二）意思应是什么

虽然甚至并无"意思表示上的意思"这一说法，但意思表示抑或法律行为确定是个目的性行为，其内容，也可以说其意思，是什么，或者应是什么？根据定义，

---

① ［德］维尔纳·弗卢梅：《法律行为论》，迟颖译，法律出版社2013年版，第57页。
② ［波兰］莱赫·莫拉夫斯基：《法律·事实·法律语言》，田荔枝、张婷婷译，载陈金钊、谢晖：《法律方法》（第13卷），山东人民出版社2013年版，第44页。
③ ［奥］凯尔森：《法与国家的一般理论》，沈宗灵译，中国大百科全书出版社1996年版，第32-36页。

意思表示或法律行为是私人旨在设立、变更、消灭法律关系的行为,可知行为的目的、内容、意思就是设立、变更、消灭法律关系,也就是追求某种法律效果。意思表示本身就是效力表示,属个别规范,具有规范特征,按法律规范构成要件与法律效果的逻辑结构,则法律效果内在于意思表示。所以,意思表示不是意思的表示,意思表示是一个单一式的概念,前引萨维尼的论述无非在说明,意思表示是个旨在实现法律效果的目的性行为,并非意思的表示,而我们的种种误读,使得意思表示的本质已然淹没在氤氲之中。总之,意思表示是法律事实、构成要件、个别规范,我们所言称的意思、表示必须在此语境下讨论。

这样的思想先贤早有论述,或许被我们忽略了。其中典型如拉伦茨和弗卢梅。就法律行为抑或意思表示性质而言,拉伦茨和弗卢梅的见地高度一致,前文已有涉及,在意思表示的内容相关问题上,二人也几无二致,比如针对意思表示的内容或法律行为的意思,他们都认为其中的内容或意思就是意思表示和法律行为本身所具有的规范目的,是构成其规范内容的部分,主要包括法律效果。

拉伦茨指出当事人的意思是追求法律效果,但必须借助表示行为表达出来,意思表示就是意志性表达,其内容是特定事实应发生效力①。"意思表示不是关于既有意愿的通知,而是效力表示,也就是说,意思表示是一种以某种法律效果为内容的意志性表达,并将该法律效果称作是应当发生效力的法律效果。"②

弗卢梅的认识与此相同,他指出:"并非希望达到某一效果或者实现某一目标的意愿,而是那些依法生效的意愿才构成法律行为的内容。……买卖双方相互负有的'应然'义务是双方当事人在买卖合同中所达成的协议。就那些希望达到某一目标的'欲然'而言,只有当个体所希望达到的目标作为意思表示的内容构成'应然'义务的标的时,这一个体的意愿才能按照意思表示产生意义。""法律行为中的意思并不是一个复杂的心理现象层面上的意思,它属于法律秩序所确定的法律行为事实构成层面上的意思……对区分个体希望达到的目标与按照其意思表示内容生效的内容的重要性,再怎么强调也不为过。"③

---

① [德]卡尔·拉伦茨:《法律行为解释之方法:兼论意思表示理论》,范雪飞、吴训祥译,法律出版社2018年版,第48-50页。

② [德]卡尔·拉伦茨:《法律行为解释之方法:兼论意思表示理论》,范雪飞、吴训祥译,法律出版社2018年版,第59页。

③ [德]维尔纳·弗卢梅:《法律行为论》,迟颖译,法律出版社2013年版,第60页。

意思表示是效力表示，效力表示是依表示的内容获致法律效力的表示，表示的内容主要是法律效果，意思表示就是私人追求法律效果的行为。所以，意思表示的意思就是意思表示的内容，就是规范意思，是意思表示的实质，当然不是意思与表示并举时的意思了。但终究还是有涉及作为实然世界概念的意思与表示的时候，比如我们在讨论意思表示成立后所具有的一致性特征时，我们的所指即意思表示的意思与表示，彼时意在强调意思表示的特征而不是必要条件，这毫不排除意思表示成立了，归属过程中的意思与表示却并不一致。即意思表示成立，意味着意思表示的规范意思与表示一致，也就是通过意思表示得到的内容与表示是一致的，而表意人实际的意思却与表示的内容不一致。这样问题的出现在于判断意思表示是否成立与意思表示解释的思考过程相同，行为满足意思表示成立要件，则意思表示成立，因为这个过程中当事人的实际意思不具有决定作用，很可能成立的意思表示的内容与当事人的实际意思不一致，典型如错误。拉伦茨称，错误是表意人原意与其表述本身的含义不一致，即主观原意与法律上具有决定性的表示含义的背离，错误不在于内容，而在于表述，但该表示即便错误或可能无效，依其意义也仍然是效力表示[①]。所以，意思与表示的不一致跨越了实然与应然，属于法律推理过程，不是意思表示本身所处的规范领域，对于这种不一致的处理则属于私法制度的其他领域。

四、结语

意思表示是一个抽象概念，从行为概念演绎而来，是法律体系化外部概念体系的组成部分，同时又是构成内部体系的规定功能概念，作为实现私法自治这一法律原则的工具。就此而言，意思表示与法律行为是同义词，它们都是法律事实，是法律规范上的构成要件，是法律推理上的小前提，因其实现法律效果或创建法律关系的目的性内容，而具有规范性质，是个别规范。意思表示是效力表示，并非表意人意思的宣告，进而所谓意思也并非表意人内心意思，在本质上是意思表示的内容，也即效力内容。总之，意思表示不是一个实然世界的概念，只有在应然世界，作为一个制度性事实，我们或能正确地理解它。

本文的认识可以帮我们辨识和理解法典的相关规定。《中华人民共和国民法

---

① ［德］卡尔·拉伦茨：《法律行为解释之方法：兼论意思表示理论》，范雪飞、吴训祥译，法律出版社2018年版，第68页。

总则》第一百三十三条规定"民事法律行为是民事主体通过意思表示设立、变更、终止民事法律关系的行为"。这个概念首先表明法律行为是法律事实,且通过"行为"与同为法律事实的事件相区分,通过"意思表示"与事实行为相区分,又进一步通过"设立、变更、终止民事法律关系"与准法律行为相区分,完全符合属加种差式的定义规则,并与绝大部分民法总则教科书的分类法一致。按法律行为成立的相关规定,法律行为概念依然属于法律事实的范畴。在法律行为定义中的意思表示也是法律事实意义上的概念,当然还包括意思表示到达、撤回以及形式等的规定。在意思表示生效、解释以及法律行为无效、可撤销的相关规定中,意思表示和法律行为就是个别规范意义上的概念。法典规定了法律行为成立、生效、有效、无效,规定了意思表示生效、解释,其间的纠葛与混沌多有困扰,但在本文结论意义上看,这样规定无非为了表述便利抑或尊重传统而已,在内在本质上是一致并清晰的。也许会有相反意见认为合同是两个意思表示,但双方意思表示一致终究是"一个"意思表示,于是法律行为成立也是意思表示成立,在法律事实意义上终究是没有问题的。

  本文的认识还可以帮助我们分析法律行为合法性和效力性问题[①]。法律行为的合法性问题属于法律事实范畴,效力性问题属于法律规范范畴,这两个问题其实是法律行为成立与生效的附属表现,是同一个问题的两个方面。即法律行为成立,是法律事实意义上的问题,法律行为在法律事实分类表中属于合法行为,法律行为生效,是法律规范意义上的问题,与私法自治原则相关,但法律行为成立与生效构成一体两面。所以法律行为成立与生效总是一个问题,本质合一,而其合法性与有效性则是两个方面,不容混淆。至于法律行为因违法而无效,其内在包含了因违法而不成立,不成立即不存在,不存在则无法论及合法性。

[①] 柯伟才:《"合法性"等于国家强制?——法律行为合法性问题的历史解析》,《华东政法大学学报》2018年第1期,第124-138页;易军:《法律行为为"合法行为"之再审思》,《环球法律评论》2019年第5期,第51-64页。法律行为合法性问题自《中华人民共和国民法通则》颁布以来一直受到学者们的关注,《中华人民共和国民法总则》的颁布也未能结束这样的讨论。

"民主"抑或"共和"?
——美国宪法精神探析

李晓波[**]

摘要: 美国宪法精神研究遵循着"民主"和"共和"两种路径,并以此为基础形成了"民主"和"共和"研究范式。考察美国宪法生成的深层次背景和开国先辈们的思想踪迹,发现制宪者们对选择何种政治哲学作为宪法的指导思想是审慎的和现实主义的。古典希腊民主理论和实践是制宪者们大加排斥的,"纯粹民主政体"并不是宪法精神,宪法中的原旨精神是"共和",此"共和"非彼"共和",其本质上是想建立一种超越了古典民主主义和共和主义的"共和式民主"国家,确保国家和人民"双重自由"的实现。美国宪法精神的探析为中国宪法精神的研究提供了方法论模式,同时也为中国宪法的全面实施提供了若干启示。

关键词: 民主　共和　共和式民主　宪法精神

---

[*] **基金项目:** 本文系教育部人文社会科学研究青年基金项目"宪法实施中的价值冲突及其解决机制研究"(项目号:18YJC820039)、教育部哲社重大攻关项目"加强宪法实施、教育和监督研究"(项目号:18JZ036)、国家社科基金重点项目"宪法解释制度比较研究"(项目号:17AFX011)的阶段性成果。

[**] **作者简介:** 李晓波,上海交通大学凯原法学院博士后工作人员,贵州财经大学文法学院副教授、硕士生导师。

美国在19世纪就已经因托克维尔《论美国的民主》而声名远扬。在当代，凯瑟琳·德林克·鲍恩《民主的奇迹：美国宪法制定的127天》的出版，更赢得了人们对美国式民主的大加赞扬。现代美国在很多情境中被人们称为民主楷模，许多国家以学习美国民主模式为荣。美国政府更是以推行"民主模式"为己任，大肆进行"民主输出"。不可否认，现代美国是一个高度民主化国家。正因为这个原因，世界各国都以美国为标杆，美国政制成功已使其成为优良政制的标准①。此标准是什么呢？许多人不假思索地回答"民主"。这样的回答显然是很武断的，无法让人信服的。在对美国宪法进行深层次分析和研究之后，可以发现这个标准并非民主，也非共和，而是共和式民主。

一、民主、共和的面相

民主在何种程度上是可能的，这不仅是一个理论问题，而且是一个实践问题。民主实践已经深深地改变了我们的民主观，各种民主理论大大丰富了这个本来就很复杂的范畴，民主就像量子力学中的"波粒二象性"一样②，呈现多元面孔。

（一）民主：国体、政体和权利

民主的最初意义源于公元前5世纪希腊时期，指的是希腊城邦中多数人对少数人进行统治的一种政治制度。在这种制度下，人民拥有超越立法者和政府的最高主权，民主是由全体公民直接行使权力和公民责任的制度。雅典民主是一种直接民主政治，其核心在于公民大会和公民投票对国家各项事务的决断。在此意义上，古典希腊直接民主制度是作为一种国家制度形态出现的，指的是一种由多数人统治的政权。

古典希腊直接民主作为一种国家形态，仅存在于"微型"城邦。近代以来，随着大型民族国家的崛起，古典直接民主已无法适应时代发展要求，代议制民主随之产生。代议制民主与直接民主相对，主张通过多数人选举少数人来进行统治，也被称为"精英型民主"。代议制民主的主要特征是选举制度，通过层层选举机制确保了统治者的精英性。马克斯·韦伯就认为，在一个组织化的社会中，官僚组织的运

---

① 刘晨光：《自由的开端：美国立宪的政治哲学》，上海人民出版社2012年版，第7页。
② "波粒二象性"（wave-particle duality）：在量子力学里，微观粒子有时会显示出波动性（这时粒子性较不显著），有时又会显示出粒子性（这时波动性较不显著），在不同条件下分别表现出波动或粒子的性质。这种量子行为被称为波粒二象性，是微观粒子的基本属性之一，也是量子力学的基石。

行掌握在政治精英手中,民主就是人们选出政治精英的过程。而约瑟夫·A.熊彼特的观点基本与韦伯相似,也将民主看成是一种形成政治决定的制度安排,在这种安排之下,个人通过竞争性的方式争取人民的选票获得决策的权力[①]。依据此种民主,一般的公民没有能力,也不应该进行"统治",因为在大多数议题上这些平民都没有明确的概念,而且也不够聪明,需要通过"训政"才能提高参与民主的能力,实现民主宪政。

民主随着历史发展而呈现多种形态。作为一种主流的政治话语,民主范畴发生了"量子式跃迁"[②],已经脱离了"原旨意义"场域,迈向了纵深的历史境域,出现了各种民主的理论和实践。诸如,"民主社会主义""精英民主理论""公众参与民主理论""实用主义民主理论""多元民主理论""正义民主理论""自由民主理论",以及流行于当下的"协商民主理论"[③]。

尽管民主形态不断变化,但民主本质终究不可能脱离其"原旨",即卢梭意义上"人民主权"下的人民直接统治。因此,民主本质是多数人享有权力的一种制度,在这种制度下,任何个人都不是统治者,都不能握有不可转让的最高权力。也就是说,在政治过程中,所谓的"人民的统治",通常要落实或转型为"多数"规则,从而形成"民主"治理的基本"程序共识"。从程序角度看,民主政治必须有一整套确

---

① [美]约瑟夫·A.熊彼特:《资本主义、社会主义与民主》,吴良健译,商务印书馆1999年版,第395-396页。

② 1913年,哥本哈根学派玻尔提出了"量子跃迁理论"。量子跃迁理论是微观状态发生跳跃式变化的过程。由于微观粒子的状态常常是分立的,所以从一个状态到另一个状态的变化常常是跳跃式的。量子跃迁发生之前的状态称为初态,跃迁发生之后的状态称为末态。

③ "民主社会主义"可以追溯到第二国际时期的伯恩施坦、考茨基,他们提出社会改良主义色彩,认为民主就是争议会选票,实际上是对马克思主义正统民主观的修正。马克思认为,民主作为类概念,有其一般规定性。在《黑格尔法哲学批判》一书中,马克思认为民主的一般意义就是"人民的自我规定",民主制的特点就是国家制度无论如何只是人民存在的环节,即人民自己决定国家制度,国家制度最终体现人民的意志,人民是国家全部政治生活的决定性环节。"精英民主理论"以马克斯·韦伯和熊彼特为代表,主张在一个高度组织化的社会里,民主就是选择精英来决策的过程。"公众参与民主理论"以卡尔·科恩为代表,认为参与是民主的核心,这种参与指的是公众自发自愿地亲自直接参与与其利益相关的决策制定。杜威则是"实用主义民主理论"的支持者,主张从道德角度和政治角度对社会民主和政治民主进行区分。罗伯特·A.达尔主张"多元民主理论",开创了民主发展的新路径。"正义民主理论"则是罗尔斯将"正义"政治哲学与民主相结合的产物,民主必须是正义的。"自由民主理论"的代表则是乔·萨托利和哈耶克。"协商民主理论"涉及许多学者,包括罗尔斯、哈贝马斯、凯斯·R.桑斯坦、埃尔斯特和詹姆斯·伯曼等,他们认为协商是个人借此在集体决策之前表达并倾听各种观点的对话和交流的过程,协商民主能够有效回应文化间对话和多元文化社会认知的某些核心问题,它强调对公共利益的责任、促进政治话语的相互理解、辨别所有的政治意愿,以及支持那些重视所有人需求与利益的具有集体约束力的政策。

保公民权利得以实现的有效机制,人民主权或人民的统治,只有具体化为人民的权利,而不是停留在抽象的政治层面,才能实现真正民主。

现代民主更具有了批判性和开放性[①],允许批判和不同的声音,是一种开放制度。更重要的是,民主可以将理性的批判制度化为公民具体的宪法权利。因此,"民主不仅是某个群体、政治共同体掌握自己命运的一种制度安排,更重要的是一种理性批判精神和能力,是一种多元的、开放的、竞争的理性方法。真正的民主不应该崇拜任何的'绝对的'真理,任何绝对的真理都不能先验地决定某种民主政治"[②]。

(二)共和、共和主义及其价值

共和意味着主权在民,而不是君。共和作为一种国家形态,它是在近代资产阶级革命时期反对封建君主的历史中诞生的,其本质在于反对绝对主义,推翻王权。共和主义则指的是以"共和"范畴为核心而建立的一种思想、制度和运动。作为一种现代政治意识形态,共和主义的出现是近代的事情。但作为一种政治哲学,共和主义的谱系可以追溯到诸如柏拉图、西塞罗、波利比乌斯、马基雅维利、哈林顿、弥尔顿、孟德斯鸠、托克维尔、卢梭、汉娜·阿伦特、波考克、昆廷·斯金纳、哈贝马斯、伯纳德·贝林、戈登·伍德、佩迪特、布鲁斯·阿克曼、凯斯·R.桑斯坦等一系列伟大思想者。

在西方历史上,共和主义实践是由古罗马共和国开创的。但共和主义思想可以追溯到更早的古典希腊时期。早在古典希腊,共和作为一种国家政体就是以对民主批判而出现的。柏拉图一直对雅典直接民主制度深恶痛绝,认为这种制度是

---

① [美]托马斯·戴伊、[美]哈蒙·齐格勒:《民主的嘲讽》,孙占平等译,世界知识出版社1991年版;[美]罗伯特·A.达尔:《美国宪法的民主批判》,佟德志译,东方出版社2007年版;何包钢:《民主理论:困境和出路》,法律出版社2008年版;佟德志:《现代西方民主的困境与趋势》,人民出版社2008年版;[美]阿米·古特曼、[美]丹尼斯·汤普森:《民主与分歧》,杨立峰、葛水林、应奇译,东方出版社2007年版;[美]布鲁斯·阿克曼:《我们人民》,孙文恺译,法律出版社2009年版;[美]桑福德·列文森:《美国不民主的宪法:宪法哪儿出毛病了》,时飞译,北京大学出版社2010年版;[美]罗伯特·A.达尔:《多元主义民主的困境》,周军华译,吉林人民出版社2011年版;[美]罗伯特·A.达尔:《民主及其批评者》,曹海军、佟德志译,吉林人民出版社2011年版;[法]菲利普·内莫:《民主与城邦的衰落》,华东师范大学出版社2011年版;[美]文森特·奥斯特罗姆:《民主的意义及民主制度的脆弱性》,李梅译,陕西人民出版社2011年版;[美]罗纳德·德沃金:《民主是可能的吗? 新型政治辩论的诸原则》,鲁楠、王淇译,北京大学出版社2012年版;[美]迈克尔·桑德尔:《民主的不满:美国在寻找一种公共哲学》,曾纪茂译,江苏人民出版社2012年版;赵鼎新:《民主的限制》,中信出版社2012年版;张朋园:《中国民主政治的困境:1909—1949晚清以来历届议会选举述论》,上海三联书店2013年版;陈胜才:《自由主义民主的重建及其局限》,中国社会科学出版社2013年版。

② 何包钢:《民主理论:困境和出路》,法律出版社2008年版,"前言"。

造成"苏格拉底之死"和"城邦衰落"的主要原因。

亚里士多德继承并发展了柏拉图政体学说,根据统治人数的多少、施政的目的和阶级标准,将政体分为"君主政体""贵族政体"和"共和政体"三种正宗政体,以及"僭主政体""寡头政体"和"平民政体"三种变态政体,并提出了优良政体的标准①。在这里,首次出现了"共和政体"。但是,"'共和政体'从逻辑上讲是一种纯粹政体(区别于混合政体)"②,是与"君主政体"和"贵族政体"相对应的一个范畴,并不是后来的"混合政体"。纯粹的共和政体是一种照顾城邦全体利益的大多数统治,仅表明了共和政体多重定义的一种面相,而且缺乏现实的可操作性③。所以,亚里士多德用"德性政治学"伦理标准来分析各种政体,最终得出了最优良的政体以追求城邦的共同善业为目的,是以法治国的混合共和政体④。亚里士多德的共和政体理论对西方混合政体理论产生了深远影响。

西塞罗根据古典希腊理论和古罗马共和实践,提出了混合政体理论,国家是全体人民的事业,必须具备优良的政体,单纯的"君主政体""贵族政体"和"民主政体"由于内在缺陷会堕落为"僭主政体""寡头政体和暴民政体"。因此,只有君主制、贵族制和平民制相混合的政体,才能摆脱政体堕落的"循环周期律"。西塞罗还创造性地将混合政体三种因素与古罗马共和政体中的执政官、元老院和人民会议所享有的权力对应起来,提出了共和国政治体系的"平衡"理论⑤。

波里比阿(又译"波利比乌斯")对罗马共和政体赞誉有加,将罗马共和国的繁荣归功于"一种把君主制、贵族制和民主制的单纯形式混合起来的政治体系"⑥。共和国体制中的元老院是贵族因素,执政官是君主因素,而公民大会则是民主因素,三种权力之间的制衡体现了罗马共和政府的三种优越性:"它提供了政治的稳定

---

① [古希腊]亚里士多德:《政治学》,吴寿彭译,商务印书馆2010年版,第181-182页。
② 刘训练:《亚里士多德论混合政体》,《中共福建省委党校学报》,2013年第8期,第96-103页。
③ 亚里士多德共和主义的三种含义:(1)照顾城邦全体利益的多数人统治;(2)富人和穷人所代表的寡头制和民主制的一种混合政体;(3)反映中产阶级统治利益的中间政体。一般所认为的共和政体主要是第二种和第三种意义上的,第二种主要体现的是一种政治体制的混合,而第三种主要反映的是一种阶级占主导地位的统治形式。
④ 亚里士多德共和政体的三个特征:(1)寡头和平民组成的政体,具有稳定性;(2)在阶级结构上,以中产阶级为主导,中产阶级具有的理性、节制、中庸、友爱、稳定是确保政体完善的德性因素;(3)法治。
⑤ [美]斯科特·戈登:《控制国家:从古雅典至今的宪政史》,应奇、陈丽微、孟军等译,江苏人民出版社2008年版,第119页。
⑥ [古希腊]波里比阿:《罗马帝国的崛起》,翁嘉声译,社会科学文献出版社2013年版,第403页。

性;它保持了公民的个人自由;它使征服外邦更加容易。"①

现代政治哲学开创者马基雅维利则把理想的共和国看成是兼容并包的统治形式,即内含了君主制、贵族制和民主制等因素的混合政体。哈林顿则将元老院看作是提案机构,人民大会是决策结构,官员是执法者,元老院体现贵族因素,人民大会代表民主制,而执法官员体现君主力量。总之,这些思想家都把共和政体看作由三种政体组合的混合政体形式,一直把直接民主的人民大会看作是民主力量,并承认君主和贵族特权。

孟德斯鸠对美国共和政体的形成有着巨大影响。在《论法的精神》中,他将政体分为"共和政体、君主政体、专制政体"②,并将共和政体类型化为两种形式:"共和国由全体人民握有最高权力时,就是民主政治。共和国的一部分人握有最高权力时,就是贵族政治。"③共和政体的原则表现为民主政治的品德和贵族政治的节制。显然,孟德斯鸠的共和是与专制主义相对立的小国寡民国家,是一种主张国家精英执政,推崇法治、注重公民德性和国家利益的分析和制衡型政体。

英国革命虽然保留了君主,但王权发生了质的转变,成为共和国政体的一种元素。古典共和政体通常指的是"君主政体""贵族政体"和"民主政体"之间的一种混合状态,而英国国王、上议院和下议院之间的联合与"共和政体"具有相同意蕴。共和政体不仅表示政体状态,而且也蕴含着行政、司法和立法三种权力之间的分立和制衡,而美国联邦制共和国从另一种程度上实践和完善了共和主义政体的应有内在特质。

古典共和主义在卢梭"人民主权"中达到高峰。当共和作为工具达到全体人民"公意"的时候,共和主义却倒在法兰西人民的"激情民主"的怀抱里。现代共和主义的复兴由阿伦特发起,经剑桥学派的斯金纳和波考克发展,在伯纳德·贝林、戈登·伍德、佩迪特、维罗里、约翰·梅诺、布鲁斯·阿克曼等人的手中得到发扬光大,逐渐形成了与古典共和主义具有不同面相的"新共和主义"。新共和主义吸收了民主主义和自由主义等各种思想价值,成为一种具有高度开放性、包容性和批

---

① [古希腊]波里比阿:《罗马帝国的崛起》,翁嘉声译,社会科学文献出版社2013年版,第405-406页。
② [法]孟德斯鸠:《论法的精神》,张雁深译,商务印书馆1995年版,第7页。
③ [法]孟德斯鸠:《论法的精神》,张雁深译,商务印书馆1995年版,第8页。

判性的思想①。

无论是古典共和主义、现代共和主义还是当代共和主义,尽管分析方法、思想资源有一定差异,但都重视政治秩序的创建和政治制度的构建。古典共和主义强调共同体与公民德性的相干性,关注政府权力的分立和制衡。古典共和思想具有对原旨民主修饰的意蕴,但又包含了民主因素,二者不是对立关系。古典共和政体作为一种混合政体,既具有民主政体的品德、贵族政体的节制,又具有君主政体的荣誉。从政治层面来讲,共和政体使各方的政治利益得到公平体现和保障,从而确保一种稳健和平衡的政治秩序的建立。

"共和主义政制在于通过社会不同阶层对国家的共同治理,避免多数或少数的专断与零和事件的发生,以实现国家荣耀与个人自由幸福。"②共和主义主张国家自由比个人自由更具有优先性,个人自由在国家之下才能实现。个人权利是历史的,不是"洛克式"的天赋和自然的,个人权利只有受到法律规定和习俗的维系时,才可能得到实现。"共和主张的是合众(共)、和谐(和)与平衡(权力制衡),强调宪政和法治。"③但共和主义并不否定个人自由,也不否定民主,而是主张国家和法律下的自由和民主,离开法律和习俗维护,个人自由只是道德要求,而不具有法律上的正当性。共和主义的价值在于通过国家与公民之间关系的平衡,来实现公民有节制的自由,即"共和主义通过法治、分权制衡和反多数人的暴政的方式确立了商议民主的实现"④,实现共治、共有、共享、和平和平衡。

(三)共和与民主

从民主和共和的面相可以看出民主与共和具有共同的一面,例如,它们都坚持"主权在民",推崇"民选政治"。但民主与共和在价值取向上是有区别的:民主追

---

① 在"新共和主义"里面,波考克的共和主义强调公民和人文主义两个维度,即以德性为中心的共和主义模式和作为自由主义现代性之前身的以法律为中心的范式。另外,将风俗作为法律之外的整合公民人文主义和商业人文主义的媒介,从而建立了以德性、权利和风俗三种范式为核心的古典共和主义精神。而斯金纳和佩迪特的共和主义和自由主义联系起来,提出了崭新的共和主义理论,例如佩迪特的"无支配的自由"。布鲁斯·阿克曼提出了"自由主义的共和主义"这个新的范畴,并提出了"宪法政治"和"常规政治"概念,并认为宪法政治是一种非常态政治,存在"建国"时期、"内战"时期和"新政"时期。而米歇尔曼则提出了共和主义公民身份的非国家中心的概念,凯斯·R.桑斯坦将共和主义与协商民主结合起来,开垦了共和主义的新领域。

② 万绍红:《美国宪法中的共和主义》,人民出版社2009年版,第6页。

③ 郭道晖:《民主的限度及其与共和、宪政的矛盾统一》,《法学》2002年第2期,第3-12页。

④ [澳]菲利普·佩迪特:《共和主义:一种关于自由与政府的理论》,刘训练译,江苏人民出版社2009年版,第45页。

求多数人统治,而共和主张权力的共有和共享;民主注重权力归属,共和则强调权力的分立和制衡;民主保护大多数利益,而共和不仅保护多数人利益且兼顾少数人利益;民主追求平等价值,而共和倾向于平衡。

共和与民主的实践也证明,要想把共和与民主进行绝对剥离,似乎是不太可能的事情。古希腊、古罗马,以及荷兰共和国和威尼斯共和国,同时都具有民主和共和的多元因素。到了现代时期,民主和共和都同时出现于一个具体历史的国家之中。如果这样看,似乎区分共和与民主就没有必要了。可是,在具体历史的宪政形态中,共和与民主因素在宪政形态中的位置是不一样的,它们遵循着"共存而优先"的关系。

二、美国宪法的民主批判

"美国制宪会议之后的两个世纪以来,民主的观念和制度不断地演化,已经远远超出了制宪者的观念,甚至超越了像杰斐逊和麦迪逊这样早期民主派的视野,而正是在他们两人的帮助下,美国发起了一场向更加民主的共和国迈进的运动。"[①]确实如此,今天的美国宪法在历史变迁中更加民主。但在宪法制定的历史阶段,这部宪法充斥了许多不民主因素。

(一)制宪者对"民主"的拒斥

制宪者是一群现实主义者,他们对英国政治哲学有着清晰的认识。霍布斯的政治哲学对人性的分析,使得制宪者们对人性感到担忧。在他们看来,一个人就是一个自私自利的原子,要克服人性的弱点必须建立一种权力对抗性的制度。从制宪会议过程来看,制宪者对人性的不信任主要集中在对无产者和民主制度的不信任。自从独立之后,一些州的下层人民利用民主制度来影响政府权力使得有产阶级感到极其恐慌,而谢斯所带领的下层人民的暴动,更加剧了这些精英们对民主制度的恐惧感。

"新宪法宗旨最关键之处就是把1776年以来的人民中普遍流行的思想钳制起来"[②],这种思想就是卢梭和洛克的"人民主权"思想。正是在这种思想的鼓舞下,殖民地人民取得了独立和自由。在广大下层民众的眼中,人民享有最高的、绝对

---

① [美]罗伯特·A.达尔:《美国宪法的民主批判》,佟德志译,东方出版社2007年版,第10页。
② [美]理查德·霍夫施塔特:《美国政治传统及其缔造者》,崔永禄、王忠和译,商务印书馆1994年版,第8页。

的、不可分割的主权,新建立的国家应该是人民掌握权力的国家。当政府违背人民意志,侵害人民权利的时候,人民有权推翻它。但"人民主权"思想的高度抽象性和政治性也是显而易见的。在制宪者眼中,人民只能被定义在以他们为代表的有产阶级身上,下层民众只会导致暴民政治。因此,制宪者们极力排斥雅典式的直接民主制度。埃蒙德·伦道夫曾经在制宪会议上说"国家的弊端源于民主政治所固有的骚乱和放荡",并说"我们体制中的民主政治是一切政治罪恶之最"①。

制宪者对古希腊直接民主制度的缺陷有着清晰的认识,而现实基层民众暴动更是让他们坚信,人民尤其是下层民众是无法信任的,如果政府由大多数民众建立,整个社会就会陷入恐慌和混乱,其财产权、生命权和自由权将不复存在。

(二)宪法制定和批准过程中的非民主因素

在美国宪法制定的日子里,制宪者们在一起为了建立一个完善的联邦而努力,弗吉尼亚州委任书序言明确提到修正邦联体制各项缺失的必要性。《邦联条例》存在许多致命缺点,但关键问题却是建立一个比邦联政府更加强大、更加有权威的全国政府,因为"邦联的历史说明,将美利坚联邦的利益置于各州的意志之下只能导致各州联盟的毁灭"②。

在如此背景下,1787年,一群政治精英来到费城为美利坚的生存而战。可是会议一开始就蒙上了不民主的阴影,全美13个州,罗得岛州竟然连代表都拒绝派出,而新罕布什尔州代表却姗姗来迟,这决定了1787年6月到7月之间的几个关键性投票,实际上是在11个州代表参加的基础上完成的。而宪法制定最后时刻的结果更加印证了先前的非民主基调:由13个州选派了74名代表,实到55名代表所决定的文件,签署的只有39个人,13个州不到2 000人投票通过。而在签署过程中,约翰·亚当斯在伦敦,托马斯·杰斐逊在巴黎,他们在为国家的商业事务和债务而忙碌着。而德高望重的本杰明·富兰克林也不同意宪法的非民主内容,但迫于无奈违心签了字。杰斐逊不在场虽然是历史的偶然,但可能也蕴含着必然,他与潘恩一样作为一个民主主义者,当然不会同意签署这样一个反民主的文本。

制宪会议过程错综复杂,在联邦权力和州权力上,代表们据理力争提出了多套方案,著名的有"弗吉尼亚方案""新泽西方案"。"弗吉尼亚方案"也称"大州方

---

① [美]理查德·霍夫施塔特:《美国政治传统及其缔造者》,崔永禄、王忠和译,商务印书馆1994年版,第8页。

② 王希:《原则与妥协:美国宪法的精神与实践》,北京大学出版社2000年版,第61页。

案"①,目的在于建立一个真正意义上的普遍性国家政府,政府由立法、执法和司法三部门组成。其设置了一个两院制的立法部门,其中的下院议员既可以被罢免,也有任期限制;创建行政首脑职位,行政首脑由立法机关选举产生;创建最高法院,成员由立法机关指派②。"弗吉尼亚方案"确定了后来宪法的若干原则:"如联邦政府立法、执法和司法三权分立,国会拥有最高立法权,宪法必须由人民批准,联邦政府有权强迫州遵守联邦宪法,以及在全国实施统一的共和政府体制等③。"

从"弗吉尼亚方案"可以看出,该方案一旦通过就会严重侵犯诸如像特拉华州这样人口较少州的利益。因此,"弗吉尼亚方案"遭到了以新泽西州等为代表的小州的激烈反对。于是,1787年6月15日"新泽西方案"出台④,"新泽西方案"坚持现有的邦联政体,尊重各州原初主权,建立全国行政执法部门,由行政部门任命联邦最高法院,各州必须服从国会的税收摊派,国会有权管理海关、关税、贸易和邮政。"新泽西方案"确立了联邦政府法律的至上性,这似乎很符合"弗吉尼亚方案"建立一个强大的极具权威的联邦政府的思想,但它坚持中央政府的建立和其功能的发挥必须由州来控制,这点与主张建立全国政府的诸如汉密尔顿和麦迪逊等代表们来说,是不能接受的。

如果双方都保持各方观点,局面就会僵持,合众国命运就会很危险。幸运的是,双方代表都是精英,是抱着解决问题达成共识而来的。在此时刻,鲁佛斯·金指出"联邦"和"邦联"并不是完全分离,州也不是完全和绝对独立的,"一个由州组成的联邦实际上是由构成州的人民组成的联邦,联邦在形成时已具备一种统一国家

---

① 弗吉尼亚方案(Virginia Plan)也称"伦道夫方案"(Randolph Plan)或大州方案(Large State Plan),该方案设计了一个强大的两院制立法部门,对大州有利。

② "Resolved that the members of the first branch of the National Legislature ought to be elected by the people of the several States every for the term of:… to be incapable of reelection for the space of — after the expiration of their term of service; and to be subject to recall." Max Farrand, *The Records of the Federal Convention of 1787*, vol.1, Yale University Press, 1911, p20.

③ 王希:《原则与妥协:美国宪法的精神和实践》,北京大学出版社2000年版,第66页。

④ 新泽西方案(New Jersey Plan)又称小州方案(Small State Plan)或"帕特森方案"(Paterson Plan),具体内容包括:(1)应该修订《邦联条例》;(2)国会有权根据各州自由人口数和奴隶人口数的五分之三予以税赋,不过这一权力需要先获得一定数量州的同意;(3)联邦行政长官由国会选出,其成员由多人组成且不得连任,并且如有多数州行政长官(即州长)要求则可由国会罢免;(4)最高法院是联邦司法部门的代表,其成员由联邦行政部门指定,并有权审理联邦弹劾案件,并且是对全国性事务(如订立条约等)的最终上诉部门;(5)《邦联条例》和协定应该是全国的最高法律,联邦行政部门有权通过武力手段来强迫各州服从这一法律;(6)应该建立一个接受新州加入联邦的批准程序;(7)应该建立一个入籍方面的政策;(8)一个州的公民在其他州违反法律时,可以在该州受审。

的性质，所以，当一个州继续保留其主权的一部分时，它一定已经失去了最基本主权的另一部分"①。金的观点使事情有了转机，但这并没有使得小州完全消除戒心，它们仍然提出了激烈的反对意见，最终导致了"康涅狄格妥协"的产生②。该方案为大小州之间的最终妥协提供了出路，但让各州完全接受这个方案并不容易，关键分歧点在于国会众议员分配问题。众所周知，众议员分配与各州人口有关，人口越多的州，众议员在国会中的数量就越多。根据妥协案，各州在众议院的议员人数依照各州人口总数按40 000∶1的比例来分配，一州的总人数越多，其在众议院拥有的议员席位也就相应越多。南部各州为了获取更多的议员席位，坚持把奴隶的数量纳入总人口之中，因为不这样做，他们的议员数量会远远少于北方各州。对于这样的要求，北方各州是不能答应的。后来双方再一次达成"五分之三妥协"（Three-Fifths Compromise）③，即众议院中每个州的代表数目由州内自由民加上五分之三的奴隶的数目决定。如没有这个比例，联邦宪法就不可能通过。

经过两次大妥协，宪法艰难地得以通过，但宪法在很多方面存在隐患，其中最重要的还是关于奴隶制这个最大的不民主因素。从这里看出，联邦宪法关键性内容建构，不是民主的产物，而是妥协的产物④。

（三）宪法文本中的不民主因素

美国宪法是政治生活中最受尊敬的文件，但这个文件充满了不民主因素。宪法明确规定了怀俄明州投票的权重与加利福尼亚州的一样多，而不管加利福尼亚的人口数是怀俄明州的七倍之多这个事实。它赋予美国总统否决国会两院的立法议案的权力，宪法绝大多数条款促成了一个既不公正也无效率的政府。按照规定，

---

① 王希：《原则与妥协：美国宪法的精神和实践》，北京大学出版社2000年版，第70页。
② 康涅狄格妥协（Connecticut Compromise），也称"1787年的伟大妥协"（Great Compromise of 1787），或"谢尔曼妥协"（Sherman's Compromise）。本提案对"弗吉尼亚方案"和"新泽西方案"进行妥协调解，并在之后令多数代表达成了共识，是为宪法得以成功制定所做出的一个重要的妥协。
③ 在当时，奴隶在很多北方州仍然合法，在南方则更加普及。一些代表要求在国家范围内废止奴隶制，而南方代表反对这个提案。更进一步，他们要求奴隶被计入用于计算代表众议院代表数目的人口中。北方的代表反对这个提案，反对奴隶被计入。罗杰·舍曼的"五分之三妥协"是南北双方的一个折中。五分之三条款也显示了南部州在议会中的影响力。并无选举权的奴隶按五分之三计算说明了众议院和选举团的代表数目部分由奴隶主拥有的私有奴隶数目决定，增加了南方在国会中拥有的代表权。五分之三条款并未完全解决奴隶问题。在关于是否禁止奴隶贸易的问题上也有争论，最终协定规定在1808年之前不禁止奴隶贸易，并且逃到北方禁奴州的奴隶将被遣返。
④ 宪法制定的系列妥协包括：（1）大州与小州之间的矛盾；（2）关于奴隶人口如何计算的问题；（3）关于关税的妥协；（4）关于总统的任期和选举方法；（5）西部领土的归属问题。（参见钱满素：《美国文明》，中国社会科学出版社2001年版，第33-34页。）

美国人民似乎对总统无能为力。而且总统对最高法院法官们的终生任职的提名是如此地富有政党情感,以至于看不到民主的影子。更为灾难性的是,美国宪法是当今世界既存的宪法当中最难被修改的宪法。

民主辩论在这部宪法里面是没有的,许多人倾向于想当然地来看待美国的宪政结构。因此,美国人民应当怎样采取最好的措施来改革这个最为空洞的文献,制定一部足以容纳美国民主价值的宪法。妥协的宪法被称为"与死神订立的圣约,与地狱签订的协定"①,但联邦宪法还是在艰难中被通过了。然而,当重新审视这部最初的文本时,会发现这部宪法在字里行间存在着许多不民主的因素。

1."人民"的政治宣示意义

宪法文本中虽然是以"我们人民"开头,但在宪法结构中并没有人民的一个确定位置,"这部宪法的许多结构性规定给任何一个人可以接受的民主观念设置了几乎是无法逾越的障碍。民主的确就是政治理论家们说的是一个从本质上就是有争议的概念。声称民主只有一种与民主完全一致的理解——例如,数量上的多数人经常获得成功将是一种偏见"②。

"人民"是一个历史范畴,在特定历史语境中具有不同含义。制宪者们心中的"人民"仅指白人和有产阶级,"简单地说,美国是由中产阶级组成,而杰斐逊口中所赞誉的'半神大会',充其量不过是一场由中产阶级的半神组成的大会,对他们来说,所谓的人民,代表拥有自己土地的人、打过独立革命战役的人、坐镇在地方议会或市政厅里的人,或是授权代表为他们出席的人"③。这无疑之中将革命时期为国家独立做出贡献的下层民众排除在"人民"范畴之外,而宪法以"我们人民"开头仅有政治意义,宪法里面中"人民"位置并不存在。

2.民主制度的某种缺失

民主的宪法是有一定标准的。一部宪法是否和民主的价值相冲突,主要取决于我们拥有的宪法以及追求民主的性质④。可是,"这一部宪法严重地缺乏一个民

---

① Walter M. Merrill, *Against Wind and Tide: A Biography of William Lloyd Garrison*, Harvard University Press, 1963. p.205.
② [美]桑福德·列文森:《美国不民主的宪法:宪法哪儿出毛病了》,时飞译,北京大学出版社2010年版,第6页。
③ [美]凯瑟琳·德林克·鲍恩:《民主的奇迹:美国宪法制定的127天》,郑明萱译,新星出版社2013年版,第73页。
④ 宪法中的民主性质包括:(1)维护民主制度的良好运作;(2)保障基本的民主权利;(3)确保公民当中民主的正当性;(4)鼓励民主共识的达成;(5)提供一个有效解决问题的民主政府。

主政体所必需和向往的那些条件。从后来更民主的角度来讲,制宪者们制定的宪法至少包含着七种重要的缺陷"[①]。在奴隶制问题上,宪法并没有明确禁止奴隶制在全国的存在,也没有通过法律手段赋予国会拥有禁止奴隶制的权力。人民的普选权有明确财产、性别和肤色限制。宪法并没有保证全国普选权的存在,而是将公民选举资格认定权留给了各州。合众国总统并不是像今天一样是由普选产生的,而是由参议院和众议院人数相等的选举人团选举产生的,而是与大众多数无关,国会也无法控制,这也决定了获得大众选举多数的候选人不一定能够赢得总统职位。参议员的产生不是由人民而是由各州立法机关选举产生,各州有两名,具有平等代表权。不管各州人口多少,参议院中平等代表权并没有成功地保护具有最少特殊利益的少数人利益。相反,这种不民主的代表权却成为拥有最多特权的少数人为自己攫取利益的工具,典型例子就是南方的大种植园主对奴隶制的维护。

在1800年至1860年之间,有8项主张废除奴隶制的法案在众议院通过,但却遭参议院封杀。甚至在"内战"和"重建"时期,南方各州利用参议院的否决权致使"重建方案"屡屡受阻,众多保护非裔和亚裔美国人基本人权的联邦法律也无法通过。在总统选举问题上,每州选派一定数量的选举人,其数量相当于国会两院的议员数量,参议院中不平等的代表权在这里再一次发挥了作用。尽管国会立法权力是受限的,但国会有时能够阻止联邦政府通过所有代议制民主政府对社会和经济事务进行调控如收入课税、制定财政政策和社会保障等的权力。

"制宪者制定的宪法也许是开明的。但是,有着更多民主渴望的未来世代的人们会发现,该宪法的一些非民主特征是值得反对的——甚至是不能接受的。"[②]在这个问题上,列文森也有同感:"在一个笃信民主的国家,宪法并不充分民主,而且,按照我们持有的关于政府性质的看法,这部宪法功能严重欠缺。"[③]尽管在今天,美国宪法变迁使得公民权利不再成为问题,普选权也扩大到每个拥有美国公民

[①] 罗伯特·A. 达尔将这七种缺陷概括为:(1)奴隶制;(2)普选权;(3)总统选举;(4)选举参议员;(5)参议院中平等的代表权;(6)司法权;(7)国会权力。(参见[美]罗伯特·A. 达尔:《美国宪法的民主批判》,佟德志译,东方出版社2007年版,第15-18页。)

[②] [美]罗伯特·A. 达尔:《美国宪法的民主批判》,佟德志译,东方出版社2007年版,第18页。

[③] 列文森将宪法的缺点概括为九个方面:(1)参议院的权力分配;(2)几乎确定无疑的总统独裁,且伴随着对国会成员尽可能的灾难性的抨击;(3)过分的总统权力;(4)选举人团;(5)处于现任总统和继任者的就职典礼之间的裂隙;(6)无法处置不能胜任的总统;(7)在修改宪法的时候,从制度的功能上来讲,不可能修改任何一个确实具有重大意义的问题;(8)最高法院大法官的终身任职;(9)制造二等公民。(参见[美]桑福德·列文森:《美国不民主的宪法:宪法哪儿出毛病了》,时飞译,北京大学出版社2010年版。)

身份的人。但至少在"建国"初期,这部宪法从文本价值上,以及建构上都充斥着不民主的因素,并没有体现民主精神。

3.政治妥协的权利法案

人权在宪法的文本里面始终占据着最核心地位。一部宪法是否真正体现了立宪主义精神,衡量的标准在于对人权的保护程度。美国制宪者设计的宪法文本,构建了三权分立制衡的联邦共和国,但并没有将公民的权利法案这个最重要的部分纳入宪法最初的文本。

汉密尔顿等在《联邦党人文集》中公开说道:"权利法案,从目前争论的意义与范围而论,列入拟议中的宪法,不仅无此必要,甚至可以造成危害。"[①]之所以国父们对权利法案纳入宪法如此冷淡,有着复杂的政治原因。对于新生的共和国来说,没有什么比建立一个拥有权威的中央政府更加重要。因此,制宪者都将目光集中在联邦政府与州权力划分的问题上,而公民权利问题并不是讨论重点,或者说并不是一个问题,"制宪会议的主题不是个人自由,而是如何安排联邦政府权力,个人权利当时被认为是由各州来保护的"[②]。在个人权利保护上,没有什么比各州的宪法保护得更加充分了。也就是说,个人权利的问题在各州已经得到很好的解决,每个州都将个人权利保护写进了宪法。而以麦迪逊为代表的联邦党人认为权利法案并不是宪法的必要组成部分,个人权利保护依赖于"以野心对抗野心"政治机制的运作,"从这一角度出发,我们能够清晰地看到联邦党人在权利法案问题上的特殊立场——通过富有活力的政治机制而不是单独的法律保护来确保权利"[③]。

联邦党人一致认为权力分立制衡的权力结构本身就足以保证公民个人权利,而宪法本身也具有保护公民的权利条款[④],加入权利法案会产生新的危险。威尔逊认为宪法中剩余的权力由人民保留,州宪法中剩余的权力由州保留,既然剩余的权力由人民保留,那么把人民的权利列举出来,意味着未列举的权利会成为政府侵害的对象,这与制宪者们建立一个限权政府的初衷是相背离的[⑤]。从这里看出,权利法案问题不在意对个人权利保护,而在意会成为反联邦党人宣扬"州权主义"的

---

① [美]汉密尔顿、[美]杰伊、[美]麦迪逊:《联邦党人文集》,程逢如、在汉、舒逊译,商务印书馆2009年版,第429页。
② Robert Allen Rutland, *The Birth of Bill of Rights: 1776—1791*, Northeastern University Press, 1991, p.107.
③ 姜峰:《美国制宪中的〈权利法案〉问题》,《清华法治论衡》2013年第2期,第182-187页。
④ 《美利坚合众国联邦宪法》第1条第9款,第6条第3款。
⑤ [美]詹姆斯·威尔逊:《美国宪法释论》,李洪雷译,法律出版社2014年版,第20-27页。

借口。

三、美国宪法原旨：共和主义

美国宪法不是由民主精神而构建起来的，而是由共和主义构建起来的。制宪者建国的思想基础、现实背景、宪法结构，以及他们的言行，都在宣扬一种共和主义精神。共和主义倡导整体主义下的一种和谐和均衡的美，满足了制宪者们的价值需要。

（一）宪法建立的共和主义意识形态

在"建国"历史时期，启蒙思想在殖民地得到普遍传播。与此同时，制宪者对古典时期希腊和罗马宪政、英国的君主立宪政治思想具有很强认知。戈登·伍德强调"建国"共和主义思想的重要性，"共和主义对美国人来说要比简单地铲除国王、建立一套选举制度意味着更多的内涵。它为与英格兰相分离的政治补充了道德维度和乌托邦式的深刻意义——关涉到他们社会真正特性的深刻意义"[①]。但有学者却否认这个问题的复杂性，将宪法看作是其他因素的产物，如查尔斯·A.比尔德只强调"经济利益"对美国宪法的重要影响。但分析发现"美国立宪的思想渊源由清教政治传统、英国普通法传统、辉格党反对派传统、启蒙运动传统和古典政治思想传统构成。而且这些渊源之间有主次之分，启蒙运动思想是最具本质意味的思想渊源"[②]。

中国学者钱福臣认为美国宪政赖以生成的重要思想基础或理论基础内容可以归纳为"人民主权"和"限权政府"两个方面[③]。洛克的"人民主权"思想对殖民地人民具有反对王权的革命性。但是，制宪者担心"人民主权"彰显的民主精神会走向另一个极端，导致"苏格拉底之死"的悲剧。因此，宪法中的"人民主权"只是政治意义上的，不是法律意义上的，"通过诉诸人民这个虚构的政治世界的最高政治权威，新宪法设计的国家制度就具备了某种不容置疑的正当性"[④]，因此"人民"只是作为一个国家权力来源的正当性基础在运用，宪法以"我们人民"而建立，只是一种取得正当性的"权宜之计"。

---

① [美]戈登·伍德：《美国革命的激进主义》，傅国英译，北京大学出版社1997年版，第98-99页。
② 刘晨光：《自由的开端：美国立宪的政治哲学》，上海人民出版社2012年版，第55-56页。
③ 钱福臣：《美国宪政生成的深层背景》，法律人民出版社2005年版。
④ 李剑鸣、杨令侠：《美国历史的多重面相》，北京大学出版社2010年版，第73页。

制宪者们对人性深深感到担忧,对民主制度也不信任,但又必须在"人民主权"基础上构建国家制度。如何解决这个难题?制宪者们的政治智慧再一次发挥了作用,通过竞争性政治平衡机制建立一个共和主义的"有限政府","开国先辈们所需要的是建立一个平衡的政府,这一思想至少可以追溯到亚里士多德和波里比阿时代",①共和政体是一种节制和均衡的政体,并强调对公民美德的培养。因此,制宪者们在选择和甄别各种思想后,在考虑美国现实的基础上,形成了一种将殖民地经验、传统、社会需要和思想渊源结合起来的,在"自然与人为、必然与选择共同作用结果的基础上的共和主义精神"②。

(二)现实政治局势造就了共和局面

在"建国"历史时期,合众国面临着险恶的国内和国际局势。从脱离英国独立的那一刻起,以英国为首的殖民者从来也没有放弃对合众国的武力干涉和经济封锁。独立战争和"英美八年战争",大大消耗了殖民地元气,再加上西方殖民者的经济制裁和封锁,殖民地处于最困难的时期。更重要的是,随着外敌压力的减轻,殖民地各州在独立战争期间所建立起来的团结精神也慢慢消失殆尽,取而代之的是各州内部的利益斗争。

13个州有着不同的发展情况。北部各州发展资本主义工商业,而南部各州大肆发展"隶农制"的种植业,生产方式和经济利益的差别使他们采取了不同的政治和经济政策,有时甚至是敌对立场,这在《邦联条例》里面得到最好的诠释。而"弗吉尼亚方案"的提出者,伦道夫在制宪会议开场白中对《邦联条例》缺陷作了理性分析,并认为建立强大的联邦政府十分必要③。各州之间的矛盾随着阵营内部的利益分化更加激烈,统治阶级内部存在众多的利益集团,"如制造业、商业、航运、金融、公债、农业(种植园和奴隶主)等利益集团"④,各利益集团为了维护自身利益展开激烈的斗争。但统治阶级在整体上达成了共识,即反对民主制度基础上的"暴

---

① [美]理查德·霍夫施塔特:《美国政治传统及其缔造者》,崔永、王忠和等译,商务印书馆1994年版,第12页。
② 刘晨光:《自由的开端:美国立宪的政治哲学》,上海人民出版社2012年版,第24页。
③ 伦道夫认为邦联缺陷包括:(1)邦联无法提供安全、制止外来入侵;(2)邦联政府无法制止各邦之间的争执,无法制止任何一邦内发生的叛乱,既没有宪法授予的权力,也没有宪法规定的手段,来对付紧急局势;(3)征税和商业管制权力的缺乏;(4)联邦政府没有能力捍卫自己,无法使自己的权力不被各邦政府蚕食;(5)邦联条款甚至并不高于各邦宪法,不像许多邦的宪法那样,经过批准手续。(参见[美]麦迪逊:《辩论:美国制宪会议记录(上册)》,尹宣译,辽宁教育出版社2003年版,第14-15页。)
④ 李道揆:《美国政府和美国政治》,商务印书馆1999年版,第18页。

民统治"。

综上所述,美国宪法就是在这种复杂的局势下,为了摆脱各种利益集团的控制和制约,调和各种矛盾而被制定出来的。制宪者对政治哲学做了现实主义的运用,很大程度上促使了共和局面的形成,即建立在多元力量基础上的政治力学的平衡。

(三)《联邦党人文集》中的共和主义政治哲学

《联邦党人文集》的主要意图在于阐明建立一个拥有权威,以保证政治上的统一,实现国内安宁,促进经济繁荣,但也不过多地侵犯各州和个人的权利的中央政府。《联邦党人文集》第1篇就提出了建立强大的联邦共和国的理想,这是建立在对邦联体制的批判的基础上。邦联缺陷威胁到合众国存在,只有"在一个有效率的全国政府的领导下,一个和谐的联邦能为他们提供可以想象的对付外来的战争的最好保证"①。因此,"美国人民明智地认为,联合一个有效的全国政府是必要的,它可以使他们处于和保持在一种不致引起战争,而有助于制止和遏制战争的状态"②。实践已经证明,殖民地人民正是在一个全国性共和政府的领导下,才取得了独立战争的胜利。但胜利后的合众国却处在危险状态,以英国为代表的外来势力干预,以及来自内部各州的争斗,极有可能会扼杀革命成果,唯有一个强大的共和政府才能重造一个国家。

共和政体比民主政体有更大优势,一是代议制,二是管辖的公民人数多,国土范围大。更重要的是,共和政府在控制党争方面优于民主政体③。共和政府不仅可以保证联邦强大,而且又有利于各州繁荣,实现国家的稳定和谐。更为重要的是,在共和政体下,可以真正实现政府立法、行政和司法三种权力的分立和制衡,而民主政体是做不到这一点的。共和主义克服了民主的多数主义暴政,实现了一种节制的民主。

综上所述,从《联邦党人文集》内容来讲,联邦党人的宗旨就是倡导建立一个崭新的、真正的共和体制,实现合众国的繁荣和稳定,实现国家强大和人民自由的统一。

---

① [美]汉密尔顿、[美]杰伊、[美]麦迪逊:《联邦党人文集》,程逢如、在汉、舒逊译,商务印书馆2009年版,第12页。
② [美]汉密尔顿、[美]杰伊、[美]麦迪逊:《联邦党人文集》,程逢如、在汉、舒逊译,商务印书馆2009年版,第17页。
③ [美]汉密尔顿、[美]杰伊、[美]麦迪逊:《联邦党人文集》,程逢如、在汉、舒逊译,商务印书馆2009年版,第51页。

（四）宪法中的共和政治制度

大多数制宪会议代表认为：" '共和'应是其唯一的选择。"① 制宪者们不仅提出了共和，而且以多种政治体制的形式来保证共和精神的实现。而最高法院的司法审查制度，从制度上保护了少数人的利益，抵制了"多数人的暴政"。

1.联邦制

联邦制度从纵向上确立联邦和各州的权力范围，联邦和各州权力关系问题不仅是"建国"时期宪法的中心问题，而且一直是宪法发展的中心问题。"制宪会议上争议的最核心问题，也就是它要解决的最主要问题，即主权问题，或者说新组建的联邦政府与州政府的关系问题。"②

美国建立在州的基础上，州的初始主权具有法律上的优先性，不承认这一点就无法理解美国的政治制度。地方自治传统、个人价值取向的自由主义政治哲学在殖民地时期已经得到普遍的盛行，美国最初的邦联制度就准确地反映了各州的独立主权地位。《邦联条款》第2条明确规定："各州均保留其主权、自由与独立，凡未经本条款明示授给合众国之各项权力，司法权及权利，均有各州保留之。"③ 邦联下的全国政府没有实际上的中央政府权力，只是象征性的全国政府，邦联是一个松散型的联合体。与此相反，各州拥有实质上的权力，邦联的任何实质性决定受制于各州的利益权衡。

实践证明，邦联无法面对外部威胁和内部争斗，合众国危在旦夕。但联邦制度很好地解决了这个问题，它建立一个强大的中央政府，同时又保持了各州相对独立的主权。联邦制消除了各州人民之间的区域界限，使各州人民属于一个共同的政治实体，强化了国家认同感。在宪法批准过程中，更是体现了这一点："一方面是，宪法必须以美国人民为此特殊目的而选出的代表的同意和批准为基础；然而，另一方面，人民的同意和批准并不是作为组成整个国家的个人，而是作为组成他们各自所属的地区和各独立州的同意和批准。"④

总之，联邦制不仅有一个强大的中央政府，而且保留了各州适当的主权。更重

---

① Marvin Meyers, *The Mind of the Founder: Sources of the Political Thought of James Madison*, New England University Press, 1981, p.76.
② 刘晨光：《自由的开端：美国立宪的政治哲学》，上海人民出版社2012年版，第83页。
③ 《邦联条例》第2条。
④ ［美］汉密尔顿、［美］杰伊、［美］麦迪逊：《联邦党人文集》，程逢如、在汉、舒逊译，商务印书馆2009年版，第195页。

要的是,"联邦制可以防范民众的骚扰或多数人统治、代议制、贵族统治和民主的相互制约"的优点,①使得联邦制最大限度地实现了共和主义价值。

2. 两院制

国会两院制体现了联邦共和国的"双重代理"原则,"众议院将从美国人民那里得到权力;人民和在各州议会里的情况一样,以同样的比例,依据同样的原则选派代表。就这点来说,政府是全国性的,而非联邦性的。另一方面,参议院将从作为政治上平等团体的各州得到权力;在参议院,各州根据平等的原则选派代表,正如目前的国会一样,而非全国性的"②。联邦政府和州政府的权力都直接来自人民,都直接代表人民。在两院制中,众议院按照各州人口比例选举产生,而参议院平等代表原则照顾了小州利益,两院制的形成完全是大州和小州之间妥协的结果。

两院制不仅可以维护联邦制度,而且可以对代表民主力量的众议院实行有效制约。代表人民立法机关的权力如果得不到有效制约,共和国就会处于专制和暴政的统治之下。以汉密尔顿、麦迪逊等为代表的联邦党人熟谙洛克和孟德斯鸠的分权和制衡之道,在立法机关内部设计分权和制衡是理所当然的。

3. 总统制

总统制的建立完全是为了维护政治力学平衡的需要。按照古典共和主义的政体观,混合政体理论是最优良的政体,可以实现权力的有效制约,其中混合政体中君主的因素在美国宪法里面就是总统所代表的行政权力。虽然反联邦党人对类似君主权力的总统极其恐惧,但联邦制下的总统却是共和制度不可或缺的"板块",因为,"优良政体的真正检验标准应是其能否有助于治国安邦"③。因此,总统强大的行政权力,既可以在战争期间免遭外国侵犯,又能有效执行法律,更能抵御野心家、帮派和无政府状态的混乱局面。鉴于总统的重要性,必须使行政部门强而有力,而这"所需要的因素是:第一,统一;第二,稳定;第三,充分的法律支持;第四,足够的权力。保障共和制度的安全,需要的因素是:第一,人民对之一定的支持;

---

① [美]理查德·霍夫施塔特:《美国政治传统及其缔造者》,崔永禄、王忠和译,商务印书馆1994年版,第12-13页。
② [美]汉密尔顿、[美]杰伊[美]麦迪逊:《联邦党人文集》,程逢如、在汉、舒逊译,商务印书馆2009年版,第196页。
③ [美]汉密尔顿、[美]杰伊[美]麦迪逊:《联邦党人文集》,程逢如、在汉、舒逊译,商务印书馆2009年版,第348页。

第二,承担一定的义务"①。

如果仅从总统权力来讲,其权力的确有类似君主的地方,但其权力要受到立法和司法部门制约,以及自身限制。例如,总统任期的规定,国会对总统立法权的制约、国会的弹劾、总统的选举程序等,从制度上确保了总统不会成为专制暴君,而是给国家带来和平和安全的行政首脑。实践也证明,在"二战"期间的罗斯福,正是运用宪法赋予的强大权力,通过"新政"挽救了美国,而尼克松和克林顿政府因为"水门事件"和"莱温斯基事件"而遭到弹劾。

4.司法审查制度

美国宪法建立了立法、行政和司法三权分立制衡制度,但这三个部门之中司法部门的权力是最弱小的,"司法部门既无军权,又无财权,不能支配社会的力量与财富,不能采取任何主动的行动。故可正确断言:司法部门既无强制,又无意志,而只有判断,而且为实施其判断亦需借助于行政部门的力量。由以上简略分析可以得出一些重要的结论。它无可辩驳地证明:司法机关为分立的三权中最弱的一个"②。尽管弱小,但不可或缺,它肩负着对行政分支和立法分支进行制约,保障公民权利实现的使命。

美国宪法是根本法、基本法和高级法,其高于立法部门和行政部门制定的法律,如果以上法律违背了宪法规定,司法部门是可以根据宪法宣布其无效的。宪法对司法部门的设计,一方面是为了权力分立和制衡的需要,另一方面则是对多数人代表的立法机关权力的不信任。立法机关权力并不能代替人民的权力,根据古典社会契约理论,人民可以更换暴虐政府,收回自己的原初权力,从而在某种角度上对议会主权和人民主权做了区分。宪法是全体人民主权意志的体现,作为宪法设计的立法、行政和司法部门必须遵守宪法,也必须按照宪法规定行使权力。既然人民是意志的最终来源,那么最高法院的判决是否真正地代表了民意?当立法机关在违宪或损害人民利益的时候,人民自行解决是否更好呢?更重要的是,当人民认为宪法违背了人民幸福的时候,人民是否有权修改或废除宪法呢?

在这些问题上,联邦党人认为:"除非人民通过庄严与权威的立法手续废除

---

① [美]汉密尔顿、[美]杰伊、[美]麦迪逊:《联邦党人文集》,程逢如、在汉、舒逊译,商务印书馆2009年版,第356页。

② [美]汉密尔顿、[美]杰伊、[美]麦迪逊:《联邦党人文集》,程逢如、在汉、舒逊译,商务印书馆2009年版,第391页。

或修改现行宪法,宪法对人民整体及个别部分均同样具有约束力。在未进行变动以前,人民的代表不论其所代表的是虚假的或真正的民意,均无权采取违宪的行动。"[①] 只有"人民"和"人民的代表"所有行为都在宪法确立的范围内,也就是说遵守全体人民的公共意志的时候,才能防范"多数人暴政"。而法院享有违宪审查权,法院的司法审查权不仅作为三权中的制衡力量存在,更重要的在于反对"多数人暴政",维护了少数人的利益,具有明显的共和主义精神。

5. 分权与制衡之术

分权和制衡作为控制权力的一种机制,是实现国家治理的必备要素。但分权制衡并不是简单的三权分立,仅三权机械分立无法保障共和政体,权力制约才是关键。

从制宪者们意图来讲,对于一个共和国而言,问题关键不在于对各个部门权力做出清晰的界定,而在于通过实际保证机制防止一个部门权力被另一个部门所侵犯。因此,只有在权力分立基础上,通过权力制约以确保政府权力有限,才能确保人民自由不受侵犯。

(五)妥协:共和的艺术

美国宪法是政治妥协的作品,"对于参加1787年制宪会议的美国'国父们'来说,制宪的目的不是创造一个十全十美的、正义民主的、能够流芳百世让后人和他人景仰的政治体制,而是为了寻求一种现实的、有效的政治途径,以及时挽救正在走向失败边缘的美利坚联邦"[②]。宪法的制定和通过完全是一个妥协政治艺术。

在宪法制定过程中,妥协是一种主要基调。从"弗吉尼亚方案"到"新泽西方案",以至后来的"康涅狄格大妥协"和"五分之三妥协",都是政治妥协的产物。妥协意味着不是按照多数人的意志行事,而是在原则基础上大家利益的同时满足,不仅要照顾大州利益,更要兼顾小州利益,只有这样才能实现国家构建。政治是妥协的艺术,要想实现既定目的,双方都要有所节制和退让,才不至于酿成僵局,这就是美国宪法中所见到的情景:一方面是唇枪舌剑、剑拔弩张,另一方面却分享着共和国的荣耀,"种种利益协调之外,有着比商业冲突和关税更深层次的冲突……在私囊荷包之外,整个国家都感到另外一种情愫——一种骄傲的感觉。逐渐增长的

---

① [美]汉密尔顿、[美]杰伊、[美]麦迪逊:《联邦党人文集》,程逢如、在汉、舒逊译,商务印书馆2009年版,第394页。

② 王希:《原则与妥协:美国宪法的精神与实践》,北京大学出版社2000年版,前言第5页。

见识,那就是这部有关政府组织的新宪,对美国,甚至或许对全世界,都有种特殊的意义"①。

政治妥协不是没有原则,更不是没有责任感,而是有底线的。正是由于妥协底线的存在,决定了制宪者在最终的具体问题上采取了更加务实的态度,如果不在某些问题上进行妥协,就无法实现最终的目的,美利坚合众国将不复存在,妥协更好地实现了共和的艺术。

四、超越民主与共和:共和式民主

学术界对美国宪法主旨精神的探讨主要是围绕民主和共和两种路径展开,但民主与共和两种元素在宪法中的地位究竟是何种关系鲜有明确,有人主张宪法原旨精神是民主,也有人主张是共和②,但至少不是非此即彼的关系,而是"共存而优先"关系。

从历史哲学观点来看,历史不是"绝对精神"的自我发展过程③,也不是"一切真历史都是当代史"的论断④,历史是以事件构成的一组事实。根据语言分析哲学观点,世界是由事实构成的,而事实只有通过语言才能得到澄明。既然如此,具体的历史事件就和语言有着紧密关系。历史语言分析方法对于探求和分析具体历史事件具有重要意义。因此,对美国宪法精神探析必须深入当时的历史事件中,深入制宪者的内心。

宪法制定和批准过程,制宪者的一言一行,对概念和词语的运用,都不是随意而为,而是有着特殊的政治意义和价值取向,他们运用的某一个词语、某个概念都

---

① [美]凯瑟琳·德林克·鲍恩:《民主的奇迹:美国宪法制度的127天》,郑明萱译,新星出版社2013年版,第283页。

② 国内学者万绍红在其著作《美国宪法中的共和主义》一书中,认为美国的宪法的原旨是共和主义,并对其进行论证。阿伦特则把美国立宪建国的价值根基归于古典共和主义。

③ 黑格尔认为世界历史是精神在时间中自身发展的过程。历史是精神自我发展的历程,也是世界走向自我意识的过程。历史的目标就是精神的充分发展和充分的自我意识。这个充分的自我意识,也就是自由意识,它是宇宙发展的顶点。自由不是任意妄为,而是按照理性的标准行动。因此,历史就是我们的理性潜能逐渐实现为自由的过程,历史是一个理性自由的故事。

④ [意]贝奈戴托·克罗齐:《历史学的理论和实际》,[英]道格拉斯·安斯利英译,傅任敢译,商务印书馆1982年版,第2页。

具有实在的意向性①。"正是在这个意义上,可以说一个社会不是仅仅由经济、政治等实体性内容所构成,而是由一系列概念所组成,特别是社会活动的展开更是以概念为基础。"②考察美国宪法制定的文献③,发现宪法制定过程都是围绕关键性概念展开的,而在民主与共和问题上同样如此。

民主范畴在现代时期被赋予很高的政治期望,尤其是当下的"协商民主理论"作为强势话语引领时代潮流。不可否认,现代民主已经吸收了自由主义、共和主义等思想资源,早已经失去了原旨意义,更富包容性和批判性。共和的思想同样也是如此,其思想也在与民主主义和自由主义的交锋中重新获得新的面孔。但在"建国"时期制宪者的概念世界里,这两个概念却具有特殊指向,民主就是"希腊式的直接民主",即国父们说的"纯粹的民主政体"或"平民政体"。而共和指的是代议制政体,此处代议制政体等同于代议制民主。可见,至少在18和19世纪的历史语境中,民主的古典意义还很强势。

制宪者对民主的成见在于对人性的不信任,以及对他们自由的破坏。对"建国"先辈们来讲,自由与民主没有关系,而是与财产有关,"民众不受制约的统治,必然会导致财产的任意再分配,从而毁坏自由的根基"④。而殖民地时期各州民主势力的强大和革命时期城市大众的暴动则从实践层面强化了开国先辈门对"民主"的负面认知。出于此种考虑,开国先辈们在宪法制定过程中所赞扬的各种立宪方案都是为了确保美国未来不重蹈古典城邦共和国的覆辙。

尽管开国先辈们对民主如此憎恶,但他们却在多种场合将民主和共和概念相提并论一起使用。而且,托克维尔在《论美国的民主》里面,有时也将民主和共和同时使用。要理解这种现象,必须回归历史语境和时空场域中去。在美国"革命"

---

① 当某个词汇要变成概念时,必须是在一定的社会和政治语境中为了特定的目的而不断地被使用,具有一定的意义和指向功能,被固定下来之后,才成为大家所接受与认可的"概念"。因此概念是实体性意义的聚集。对于一个社会来讲,如果没有这样一些通用和被我们所共同接受的概念,也就没有了社会,同样也就没有了人们进行社会活动或者实践的场域。概念是意义的聚集,这种意义也是历史过程中人们的认知、思想和观念的体现和凝结,并在一定的语境中为了特定的目的而被使用。

② 李宏图:《概念史笔谈:概念史与历史的选择》,《史学理论研究》2012年第1期,第4-7页。

③ [美]汉密尔顿、[美]杰伊、[美]麦迪逊:《联邦党人文集》,程逢如、在汉、舒逊译,商务印书馆2009年版,第195页。参见:[美]理查德·霍夫施塔特:《美国政治传统及其缔造者》,崔永禄、王忠和译,商务印书馆1994年版;[美]麦迪逊:《辩论:美国制宪会议记录》,尹宣译,辽宁教育出版社2003年版;[美]伯纳德·贝林:《美国革命的思想意识渊源》,涂永前译,中国政法大学出版社2007年版。

④ [美]理查德·霍夫施塔特:《美国政治传统及其缔造者》,崔永禄、王忠和译,商务印书馆1994年版,第15页。

和"建国"时期,民主和共和同时出现在一句话语中不是无意和偶然的现象,而是体现了一种复杂的政治态度:一方面拒斥"直接民主",另一方面拥抱"间接民主"。当国父们同时在一句话中表达民主和共和的时候,这里的"民主"实际上指的是被共和政体矫正和改良后的代议制民主,而此种民主基本上和共和具有同样的政治含义,就像麦迪逊在《联邦党人文集》第10篇中所说:"一种纯粹的民主政体——这里我指的是由少数公民亲自组织和管理政府的社会——不能制止派别斗争的危害。共和政体,我是指采用代议制的政体而言,情形就不同了,它能保证我们正在寻求的矫正工作……民主政体和共和政体的两大区别是:第一,后者的政府委托给由其余公民选举出来的少数公民;第二,后者所能管辖的公民人数较多,国土范围也较大。"① 被选出来的少数公民代表组成一种自然的贵族,并与他们的多数人之间建立一种共和的关系,代议制使得"纯粹民主政体"变成间接性民主从而减少其暴力成分。

在国父们看来,共和政府首先是殖民地独立经验的政治表达,即对英王权威的彻底否定,在此意义上"共和"是一种与君主制相对的概念。而伦道夫在制宪会议上一开始就认为,校正《邦联条款》的办法的基础只能是共和原则②,这里的共和原则指的就是君主制的对立面,即民主的政府体制。"用洛克或者前洛克的语言表达说,源自人民的权力回到了人民手中,而他们选择不以君主政体的形式进行重组时,其中的'平民主义'含义开始与'共和主义'的含义相融合,甚至有凌驾于后者的趋势。"③ 从体现美国革命的进步意义上讲,"民主主义"和"共和主义"的确表达的是同一种思想,即对君主绝对主义的否定。但"共和主义"有更深层次价值指向的要求,即共和政体强调权力的分立和制衡。因此,"共和主义"只是"民主主义"的充分条件,而不是必要条件。

制宪者们一方面继承了英国的共和主义传统,反对专制统治,信仰"洛克式的人民主权",但另一方面又害怕民主力量对自由的威胁,对转向极右也深感忧虑。在开国先辈们的身上,普遍存在一种矛盾的政治立场,既不想背弃共和主义,又不

---

① [美]汉密尔顿、[美]杰伊、[美]麦迪逊:《联邦党人文集》,程逢如、在汉、舒逊译,商务印书馆2009年版,第49页。
② [美]麦迪逊:《辩论:美国制宪会议记录》,尹宣译,辽宁教育出版社2003年版,第15页。
③ [美]波考克:《国家、共和国和帝国:早期现代视野中的美利坚立国》,载《概念变迁与美国宪法》,谈丽译,华东师范大学出版社2010年版,第49页。

想违反人民主权。乔治·梅森的言论真实地反映了这种立场:"尽管我们都体验到民主政治有其压迫和不公正之处,但民众的精神倾向于民主,而这种精神又是必须考虑的。我们过于民主,但我们会因不审慎而走向另一个极端。"① 这种观点道出了18世纪在思想界普遍流行的"休谟式论断",即人性普遍是不值得信任的。民主并不是想象的那样建立在人性普遍完善的基础上,而是掌握在一群无知的人手中。因此,只有设计一种适当制度,形成一种协调的相互抑制的制度,使国家的各个阶级之间、利益集团之间、政党之间和政府各部门之间达到制衡,才能实现一种力量均衡的和谐局面。

亚当斯则宣称:"宪法中若无民主成分,就不会有自由政府。"② 显然,开国先辈们并没有将自己看作是贵族政体的代表者,而是把自己看作是站在"极左"和"极右"之间的一种力量,即"把自己看作是站在两个政治极端之间的温和主义者,是相当准确的"③。这种立场源于18世纪开国先辈们的阶级意识、国家主义意识和温和的共和主义哲学。有人会认为,这种思想抹杀了美国革命的进步性,变得极为反动,因为这背离了"人民主权"的政治理念。而开国先辈们却不这样认为,"主权在民"的原则仅是政治权力归属性的一种表达,18世纪财产利益分配的格局决定了必须采取一种温和的共和政治立场。因而,权利法案没有被纳入最初的宪法文本就可以被理解了,这也可以解释开国先辈们"一方面认为自私是人类最危险、最不能容忍的天性,一方面又必须在试图加以控制的过程中对之表示认可"④。

可见,美国制宪者们所想要的是一种温和的共和主义制度。在这种制度里面,实现了各种利益的平衡和均势,从而实现对民主的限制。此种"共和主义"并不是古典意义上罗马式的共和主义,罗马的共和主义本质上是一种以元老院的贵族为主导的贵族共和主义,这种共和主义并没有为罗马带来永久的和平。它更不是理论上的以"君主政体""贵族政体"和"民主政体"相混合政体意义上的共和主义。宪法中并没有君主位置,更没有贵族容身之所。美国共和主义对古典共和主义进

---

① [美]理查德·霍夫施塔特:《美国政治传统及其缔造者》,崔永禄、王忠和译,商务印书馆1994年版,第10页。
② [美]理查德·霍夫施塔特:《美国政治传统及其缔造者》,崔永禄、王忠和译,商务印书馆1994年版,第17页。
③ [美]理查德·霍夫施塔特:《美国政治传统及其缔造者》,崔永禄、王忠和译,商务印书馆1994年版,第18页。
④ [美]理查德·霍夫施塔特:《美国政治传统及其缔造者》,崔永禄、王忠和译,商务印书馆1994年版,第19页。

行了创造性的转化和综合吸收,这种政体以人民主权为基础,吸收了雅典的民主经验,消解了参议院的贵族性,采纳了代议制选举的轮换制,改造了罗马的公民大会,而代之以间接民主机构的精英化民主分支,借鉴了君主制的长处,强化了行政权的功能。更重要的一点是借鉴了英国立法机关内部的阶级分权,提出了政府内部按照职能划分的复合制的分权制衡制度。

国父们构建的共和制度本身并不是目的,而是为实现民主而服务的。共和在否定君主制的绝对主义基础上,通过分权与制衡机制在更高层面实现了人民民主,从这种意义上讲,这种共和又是民主的,通过共和政体方式实现的是一种共和式民主。美国的历史实践、思想基础、社会背景以及现实态度决定了"'共和'才是美国宪法的原旨,而非'自由主义'或者民主政治。因为只有共和才能保障个人的自由,又能实现国家的光荣"①。宪法的共和并不排斥民主,而是反对直接民主和"集权民主制",而代议制民主稀释了直接民主和集权民主的激进色彩,从直接民主之树上"嫁接"出了共和主义。因此,美国的共和理念包含民主理念,而高于民主政治②。

宪法设计的共和制度实现了对民主的节制,"美国国父们煞费苦心地设计多重制衡机制,不是因为他们服膺民主原则,恰恰相反,像马基雅弗利一样,他们对民主的核心原则(多数原则)存在一种政治和哲学的担心。说到底就是为了保护少数人(有产者)免受多数人(无产者)的暴政,他们拒绝信任人民"③。共和对民主的修饰,不仅可以保护国家的团结、稳定、和谐和统一,而且通过培养公民德性,确保公民权利的实现。制宪者们构建的联邦共和国,确保了联邦与州、各利益集团、各个阶级、政党派别共享国家权力,奠定了多元主义的政治权力格局,确保了国家的持久稳定。因此,开国先辈们在共和的基石上,其本质上是要通过共和方式建立一个超越古典共和主义和民主主义的"共和式民主"国家,实现国家和人民的"双重自由"。

---

① 万绍红:《美国宪法中的共和主义》,人民出版社2009年版,第28页。
② 郭道晖认为共和价值高于民主价值,理据:(1)民主只是统治者中的多数的统治;共和则要求国家权力全民共有、共治;(2)民主政治的民主只解决国家权力或主权的归属,而共和则进一步强调对国家权力的分权制衡,对民主可能产生的"多数专制"加以制约;(3)民主只是崇拜多数,而共和则要求同时保护少数。参见郭道晖:《民主的限度及其与共和、宪政的矛盾统一》,《法学》2002年第2期,第31-32页。
③ 王绍光:《民主四讲》,生活·读书·新知三联书店2008年版,第30页。

五、美国宪法精神探析的方法论意义

美国宪法的"共和式民主"精神的得出主要是基于对制宪背景、宪法文本,以及制宪者们思想踪迹的考察。制宪背景包括制宪时刻总体的政治、经济、文化等宪法生成的综合环境,这个环境蕴含的内容丰富,信息量大,而其中的政治状况则是尤其重要;宪法文本指的是宪法的规范内容;而制宪者们的思想踪迹指的是制宪时刻参与宪法制定的政治精英们或宪法制定的具体参与者或主导者以语言形式为载体体现出来的价值取向,"制宪背景+宪法文本+思想踪迹"构成了宪法精神探析模式,有利于从宏观和微观维度科学剖析宪法精神。

在宪法全面实施的新时代,宪法精神探析模式对于分析中国宪法精神具有实践意义。例如,"1954年宪法"精神分析。"1954年宪法"是新中国第一部具有社会主义性质的宪法,其总体精神是社会主义的,这可以运用"制宪背景+宪法文本+思想踪迹"模式来分析。首先,从制宪背景看,"1954年宪法"制定时刻,事实上的公有制经济基础已经确立:"1949年我国工业总产值的公私比例是:国营经济占43.8%,私营经济占56.2%。到1952年9月,国营经济上升到67.3%,私营经济下降到32.7%,国营经济在经济生活中开始超过私营经济。"[①] 与此同时,资本主义经济已经被逐步纳入国家资本主义的轨道,国家在利用资本主义工商业的同时,把其中大部分引上了初级形式的国家资本主义,"1952年,私营工业产值的56%,已属于加工、订货、统购、包销部分"[②]。私营经济中不利于社会主义的部分被削弱,尽管在数量上私营经济有所提高,但在国民经济中的比重却下降了。在农村,大部分农民通过互助合作的方式开始走向集体经济,"到1952年,全国有40%的农户参加了互助组,少数农户还参加了半社会主义或社会主义性质的农业生产合作社"[③]。1953年,中国共产党制定了"一五计划"和提出了"过渡时期的总路线",目的就是继续强化社会主义的经济基础,进一步加强公有制经济对整个国民经济的支配力。公有制经济对整个国民经济支配力的强化,事实上表明在"1954年宪法"制定时刻,我国已经是社会主义社会,1956年"三大改造"的完成,仅仅只是结果性事件。

其次,从宪法文本看,宪法序言明确规定了"过渡时期的总路线":"国家在过

---

① 韩大元:《1954年宪法与中国宪政》(第二版),武汉大学出版社2008年版,第40页。
② 《中国近现代史纲要》,高等教育出版社2010年版,第213页。
③ 《中国近现代史纲要》,高等教育出版社2010年版,第214页。

渡时期的总任务是逐步实现国家的社会主义工业化,逐步完成对农业、手工业和资本主义工商业的社会主义改造。"第一条规定:"中华人民共和国是工人阶级领导的、以工农联盟为基础的人民民主国家。"第二条规定:"中华人民共和国的一切权力属于人民。人民行使权力的机关是全国人民代表大会和地方各级人民代表大会。"第四条规定:"中华人民共和国依靠国家机关和社会力量,通过社会主义工业化和社会主义改造,保证逐步消灭剥削制度,建立社会主义社会。"第五条规定:"中华人民共和国的生产资料所有制现在主要有下列各种:国家所有制,即全民所有制;合作社所有制,即劳动群众集体所有制;个体劳动者所有制;资本家所有制。"第六条规定:"国营经济是全民所有制的社会主义经济,是国民经济中的领导力量和国家实现社会主义改造的物质基础。国家保证优先发展国营经济。"从以上宪法规范内容可以看出,"1954年宪法"构建了具体的社会主义的政治、经济秩序。

最后,在思想踪迹方面,党和国家主要领导人言论也反映了新宪法的精神。例如,刘少奇1954年在《关于中华人民共和国宪法草案的报告》中集中谈到了制定新宪法的必要性:"在我国实现社会主义工业化和社会主义改造,是一个十分艰巨复杂的任务。必须动员全国人民的力量,发挥广大人民群众的积极性和创造性,在正确的和高度统一的领导之下,克服各种困难,才能实现这样的任务。因此,一方面,我们必须更加发扬人民的民主,扩大我们国家民主制度的规模;另一方面,我们必须建立高度统一的国家领导制度。为了这样的目的,我们也有完全地必要制定一个比《共同纲领》更为完备的像现在向各位代表提出的这样的宪法。"[①]这种比《共同纲领》更为完备的宪法实际上就是具有社会主义性质的宪法。与此同时,刘少奇还强调"我们制定宪法是以事实做根据的。我们所根据的事实是什么呢?这就是我国人民已经在反对帝国主义、反对封建主义和反对官僚资本主义的长期革命斗争中取得了彻底胜利的事实,就是工人阶级领导的、以工农联盟为基础的人民民主国家已经巩固地建立起来了的事实,就是我国已经建立起社会主义经济的强有力的领导地位、开始有系统地进行社会主义改造、正在一步一步地过渡到社会主义社会去的事实""从这些事实出发,我们制定的宪法当然只能是人民民主的宪法。这是属于社会主义类型的宪法,而不是属于资产阶级类型的宪法"[②]。以上

---

① 刘少奇:《关于中华人民共和国宪法草案的报告》,1954年9月15日。
② 刘少奇:《关于中华人民共和国宪法草案的报告》,1954年9月15日。

言论主要在传达一个信息,即"1954年宪法"的主旨精神是社会主义的。

综上所述,无论从制宪背景和宪法文本内容,还是从制宪者思想踪迹看,"1954年宪法"的精神都是社会主义的,是以社会主义为基础进行价值构造的。除此之外,"制宪背景+宪法文本+思想踪迹"宪法精神探析模式对中国宪法全面实施也具有启示意义,即宪法全面实施必须遵循现阶段党和国家重要指导思想,立足国家发展总体状况,以宪法文本为基础实施。具体来讲,现阶段我国已经进入了全面依法治国的战略机遇期[①],健全保证宪法全面实施的体制和机制是今后宪法实施的主要任务。宪法的全面实施必须以"习近平新时代中国特色社会主义思想"为指导,立足当前我国发展的阶段性特征,以宪法文本为基础,创新机制体制,将宪法规范全面贯彻和落实到社会中去,构建社会主义法治国家新局面。

---

① 十八届四中全会确立《中共中央关于全面推进依法治国若干重大问题的决定》,十九大确立了坚持全面依法治国,深化依法治国实践,加强宪法实施和监督,推进合宪性审查工作,维护宪法权威的精神,十九届四中全会确立了"国家治理体系和治理能力现代化"决定,以上标志着我国已进入全面依法治国的战略机遇期。

·青年法苑·

税务机关征收社保费的法理省思与制度优化[*]
——以税、费本质属性为视角

刘 琦[**]

摘要： 税务机关统一征收社保费的征管体制改革旨在节约征管成本、提升征管效能，但现行立法的模糊不清以及对于社保费本质属性及其特殊征管需求的认识不足极大制约了改革实效。社会保险制度公法属性鲜明，其与税收制度的强制性、固定性和无偿性特征同中有异。通过深入比较二者的制度属性，提出强制性参保与自愿性参保的分类处理、碎片化征缴向固定性征缴的深入推进以及量能课征与量益课征的内在关联，以此实现相应的立法完善和制度优化。

关键词： 税务机关 社会保险费 制度属性 税收征管法

---

[*] **基金项目：** 本文系司法部国家法治与法学理论研究项目一般课题"优化税收营商环境法律问题研究"（项目号：19SFB2051）的阶段性成果。

[**] **作者简介：** 刘琦，男，安徽阜阳人，北京大学法学院2019级经济法学博士研究生，主要研究方向：财税法、经济法理论、社会法。

一、问题的提出

十九届三中全会审议通过的《深化党和国家机构改革方案》明确指出:"为提高社会保险资金征管效率,将基本养老保险费、基本医疗保险费、失业保险费等各项社会保险费交由税务部门统一征收。"2018年7月20日,中共中央办公厅、国务院办公厅联合印发《国税地税征管体制改革方案》,进一步规定从2019年1月1日起,社会保险费由税务机关统一征收。我国税务机关和社保机构"双主体"的社会保险费征缴模式由此终结,正式进入税务机关全责征缴阶段。然而,税务机关和社保机构的权责范围如何界分?征缴程序如何厘清?税务机关征缴过程中可否准用《中华人民共和国税收征收管理法》(以下简称《税收征管法》),行使强制执行权?现行法律法规和规范性文件中相关条款的模糊不清致使税务机关的实际征管工作无章可循、无例可依;对社保费本质属性及其特殊征管需求的认识不足又进一步制约了制度改革的实效。

既有研究表明,税务机关统一征收社保费符合国际趋势,税费一体化征收已在国内外实践中被证成。一方面,其有利于强化执法刚性、提升征管效能、节约征管成本,另一方面,征管措施选择和征管程序设计却对社保费的本质属性及其特殊征管需求关注不足[①],税、费征管的差异性与同质性尚未获得充分关注和理论厘清[②]。"现代市场经济国家的社会保险是国家通过立法创建的,由政府主办,具有强制性、固定性和有偿性。"[③]社会保险制度是国家基于社会安全目的,对国民社会收入再分配的干预和介入,其与通常理解的"税收三性"(强制性、固定性、无偿性)有所不同,由此亟须在明晰税、费的本质属性及其差异基础之上做出相应的立法调适和制度优化,以期对社保费征管体制改革的深入推进有所裨益。

二、强制性参保与自愿性参保的分类处理

考察我国《中华人民共和国社会保险法》(以下简称《社会保险法》)各险种的规则设计,可以发现其强制性参保与自愿性参保二元并存的结构性特征尤为鲜明,

---

① 郭昌盛:《我国社保费征管体制改革的困境与出路——基于欧洲国家改革的经验与教训》,《经济体制改革》2018年第2期,第28-35页;石坚:《优化社保费征收方式 推进税务机关统一征收》,《中国税务报》2014年4月18日第B03版。
② 王桦宇、李想:《税务机关征收社会保险费的误区及其澄清》,《税务研究》2019年第6期,第24-29页。
③ 叶姗:《社会保险法》,高等教育出版社2016年版,第32页。

二者的保费属性大为不同,相应的征管需求也应区别对待。

(一)社会保险的强制性及其征管需求

"强制性原则是社会保险制度的基石"[①],强制性是社会保险制度的一般原则和本质属性。现代社会中,人们时刻面临着因年老、体衰、患病及遭遇工伤事故等而暂时或永久丧失劳动能力的社会风险,社会保险制度旨在防范和化解不确定的风险,是工业文明时代重要的社会安全机制。我国《中华人民共和国宪法》(以下简称《宪法》)第四十五条第一款规定,公民享有社会保险权。"社会保险原则上有强制保险性质,其强制性显现于应参加保险对象资格与条件由法律明定,保险对象未依规定参加保险及履行缴纳保险费义务,依法得课处罚款。"[②]参保者的持续增加和社保费的切实征收是社会保险基金有效支付和社会保险制度持续运转的前提条件。作为社会安全理念与商业保险技术的嫁接融合,社会保险制度的强制性较大地排除了参保者的意思自治空间,其正当性依据在于风险共同体的连带责任法理和大数法则的精算需求。

强制性亦是税收的本质属性。税收是国家或公共团体为实现其公共职能,而按照预定的标准,强制地、无偿地从私人部门向公共部门转移资源。"在文明社会中,税收是国家提供公共产品的代价"[③],税收是租税国家最主要的资金来源,亦是现代国家最重要的经济资源,是国家机关日常运转、履行宏观调控职能和供给公共服务的财政基础。现代国家有权在人民同意的基础之上制定法律课征税收,我国《宪法》第五十六条亦规定公民有依法纳税的义务。为保障税款的有效课征,《税收征管法》赋予了税务机关相应的强制执行权。

无论是源于社会风险的防范和化解,还是公共服务的持续有效供给,社会保险制度和税收制度的强制性均基于社会公共利益的创造和维护;其作为国家强制建立并由《宪法》保障的制度,均具有强烈的公法属性。由此引发思考,在税费统一征管的背景下,税务机关能否准用《税收征管法》赋予的强力征管手段,以此彰显社会保险制度的强制性?恰如学者指出,强制执行权并非专属于税收征收,当一种公法关系具有足够的公共利益属性,就完全可以用公法手段予以保障。如德国《社

---

① 叶姗:《社会保险法》,高等教育出版社2016年版,第74页。
② 沈政雄:《社会保障给付之行政法学分析——给付行政法论之再开发》,元照出版公司2011年版,第133页。
③ 刘剑文、熊伟:《税法基础理论》,北京大学出版社2004年版,第37页。

会法典》即赋予海关征收社保费时等同于税务机关的强制执行权[①]。

我国社会保险经办机构是法律法规授权的组织,其行政权威相对较弱,征管职权有限、征管手段不足,以致欠缴、漏缴、拒缴社保费情况多发,由此广为学者诟病[②]。税费统一征管的背景下,借助税务机关查封、扣押、拍卖、罚款等强力手段,"提高社会保险资金征管效率"实为改革之初衷。然而,其实际效果却与改革预期大相径庭。笔者在访谈中得知,福建省基层税务部门成立"社保非税收入科",全面负责社保费征管事项。该科室一般只有三到五人的编制额,面对极为庞大的征管任务,通常基于参保企业和个人的申报完成征管工作,无暇核对申报信息的真实性,亦未能对欠费企业和个人予以追征和处罚,可谓被动征收而非主动核课,消极征收而非积极征管。而浙江省基层税务机关则由社保股主要负责政策解答,由管理股负责企业社保费的核实、通知和催缴工作,虽然税务机关内部分工较为明确,但强制性征管措施仍然无从适用。总体而言,其执法力度相较传统税收征管不可同日而语,征管效率难以切实提升,故无法彰显社会保险制度的强制性。由此引人深思,社保费征管体制改革的目的究竟何在? 又应当如何落实?

鉴于此,笔者提出如下建议。第一,将《税收征管法》第二条修改为"凡依法由税务机关征收的各种税收和非税收入的征收管理,均适用本法"。以此明确社保费的征收工作准用《税收征管法》,通过处罚权和强制执行权的赋予强化社保费征管力度。《社会保险法》第五十九条、《社会保险费征缴暂行条例》第六条亦应相应修改,从而明确税务机关的社保费征管职责。

第二,统筹考量社保费和个人所得税的征管工作。社保费和个人所得税在征管对象和缴纳依据方面高度趋同,其制度要素的相似性决定了征收信息和征收程序的重合性。[③]通过比较社保缴费和个人所得税应纳税额和专项扣除额,以此保障社保费缴纳基数的真实性。进而通过与企业所得税纳税信息的交叉比对,明确应税工资高于缴费基数的部分不得计入企业所得税税前扣除额,进而促使企业如实申报和缴纳社保费,以此实现社保费的如实课征和公平负担,贯彻《宪法》第

---

① 吴文芳:《社会保障费与税之关系的基础理论探索》,《税务研究》2014年第7期,第86-89页。
② 石坚、杜秀玲:《建立税务机关统一征收社会保险费模式的研究》,《国际税收》2014年第12期,第10-14页。
③ 朱为群、李菁菁:《税务部门统一征收社会保险费的效率和公平探讨》,《税务研究》2017年第12期,第10-14页。

三十三条规定的平等原则。与此同时,还应通过《税收征管法》和《社会保险法》的特别授权,明确税务机关将纳税人涉税信息直接适用于社保费征收工作的权限及其边界,以此清除制度障碍,消弭纳税人信息保护与社保费切实征管的内在张力[①]。

第三,以人事改革配合体制改革。国家税务总局新近成立社会保险费司(非税收入司),并规定其主要职责是:负责基本养老保险费、失业保险费、工伤保险费、基本医疗保险费和生育保险费等社会保险费以及有关非税收入的征管职责划转、落实以及后续的征收管理各项工作;负责与相关部门的信息共享和工作协调;参与相关政策的制定和法律法规调整[②]。从机构名称上看,社会保险费并不属于非税收入,仅仅是从改革的便宜性考虑将其设置为与货物和劳务税司、所得税司、财产和行为税司、国际税务司等相并列的内设机构。从机构职责上看,鉴于社会保险较强的公共性及其"准税收"属性,[③]社会保险费司及其垂直管理的"社保非税收入科"或"社保股"应当专门负责政策解答、信息收集和数据处理,与社保机构及时对接和交换参保信息,而信息核课与查实、欠费追征与处罚等实际征管工作仍应与其他部门,尤其是所得税司社会保险费征收管理处密切配合。

第四,做好税务机关与社会保险经办机构的衔接与配合。我国社保费的征缴流程大致可以划分为参保登记、申报缴费、保费核定、保费征收、划解保费、查处追欠等六大环节,需落实税务机关征管职权与社会保险经办机法定职权的厘清和重组。我国社会保险经办机构应当定位为事业单位,逐步淡化行政管理属性,强化其服务职能[④]。在征管体制改革的背景下,应当聚焦社保精算和社保福利发放方面两大优势,专注参保信息登记和保险待遇给付等工作,并以此为基调修改《社会保险法》第九章相关条款。进而言之,税务机关与其他部门的职能分工亦应相应整合,进而构建"税务征收、财政管理、社保发放、审计监督"的社会保险费征管体制[⑤]。

---

① 王桦宇、李想:《税务机关征收社会保险费的误区及其澄清》,载《税务研究》2019年第6期,第24-29页。
② 参见国家税务总局官网,http://www.chinatax.gov.cn/chinatax/n810209/n810585/n1045557/index.html,访问日期:2020年1月10日。
③ 庞凤喜:《社会保障税研究》,中国税务出版社2008年版,第8页。
④ 叶静漪、肖京:《社会保险经办机构的法律定位》,《法学杂志》2012年第5期,第82-87页。
⑤ 朱为群、李菁菁:《税务部门统一征收社会保险费的效率和公平探讨》,《税务研究》2017年第12期,第10-14页。

（二）自愿性社会保险及其特殊处理

我国社会保险制度仍然处于改革和转型当中,伴随社会保险覆盖范围的不断扩宽,《社会保险法》规定的参保对象突破了劳动关系的界限,但其约束力度仍有差别①。大体言之,其针对存在固定劳动关系的企业职工和机关事业单位工作人员的险种设计均为强制性,规定"应当参加";适用于城乡居民的险种则偏向自愿性,如城乡居民基本养老保险和城乡居民基本医疗保险均未作强制参保规定;适用于个体工商户和灵活就业人员的基本养老保险和基本医疗保险的强制力度居中,仅作"可以参加"的柔性规定。

自愿性社会保险和强制性社会保险的约束力度有着很大的差异。恰如学者指出,"什么情况下会使社会保障的支付成为一种税?这个问题的回答有赖于各国的宪法和法律""如果潜在的支付人可以选择是否支付,则不称其为税"②。即意在强调自愿性社会保险赋予了当事人参保与否的选择权,尊重其意思自治的合理空间,这是对社会保险制度公法属性和制度刚性的冲击和弱化。进而言之,国家机关的介入程度亦应相应限缩,其征管规则和征管程序均应特殊考量。

"当前《社会保险法》中依然保存有大量劳动法体系下的制度构造和思维方式,存在着以不同类型的劳动关系或社会群体为界限进行多元化、差异化的制度区分。"③一方面,应当尊重刚性参保与柔性参保二元并存的制度现状,自愿性社会保险的被保险人有权放弃参保资格,当事人的自动申报和缴费是征缴程序启动的前提条件,税务机关应当基于被保险人的真实意愿征收保费,不宜运用《税收征管法》中的征管手段予以强制性追征。另一方面,基于社会保险的社会安全目的及相关规范的公法本质属性,社会保险制度应当由劳动法思路为主转向社会保障法思路为主,实现社会保险关系与劳动关系脱钩以及社会保险制度的"多轨"统合④。伴随社会保险制度改革的深入推进,强制性社会保险与自愿性社会保险能否实现二元并轨,相应的征管体制设计如何调整和因应仍是有待观察的问题。

---

① 王全兴、汤云龙:《转型中的〈社会保险法〉》,《中国工人》2011年第4期,第8-11页。
② [美]V.图若尼:《税法的起草与设计》(第一卷),国家税务总局政策法规司译,中国税务出版社2004年版,第183页。
③ 王全兴、赵庆功:《我国社会保险制度深化改革的基本思路选择》,《江淮论坛》2018年第3期,第115-121页。
④ 王全兴、赵庆功:《我国社会保险制度深化改革的基本思路选择》,《江淮论坛》2018年第3期,第115-121页。

三、碎片化征缴向固定性征缴的深入推进

社会保险费和税收均有其固定性征缴的强烈需求,税费统一征收的征管体制改革为社保基金统筹层次的提升和社会保险制度碎片化困境的破除提供了有益契机。

（一）固定性征缴的现实需求

"与商业保险因人而异的特殊性不同,社会保险是一视同仁的,法定的社会保险缴费率和社会保险待遇给付标准通常是统一规定、统一调整的。"[①] 社会保险制度的固定性可以从主体和客体两个层面理解,前者是指参保对象和参保资格的法定性,后者是指社保缴费金额和待遇给付标准的固定性,即社保待遇获取是一种法定权利,参保人可依据法律规定获得相应给付[②]。从收支联动和预算平衡的视角观察,社会保险费的收入和支出同时编入社会保险基金预算,这是一个基本封闭的自循环资金系统[③]。社保费的固定化征缴恰是扩大参保基数,做实社会保险基金,进而降低社会保险费率,保障社会保险待遇给付的前提条件。

从另一个角度观察,固定性亦是税收的本质属性,即在一定时间段内,纳税主体、纳税金额以及纳税程序的固定化。这既是对国家税收利益和财政资源的刚性保障,又旨在让公民对未来税收负担做出合理预测,进而合理规划其经济活动和日常生活。从制度设计上看,基本税制要素遵循税收法定原则,地方政府的自主裁量空间较为有限；从征管体制上看,税收高权持续向中央集中,地方税务部门实行省以下垂直领导的分级管理体制,可以实现征管标准和征管程序的全国性统筹。

由此可见,税收和社会保险费的征收工作均有其固定性征缴的现实需求。其旨在确保国家税费收入和公民税费负担稳定可期,亦能实现不同群体、不同地域之间的税费公平课征,并能通过统筹范围的扩大充盈财政资金、提升调控能力以及充分彰显社会保险制度的共济性。

（二）碎片化征缴的困境破解

我国社会保险制度在各职业群体和各地区之间均有很大差异,由此造成社保费固定性征缴的现实障碍。就群体性差异而言,如前所述,伴随我国社会保险关系

---

① 叶姗:《社会保险法》,高等教育出版社2016年版,第75页。
② George E. Rejda, Social Insurance and Economic Security, *Yale Journal of Biology and Medicine*, Vol.7, No.2, 1934, pp.187-188.
③ 叶姗:《社会保险法》,高等教育出版社2016年版,第99页。

与劳动关系由相互依存到相对脱钩,我国社会保险制度由此呈现出刚性参保与柔性参保并存的结构性差异。仅就职工基本养老保险和职工基本医疗保险而言,即存在公务员、事业单位职工和企业职工社会保险运行机制和待遇给付水平的"三轨"并存。就地区性差异而言,城乡二元经济结构的长期存在导致农民工群体社会保险关系跨地区转移接续尤为困难;社会保险统筹层次较低,各地区区域发展的不平衡性致使其缴费标准各行其是,待遇水平参差不齐。举例言之,一个国企系统的高管从甲地母公司调至乙地子公司阶段性任职,其社保费是缴纳给甲地还是乙地?该高管有无社保缴费地的自主选择权?各地规定尚不统一,由此可能影响其与社会保险缴费年限相关的公民权利(如基本养老保险待遇给付)。综上可知,我国社会保险制度的碎片化特征尤为显著,既影响社会保障功能的充分发挥,又成为阻碍劳动力自由流动的制度性障碍。恰如文件指出:"社会保险各项制度是分人群设计的,相互间尚未制定明确的衔接办法,即便同一险种各地执行的政策也有差异,从而造成重复参保和转移接续困难问题。"[1]

《社会保险法》第六十四条第三款规定,"基本养老保险基金逐步实行全国统筹,其他社会保险基金逐步实行省级统筹,具体时间、步骤由国务院规定"。社会保险费征管体制管理不顺是导致社会保障制度统筹层次不高的重要原因[2],而税费统一征收的征管体制改革可谓提升统筹层次、破解碎片性征缴困境的有益契机。社保机构实行属地管理,其征管工作受制于地方政府,易为当地政策所左右;且各个基本险种的管理机构相互独立,彼此间缺乏有机协作机制。改革之后的税务机关实行省以下垂直领导为主的双重管理体制,由其代征社保费,可以做到省级层面的统一协调与上下贯通,进而切实提升社保基金的统筹层次,以此提高征管效率,强化基金运营实效,提升待遇给付水平,亦能整合各自分散的社会保险系统,破解社会保险体制的碎片化困局。

综上,笔者提出如下建议。第一,各省政府结合本省实际,出台相应的规范性文件,统一当地社保费的征缴标准和待遇给付标准,切实推进社保基金的省级统筹。第二,坚持社会保险制度的"多轨"统合,逐步实现城乡居民之间、公共部门与

---

[1] 审计署:《全国社会保障资金审计结果》(2012年第34号公告),http://www.audit.gov.cn/n5/n25/c63607/content.html,访问日期:2019年9月10日。

[2] 朱为群、李菁菁:《税务部门统一征收社会保险费的效率和公平探讨》,《税务研究》2017年第12期,第10-14页。

非公共部门之间社保征缴规则的趋同以及征缴标准和待遇水平的趋近。第三,应当注意,社会保险的固定性特征相较税收亦有所不同。《中华人民共和国劳动法》第七十一条、《社会保险法》第三条均强调"社会保险水平应当与经济社会发展水平相适应",为此应当落实社保费征缴标准和待遇给付标准的定期调整机制,以此实现改革发展成果的全民共享。

四、量能课征与量益课征的内在关联

一般认为,税收的课征具有无偿性,纳税人无法直接向国家行使请求权,公民的税收负担应与其经济能力相适应,坚持量能课税原则[①];而缴纳社保费则是公民享受社会安全保障的对价,参保人满足一定条件即可主张社会保险待遇给付请求权,因而遵循量益课征原则。这种理解固有其合理意义,但不应把税收的无偿性和社会保险的有偿性作狭义的片面理解,甚至以此作为二者的根本差异之所在,需要关注二者的内在契合之处以及量能课征和量益课征的深层关联。

（一）特定目的税：社会保险税本质属性的再思考

在全球172个已建立社会保障制度的国家中,已有140多个国家开征社会保障税,[②]是否应将"费改税"作为我国社会保险制度改革的根本出路亦是学界长期争论不休的话题,税、费两派理论性分歧及实证效果比较的文献层出不穷。恰如国际货币基金组织（IMF）指出,社保费属性属于抽象的政治和文化范畴,没有准确的答案[③]。

传统观点认为,无偿性与有偿性的区别以及由此决定的量能课征和量益课征的路径选择是社保缴款税、费属性的根本差异之所在,如《贝弗里奇报告:社会保险和相关服务》所指出,"税和缴费之间的差别在于,税与纳税人,也应当与纳税人的支付能力挂钩,而与将来享受的待遇高低无关。而缴费则与,也应当与缴费者享受的待遇高低相关,而与其支付能力无关。"[④]随着理论研讨的深入,上述理论框

[①] 黄茂荣:《税法总论:第一册 法学方法与现代税法》（增订二版）,植根法学丛书编辑室2005年版,第379页。

[②] ［美］V.图若尼:《税法的起草与设计》（第一卷）,国家税务总局政策法规司译,中国税务出版社2004年版,第367页。

[③] 张守文:《财富分割利器:税法的困境与挑战》,广州出版社2000年版,第338页。

[④] ［英］贝弗里奇:《贝弗里奇报告:社会保险和相关服务》,社会保险研究所译,中国劳动社会保障出版社2008年版,第101页。

架已被突破,多数学者达成了新的理论共识,指出社会保险税(费)具有强制性和固定性,对无偿性则搁置探讨,无论社保缴款名称如何,其本质上都是一种"捐"①。从法学视角观察,我国社会保险费具有专用性,其性质上介于税收和收费之间,社会保险费就是一种特别公课,其性质上接近于特定目的税②。从财政学视角观察,"捐"是指定具体用途的强制性课征,税收一般不对具体用途做出指定,"费"则是对政府提供特定公共服务的等价交换③。综上可知,财政学学者和法学学者的认识趋于一致,特定目的税可谓社会保险缴款的本质属性。

从收支关联的视角观察,纳税旨在获取政府供给的公共产品和服务,其特征在于该产品的效用扩展于他人的成本为零(非竞争性),且无法排除他人参与共享(非排他性)④。依此分析,一方面,社会保险给付有赖于保险关系的成立,并非向全体国民开放。社会保险参保人和受益人确定之后,群体内部成员共享福利时不会相互排斥,但会排斥群体外成员的权利分享,因此仅具备一定程度的非排他性。另一方面,尽管单个分享者增加所产生的边际成本相较巨额社保基金占比较小,但参保者的不断增多也会使之渐趋饱和,一旦超出某一临界点,社保基金将入不敷出,全体成员的待遇水平均会下降,因而具备一定程度的非竞争性。可见早期的社会保险制度是一种准公共物品,其介于公共物品和私人物品之间,具备部分的非排他性和非竞争性⑤。随着我国劳动保险社会化改革进程的深入推进,社会保险早已超越面向本单位内部劳动者的职业福利范畴,基本险种的社会保险关系日益与劳动关系脱钩,进而实现更大范围的充分覆盖⑥。加之社会保险制度统筹级次的提升,社保基金池的资金规模日益充实,从而得以在更大的时空范围内调剂余缺,制度空间得以充分延展和释放。可见其准公共物品的制度属性逐渐淡化,实际发挥出类似税收制度的纯公共物品供给职能,特定目的税的本质属性日益清晰。

---

① 高庆波:《中国社会保障税费之争三十年》,《华中科技大学学报(社会科学版)》2019年第3期,第33-43页。
② 叶姗:《社会保险费改税的法律分析》,《税务研究》2012年第1期,第52-56页。
③ 朱青:《关于我国开征社会保险税问题的探讨》,《财政研究》2001年3期,第57-60页。
④ [美]保罗·萨缪尔森、[美]威廉·诺德豪森:《经济学》(第十九版),萧琛等译,商务印书馆2012年版,第58-59页。
⑤ 马国贤:《中国公共支出与预算政策》,上海财经大学出版社2001年版,第361-362页。
⑥ 在养老保险和医疗保险充分覆盖全体国民的基础上,工伤保险的参保对象即将扩张至实习生和退休人员,参见浙人社发〔2018〕85号《浙江省人力资源和社会保障厅等3部门关于试行职业技工等学校学生在实习期间和已超过法定退休年龄人员在继续就业期间参加工伤保险工作的指导意见》。

(二) 非直接有偿性：一个新的解说路径

税收的无偿性和社会保险的有偿性应当如何理解？该问题的探讨不容回避。税收的无偿性意在强调公民具有依法纳税的义务，纳税人无法借此直接行使待遇给付请求权。征税权在本质上是一种掠夺性权力，是对公民经济生活和财产利益的干预和介入。政府在取得税收收入后，需履行必要的政府职能，面向全体居民充分供给市场不得提供、不能提供和不愿提供的公共产品和服务，这正是国家课税权的正当性基础[①]。由此观察，公民依法纳税正是对税收利益这一公共性利益的创造和维护，这是政府机构有效运转以及切实履行宏观调控职能的财政基础。所谓税收的"无偿性"，实质上是一种"非直接有偿性"。

社会保险制度旨在防范和化解公民因年老、疾病、失业等而永久或暂时丧失劳动能力，而由此遭遇的不确定性经济风险和人身风险。"社会保险制度可被视为一种跨越代际的社会契约。当前工作的一代人承担起支持当前退休人员的责任，同时认定他们自己将由下一代工作人员提供退休支持。"[②] "罗尔斯的社会契约论可以用来挑战传统的观点，即社会保障计划代表了财富大规模地从年轻人向老年人重新分配。该体系可以看作是年轻人与老年人之间的一份公平的合同。"[③] 由此观之，社会契约理论可以用以理解社会保险制度。社保费缴纳者属于年轻者、健康者、在职者，而社保待遇领取者则为同一时段和同一统筹范围内的年老者、患病者、失业者等。社保缴费统一计入专款专用的社会保险基金账户，参保人无法即时主张社保待遇给付请求权，而是以此获得未来一定时段内安全保障及风险救济的权益和资格，这是其社会连带责任和社会风险共济内在机埋的生动体现。所谓社会保险制度的有偿性，并非属于即时性、自益性之有偿，而是属于远期性、互益性之有偿。与税收制度相较，虽然统筹层次的差别决定其覆盖范围的不同，专款专用与否决定其收支联动的差异，但在"非直接有偿性"上，二者实有一定的相同之处。综上可知，传统观点中税收的无偿性和社会保险的有偿性并非无法弥合的鸿沟，"非直接有偿性"恰是二者共性之所在。

[①] 黄茂荣：《税法总论：第一册 法学方法与现代税法》（增订二版），植根法学丛书编辑室2005年版，第377页。

[②] ［美］理查德·A.马斯格雷夫、［美］佩吉·B.马斯格雷夫：《财政理论与实践》，邓子基、邓力平译，中国财政经济出版社2003年版，第214页。

[③] ［美］理查德·波斯纳：《法律的经济分析（第七版）》（中文第二版），蒋兆康译，法律出版社2012年版，第688页。

(三)社保征缴:量能课征与量益课征的内在关联

既然税收的无偿性和社会保险的有偿性在"非直接有偿性"上得到了实质统一,那么社保缴款的量能课征和量益课征可否实现内在勾连和契合,进而求得税费统一征收的正当性基础?笔者认为,该问题的答案是肯定的。

第一,量能课征与量益课征之基础存在高度的关联性。量能课税原则作为税法建制的基本原则之一,其源于亚当·斯密提出的平等原则。他指出,落在每个人身上的税收负担应当是平等的,就像一大块共有地产的管理费用中每个人承担的份额,应当与各自从这块地产中所获收益成比例。每个国家的国民上缴给政府的捐税,要尽可能与他们各自的能力成比例;换言之,就是要与他们在国家保护下各自取得的收入成比例[1]。由此观之,个体能力的形成恰是建立在其所获利益基础之上,包括经济性利益和社会性利益。伴随三次科技革命的发生,人际间的相互依赖和相互联系程度不断加深,人类社会正经历着机械的个体社会向有机的整体社会的转换[2]。个体财富积累的实现和经济能力的形成与社会环境状况、经济发展程度、人际互动过程等诸多因素密切相关。社会条件的加总和发展机遇的赋予可谓量益课征之"益",由此形塑经济行为,创造社会财富,可谓个体量能课征之"能"。综上,"量能课征"与"量益课征"的征缴模式选择及其制度生成基础深切关联,并非截然二分。

第二,社保缴款的计征依据及社保待遇的发放标准存在同一性。社会保险的缴款人包括个人和单位,缴费标准通常是个人工资总额或本单位员工平均工资乘以一定比例。就社保待遇给付而言,无论是基本养老金的领取,还是生育津贴的计算,抑或工伤补助金的发放,均与其基本工资额相挂钩。从前端观察,工资薪金所得是个人日常收入的重要组成部分,亦是其经济能力的重要表征,社保费的征缴由此贯彻了量能课征原则;从后端观察,社保缴款额与最终的待遇给付金亦存在一定的比例关系,由此彰显量益课征原则。基于社保缴款计征依据和社保待遇发放标准的同一性,量能课征与量益课征原则在社保费的征缴上得到了实质的统一和张力的弥合。

综上,笔者提出如下建议。第一,税务机关征收社保费应当准用《税收征管

---

[1] [英]亚当·斯密:《国富论(下)》,郭大力、王亚南译,译林出版社2011年版,第361页。
[2] 刘水林:《经济法是什么——经济法的法哲学反思》,《政治与法律》2014年第8期,第87-102页。

法》。税收的无偿性和社会保险的有偿性的分歧点在"非直接有偿性"上得到了内在统一,社会保险制度设计的独特性又使得量能课征与量益课征的原则实现了张力弥合。由此推之,税费统一征管的意义不仅在于精简机构和提升效能,更基于征管对象内在机理的深度契合。虽然社会保险"费改税"的进程仍有待时日,但其特定目的税的本质属性日益为学界所共知。

第二,社会保险基金的个人账户制度应当逐步取消。我国基本养老保险和基本医疗保险均实行社会统筹和个人账户相结合的部分累积制运营模式。从制度属性上看,个人账户是一种强制性的个人储蓄制度,与社会保险制度的统筹性、互济性和公益性特征不相契合,加之其私人性产权结构使之难以归入非税收入类型,亦与税收制度的公共性财政资金运营模式迥异。恰如学者指出,社会保障税与社保基金统筹账户的基本理念一致,但与个人账户格格不入,个人账户只是一种过渡性制度安排[1]。基于社会统筹和个人账户基金的异质性,统一征收和一体管理可谓非理性选择。从实践效果上看,我国基本养老保险金个人账户的缴存额亦被用于社会统筹,进而成为完全的现收现付制,个人账户长期空账运行,已由1997年的140多亿元上升至2015年末的47 144亿元[2],实无继续保留之必要。

五、结语

税务机关全责征收社保费有利于改变原先双重主体之下社保费征管的三元组合结构,以此集中专业优势,提升征管效能。通过税、费本质属性的深入反思可以证成社保费税式征缴模式的正当性基础,亦能为其征管体制深化改革揭示方向。具体言之,第一,《税收征管法》中诸多强制征收措施应当适用于强制性险种的征缴工作,并统合考量社会保险费和个人所得税税收征管。第二,通过征管体制改革切实提升社会保险统筹级次,以此实现不同区域、不同部门之间征缴规则的趋同以及征缴标准和待遇水平的"多轨"统一和固定。第三,社会保险本质上是一种特定目的税,税收的无偿性和社会保险的有偿性之分殊在"非直接有偿性"上得到了内在统一,社会保险基金的个人账户由此应当逐步取消。

---

[1] 叶姗:《社会保险费改税的法律分析》,《税务研究》2012年第1期,第52-56页。
[2] 《养老金个账空账率超九成,将来兑现或入不敷出》,http://news.sohu.com/20161015/n470324906.shtml?t=1476679611752,访问日期:2019年9月11日。

中立性原则在批捕权配置中的嵌入与程序生成*

施珠妹**

摘要： 中国的批捕权不论是交由法院行使抑或检察院行使，都应将中立性原则嵌入其中，外部权力配置模式的不同不会改变批捕主体中立性这一根本原则。所以，在检察院行使批捕权的中国语境下，检察机关内部进行批捕权配置时应围绕中立性理念来构架程序，构建以检察官为顶端，以侦辩双方为底端的"等腰三角结构"，保障审查逮捕中立性。但是，目前，"捕诉一体"模式下一人身兼两项不同职能的内部权力配置机制，可能会将该人置入一条服从链中，难以自如地在两种相异的角色中随意切换，从而出现"自我服从"或"自我认可"。最终，批捕权可能会成为起诉权的附庸，或者批捕程序可能会成为公诉思路得以传布到批捕程序的渠道，使程序呈现"形分实合"样态。

关键词： 权力配置　法院行使说　检察院行使说　中立性　服从链

---

* 基金项目：2020年度重庆市研究生科研创新项目"认罪认罚案件羁押问题研究"（项目号：CYB20130）；2020年度西南政法大学法学院学生科研创新项目"中国语境下审查逮捕中立性的偏离与矫正"（项目号：FXY2020011）。

** 作者简介：施珠妹，西南政法大学法学院博士研究生。

早在20世纪80年代末期开始,我国学术界关于批捕权配置问题就一直争论不休,基本形成"法院行使说""检察院行使说""双重构造说"三大阵营。随着司法改革,特别是"捕诉一体"改革的推进,批捕权配置问题再次成为争议焦点。有学者认为,"鉴于检察机关审查批准逮捕模式无法克服自身局限,遭遇改革瓶颈,建立法院统一审查逮捕模式从而实现逮捕审查司法化方为出路"[1]。反对法院行使批捕权者的理由主要有以下三点。第一,中西方司法体制与背景存在巨大差异。将批捕权赋予法院行使的国家一般实行检警一体化模式,检警之间合作大于监督,所以只能由法院行使。而我国未采取检警一体化,程序上采用的是分工负责制度[2],而且中西方法院体系也不同,中国是统一法院体系,而西方是有审理实体问题的法院及解决程序问题的预审法院的多元法院体系。第二,检察机关行使批捕权是中国特色检察制度的体现。因为"检察机关是我国宪法明确规定的法律监督机关,检察机关既有行政属性,也有司法属性,检察机关行使批捕权是其司法属性的重要体现"[3]。而且,检察官与法官拥有类似的职业养成机制、职业待遇、伦理规则,检察官秉承客观中立原则,也能保障检察官行使批捕权时的中立性。[4]第三,法院行使批捕权会带来一系列消极影响。如鉴于错误逮捕的责任追究及司法赔偿,法院可能不敢作出无罪判决或将批捕权交由法院行使可能会加重法院案多人少矛盾等。那么,关于批捕权配置问题,我国及域外法律是如何规定?我国学术界关于批捕权配置的主要争议焦点是什么?不同权力配置论者所要追求的目标有什么不同,是否存在共同之处?当前正在进行的"捕诉一体"改革与追求目标是否一致?本文主要围绕上述问题展开。

一、关于批捕权配置的规范与理论审视

（一）批捕权配置的规范审视

对批捕权配置问题的探讨离不开刑事诉讼法中有关批捕权限划分的规定。早在1928年国民政府公布的《中华民国刑事诉讼法》第六十七条中就有"羁押被告应用押票,发押票之权侦查中属于检察官,在审判中属于审判长或受命推事"的

---

[1] 刘计划:《我国逮捕制度改革检讨》,《中国法学》2019年第5期,第137-157页。
[2] 谢小剑:《检察机关"捕诉合一"改革质疑》,《东方法学》2018年第6期,第102-109页。
[3] 洪浩:《我国"捕诉合一"模式的正当性及其限度》,《中国刑事法杂志》2018年第4期,第28-42页。
[4] 沈海平:《捕诉关系的辩证思考》,《国家检察官学院学报》2018年第4期,第51-63页。

规定。也就是说,按照诉讼阶段实行批捕权分权模式:在侦查阶段属于检察官,在审判阶段属于审判长或受命推事。1935年公布的新的《中华民国刑事诉讼法》第一百零八条不仅对羁押期限作明确限定,而且还将延长羁押期限权完全赋予法院,规定羁押被告,侦查中不得逾两个月,审判中不得逾三个月,但有继续羁押之必要者得于期限未满前由法院裁定延长之,在侦查中延长羁押期限应由检察官申请所属法院裁定。新中国成立后第一部《中华人民共和国刑事诉讼法》,即1979年《中华人民共和国刑事诉讼法》第三十九条规定,逮捕人犯,必须经过人民检察院批准或者人民法院决定,由公安机关执行。尽管"人犯"的表述隐含着有罪推定的陈旧思想,但法律上明确规定了逮捕措施必须由检察院批准或法院决定才可交由公安机关执行,由此可见对公民人身自由的法律保障。

  我国宪法对此也有规定。因为批捕权配置问题不是一个纯诉讼领域的理论探讨,其背后深层的法理基础是每个公民的人身自由与安全的基本人权。如1941年通过的《陕甘宁边区施政纲领》第六项规定,"除司法系统及公安机关依法执行其职务外,任何机关、部队、团体不得对任何人加以逮捕、审问或处罚",将逮捕权赋予司法系统及公安机关。1947年颁布的《中华民国宪法》第八条规定,"除现行犯之逮捕由法律另定外,非经司法或警察机关依法定程序,不得逮捕拘禁",明确司法或警察机关有权作出除现行犯之外的逮捕。1954年颁布的《中华人民共和国宪法》第八十九条规定,"任何公民,非经人民法院决定或者人民检察院批准,不受逮捕",明确赋予法院逮捕决定权以及检察院逮捕批准权,警察机构不再享有逮捕决定权。1975年颁布的《中华人民共和国宪法》是在"文化大革命"中制定的,反映了那个阶段"左"的错误,所以关于逮捕权配置存在严重问题。其中,第二十五条将检察机关的职权赋予各级公安机关行使;第二十八条规定,"任何公民,非经人民法院决定或者公安机关批准,不受逮捕",将逮捕批准权赋予公安机关行使。但1978年颁布的《中华人民共和国宪法》又重新恢复了检察机关的权力,第四十七条规定"任何公民,非经人民法院决定或者人民检察院批准并由公安机关执行,不受逮捕",对法院逮捕决定权、检察院逮捕批准权与公安机关逮捕执行权进行明确定位。1982年颁布《中华人民共和国宪法》总体上继承和发展了1954年颁布的《中华人民共和国宪法》的基本原则,第三十七条明确规定,"任何公民,非经人民检察院批准或者决定或者人民法院决定,并由公安机关执行,不受逮捕"。从上述宪法或宪法性文件关于批捕权配置的规定中我们可以发现,不论是在民国法制不健全时期、新中国成立初始法制发展时期抑或"文化大革命"法制破坏时期,国家均没有放弃对公民人身自由与安全的保障。在新中国第一部宪法颁布后,除了1975年颁布的《中华人民共和国宪法》受到"文化大革命"影响将检察机关批捕权交由公安机关行使外,一般只有检察机关才可以批准逮捕或法院才可以决定逮捕。

许多国际性或区域性人权公约对批捕权配置也有规定。如《欧洲人权公约》第5条第3款规定"被逮捕或者拘留的任何人,应当立即送交法官或者是其他经法律授权行使司法权的官员"。《美洲人权公约》第7条第5款规定"应当将被拘留的任何人迅速地提交法官或者其他经法律认可的行使司法职权的官员"。《公民权利和政治权利国际公约》第9条第3款规定"任何因刑事指控被逮捕或拘禁的人,应被迅速带见审判官或其他经法律授权行使司法权力的官员"。联合国大会通过的《保护所有移徙工人及其家庭成员权利国际公约》第16条第6款规定"因刑事指控被逮捕或拘留的移徙工人及其家庭成员,应迅速由法官或经法律授权行使司法权力的其他官员予以传讯"。上述公约均将逮捕或拘留的权力交由法官(或审判官)或经法律授权或认可的行使司法权力的其他官员,并非法官独享,所以只要证明检察人员属于"经法律授权或认可的行使司法权力的其他官员","检察院行使说"观点也可寻得依据。

(二)批捕权配置的理论分歧审视

20世纪80年代末掀起了一场关于不同批捕权配置模式的探讨,归纳而言,主要有"法院行使说""检察院行使说"或者"双重构造说"三种观点。

支持"法院行使说"的学者们不仅从检察机关职能混同带来的弊端及对我国检察机关法律监督地位的质疑等角度出发质疑检察机关行使批捕权,还有很多论者从域外法治国家的成熟经验及国际刑事准则的基本要求角度论证批捕权应交由法院行使,甚至还有不少论者对法院行使批捕权的权力配置模式进行了具体构思,如设置庭审法官与批捕法官相分离制度,法官以第三者身份对侦查行为及有关强制措施的正当性、合法性进行最终裁决等[①]。

支持"检察院行使说"的学者们主要围绕两条进路展开论证。进路一是寻求多方论据坚守并维护"检察院行使说"观点的合理性。具言之,一是基于批捕权

---

① 郝银钟:《论批捕权与司法公正》,《中国人民大学学报》1998年第6期,第64-68页;陈卫东、郝银钟:《侦、检一体化模式研究——兼论我国刑事司法体制改革的必要性》,《法学研究》1999年第1期,第57-63页。

的法律监督属性,认为"检察机关是法律监督机关,批捕权的性质是法律监督,所以批捕权应当由检察机关行使"[①]。如有学者从一元分立论、对立控制论、存在决定论、职权二元论等四方面论证检察机关的法律监督地位具有一定的科学性与必然性[②]。二是证成检察机关的独立性与中立性。理由是:检察机关是我国法律监督机关,符合批捕主体独立性要求,而且检察机关的批捕权要受到外部侦查机关、法院以及内部公诉部门的制约,可以将公诉中的控诉倾向降至最低直至消解,以此保障检察机关的中立性[③]。三是有利于相互制约格局的形成。检察机关行使批捕权,既能实现对侦查权的有效控制,又能实现审判权对批捕权的有效制约[④]。四是从有利于提高诉讼效率,节约司法资源,法院行使时机不成熟,检察院行使批捕权具有丰富的经验等功利主义与实用主义视角出发,强调检察院行使说观点相对合理[⑤]。进路二是攻击反驳法院行使说论点的正当性。详言之,一是关于侦查监督问题,认为法院在审前与侦查机关不发生诉讼上的联系,很难对侦查机关进行监督[⑥]。二是关于法官预断问题,认为法院行使批捕权,法官在庭审前就可以对案件进行实质审查,容易产生预断[⑦]。三是关于法官中立性问题,认为审理自己批捕案件的法官难以保持中立[⑧]。四是关于法官独立性问题,认为我国是法院独立而非法官独立,负责批捕的法官和负责审判的法官都在同一法院,法官难以保持独立[⑨]。五是关于批捕权与审判权合二为一问题,认为在我国没有设立预审法院的前提下由法院行使

[①] 朱孝清:《中国检察制度的几个问题》,《中国法学》2007年第2期,第108-131页。
[②] 樊崇义:《走向正义:刑事司法改革与刑事诉讼法的修改》,中国政法大学出版社2011年版,第154-164页。
[③] 朱孝清:《中国检察制度的几个问题》,《中国法学》2007年第2期,第108-131页;谢小剑:《论我国批捕权的归属》,《甘肃政法学院学报》2010年第3期,第86-92页。
[④] 朱孝清:《中国检察制度的几个问题》,《中国法学》2007年第2期,第108-131页。
[⑤] 杨宇冠等:《公正高效权威视野下的刑事司法制度研究》,中国人民公安大学出版社2013年版,第96页;张智辉:《司法体制改革研究》,湖南大学出版社2015年版,第223-224页;张智辉:《检察权优化配置研究》,中国检察出版社2014年版,第241页。
[⑥] 朱孝清:《中国检察制度的几个问题》,《中国法学》2007年第2期,第108-131页。
[⑦] 谢小剑:《论我国批捕权的归属》,《甘肃政法学院学报》2010年第3期,第89页。
[⑧] 张智辉:《也谈批捕权的法理:"批捕权的法理与法理化的批捕权"一文质疑》,《法学》2000年第5期,第37-39页。
[⑨] 朱孝清:《中国检察制度的几个问题》,《中国法学》2007年第2期,第108-131页;谢小剑《论我国批捕权的归属》,《甘肃政法学院学报》2010年第3期,第85-92页。

批捕权必然会导致批捕权与审判权合二为一,法官会更倾向于作出有罪判决①。六是关于错案纠正问题,认为法院很难纠正自己批捕的错案②。

当然,在"法院行使说""检察院行使说"之外,还存在一种微弱的"双重构造说"声音,如认为"可以实行检察院自侦案件法院行使批捕权,其他案件检察机关行使批捕权这种具有中国特色的二元化批捕格局"③。

二、殊途同归:中立性主导的内在逻辑演绎

不论是"法院行使说""检察院行使说"还是"双重构造说",最终占据主导地位的观点可能不仅会在刑事司法制度变革中具有某种支配性力量,而且可能会在特定的情势中被赋予一种解释、认识或描述现象正当性的力量,而不论这种观点是否具有扭曲性质或固化性质。正如有学者发现,"有些所谓的'正当的'社会秩序及其制度(包括法律制度),其本身也许并不具有比其他性质的社会秩序及其制度更正当的品格,而完全有可能是透过权力或经济力量的运作,更有可能是通过我们不断运用某种'知识系统'对之进行诠释或描述而获致这种'正当性的'"④。不论目前的检察机关行使批捕权的权力配置模式是否有某种权力或其他力量的运作使其具有正当性,也不论这种正当性是否扭曲或是固化,笔者认为,无论权力配置形式如何,都可能有它特有的优势,但同时也不可避免地存在某些局限性。所以,从人权保障视角出发,我们不仅应关注批捕权如何配置,更应关注批捕权的行使方式及想要达致的目标。不论是支持"法院行使说""检察院行使说"还是"双重构造说",保障批捕中立性应当是大家共同的追求之一。

(一)批捕中立性理据

1.逮捕措施的严厉性决定批捕主体必须保持中立性

不论是对人身自由的限制程度还是限制时间,逮捕都是最严厉的一种强制措施,所以行使批捕权的机关必须严格限制不必要的逮捕,保障公民人身自由不被随

---

① 张智辉:《也谈批捕权的法理:"批捕权的法理与法理化的批捕权"一文质疑》,《法学》2000年第5期,第37-39页;晏向华:《批捕权不宜由法院行使》,载陈光中、陈卫东:《诉讼法理论与实践》(2005年卷),中国方正出版社2005年版,第368-373页;孙连钟:《刑事强制措施问题研究》,知识产权出版社2007年版,第177-188页。
② 朱孝清:《中国检察制度的几个问题》,《中国法学》2007年第2期,第108-131页。
③ 胡勇:《复合型态的检察权能:中国检察改革再思考》,法律出版社2014年版,第177页。
④ 邓正来:《中国法学向何处去:建构"中国法律理想图景"时代的论纲》(第二版),商务印书馆2014年版,第100页。

意侵犯。只有批捕主体保持中立性,其才能秉承不偏不倚姿态,纯粹关注案件事实,摈弃个人主观好恶,使逮捕决定诉诸理性,而非情感,作出客观公正的逮捕决定,最大限度地保障嫌疑人的人身自由。

2. 批捕中立性是国际人权公约的基本要求

批捕权的配置,不仅涉及中国法律制度构建,更是全人类共同关心的问题,因为人身自由是人类根深蒂固的欲求。因此,研究这个问题时我们不仅应考虑有关制度在中国政治中是否具备充分基础及法律正当性,更应站在广阔的视域进行理论审视。国际人权公约对批捕权配置的规定从一定程度上解释并证明了批捕主体必须保持中立性。因为根据国际人权公约规定,只有行使司法权的机关才有权批准逮捕。不论是《公民权利和政治权利国际公约》《欧洲人权公约》《美洲人权公约》抑或《保护所有移徙工人及其家庭成员权利国际公约》,均一致将批捕权授予法官或其他行使司法权的官员,即只有行使"司法权"的官员才有权批准逮捕。司法权具有不同于行政权与立法权的独有特征,最明显的便是司法权的"中立性"。不论是立法机构还是行政机构,都可能遵循一种潜在的科层式思维模式,不同决策者会倾向于从实现某一特定组织目标的角度选择最佳方案,方案的正当性可能来自公共利益,也可能来自某一特定组织利益,决策者很难完全抛弃公共利益、组织利益中立地作出决定。而中立性是司法权的重要特征之一。尽管各国行使司法权的机构并不局限于法院,我国关于司法权的理解也存在不同意见[1],但无论哪一个机构,只要行使司法权,就应严格遵循司法权运行规律。首先,司法权的判断权属性决定行使批捕权的主体必须坚持中立性。司法权的本质是判断权这一论断已获得不少学者的肯定与支持[2],判断权的核心就在于行使批捕权的主体必须秉承客观、中立的立场,以一种超然态度,严格依照法律原则与规则,对是否逮捕嫌疑人作出不偏不倚的裁断。其次,司法权具有的被动性、消极性的特点决定行使批捕权的主体必须坚持中立性。司法权的被动性与消极性决定行使批捕权的主体不能主动发起裁断程序,也不能具有任何追诉倾向,只能在争议各方中保持不偏不倚态度,作出公正决断。最后,司法权的交涉性也是批捕主体必须坚持中立性的重要依据之一。司法权的交涉性要求行使批捕权的主体应对诉讼各方保持中立立场,同

---

[1] 石茂生:《司法及司法权含义之探讨》,《河北法学》2012年第2期,第18-25页。
[2] 孙笑侠:《司法权的本质是判断权——司法权与行政权的十大区别》,《法学》1998年第8期,第35-37页;石茂生:《司法及司法权含义之探讨》,《河北法学》2012年第2期,第18-25页。

时听取各方意见,中立地审查各方证据。如果行使批捕权的主体在作出决定时仅听取一方意见,作出的决定不仅很难保障公正性与准确性,而且还有违司法的交涉性,可能使司法烙上专制、独裁的印迹。

3.批捕中立性与人权保障、程序正当等基本理念相契合

首先,批捕中立性契合《中华人民共和国宪法》(2018修正)(以下简称《宪法》)关于人权保障的基本理念。享有人身自由与安全是宪法赋予每个公民的基本权利,为保障这一权利,《宪法》第三十七条明确规定只有经人民检察院批准或决定或人民法院决定,并由公安机关执行才可合法地逮捕嫌疑人,此时批捕机关发挥的是对逮捕权力进行有力限制的作用,以防止对公民人身自由的非法侵犯。因为《宪法》第三十七条本质上是对逮捕权的限制条款,而非授权条款[①]。只有坚持批捕中立性,才能更好地限制逮捕权的滥用,防止任意逮捕现象的发生。正如约翰·洛克所宣称的:"法律的目的不是为了废除或限制自由,而是保护和扩大自由。"[②]宪法规定批捕权,目的不是为了限制一个人的自由,而是将逮捕权的行使纳入法律控制的轨道,实现保护和扩大公民自由的目的。其次,批捕中立性也契合正当程序的基本理念。有学者将判断者的中立性作为现代正当程序的四项基本原则之一[③]。按照正当程序原则要求,行使批捕权的主体应当可以宣布以一种中立的立场,为不同主张的双方提供一个中立论坛,平等听取双方意见,以此保障逮捕决定的客观公正性。同时,批捕中立性也是实现控辩平等对抗的重要保障。不论将批捕权交由法官行使还是将批捕权交由检察官行使,都必须保障批捕中立性,因为只有这样才能最大限度地维持控辩平等对抗诉讼格局,保障公平竞争秩序,社会公众也可以维持对司法公正的信心。而且,只有客观中立的审查批捕程序才能在实质上对侦查行为进行有效制约。如果批捕主体不是秉承客观中立立场,而是具有明显犯罪追诉倾向,诉讼程序便可能沦为打击犯罪的工具,官员间的配合属性便浮现出来,而制约机制只能淹没于权力的漩涡中。

---

① 张翔:《逮捕权配置与宪法相关条款的释义》,《法制日报》2013年5月22日,第12版。
② E.博登海默:《法理学:法律哲学与法律方法》,邓正来译,中国政法大学出版社2017年版,第300页。
③ 季卫东:《法律程序的形式性与实质性:以对程序理论的批判和批判理论的程序化为线索》,《北京大学学报》(哲学社会科学版)2006年第1期,第109-131页。

（二）保障批捕中立性应是"法院行使说"与"检察院行使说"论者的共同追求

不论是支持"法院行使说"还是支持"检察院行使说"，保障批捕中立性应当是大家共同追求的目标之一。首先，反驳"检察院行使说"论者所提出的理由反映出他们对审查逮捕时检察官难以保持中立性的担忧。如关于对检察机关的控诉职能与逮捕职能存在混同的担忧便隐含着对批捕检察官难以保持中立性的担忧。因为承担控诉职能的检察机关同时承担批捕职能，在"捕诉分离"的情况下从表面上看不同检察人员是完全独立的，但实质上在检察一体的体制下两种权力可能存在某种同质性，检察官在批准逮捕时就很难保持中立性。而在"捕诉一体"的背景下，批捕与起诉均由同一检察官行使，更可能使得批捕权成为起诉权的附庸，严重影响检察官的中立性。又如，关于对检察机关是我国宪法规定的法律监督机关的质疑也与检察机关的中立性担忧有关系。我们发现，对检察机关法律监督地位的最大质疑归咎于检察机关承担追诉职能事实。因为从发生学和制度史学角度分析，承担追诉职能是检察权价值的集中体现，而且检察机关实际上行使着侦查、审查起诉、支持公诉等具有明显追诉犯罪倾向的职能，很难摆脱追诉犯罪的心理倾向，在行使批捕权时保持客观、中立姿态，是其法律监督地位备受诟病的重要根源之一。再如，对检察机关行使批捕权的质疑同样也与检察官难以保持中立性的担忧有密切关系。因为域外法治国家及一些国际刑事司法准则之所以普遍将批捕权赋予法官以及行使司法权的官员，其背后的共通立场是法官或行使司法权的官员在行使批捕权时可以保持无偏私和中立的姿态，平等对待诉讼双方主张，维持侦辩平等对抗的格局，而检察机关是公诉机关，在行使批捕权时难以保持中立姿态。其次，反驳"法院行使说"论者，也把检察机关的中立性作为维护己方阵营的武器。例如有论者将检察机关是独立于行政机关与审判机关的法律监督机关作为检察机关批准逮捕时能保持中立性的重要依据，而且还认为检察机关的批捕权会受到诸如侦查机关、检察机关公诉人员以及审判机关的制约，这能最大限度地降低甚至消解控诉倾向，保障检察官批捕时保持中立性。所以，不论是将批捕权赋予法院还是将批捕权赋予检察院，实现批捕中立性都应当是他们的共同追求。

三、中国语境下检察机关内部批捕权配置的程序安排

（一）中立性原则的嵌入与程序生成

上述分析试图说明，不论是围绕着"法院行使说"理论而构造的权力配置模式还是围绕着"检察院行使说"理论而构造的权力配置模式，都应将中立性原则嵌入其中，外部权力配置模式的不同不会改变批捕中立性这一根本原则。目前鉴于我国没有西方的预审法官制度，贸然将批捕权交由法院行使也可能会面临法官预断、审判难以中立、批捕权与审判权合二为一、难以进行错案纠正等方面的质疑，所以在短期无法改变检察机关行使批捕权的情况下，构建以检察官为顶端，以侦查机关与辩方为底端的"三方对审"审查逮捕模式，保障检察官审查逮捕时的中立性更为可取。这也意味着检察机关在进行内部批捕权配置时，应当以中立理念为指导来架构程序，保障检察官审查逮捕时的中立性。在某种意义上，批捕主体可以纯粹地处于"逮捕纠纷"解决者的位置上。

（二）理想的程序样态

要维持批捕主体"逮捕纠纷"解决者形象，批捕检察官就应当被视为中立的裁决者，其继续负责审查起诉可能影响公正处理案件，按照《中华人民共和国刑事诉讼法》第二十九条规定其应当回避，由不同的人员负责审查起诉，即批捕检察官与审查起诉检察官应当实行分离原则，逮捕程序必须同时满足以下几个要求。

1. 程序的独立性，尽可能减少与后续程序的联结与依附

《国富论》的作者亚当·斯密提出了经济学中的分工理论，并认为分工越细，越有利于经济、社会发展。这一理论不仅奠定了经济学根基，更影响了整个国家、民族甚至人类秩序的建构。在进行国家权力的内部配置上同样也应当遵循分工理论，对不同权力进行严格、细密的职能分工，并保障权力运行程序的相对独立性，使得决策者无需对潜在可能的问题进行通盘考量，而只需考量正在参与的诉讼程序，这样能有利于其作出相对客观、公正的决定，不至于因为对程序的过多考量而偏离本来应有的位置。将不同的权力整合到同一人身上在本质上是颠覆了分工理论，是某种"逆分工"，它会增加该人从一种角色转到另一种角色的角色转换负担，其很难在中立的决策者与控诉者身份间随意自如地切换。所以，要保障批捕主体的中立性，批捕程序首先必须独立，并由独立的诉讼主体负责，这样才能尽可能减少批捕程序与后续起诉程序的连接与依附，减少角色转换负担。

2. 程序的诉讼性，形成审前"等腰三角结构"

在讨论决策者中立性这一问题的时候，我们离不开对批捕权的权力属性的审视。决策者在行使批捕权时应当中立地站在希望得到相反诉讼结果的双方"当事人"之间，由此形成的结构类似于审前以侦查机关与嫌疑人为底端，检察官为顶端，以嫌疑人是否有逮捕必要为主题形成的"等腰三角结构"，依据双方"当事人"呈交的信息材料，中立的决策者就嫌疑人是否应当逮捕作出程序性裁断。所以，批捕权本质上是一种判断权。判断权属性是"等腰三角结构"形成的重要理论依据。同时，中立性是公平程序中裁判者对其他各方主张所应秉持的基本立场与姿态，只要是在诉讼程序下产生的两方对抗的场域内，作为居中裁判的第三者都应当保持中立性，以此保障裁判权的正当性与裁判结果的公正性。裁判者的中立性应当被称为所有存在三方组合的诉讼程序的核心精髓之一，所以，"我们应当树立广义的诉讼程序上的中立理念"[①]。中立精神并非审判阶段法官的专属品质，在审查逮捕阶段，同样存在侦查机关、辩方与逮捕决策者的三方组合构造，遵循中立理念，形成类似于审判阶段的"等腰三角结构"。

3. 程序的对抗性，保障侦辩双方的平等对抗

在审查逮捕阶段侦辩双方的平等对抗并不是要消除双方之间实际存在的差异，因为国家侦查机关由于各种资源优势，在侦查犯罪、收集证据方面处于显著优势地位，而是应当由国家通过预先设定的机制，尤其是律师制度，来矫正双方之间的实质不平等，尽可能营造平等对抗的审查逮捕程序。要实现侦辩双方的平等对抗，保障检察官审查逮捕时的中立性，一是检察官要客观、中立地审查判断证据，既要审查不利于嫌疑人的证据，同时也要审查有利于嫌疑人的证据。因为从证据法视角看，审查逮捕时决策者的中立性最终落脚点应当体现在决策者对于刑事证据的态度上。二是要给辩方提供平等对抗的机会与条件，检察机关不仅应当平等听取辩方意见，确保嫌疑人、辩护律师意见自由表达，做到兼听则明，而且还要提供机会，让辩方可以对侦查机关提供的证据进行对质与辩驳，这就在审查逮捕时形成实质意义上的"对抗"，而不只是"意见表达式"对抗。

[①] 陈光中、汪海燕：《论刑事诉讼的"中立"理念：兼谈刑事诉讼制度的改革》，《中国法学》2002年第2期，第28-39页。

四、服从链效应:"捕诉一体"下批捕主体难以保持中立性的一种理论阐释

面对刑事检察与民事检察、行政检察、公益诉讼检察工作发展不平衡,刑事检察中公诉部门的工作与侦查监督部门、刑事执行检察部门的工作发展不平衡,高检院、省级检察院的领导指导能力与市、县检察院办案工作的实际需求不适应的不平衡等检察工作的"三大不平衡"问题,检察机关以内设机构改革为切入点、突破口,重组办案组实行"捕诉一体"。尽管中国批捕权的配置涉及宪法规定的国家体制以及刑事诉讼中的国家权力分配问题,"捕诉一体"并未从根本上改变"捕诉合一"的诉讼体制。但是,相对于批捕权与起诉权由不同主体行使的"捕诉分离"模式,"捕诉一体"模式下一人身兼两项不同职能的内部权力配置机制更可能会将该人置入一条服从链条中,难以自如地在两种相异的角色中随意切换,从而出现"自我服从"或叫"自我认可",最终批捕权可能成为起诉权的附庸或批捕程序成为公诉思路得以传布到批捕程序的渠道,程序呈现"形分实合"样态,由此导致批捕主体很难保持客观、中立姿态。

实际上,已经有不少论者预见到"捕诉一体"改革对批捕中立性的影响。例如,有学者认为,"'捕诉一体'下,批捕检察官提前介入、引导侦查取证,密切批捕与侦查关系,有违批捕权中立性要求"[①]。还有学者认为,"域外审前羁押与我国批捕法律效果相当,审前羁押必须基于正当程序原则裁决,其核心便是遵循中立规则,因此办理起诉业务的检察官不能办理同一案件审查批准逮捕业务"[②]。"'捕诉一体'将审查逮捕与控诉两个职能结合为一体,将从根本上动摇审查逮捕程序的正当性基础。"[③]但是,这些分析更多强调的是中立性会受到影响这一结果,而对这一结果产生的原因分析并不多。笔者认为,"捕诉一体"改革会对决策者的中立性产生影响的原因不是单一的,而是多种"原因束"综合作用的结果,其中服从链效应是导致决策者很难保持中立性的重要原因之一。

(一)服从链效应的产生机理

服从链效应的产生机理有两个:一是心理机理。从心理学角度看,"服从的本

---

① 谢小剑:《检察机关"捕诉合一"改革质疑》,《东方法学》2018年第6期,第102-109页。
② 童伟华:《谨慎对待"捕诉合一"》,《东方法学》2018年第6期,第110-121页。
③ 闵春雷:《论审查逮捕程序的诉讼化》,《法制与社会发展》2016年第3期,第62-69页。

质是主体在特定的社会情境中,通过对客体提供的社会信息的概括、判断和推理,为寻求奖赏或免受惩罚而产生的与客体一致的行为或态度"[①]。"捕诉一体"改革中,在批捕主体与起诉主体同一的情况下,批捕主体很可能根据相关"经验"或知识,如实践中的"构罪才捕经验"或有关不捕率、不起诉率等考核机制的先验知识,为寻求自身或组织利益最大化,在进行审查逮捕时无形地与起诉的标准相靠近或相一致,由此可能使得批捕权成为起诉权的附庸或者批捕程序成为公诉思路得以传布到批捕程序的渠道。二是制度机理,如数字式考核管理机制。尽管检察官在审查逮捕时要保持客观中立姿态是大家的普遍共识,但在不捕率、不起诉率等考核指挥棒下,考虑自身及集体组织利益,检察官可能会优先将追求某种有利考评结果作为诉讼活动目标,而在作出决策时是否秉承中立司法理念的考量则退居其次,从而可能出现审查逮捕时便遵从起诉标准,将起诉标准作为决策依据的做法。

"捕诉一体"并未从根本上改变"捕诉合一"的诉讼体制,笔者认为,"捕诉一体"改革下批捕主体更难以保持中立性。因为在批捕主体身兼起诉职能的情况下,批逮主体更难摆脱一体化思维,不论是客观上还是主观上都很难在作出逮捕决定时保持不偏不倚的姿态。而且"捕诉一体"改革后审查逮捕时间有限,会进一步促使检察官在审查逮捕时更侧重实体上是否构罪的审查,忽视逮捕必要性,促使逮捕实体化[②]。尽管批捕权行使方式与逮捕是否实体化无必然联系,但"捕诉分离"模式至少有限制逮捕实体化的风险防范作用,防止逮捕权的滥用。"捕诉一体"的确只合并办案人员,逮捕程序与起诉程序依然存在,但期待同时负责批捕与起诉的检察官能客观、中立地作出决定,更多依赖于检察官的个人自律性,而非借助合理的机制来实现他律。在这种情况下,容易发生的可能是一人同时身兼两职,难以自如地在两种相异的角色中随意切换,从而出现"自我服从"或是"自我认可",以减轻自身压力,包括外在事务处理上的压力以及内在角色转换上的压力。而且在实践中,这种自我服从链如果没能及时切断,还可能进一步异化,形成自我盲从链效应,严重影响案件的实体公正与程序公正。

(二)服从链效应对中立性的消解

前面已经论证,独立性、诉讼性与对抗性是理想程序的三种样态,但服从链效

[①] 宋官东、杨志天、崔淼:《服从行为的心理学研究》,《心理科学》2008年第1期,第249-252页。
[②] 谢小剑:《检察机关"捕诉合一"改革质疑》,《东方法学》2018年第6期,第102-109页。

应可能会对这三种样态都造成一定冲击。首先,从程序的独立性角度来看,尽可能减少与后续程序的联结与依附可以使批捕主体只需综合考量案件的证据要件、刑罚要件、逮捕必要性要件,确定为了保障诉讼程序顺利进展是否确实有必要逮捕嫌疑人即可,避免批捕角色与起诉角色的混同,从而可以相对中立地作出批捕决定。但是,服从链效应可能会使检察官突破"保障诉讼程序顺利进展"这一逮捕目的,而将其他目的纳入逮捕考量范围,影响审查逮捕时的中立性。例如,服从心理可能会使得批捕检察官超前考虑起诉标准甚至定罪标准,同时承担起诉职能的批捕检察官可能为了达到单位内部不起诉率、无罪判决率等考核指标要求而过早按照起诉标准、定罪标准来决定是否应当逮捕嫌疑人,追诉倾向显而易见,这进一步强化了审查逮捕时"构罪即捕""构罪才捕"的实践做法,严重影响审查逮捕时的中立性。其次,从程序的诉讼性角度来看,以"等腰三角结构"为特征的审查逮捕程序是批捕权属于判断权属性的应然解读,也是保障批捕主体中立性的程序要求。审查逮捕程序在构造上应呈现为以公安机关与嫌疑人为底端,以决策者为顶端的"等腰三角结构",决策者居中裁判。但是,在"捕诉一体"背景下,起诉主体兼任批捕主体,在服从链效应影响下,二者身份容易产生混同,中立决策者身份控诉人化,形式上的"三方对审"程序容易异化为实质上的追诉与被追诉两极对立,检察官很难保持客观中立性。最后,从程序的对抗性角度来看,侦辩双方平等对抗是检察官审查逮捕时保持客观中立的重要程序保障。但是,服从链效应可能使得检察官在审查批捕时就带有强烈的犯罪追诉倾向,容易导致其难以全面、客观、中立地审查对嫌疑人有利与不利的证据。将供决策之用的信息、材料全面、完整、充分地展示给检察官是确保检察官不偏不倚地作出决定的前提之一。因为信息材料越全面,越有助于检察官对案件保持开阔视角,不会盲目陷入一方带有偏见的事实描述中,维持客观、不偏不倚的姿态。但是因为检察官审查逮捕时的追诉心理,在实践中容易产生"一孔之见效应"[①],一旦检察官确认某人为嫌疑人后,在审查逮捕时便可能主要审查嫌疑人的有罪证据,并认为这些证据有很强的证明力,而无视或者忽视其他无罪或罪轻证据,难以保障批捕中立性。同时,尽管辩护律师在审查逮捕时可以表达意见,但如果批捕检察官有追诉犯罪倾向,在律师本来就无法阅卷的情况

---

① "一孔之见效应",又被称为"隧道视野效应",医学上指的是患者视力受损导致其眼睛只能看到正前方,就像人们在隧道内只能看到隧道内的情景,在心理学上指的是选择性地集中于某目标而不考虑其他可能性的一种倾向。参见黄士元:《刑事错案形成的心理原因》,《法学研究》2014年第3期,第26-44页。

下,其意见的影响力就非常有限。

五、结语

关于批捕权配置问题,我国学术界从20世纪80年代末开始就一直争执不下。但不论是支持"法院行使说"论者,还是支持"检察院行使说"论者,抑或是支持"双重构造说"论者,保障批捕中立性应当是大家的共同追求。在目前批捕权由检察机关行使的现实背景下,检察机关内部的批捕权配置应当围绕中立性原则来设计与展开。但目前的"捕诉一体"改革,与追求批捕中立性目标有些背道而驰,甚至还可能引发其他一些问题,如:推行"捕诉一体"改革后如何加强检察机关内部监督?"捕诉一体"改革的合法性与正当性何在?"捕诉一体"是否会导致证据标准混同?是否会压缩辩护空间?是否可能导致逮捕率上升?所有这些问题都有待进一步研究与探讨。

美国司法内隐偏见现状及对中国的启示

于 跃*

摘要：通过对美国司法系统中内隐偏见的考察发现，司法工作者在警察执法、检察官起诉、法庭审判等司法活动的多个环节都存在内隐偏见，主要表现为种族偏见、性别偏见以及经济水平差异偏见。虽然中国与美国的司法体系不尽相同，但是内隐偏见问题同样存在。可以借鉴参考国外学者提出的内隐偏见应对方法，运用将内隐偏见外显化、情景归因训练、提高观点采择能力、增加平等群际接触等四项基本方法和单盲技术，结合我国的司法制度与司法实践，形成具有中国特色的司法系统内隐偏见应对措施。

关键词：内隐偏见　司法系统　四项基本方法　单盲技术

2020年5月25日，美国明尼苏达州一白人警察过度执法导致黑人男子乔治·弗洛伊德（George Floyd）死亡，在全美乃至全球引发大规模集体抗议活动，引起公众对美国司法系统种族内隐偏见问题的广泛关注。虽然每一位司法工作者都持之以恒地追求着司法的公平与正义，但实践表明这一目标往往较难实现。从心理学的角度来讲，个体每天都在处理着外界环境中的各种信息，形成内在的假设和判

---

* 作者简介：于跃，北京师范大学刑事法律科学研究院硕士研究生。

断,这些内在思维交织在一起,影响个体的态度与行为。由于人们的认知能力有限,制定决策的标准并非总是基于理性的最佳选择,而是往往基于最令人满意的选择,所谓"理性判断"的背后存在着漏洞和缺陷。发生在司法领域的认知能力局限则导致司法人员在执法和司法的过程中产生预断和偏见,对司法公正造成巨大影响,其中影响最大的是内隐偏见。在美国这样一个文化背景复杂的移民国家中,类似问题更加常见,内隐偏见渗透于司法的各个环节,表现为多种形式。比如:与白人相比,形迹可疑的黑人更可能遭受暴力执法;与社会经济地位高的人相比,执法人员更倾向于对社会经济地位低的犯罪嫌疑人实施逮捕等措施;与长相凶狠的人相比,长相甜美的被告人更可能获得司法人员的友好对待。虽然司法工作者想要正确运用法律手段制裁违法犯罪,但是个体大部分的态度和行为都超越了可控意识的支配范围。正如弗洛伊德所言,人们可以被识别控制的意识只是"冰山一角",大部分都隐藏在"水面"以下。换句话说,内隐偏见形成于无意识层面,是难以掌控的心理活动。

一、理解内隐偏见

(一)内隐偏见的概念

培根最早提出"偏见"的概念,认为偏见是一些由假象组成的片面甚至错误的认知观念和态度情感[1],由个体对他人的消极刻板印象决定,影响个体的决策判断行为。为了适应社会生活、满足社会期望,个体总是试图使自己的言行符合社会规范,有意识地在信息加工过程中改变自己对他人以往的错误认知和偏见态度,这种可知、可控的偏见是外显偏见,可通过问卷及自我报告的方式进行观察测量。但是现在人们越来越多地面临另一种偏见,"这种偏见已经从公开和有意转变为隐蔽和无意"[2]。这是因为人们的意识水平有限,只有2%的情绪认知能够被个体有意识地使用,过度关注自身行为与社会规范之间的一致性会导致真实思想被隐藏,这种隐藏的个人真实想法被称为"隐性社会认知"。隐性社会认知是大脑进行"精神联想的过程,这种联想非常完善,可以没有意识、没有意图或没有控制地进

---

[1] 许靖:《偏见心理学》,北京理工大学出版社2010年版,第31页。
[2] Justin D. Levinson, Danielle M. Young, Different Shades of Bias: Skin Tone, Implicit Racial Bias, and Judgments of Ambiguous Evidence, *West Virginia Law Review*, vol.112, 2010, pp. 307-350.

行"①。如果一个人处于经验引导并过度依赖认知习惯的环境中,他将自动地创造出对其他人的片面甚至错误的认知观念②,在无意识过程中形成内隐偏见。例如,虽然美国所有州法院系统的偏见自我报告调查表明,外显的种族和性别偏见并不存在,但是观看报告人的办案录像可以发现,大部分接受调查的司法人员在办案过程中会下意识地表达出种族和性别偏见,说明内隐偏见对司法系统的影响仍然存在③。

(二)司法系统内隐偏见的考察意义

内隐偏见的特点对强调公平正义的司法系统具有重要影响。第一,内隐偏见具有绝对隐蔽性。它是对经验环境自动反应的心理表征,无需意识努力。显性偏见是认知系统对信息深思熟虑加工、有意控制表达的结果,这就意味着内隐偏见不同于外显偏见能够被及时发现,并得到及时纠正。在司法活动中,司法工作人员受办案经验、认知习惯等因素影响,对少数群体自动形成无意识的内隐偏见,这些内隐偏见难以被本人察觉却真实存在④。在大多数情况下,司法工作人员否认对少数群体持有偏见态度,并非口是心非,而是司法工作者根本没有意识到自己的隐性偏见态度。隐蔽性的特点使内隐偏见长期存在,影响司法公正。

第二,内隐偏见普遍存在于每个人的认知系统。个体的生存发展环境、人格特质具有特定性,但是由于内隐偏见存在的无意识网络主要由社会文化背景塑造,对部分群体持有的内隐偏见具有社会意义上的普遍性。由于其自身不易被发现、不易被消除的特点,内隐偏见会随着时间的推移累积沉淀,被人们在教育后代的过程中于无意识思想、行为层面代代相传。基于个体不同的外貌、体征、衣着、气味、谈吐、财富等特点而产生的内隐偏见普遍存在,扩散至司法系统,会严重左右案件处理的程序和结果。

第三,内隐偏见不利于人们正确地感知、理解他人。人们难以理解那些与自己不同的少数群体,或者那些具有社会刻板印象的群体成员⑤。这种同理心的差距

---

① Harvard University, Project Implicit, accessed December 20, 2019, https://implicit.harvard.edu/implicit/demo/background/faqs.html#faq2 访问日期:2019年12月20日。
② 许靖:《偏见心理学》,北京理工大学出版社2010年版,第31页。
③ 陈宜倩:《迈向一个对种族、性别、阶级等社会差异敏感的司法改革》,台湾《上报》2016年11月3日。
④ 杨云霞、许岚:《司法中的性别偏见及纠正》,《西北工业大学学报(社会科学版)》2012年第3期,第22-24页。
⑤ Jennifer N. Gutsell, Michael Inzlicht, Intergroup Differences in the Sharing of Emotive States: Neural Evidence of An Empathy Gap, *Social Cognitive and Affective Neuroscience*, Vol. 7, 2011, pp. 596-603.

表明,内隐偏见使个体很难分享他人的感受,站在他人的角度,理解他人的观点。在法庭审判过程中,如果法官缺乏换位思考的意识思维,在无意识内隐偏见的支配下,会自动将自己与被告人划分至不同的社会地位水平,带着审判者身份的优越感"俯视"被告人,作出更严厉的判决。

第四,持久性的内隐偏见会扰乱社会稳定。部分群体长期遭受不公正对待使他们对司法系统产生负面印象,威胁司法体系及社会的稳定。"当司法系统被认为是不公平的,不值得信任的,或者不尊重个人的团体成员资格时,它会被认为是侵犯个人所属团体的权利。"① 司法工作者司法不公的认知观点会导致人们对整个司法体系丧失信任,部分人变得玩世不恭,不愿意遵守法律。丧失威信力的司法体系很难指引和规范人们的行为,长期积压的司法矛盾将会演变为严重的社会矛盾。

二、美国司法系统内隐偏见

美国司法系统包括三个重要组成部分:执法、起诉和法庭审判。在执法阶段,执法人员就发生在辖区内的犯罪行为进行调查、收集证据、逮捕犯罪嫌疑人。在起诉阶段,检察官代表公共安全利益,审查警察提交的证据,决定是否起诉;如果起诉,决定是否与被告进行辩诉交易或全面追究责罚,在法庭上出示证据、询问证人等。在法庭审判阶段,法官主持庭审,确保法律得到遵守,监督法庭审判;控辩双方进行法庭辩论;在一些重要的刑事案件中,由陪审团裁定被告是否有罪,法官作出有罪的量刑裁判。在每一个司法环节,司法工作者不同种类的内隐偏见都会对司法活动产生举足轻重的影响。

(一)执法阶段的内隐偏见

在警察执法的过程中,种族内隐偏见是一个突出问题。"种族貌相"一词一度非常流行,是指受种族主义文化的影响,美国白人警察总是无意地戴着"有色眼镜"执法,认为某些少数族裔倾向于实施犯罪行为,表现为先入为主的内隐偏见和固化思维②。据统计,2011年,87%的非洲裔美国人在纽约市接受过警方盘问,而白人的比例仅为9%;2012年,在纽约市接受过盘问的非洲裔美国人高达89.9%③。由

---

① Jon Hurwitz, Mark Peffley, Justice in America: The Separate Realities of Blacks and Whites, Cambridge University Press Inc., 2010, p.316.

② 姬虹:《"司法对于我们少数族裔从来就不是平等的"——种族歧视在美国执法、司法领域中的表现》,《世界民族》2006年第4期,第60-65页。

③ 彭谦、程志浩:《从执法和司法视角审视美国种族歧视现象》,《中国民族报》2016年8月26日,第7版。

于黑人男子通常身材高大、身体强壮,看起来非常成熟、不友善,大多数美国警察都下意识地将黑人与"危险"联系在一起。面对黑人男性群体,警察具有较高的心理压力和生理唤醒,容易产生过度紧张行为,如锁喉、枪击等。2014年7月,43岁黑人男子埃里克·加纳被怀疑非法销售香烟。白人警察丹尼尔·潘塔洛在拘捕他时扼住其颈部,最终致其死亡。从网络上公布的视频中,可以清楚地看到该男子在白人警察实施暴力执法之前已经被制服,但白人警察却声称自己的生命在执法过程中受到威胁,自己实施的是"正当防卫"行为。除此之外,美国警察的射击偏见也被多次报道。联邦政府数据显示,从2010年到2012年美国共有1 217人死于警察枪支之下,年龄在15岁至19岁的年轻人中,每100万人就有31.7个黑人被警察枪杀,而白人只有1.47人[1]。2014年11月22日,一名12岁的男孩塔米尔·赖斯在俄亥俄州克利夫兰市被怀疑持枪抗拒警察缉捕而遭到枪杀,事后查明这名12岁的男孩身上只携带了一把玩具手枪,在整个过程中男孩没有进行任何口头上和行为上的威胁。"在白人男孩仍然处于受益于儿童本质上是无辜的假设的年龄阶段时,黑人男孩必须对自己的可能性危险行为负责。"[2] 上述案例表明,与白人群体相比,美国警察对黑人群体持有内隐偏见,他们不在意个体的实际年龄、具体危险性等诸多因素,寄希望于暴力执法措施迅速解决问题。很多执法者不愿意承认也不愿意相信自己持有种族偏见,但是在执法的危急关头,行为的意识可控性在心理压力的作用下会显著降低,对于黑人群体的内隐偏见往往会下意识出现。

美国警察在执法时也经常表现出对低经济水平群体的内隐偏见。一项研究显示,生活在贫困地区因轻微犯罪被警察逮捕的男孩,被司法官方文件记录的可能性比那些实施相同犯罪行为的富裕阶层的男孩高出四到五倍[3];也就是说,如果未成年犯罪嫌疑人来自经济水平更高的家庭,警察更愿意私下处理此事而不将其移交起诉。多种原因导致这一现象出现。其一,警察对处于不同社会地位的个体接受家庭教育水平不同的刻板印象影响案件的处理结果。大多数执法人员认为经济水平高的个体社会地位一般较高,与处于社会底层的家庭相比,上流社会的家长更有

---

[1] 崔寅、张朋辉等:《美国:种族问题、阶层分化加剧司法不公》,《人民日报》2016年5月12日,第23版。

[2] Phillip Atiba Goff, Matthew Christian Jackson, et al., The Essence of Innocence: Consequences of Dehumanizing Black Children, *Journal of Personality and Social Psychology*, vol. 106, 2014, pp. 526-545.

[3] Jeffrey Reiman, *The Rich Get Richer and The Poor Get Prison: Ideology, Class, and Criminal Justice*, Allyn and Bacon Inc., 2004, p. 113.

能力去约束管教自己的孩子。其二，受害人的和解要求会影响执法人员形成对贫穷少年的内隐偏见。受害人有时为了获得巨额赔偿愿意私下与富人阶层未成年犯罪嫌疑人和解，加快案件的办理进度；执法人员受到穷人阶层未成年犯罪嫌疑人普遍在押现状的影响，对其形成"有罪认定"的内隐偏见，进而采取延长羁押时间、深入调查取证、移交检察起诉等进一步司法措施。其三，警察的执法培训和长期工作环境容易使他们对某些特定群体产生怀疑。受种族歧视的影响，在美国，与白人群体相比，少数族裔获得较少的生存、发展机会，长期处于较低的社会经济阶层。在现实生活窘境的压迫下，低经济水平群体的犯罪率确实高于其他人，这导致警方在与犯罪分子长期做斗争的过程中加深了对穷人阶层的内隐偏见。即使执法人员没有认识到自己对低经济水平群体持有内隐偏见，这一现象也确实存在。

（二）起诉阶段的内隐偏见

美国检察官的内隐偏见影响起诉阶段的自由裁量，主要体现在起诉决定和预审阶段两个环节。在提起诉讼时，首先，起诉与执法密切衔接，执法中的部分问题自然延伸至检察官起诉工作范围。2014年11月，美国密苏里州检察官裁定，在密苏里州弗格森镇枪杀黑人青年迈克尔·布郎的白人警察达伦·威尔逊被免于起诉。美国检察官对警察"过度执法"现象放任自流十分常见，白人警察被免于起诉已成常态。美国前总统奥巴马在上述案件裁定作出后指出："在美国的许多地方，司法者对黑人群体有着深深的不信任感，部分原因是这个国家的种族歧视遗留导致的。"① 这项裁决引发了全美抗议浪潮，各地爆发大规模游行活动，甚至演化为暴力示威，事态几近失控，密苏里州州长随即宣布弗格森地区进入紧急状态，并派驻国民警卫队维持秩序。检察官不合理的选择性起诉加剧了社会矛盾冲突，检察官与警察内隐偏见结合所产生的危险不容小觑。其次，青少年罪犯的法庭报告显示检察官对低经济水平未成年犯罪嫌疑人提起诉讼时持有内隐偏见。研究人员发现，检察官们倾向于将穷人阶层青少年的犯罪行为归因于消极的人格特征，认为穷人阶层青少年的危险性远大于富人阶层②，他们多选择在成人法院起诉低经济水平未成年犯罪嫌疑人③，而非少年法院。未成年人和成年人的诉讼程序差别很大，虽

---

① 彭谦、程志浩：《从执法和司法视角审视美国种族歧视现象》，《中国民族报》2016年8月26日，第7版。
② Phillip Atiba Goff, Matthew Christian Jackson, et al., The Essence of Innocence: Consequences of Dehumanizing Black Children, *Journal of Personality and Social Psychology*, vol. 106, 2014, pp. 526-545.
③ 未满18岁的犯罪嫌疑人。

然刑事诉讼的一般目的是惩罚犯罪,但少年法院的目标更加集中于对少年犯的教育挽救,而非惩罚报应。在内隐偏见的影响下,成人法院起诉低经济水平青少年犯罪嫌疑人,极大地侵犯了未成年人的基本权益,违背了保护未成年人的宗旨。

在预审阶段,首先,辩诉交易过程受内隐偏见影响。美国检察官有较大的量刑建议权,被告人可通过支付一定的金钱与检察官在辩诉交易阶段达成双方认可的量刑协议,检察官在量刑听证时向法官提出量刑建议并说明理由,提请法庭注意有关事项,间接影响量刑幅度,限制法官可能判处的最高刑罚。比如:当被告人的人身危险性较大时,为了避免其再犯,检察官可建议加重处罚;当被告人积极与检方合作且人身危险性较小时,检察官也可建议轻判。在大多数情况下,白人被告比黑人被告有机会获得较优惠的辩诉交易[1],即在相似的犯罪情境中,即使黑人被告人积极与检方合作,检察官也倾向于提出相对刑期较长的量刑建议,这一结果与检察官对黑人被告人身危险性的评估不无关系。一项有关黑人男子体型偏见的研究显示,人们倾向于认为年轻的黑人男性比年轻的白人男性更具有人身危险性,即使在隐去上半身肌肉力量的目标样本中,这种种族内隐偏见仍然持续存在[2]。可见,对于人身危险性的判断标准已从体格体征偏见演化为更为简单的肤色内隐偏见,影响辩诉交易过程。其次,检察官的内隐偏见会介入死刑量刑建议。在美国,对于符合判处死刑条件、可以判处死刑的罪名,检察官在起诉时需要提出是否判处死刑的建议,该建议对法官的量刑发挥着至关重要的作用。与男性相比,检察官基于对女性被告的内隐同情,倾向提出不判处死刑的建议[3],性别内隐偏见可能左右被告人的生死。1976年美国联邦最高法院恢复死刑以来,截至2019年9月,共有185名女性罪犯被判处死刑,约占所有死刑判决的2%[4]。在维奇·丹·杰克逊被指控担任护士期间注射毒药杀死10名患者的案件中,被告人与检方合作,提出不抗辩的请求,检察官没有以法定最高刑罚死刑提出量刑建议,法院最终判处她监禁40年后可假

---

[1] Michael L. Radelet, Glenn L. Pierce, Race and Prosecutorial Discretion in Homicide Cases, *Law and Society Review*, vol. 19, No.4, 1985, p. 587.

[2] John Paul Wilson, Kurt Hugenberg, et al., Racial Bias in Judgments of Physical Size and Formidability: From Size to Threat, *Journal of Personality and Social Psychology*, vol. 113, 2017, pp. 59-80.

[3] Michael J. Songer, Isaac Unah, The Effect of Race, Gender, and Location on Prosecutorial Decisions to Seek the Death Penalty in South Carolina, *South Carolina Law Review*, vol. 58, 2006, pp. 183-184.

[4] Death Penalty Information Center, Women's Death Sentences Since 1973: Number and Geography, accessed June 18, 2020, https://deathpenaltyinfo.org/death-row/women/womens-death-sentences-since-1973-number-and-geography, 访问日期:2020年6月18日。

释的刑罚。①美国检察官被称为美国刑事司法系统的守门人,在起诉阶段拥有广泛的自由裁量权,检察官的内隐偏见严重影响司法公正。

(三)审判阶段的内隐偏见

1.陪审团内隐偏见

与中国审判制度不同,美国在重大案件中运用独特的陪审团审判制度,陪审团的内隐偏见在陪审员选拔和听取法庭辩论意见两个阶段均有体现。首先,在选拔陪审员的过程中,陪审员的种族背景会影响陪审团的最终决定。在美国,律师和检察官可以参与陪审团的遴选过程,行使原因性排除权,即如果有充足的证据表明某一陪审员可能对案件作出不公正判决,律师和检察官可以说明理由请求法官排除该陪审员;或者行使强制性排除权,即律师和检察官无须任何理由要求法官排除潜在不利于己方的陪审员。范德比特大学的法学教授南希·丁·金对陪审团受种族内隐偏见影响所作判决的研究发现,在某些情况下,陪审团的人员组成确实会影响案件最终结果。这表现在以下两个方面,第一,黑人陪审员比白人陪审员更可能判决被告无罪;第二,几乎所有人都倾向认定与自己同种族的人无罪。②因此,在行使强制性排除权时,律师或检察官通常以陪审员的性别、种族、宗教、职业、经济收入以及社会地位等可能对案件判决产生微妙影响的群体特质因素为标准,排除与被告人属于相同或不同群体的陪审员。例如,在审理被告人为少数族裔的案件时,美国很多地方的检察官倾向于将非裔、墨西哥裔美国人从陪审团中强制移除,而律师却极力保留。在被认为是"世纪审判"的辛普森案中,刑事诉讼和民事诉讼的结果大为不同,与两个诉讼过程中陪审团成员的种族背景不同不无关系③。同样,在审理妇女遭受家庭暴力而反抗杀害丈夫的案件中,律师在选拔陪审员时会尽全力将男性排除在陪审团之外。律师和检察官基于陪审员潜在内隐偏见的考虑参与陪审团的组成过程,对外宣称这有利于审判公正,实则加深了审判中立的虚假表象。

---

① Meg Jalsevac, Nurse Receives Sentence of Life in Prison for Killing Multiple Elderly Patients, accessed June 18, 2020, http://www.lifesitenews.com/news/archive//ldn/2006/oct/06101006,访问日期:2020年6月18日。

② Alan M. Dershowitz, *Reasonable Doubts*: *The O. J. Simpson Case and The Criminal Justice System*, Simon and Schuster Inc., 1998, p. 41.

③ Tiffany A. Ito, Geoffrey R. Urland, The Influence of Processing Objectives on the Perception of Faces: An ERP Study of Race and Gender Perception, *Cognitive, Affective, and Behavioral Neuroscience*, vol. 5, 2005, pp. 21-36.

其次,在听取法庭辩论意见时,由于陪审员未经过特殊的法律培训,审理案件易受律师和检察官的言论引导形成内隐偏见。在一项有关错误记忆的实验研究中,主试向被试白人预备陪审员呈现一个虚构的案件,向实验组被试反复强调被告人的名字为"Tyrone",向对照组被试反复强调被告人的名字为"William",除此之外案件的事实完全相同。当被告人为"Tyrone"而不是"William"时,被试更容易记住攻击性的细节。贾斯汀·D.莱文森教授指出,"律师或检察官对白人陪审员感知被告人种族信息的引导,可以隐含地导致陪审员以内隐偏见的方式错误地记住案件事实"[①]。这一现象同样存在于黑人陪审员中,如果律师引导黑人陪审员产生对白人警察的不信任感,尤其当被告为黑人时,陪审员会内隐地认为警察提交给检察官的证据极有可能是伪造的,检察官为了达到成功定罪的目的极有可能损害被告人的合法权利。部分陪审员在听取法庭辩论意见的过程中,也会产生经济水平差异内隐偏见。在 Darden vs. Wainwright 一案中,检方在结案辩论中以"动物"来指称低经济水平被告人,认为被告"不应该离开牢房,除非在他的身上绑上一条皮带,并且皮带的另一端应紧握在狱警手中"[②]。以非人的方式提及被告人会使陪审员下意识地将被告非人化,可能导致被告人被无端定罪。美国报纸《问讯报》对法庭案件的报道也显示,"动物"参考的次数与被告人接受最严厉惩罚之间存在很强的相关性[③]。因此,在律师或检察官歧视性的辩论发言引导下,由于自身法律逻辑思维不足,陪审员极易产生内隐偏见,干扰司法公正。

2. 法官内隐偏见

法官与普通人一样,都具有认知盲点,在法庭审理中主要表现为种族、性别和经济水平差异三种内隐偏见形式。首先,从法官对不同种族被告人作出的判决上看,内隐偏见影响下的法官决策存在不公正的双重标准。其一,在保释决策方面,保释法官倾向于向少数族裔被告收取与其经济水平不相符的保证金。保释金是被告人参与法庭正式审判前缴纳的以获得暂时自由的保证金,目的只是确保被告按时出庭,以及参加必要的审前听证会;当对被告的正式审判结束时,保释金在扣

[①] Justin D. Levinson, Forgotten Racial Equality: Implicit Bias, Decision-making, and Misremembering, *Duke Law Journal*, vol. 57, 2007, pp. 345-424.

[②] Jeffrey J. Rachlinski, Sheri Lynn Johnson, et al., Does Unconscious Racial Bias Affect Trial Judges? *Notre Dame Law Review*, vol. 84, 2009, pp. 1195-1246.

[③] Jeffrey J. Rachlinski, Sheri Lynn Johnson, et al., Does Unconscious Racial Bias Affect Trial Judges? *Notre Dame Law Review*, vol. 84, 2009, pp. 1195-1246.

除手续费后会退还给被告人。但是,无法缴纳保释金的被告只能在监狱中等待接受审判。一项IAT①研究报告表明,联邦和州保释法官对亚洲人和犹太人在IAT得分上表现出强烈到中等程度的内隐偏见,认为亚洲人和犹太人都与消极的道德刻板印象②有关,而高加索人和基督徒与积极的道德刻板印象③相关④。这些结果与保释法官作出的保释决策通常一致,法官依赖于不准确的内隐消极刻板印象,夸大了释放少数族裔被告的危险性,倾向于向其收取无法缴纳的高额保证金以确保他们"安全地"待在监狱中。其二,在量刑决策方面,法官对黑人被告人判处的刑罚往往比犯下相同罪行的白人要重。具体来说,相对于白人被告,法官倾向于判处黑人被告监禁刑;犯下重罪的白人被告面临的刑期可能比犯下轻罪的黑人被告还要短;黑人谋杀白人比谋杀自己同种族群体更有可能被判处死刑。数据显示,1985年以来,美国监禁人数急剧上升,人均监禁率已达到世界最高水平,出现"大规模监禁"现象;在所有的被监禁人中,黑人群体数目庞大。2010年,被关押在联邦和州监狱的黑人总数是白人的六倍;2011年,非裔美国儿童中双亲之一入狱的占比约为6.7%,白人儿童的比例为0.9%;截至2013年底,所有年龄段的黑人男性中有3%被困监牢,白人的比例仅为0.5%⑤。可见,法官即使被认为是最公正的存在,依旧受种族内隐偏见的影响。

其次,历史遗留的性别不平等文化观念形成了法官对女性的刻板印象及角色定位。在生育保险等劳动争议案件中,许多法官下意识地拒绝承认雇主负有保障妇女产假和提供生育保险的义务;在就业案件和退休案件中,部分法官否定妇女主张与男性拥有相同权利,享有同等地位。这种性别内隐偏见在家庭暴力案件中也较为常见,法官通常认为妇女本身的过错是丈夫实施家庭暴力行为的导火索。美国国家教育司法计划⑥研究表明,法官在审理案件时经常询问女性受害者实施

---

① 内隐联想测验,基本原理是通过计算机的自动化联系紧密程度来衡量个体的内隐态度,它可以对内隐态度进行非常敏感和有效的测量,如隐性刻板印象、隐性自尊和隐含自我概念。IAT测量个体对各种概念(例如,年老或年轻,胖或瘦,黑人或白人)和属性(例如,虚弱或强壮,懒惰或主动,好或坏)之间的关联的反应时间,一般来说,个体对强烈相关的刺激(例如,年老的和虚弱的)的反应更快,对弱相关的刺激(例如,年轻的和健壮的)的刺激反应更慢。
② 贪婪、不诚实、阴谋等。
③ 值得信任、诚实、慷慨等。
④ David Arnold, Will Dobbie, et al., Racial Bias in Bail Decisions, *The Quarterly Journal of Economics*, vol. 133, No.4, 2018, pp. 1885-1932.
⑤ 彭谦、程志浩:《从执法和司法视角审视美国种族歧视现象》,《中国民族报》2016年8月26日,第7版。
⑥ National Education Judicial Program, NEJP for short.

了何种行为才导致了施虐者的虐待与殴打；而且在多数情况下,强调受害者身体上的伤害必须是清晰可见的[①]。除此之外,法官的性别内隐偏见甚至会波及同为法庭参与者的女性律师身上。一项定性研究报告显示,法官常以某某律师尊称男性律师,与之相反直呼女性律师姓名；甚至可能怀疑她们的律师身份,在康涅狄格州执业的一名女性律师明确指出了这一现象,"请告诉法官们,我们并不是被告人的妻子,不是他们的女儿,不是他们的母亲,也不是他们的女友,无论我们在法庭外是谁,在法庭上我们就是律师"[②]。

最后,法官对低经济水平群体也经常持有隐性偏见。法官对街头犯罪等穷人犯罪和白领犯罪、公司犯罪等富人犯罪的审理标准通常存在差异,即使富人犯罪从公众手中牟取了更多的经济利益,或者造成了比穷人犯罪更为严重的伤亡后果,法官对前者的惩罚也会比后者更加严厉。导致这一现象的原因可能是,法官无意识中认为白领罪犯的知识水平、文化素质较高,经过法庭审判教育后能够很好地改过自新,不需要对其施加过于严苛的刑罚[③]。即使法官否认自己在做出审判时受偏见影响,内隐偏见也确实存在。杰弗里·拉奇林斯基教授进行的一项研究发现,在某一项会议中97%的州法院行政法官认为自己属于有能力"避免决策偏见"的法官群体的前50%。研究人员对此表示担忧,"这个结果意味着法官对自己避免偏见影响的能力过于自信……,因此可能不会采取任何努力来减少其影响"[④]。法官通常情况下注重消除自己的显性偏见,却忽视了在对案件做出裁判前,自身所属的群体特质、个人喜好、价值观念等因素会在无意识中影响思维方式和审判结果,而这些隐性偏见最难被克服。

三、中国司法系统内隐偏见

目前,中国司法系统中有关司法偏见的研究主要集中于外显偏见领域,涉及内隐偏见的较少。通过对美国司法内隐偏见现状的分析,考虑内隐偏见问题在中国

---

① 杨云霞、许岚:《司法中的性别偏见及纠正》,《西北工业大学学报(社会科学版)》2012年第3期,第22-24页。
② 陈宜倩:《迈向一个对种族、性别、阶级等社会差异敏感的司法改革》,台湾《上报》2016年11月3日。
③ Jeffrey Reiman, *The Rich Get Richer and The Poor Get Prison: Ideology, Class, and Criminal Justice*, Allyn and Bacon Inc., 2004, p. 146.
④ Jeffrey Reiman, *The Rich Get Richer and The Poor Get Prison: Ideology, Class, and Criminal Justice*, Allyn and Bacon Inc., 2004, p. 147.

司法系统中同样存在,可能表现为民族偏见、性别偏见、经济水平差异偏见三种主要形式。

(一)民族内隐偏见

中国的民族分布与美国的种族结构具有相似之处,56个民族中约95%的人口是汉族人,属于多数群体。虽然受历史文化影响,与美国相比,中国对民族和种族偏见不甚敏感,但是基于特定的民族结构现状,我国汉族人无意识中对人口基数较少的少数民族持有一定程度的偏见。

民族内隐偏见渗透至司法领域主要表现为两点。第一,部分法官对少数民族习惯法持有内隐偏见与排斥态度。调查显示,一些少数民族地区的基层法院法官无意识中认为少数民族的某些习惯相对落后,尊重他们的部分习惯是对落后文化的认同,而这种落后的文化理应被淘汰[1]。部分法官因为自己不会说少数民族地区语言,对少数民族法官在法庭中倡导使用当地语言颇有微词,认为我国司法系统应当是不断发展的,而不是在迁就特定民族习惯的过程中不断后退。在司法公正的要求下,接受过高等教育的法官一般不会在日常工作中直接表达出这些错误的观点与看法,而是逐渐将其内化形成民族内隐偏见,而后外化表现在具体的案件审判中。原因可能是大部分法官来自中东部经济发达地区,对少数民族聚居地区持有经济落后的偏见态度,对少数民族群体持有蛮夷的刻板印象,无形中影响法庭公正审判,严重时可能激发民族矛盾。

第二,部分基层公安民警在执法过程中对待少数民族态度蛮横、行为粗暴。尤其在乌鲁木齐"7·5"打砸抢烧严重暴力犯罪事件发生后,执法人员对少数民族群体的不信任感显著增加。许多基层公安民警自身素质不高,不能很好地将民族分裂分子与普通群众区分开,加之受西方媒体的民族矛盾、民族分裂、民族独立等舆论诱导,极易将自身对民族分裂分子的不满与偏见扩展至整个少数民族群体。虽然他们在外显态度上并不会明显表现出对少数民族群体的厌恶与歧视,但是内隐偏见却在无意识的情况下驱使他们采取暴力措施侦查、缉捕少数民族犯罪嫌疑人,例如,在使用枪支时忽视鸣枪示警等。

(二)性别内隐偏见

与美国相同,中国也经历过漫长的性别不平等时期。伴随着20世纪女权运动

---

[1] 施蔚然:《少数民族民事习惯的法治价值》,法律出版社2017年版,第207页。

的兴起,性别平等逐渐达到高潮,社会重新定义了女性的权利和地位。然而,传统文化对妇女角色与身份的内隐偏见在某些方面依然根深蒂固,一时很难被消除。

第一,司法人员受家庭主妇刻板印象的影响形成内隐偏见。很多人认为女性更应该回归家庭,与女性有关的事务是生育、教养等家庭类事务。在我国的非一线发达城市中,这种性别内隐偏见相当顽固,甚至左右着司法活动。例如,在离婚案件分配婚姻财产时,部分法官倾向于强调婚姻期间财产累积的经济贡献,忽视女性的家庭劳务贡献,如教养儿女、照顾老人、操持家务等。长期以来,家庭内的劳动价值不被法律认可,导致妇女因为缺乏家庭外劳动价值而丧失财产权利。

第二,对女性群体忠贞节操的过分关注影响司法人员性别内隐偏见的形成。一夫一妻多妾制是中国古代历史上存在时间最长的制度之一,即使新时代思想解放,一夫一妻制度实施,也很难改变农村思想落后地区对女性角色的定位,即女性就应该坚守妇德,这种内隐偏见在强奸案件中体现得较为明显。我国在司法领域对于部分强奸案件的定性存在很大争议,争论的焦点在于性行为是强迫发生还是双方自愿。在法律界,伴随着被害人学说的发展,激进的"受害者有罪论"悄然兴起,该理论认为被害人之所以被害是因为他们自身的不适当行为引起了犯罪人的注意,因此才成为犯罪对象。这种"公正世界"假设——坏事发生在坏人身上,好事发生在好人身上,与司法人员的性别内隐偏见结合,对强奸犯罪的认定产生严重不良影响。1999年2月,意大利最高法院在审理一起强奸案时,裁定该案中18岁穿着紧身牛仔裤的女性学生遭受的不是强奸,因为"穿紧身牛仔裤的女孩是很难被强奸的,一旦你脱下牛仔裤,就是主观同意与他发生性关系",法官对女性贞洁的刻板印象在当时引发巨大舆论争议①。无独有偶,在"李天一案"中,被告律师多次强调受害人的身份属性,引导大众产生"陪酒女活该被强奸"的错误观点,这种舆论的诱导强化男性法官对女性的内隐偏见,使法官在量刑时倾向于将受害人的职业身份和女性忠贞节操纳入考量范围。

第三,司法系统中存在对女性法官的内隐偏见。美国首位女性最高法院大法官奥康纳在回忆录《法律的威严》里提及自己早年担任最高法院大法官的经历,认为这段经历是"令人窒息的"。她在回忆录中指出,自己每次做出案件判决后,都

---

① 《意大利法院新裁定:紧身牛仔裤,保不住贞操》,http://www.chinanews.com/gj/oz/news/2008/07-24/1322900.shtml,访问日期:2019年12月28日。

会有媒体对她的法官任命提出各种质疑：她是否足够优秀？她是否有女权主义倾向？到处都充斥着监视与不信任[①]。许多人认为受思维的主观性、情感性限制，女性不适合担任法官，因为非理性的思维特点使其无法胜任法律的逻辑学研究。这种对女性的内隐偏见在中国的司法实践中同样存在。我国女法官数量少、地域分布不均，在法院系统中的职务也普遍偏低。[②] 四级法院的女法官数量仅约占法官队伍总数的四分之一；我国女法官主要任职于中心城市、经济发达地区的法院；在职位结构方面呈现金字塔状分布，职位越高，女性数量越少。可见，司法领域中的性别内隐偏见不仅针对诉讼当事人，也针对司法工作人员。

（三）经济水平差异偏见

经济水平差异的内隐偏见同样存在于中国社会环境中，表现为"地域内隐偏见"，是指不同地域的人们由地理位置差异、经济发展水平差距等引起的无意识偏见，具体表现为城乡偏见。随着经济的发展，越来越多的农村人口流向城市寻找工作机会，外来务工人员遍布各大中小城市。本地居民与外来务工人员生活在同一环境中，工作、生活中彼此互动；但在心理上，本地居民将农民工排斥在自身群体之外，与他们高度疏离。

在司法领域，这种现象也普遍存在。对外来务工人员的内隐偏见产生于司法工作者自身对城市文化的认同、作为城市居民的优越感，以及无意识里对外来人口的排斥。2006年至2011年191起农民工刑事法律援助案件的调查分析报告显示，115名犯罪的农民工中，被拘留者和被逮捕者分别为109人和105人，拘留率和逮捕率分别高达94.78%和91.30%。在审判和起诉期间获准取保候审和监视居住的人数分别仅为10人和6人，适用率仅为8.70%和5.22%[③]。在法官判处刑罚方面，经济水平差异内隐偏见也有所体现。农民工的监禁率很高，非监禁处罚率非常低。统计显示，在115名被告中，24人免于刑事处罚、单处罚金、管制、缓刑，适用率为20.87%；有66人适用拘役和三年以下有期徒刑，适用率为57.39%；有25人适用三年以上的监禁和死刑，适用率为21.74%。总体来看，监禁刑罚适用率为79.13%，非

[①] 克劳德·M.斯蒂尔：《刻板印象：我们为什么那样看别人，这样看自己？》，韦思遥译，机械工业出版社2014年版，第150页。

[②] 刘昶、胡图：《更多女性法官：司法过程纳入社会性别视角的重要措施》，《浙江工商大学学报》2014年第5期，第56-63页。

[③] 姚艳姣：《农民工刑事法律援助案例精选》，法律出版社2014年版，第163页。

监禁刑罚适用率为20.87%，与2009年中国整体非监禁处罚率36.42%相比，农民工非监禁处罚适用率低于全国总体水平[①]。一系列数据表明，外来务工群体在司法领域并没有获得公正对待，这种"地域内隐偏见"让他们难以在城市尊严地、稳定地工作和生活，城乡差距变大，社会矛盾进一步被激发。

（四）中美司法系统内隐偏见的异同

中国和美国在司法体系、文化背景以及意识形态等方面有所不同，其司法系统内隐偏见的表现有相同之处，也存在着一定的差异。首先，性别内隐偏见普遍存在于中国和美国的司法系统中。第一，在家庭暴力类案件中，法官对女性的内隐偏见使其倾向于探究女性的导火索行为；第二，在性侵类案件中，受女性忠贞节操刻板印象的影响，法庭争论的大部分内容涉及被害人过错；第三，从法官、检察官等司法工作人员的任职情况中可以看出，男女比例相对不均衡，女性司法工作人员数量远少于男性。

其次，经济水平差异内隐偏见在两个国家的司法系统中均有体现，但有些许不同。经济水平差异内隐偏见主要与知识水平、文化修养、社会地位的思维定式相联系，两个国家的文化背景都倾向于认定低经济水平犯罪嫌疑人或被告人属于低知识文化素养、低社会阶层群体。但是，中国和美国的低经济水平群体存在差异。在多种族移民混合的美国，非裔、拉丁美洲移民通常经济水平较低，因此美国的经济水平差异内隐偏见在无形中与种族内隐偏见相联系；在中国，经济水平差异主要表现为城乡差异，外来农民工群体通常经济水平较低。

最后，中美司法系统内隐偏见最大的差异则体现在种族和民族内隐偏见方面，这与两国不同的历史文化背景有关。美国是一个以移民为主的联邦制国家，外来移民的增多加剧了资源竞争，不同种族由于迁移时间、原因的差异以及资源占有程度不同，彼此间时常形成敌对状态。不同种族之间的歧视与偏见自国家建立就一直存在，形成了稳定持久的消极文化。虽然经过多次战争，种族歧视文化仅仅在表面上被"假意"抹除，在无意识领域却依旧存在。因此，美国司法系统中有关内隐偏见最尖锐、最突出的矛盾就是种族问题，种族内隐偏见一直以来是业内人士研究讨论和实践训练的焦点。2018年8月，美国曼哈顿地区检察官办公室创新

[①] 姚艳姣：《农民工刑事法律援助案例精选》，法律出版社2014年版，第163页。

报告中有关内隐偏见的内容,也只涉及内隐种族偏见的分析与消除训练培训[1]。相反,中国自古以来就是一个多民族国家,许多民族在五千年的朝代更迭过程中基本汉化,民族文化和而不同。各民族长期处于大杂居、小聚居的和谐稳定共存状态,少有竞争与敌视。相对于美国来说,中国的民族矛盾冲突较弱。在司法系统内隐偏见方面,汉族对少数民族的内隐偏见主要集中在几个少数民族聚居的省份,多是由外来司法工作人员对当地民族风俗习惯、特色法律法规的不理解造成的,主要是一些表层的冲突问题,没有深入意识形态层面,司法工作人员可以通过提升道德素养和法律素养,对内隐偏见进行纠正。因此,民族内隐偏见在中国司法系统内隐偏见领域并未占据主导地位,应对措施也相对简单。

四、司法系统内隐偏见应对措施

国外学者在应对内隐偏见问题上已进行初步探索,提出部分措施,值得借鉴参考。可以保留国外操作方法的主要精神和核心技术,结合我国的司法制度与司法实践,形成具有中国特色的司法系统内隐偏见应对措施。

(一) 四项基本方法

对国外有关内隐偏见的研究进行梳理,归纳出减少司法体系内隐偏见的四项基本方法。首先,将内隐偏见外显化。与内隐偏见相比,外显偏见更具有暴露性,容易被认知系统捕捉,进而修正。内隐偏见和外显偏见的分离是人们在作出评价判断时依赖自身自发情感反应的程度不同导致的。当人们拒绝自己的自发情感反应时,就会出现偏见态度的内隐化[2];相反,加强个体对自发情感反应的认知,会推动内隐偏见的外显化进程。在亚当·哈恩和贝尔特拉姆·高龙斯基的内隐偏见研究中,要求实验组被试在进行种族IAT测验之前首先预测自己的IAT得分,对照组被试则直接进行IAT测验,测验完成后对两组的实际IAT得分进行比较。结果显示,对IAT分数进行事先预测的实验组表现出了更大程度的亲白人偏向。因为被试在测试前已经意识到IAT评估了其内隐偏见,所以其注意到了自己对少数群体的自发情感反应,进而增加了对内隐偏见的承认程度,推动内隐偏见向外显偏见

---

[1] The Manhattan District Attorney's Office, Models for Innovation (2010—2018), accessed June 21, 2020, https://www.manhattanda.org/wp-content/uploads/2018/03/Models-For-Innovation-Report-1.pdf, 访问日期: 2020年6月21日.

[2] Bertram Gawronski, Galen V. Bodenhausen, Associative and Propositional Processes in Evaluation: An Integrative Review of Implicit and Explicit Attitude Change, *Psychological Bulletin*, vol. 132, 2006, pp. 692-731.

转化①。在司法领域,可以引导司法人员认知自己的自发情感反应,主动修正内隐偏见。美国曼哈顿地区检察官办公室2014年以来定期开展内隐种族偏见分析训练活动,邀请哈佛大学的心理学专家组成咨询小组,帮助检察官识别判断自身内隐偏见的存在,确定终止内隐偏见的路径方向,根据检察官特定的工作内容开展抑制内隐偏见强制性培训项目②。我国司法机关可以参考这一做法,与高校专业的心理学、犯罪学专家合作,为司法工作人员讲授内隐偏见相关课程,包括内隐偏见的概念、特点、测量方法等。对每一位司法工作者进行IAT测验,告知他们自身潜在内隐偏见的影响程度。将司法人员较多接触的几类刻板印象进行汇总,比如穷人代表着素质低下、女性意味着懦弱、少数民族地区会经济不发达等,鼓励公安机关、检察机关、法院的工作人员在办理每一起案件时,对每一次决策进行自我质疑。引导其不仅仅关注案件结论的获得,而且同时对行为原因做深入思考,反思自己是否受到内隐偏见的影响,将内隐偏见充分转化为外显偏见,进而做出纠正调整。

其次,进行情景归因训练。个体倾向于对他人的消极行为进行特质性归因,尤其当他人属于与自己不同的少数群体时,将他们所实施的行为归因于群体的消极特质的倾向更加强烈③。要解决这一问题可以对个体进行情景归因训练,强调环境对人们行为的影响,淡化群体特征,指出行为主体在特定环境中的行为被动性,使个体认识到消极行为的出现并不是由刻板印象决定的而是特定情景的作用结果。在一项有关情景归因的实验中,实验组白人被试被要求关注黑人消极行为的情景特征,而非特质特征。在完成480组上述情景归因训练后,研究者同时对实验组和对照组进行种族IAT测试,结果发现接受情景归因训练的被试与未接受训练的被试相比,表现出更少的内隐偏见④。司法工作者在办理案件的过程中,也应对犯罪嫌疑人、被告人的消极行为进行情景归因,关注具体案件发生的情境因素,如行为人的犯罪环境、犯罪动机、具体的犯罪原因等,而非个体所属的群体特质因素,如性别、民族、地域、社会地位等。在办理外来务工人员盗窃案件时,司法人员可以

---

① Adam Hahn, Bertram Gawronski, Facing One's Implicit Biases: From Awareness to Acknowledgment, *Journal of Personality and Social Psychology*, vol.116, No.5, 2019, pp.769-794.

② The Manhattan District Attorney's Office, Models for Innovation (2010—2018), accessed June 21, 2020, https://www.manhattanda.org/wp-content/uploads/2018/03/Models-For-Innovation-Report-1.pdf, 访问日期:2020年6月21日.

③ 杨廣、胡金生:《内隐种族偏见的干预策略》,《心理科学进展》2013年第11期,第2064-2072页。

④ Tracie L. Stewart, Ioana M. Latu, et al., Consider the Situation: Reducing Automatic Stereotyping through Situational Attribution Training, *Journal of Experimental Social Psychology*, vol. 46, 2010, pp. 221-225.

训练自己较少通过行为人的地域因素推测个体的道德素质,而是更多地关注行为人的行为原因,比如,其是否因为社会分配不均而生活贫困被迫走上违法犯罪道路,或者是否受他人诱导沦为作案工具替他人实施盗窃行为。意大利犯罪学家恩里科·菲利(Enrico Ferri)提出的犯罪原因三元论认为,犯罪是人类学因素、自然因素和社会因素相互作用而成的一种社会现象,不仅要关注个性特征、种族特性等人类学因素,而且要同时考虑气候、季节、经济、文化等自然、社会因素对犯罪行为实施的影响[①]。全方位考察犯罪原因有助于司法工作者对个体的行为作出准确判断,避免受群体特质的刻板印象影响形成内隐偏见,与情景归因训练中关注消极行为实施的情景因素不谋而合。因此,司法工作者可以开展情景归因训练,锻炼自己对犯罪行为人的全方面评判能力,减少对少数群体消极特质的内隐偏见。

再次,提高观点采择能力。"观点采择"这一名词最早诞生于国外发展心理学研究领域,是指儿童推断他人心理活动的能力,即换位思考或者"站在他人的角度看问题"。国内有学者对观点采择能力与内隐刻板印象的关系进行了研究,结果表明观点采择策略对性别—职业内隐偏见的干预效果明显,刻板印象的内隐效应明显减弱[②]。因为观点采择可以使个体用解释自己的方式去理解他人的行为,用第一人称想象自己处于他人处境时的感受。比如,想象自己仅被依据体貌特征视为潜在暴力犯的感受,或者因为社会地位低下被进行有罪推定的心理,打破个体与少数群体之间的心理隔阂,最终形成对他人更为积极的评价,从而减少对少数群体的内隐偏见。在司法领域,提高司法工作者的观点采择能力对减少内隐偏见具有重要意义。2020年初,新型冠状病毒感染肺炎疫情(以下简称"新冠疫情")暴发,滋生了大量越轨行为。"两高两部"第一时间出台了《最高人民法院 最高人民检察院 公安部 司法部关于依法惩治妨害新型冠状病毒感染肺炎疫情防控违法犯罪的意见》(以下简称《意见》),将新冠疫情期间妨害疫情防控的违法犯罪聚合建立起一个"犯罪群",同时规定"对于在疫情防控期间实施有关违法犯罪的,要作为从重情节予以考量,依法体现从严的政策要求"[③]。许多未经专业医务人员诊断,仅存在发热、咳嗽等症状,隐瞒疫情区出行史、违反居家隔离规定出入公共场所的行为

---

① 恩里科·菲利:《犯罪社会学》,郭建安译,商务印书馆2018年版,第49-51页。
② 连淑芳、杨治良:《观点采择对内隐刻板印象的影响研究》,《心理学探新》2009年第6期,第75-78页。
③ 《最高人民法院 最高人民检察院 公安部 司法部关于依法惩治妨害新型冠状病毒感染肺炎疫情防控违法犯罪的意见》,http://www.court.gov.cn/fabu-xiangqing-219321.html,访问日期:2020年6月10日。

人,被公安机关以危险方法危害公共安全罪立案侦查,检察机关甚至以相同罪名提起公诉,与《意见》所规定的以危险方法危害公共安全罪的犯罪主体为确诊患者或疑似患者相背离。对违反疫情期间报告、隔离规定的少数群体不区分具体情况,一律从严定罪、从重处罚的司法行为,表现出司法人员受对新冠疫情紧张心理的影响,对此类群体持有相当程度的内隐偏见。此时,如果提高司法人员的观点采择能力,即引导司法工作者换位思考,理解行为人的行为原因,包括对社会歧视和标签效应的恐惧,对复杂多变的疫情防控政策的未知心理等,可以降低相关行为的可谴责性,进而减少内隐偏见影响下从严从重的司法判断。

最后,增加平等群际接触。群际接触理论认为,减少群际偏见的主要方式是个体与外群体成员在平等的地位条件下进行接触,双方以减少偏见为共同努力目标[1]。主要表现为两种方式,一是直接群际接触。个体直接融入少数群体,参加特定活动,深入了解少数群体的生活方式与行为特点,打破刻板印象,抑制内隐偏见的产生。二是想象群际接触。个体通过观看以非刻板印象的方式描绘少数群体的电影、电视和新闻等,改变原本的视觉环境,更新对少数群体的认知,减少内隐偏见的生成。一项对保加利亚的考察研究发现,保加利亚的基督教徒、穆斯林与犹太人之间维持着良好的民族和睦关系,因为保加利亚人同犹太人长期平等密切接触。第一,保加利亚犹太人于社会各个阶层中均有分布,与普通保加利亚人处于平等的社会地位;第二,尽管犹太人依旧保持自己的宗教信仰,但是在与基督教徒、穆斯林接触过程中发生了一定的改变,许多人衣着打扮、生活习惯被保加利亚人同化,相互之间不存在文化威胁[2]。在司法活动中,增加司法工作人员与少数群体的平等群际接触同样有利于抑制内隐偏见的产生。具体来说,其一,优化基层公安执法人员与社区群众之间的对话沟通。公安机关的工作人员在长期与犯罪分子作斗争的过程中,形成了对少数"形迹可疑"人员的内隐偏见,不及时采取应对措施可能激化社会矛盾。公安派出所的基层民警是与人民群众接触最密切的司法工作人员,努力促进公安机关与其所服务社区之间的沟通交流,可以鼓励执法人员与社区群众建立良好关系。基层公安机关可与社区居委会合作,组织开展社区活动,如清扫街区、举办社区晚会等,让民警与社区群众深入了解彼此的人格特点和行为

---

[1] 李森森、龙长权、陈庆光等:《群际接触理论:一种改善群际关系的理论》,《心理科学进展》2010年第5期,第831-839页。

[2] 刘毅:《化解民族冲突的策略:民族接触与相互依存》,《心理科学进展》2007年第1期,第179-184页。

方式,打破固有的"猫鼠"敌对状态,建立平等的沟通交流地位,减少社区群众对公安民警的畏惧感,抑制公安执法人员对社区"可疑"人员内隐偏见的产生。其二,增加与少数民族群体的群际接触机会。在少数民族聚居地区,司法工作人员应当积极融入当地生活,主动了解当地文化传统,理解少数民族习惯法产生的缘由;尊重少数民族的生活习惯,更正少数民族地区思想落后的错误思维认知,避免内隐偏见的影响。

（二）单盲技术

采用单盲技术减少性别、种族等内隐偏见的影响在许多领域都已形成标准化的程序。在心理学领域中,为了防止研究结果受安慰剂效应或者观察者偏爱的影响,在实验中可以采取不告知主试或被试部分实验信息的操作方法进行实验。在职场招聘中,媒体公司只关注简历投递者的技术成果,盲选、聘请科技工作者;在交响乐团成员的选拔中,音乐家仅通过试听应试者的演奏选拔乐团成员：大大增加了女性入选的概率。在司法领域,单盲技术同样是解决内隐偏见不可替代的措施,将其运用在检察官和法官身上,对实现公平的起诉、审判具有重大影响。

单盲技术在司法领域的具体操作主要体现为如下几点。第一,在司法文书中删除识别、暗示犯罪嫌疑人或被告人的性别、种族、民族或其他可能激发内隐偏见的信息。公安机关工作人员在起诉意见书中隐去与案件不相关的信息,确保检察机关工作人员对刑事被告人一视同仁。检察院在向法院提交起诉书和有关证据时,避免提及姓名、性别、种族、民族、前科等可能引起法官先入为主、产生内隐偏见的内容,或者使用案件管理软件来实现有关信息的隐匿。2019年6月,旧金山宣布了一项基于人工智能技术的"消除偏见的工具",对警官的事件报告中涉及特定种族的语言进行编辑,防止检察官在决定某人是否被控犯罪时受到种族偏见的影响[①]。需要注意的是,在设计相关司法软件系统时,应避免人工智能和大数据信息落入基于人类内隐偏见所编写的算法的既定圈套。第二,在法庭辩论过程中谨慎提及被告人的性别、种族、民族、社会地位等信息,以保证法官只关注案件本身,而非被告人的群体特质。2001年,美国司法部成立了一个数据检查系统对死刑案件进行盲审,这是朝着防止内隐偏见干扰司法工作迈出的积极一步。此外,对于法庭

---

① 法律服务百事通:《旧金山发布"减少偏见"工具,利用AI帮助检察官办案》,https://baijiahao.baidu.com/s?id=1636938268661389658&wfr=spider&for=pc,访问日期:2020年6月20日。

辩论阶段提及的严重性别、种族歧视发言,可以将其认定为扰乱法庭秩序罪,以此保证司法公正。第三,允许被告人着正装或便装出庭受审。2015年2月最高人民法院、公安部联合下发《最高人民法院　公安部关于刑事被告人或上诉人出庭受审时着装问题的通知》,规定刑事被告人或上诉人不再穿着看守所的识别服出庭受审,看守所应当将穿着正装或便装的在押刑事被告人或上诉人移交法院[①]。这一规定宣告我国刑事被告人着囚服受审时代的终结,避免了通过着装给被告人贴上"有罪"的标签,使法官在法庭上看到被告人后不会先入为主地产生内隐偏见,继而影响法官的案件裁判结果。第四,减少司法工作人员对未决案件新闻报道的过分关注。新闻媒体对进入司法程序之前或者处于司法过程中的案件进行广泛报道,会引起网络舆论的剧烈反响。受普通群众价值观的影响,基于首因效应理论,司法工作人员在大多数情况下会先入为主地形成"有罪"判断的内隐偏见。2010年发生的药家鑫交通肇事后故意杀人案件,受到舆论审判的影响,推动司法工作者对被告人形成内隐偏见。被害人的代理人在微博上陆续发布激进言论,故意散播药家鑫为"富二代"的谣言,激发了社会中的贫富矛盾,对审判人员形成压力,无形中产生内隐偏见,一定程度上推动了死刑审判进程的发生发展。总体来说,提高司法工作者的自身素质比采取任何外部措施都行之有效,关注司法工作者的内部自发情感反应,引导其通过内观方法克服内隐偏见是解决问题的根本办法。

五、结语

中国司法体系的相对封闭性与司法信息的非公开性,使得心理学研究在多数情况下很难深入;加之对司法领域内隐偏见的研究很有可能揭露目前未知的司法漏洞,对司法公正提出巨大挑战,因此,较少人敢于触碰这条红线。尽管如此,我国司法领域近几年一系列的重大改革显示出司法系统的进步与发展,从侧面也推动了内隐偏见问题的讨论研究与应对思考。例如,司法体系中以审判为中心的改革强调审判中立,要求审判人员尽可能开庭审理案件,直接接触当事人,避免只审查有关材料而形成先入为主的内隐偏见;保证审判人员平等地与控辩双方接触,听取双方陈述,真正了解被告人的犯罪原因和案件事实。员额制的司法改革措施要求审判人员和检察人员对自己办理的案件负责,运用大数据对案件信息进行整理

---

① 周长军:《被告人着便装折射人权司法保障进步》,《光明日报》2019年9月22日,第7版。

与统计分析。这有利于司法工作者回顾所办案件,进行自我检查,总结相似情况,反思自己在办理案件过程中是否受内隐偏见影响。未来可以考虑将心理学的相关研究方法积极引入司法领域,描述和解决中国司法体系中的内隐偏见问题,以保证国家司法的公平与正义。